2006

中国农村住户调查年鉴

China Yearbook of Rural Household Survey

国家统计局农村社会经济调查司 编

Department of Rural Surveys, National Bureau of Statistics

中国统计出版社

China Statistics Press

(京)新登字041号

图书在版编目（CIP）数据

中国农村住户调查年鉴. 2006
/ 国家统计局农村社会经济调查司编.
- 北京：中国统计出版社，2006. 6
ISBN 7-5037-5010-3

Ⅰ. 中…
Ⅱ. 国…
Ⅲ. 农村家庭收支调查 - 中国 -2006- 年鉴
Ⅳ. D422.7-54

中国版本图书馆CIP数据核字（2006）第040262号

中国农村住户调查年鉴—2006

作　　者 / 国家统计局农村社会经济调查司编
责任编辑 / 姚　立
E-mail / cbsebs@stats.gov.cn
封面设计 / 艺编广告 • 张　冰
出版发行 / 中国统计出版社
通信地址 / 北京市西城区月坛南街75号
邮政编码 / 100826
办公地址 / 北京市丰台区西三环南路甲6号
电　　话 / 邮购（010）63376907　书店（010）68783172
印　　刷 / 河北天普润印刷厂
经　　销 / 新华书店
开　　本 / 880 × 1230 毫米　1/16
字　　数 / 580千字
印　　张 / 21.5
印　　数 / 1-3000
版　　别 / 2006年6月第1版
版　　次 / 2006年6月第1次印刷
书　　号 / ISBN 7-5037-5010-3/F • 2338
定　　价 / 98.00元

《中国农村住户调查年鉴—2006》编辑委员会

编者说明

一、《中国农村住户调查年鉴——2006》是一部全面反映中国农村居民生产、收入、消费和积累的资料性年鉴，收录了1978年改革开放以来的历史数据和2005年中国农村住户调查的主要数据，以及重要历史年份各省（区、市）的主要数据和按纯收入分组、按农户收入五等份分组和按三个经济地带、西部开发12省（区、市）分组的主要数据。

二、全书内容分为六个部分，即：1.综述；2.综合资料；3.主要年份分组资料；4.各省（区、市）主要年份农村居民收支情况；5.2005年农村住户调查主要情况；6.中国农村住户调查简介。

三、为了保持历史资料的原貌，不同历史时期按纯收入分组的资料仍使用了当时的分组标识，未对分组的组距和组数进行调整。

四、由于2003年统计指标口径执行了新国民经济行业分类标准，2002年以后收入数据按照新国民经济行业分类标准进行了调整。

五、本书所收录的资料来源于国家统计局开展的“农村住户抽样调查”，全国资料均未包括香港、澳门特别行政区和台湾省。

六、本年鉴数据保留一位小数，部分数据合计由于单位取舍不同而产生的计算误差均未作调整。

七、本年鉴各表中有关全表的注解均在表上方，对表中部分指标的注解则在表下方。带续表的资料中对部分指标的注释则在最后一张续表的下方。

八、本年鉴的符号使用说明：“…”表示数据不足本表最小单位数；“空格”表示该统计指标数据不详或无该项统计；“#”表示其中的主要项；“*”表示本表下有注解。

目录

第一部分 综述

第二部分 综合资料

第三部分 主要年份分组资料

第四部份 各地区主要年份农村居民收支情况

第五部分 2005年各地区农村住户主要情况

第六部分　农村住户调查简介

1

综述

农民收入

一、全国农民收入

据对全国31个省(区、市)6.8万个农村住户的抽样调查,2005年农村居民人均纯收入为3255元,比上年增加319元,增长10.8%,扣除价格因素的影响,实际增长6.2%。

(一)家庭经营收入增速回落

2005年农民家庭生产经营纯收入人均1845元,比上年增加99元,增长5.7%,增速回落7.6个百分点,但仍保持较高水平。家庭经营纯收入的增加额占全年农民纯收入总增量的31%。家庭经营收入增速回落主要是由于第一产业中农业和牧业收入回落所致。

农户家庭从事第一产业生产经营纯收入人均1470元,比上年增加72元,增长5.1%,增速回落14.9个百分点。其中,农业纯收入人均1098元,增加41元,增长3.9%;林业纯收入人均46元,增加12元,增长34.1%;牧业纯收入人均284元,增加13元,增长4.6%;渔业纯收入人均43元,增加6元,增长17%。2005年粮价略微下跌,一定程度上影响农业收入增长,但由于产量增加,全年农业收入仍保持了增长。另外,部分地区发生禽流感和猪链球菌疫情,对牧业增收造成一定影响。

农户家庭从事二、三产业生产经营纯收入人均375元,比上年增加27元,增长7.8%,增加额和增长幅度在十五期间都是最高的。其中,从事第二产业生产经营得到的纯收入人均108元,与上年基本持平;从事第三产业生产经营得到的收入人均267元,比上年增加27元,增长11.3%。

(二)工资性收入增长仍是农民增收最主要来源

2005年农民的工资性收入人均1175元,首次突破千元,比上年增加176元,增长17.6%,增长率比上年高9个百分点。工资性收入的增加额占全年农民纯收入总增量的55.5%。

在工资性收入中,务工收入人均713元,比上年增加126元,增长21.5%。其中,本地打工收入人均244元,比上年增加55元,增长29.3%;外出务工收入人均469元,比上年增加71元,增长17.7%。2005年农村常住户中外出务工劳动力占农村劳动力的比重为20.2%,比上年提高1.1个百分点。

外出务工收入增加主要是因为务工人数和工资水平保持稳定增长。常住户中外出务工人数增加685万人,比上年增长7.3%;年均外出务工时间为8.2个月,与上年持平;农民工月工资水平比上年增长10.6%。

(三)财产性收入保持平稳增长

2005年农民的财产性收入人均88元,比上年增加12元,增长15.5%。财产性收入中增加较多的是租金收入和转让承包土地经营权收入,其中租金收入人均20元,比上年增长38.8%,转让承包土地经营权收入人均8元,比上年增长34.9%。

(四)转移性收入有较大幅度增长

2005年农民得到的转移性收入人均147元,比上年增加32元,增长27.6%。增加较多的是家庭非常住人口寄回带回收入、离退休金及养老金、以及退耕还林还草补贴。政策性收入(包括粮食直补、良种补贴和购置更新大型农机具补贴收入)人均18元,比上年增长12.9%。

图1 农民收入来源结构比较

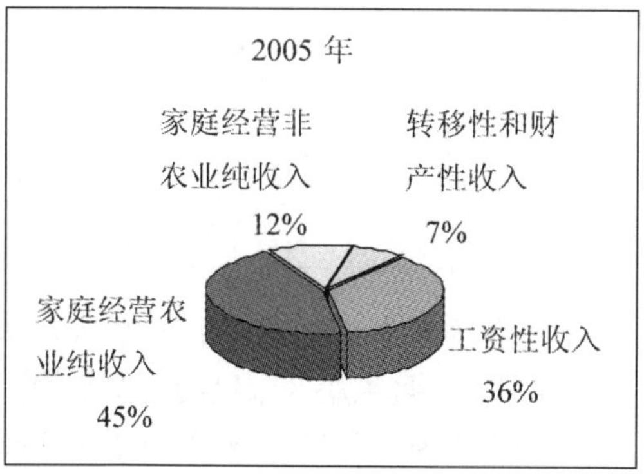

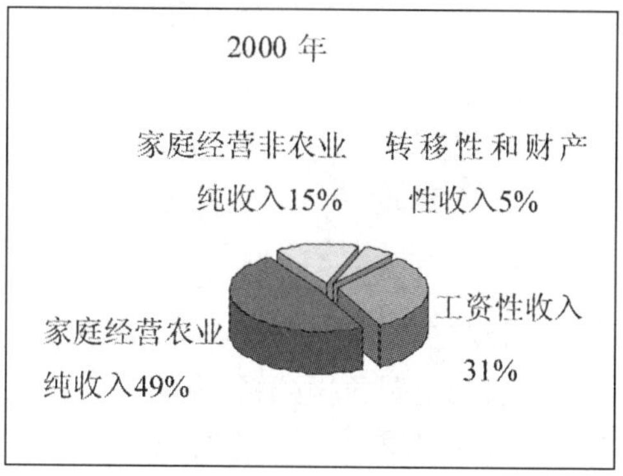

(五)农民税费负担继续大幅度下降

2005年农民的税费负担人均13元,比上年减少24.4元,负担下降65.1%。税费负担占当年农民纯收入的比重由上年的1.3%下降为0.4%。

(六)收入差距扩大

2005年农村居民内部收入分配差距扩大,农民人均纯收入的基尼系数为0.3751,比上年提高0.006;农民人均纯收入最高省与最低省的收入比由2004年的4.1∶1扩大到4.4∶1。城乡居民收入差距比为3.22∶1,比上年的3.21∶1略有扩大。

二、粮食主产区农民收入

据对全国31个省(区、市)6.8万个农村住户的抽样调查,2005年粮食主产区农民人均纯收入为3340元,比上年增加315元,扣除价格因素,实际增长5.8%。主要情况是:

(一)工资性收入增加较多

粮食主产区农民得到的工资性收入人均1167元,增加167元,增长16.7%,比上年高8.6个百分点。其中,在本地打工得到的收入人均211元,增加44元,增长26.7%,比上年快13.9个百分点;外出务工得到的收入人均535元,增加66元,增长14.0%,增速与上年基本相同。

(二)家庭生产经营收入稳定增长

粮食主产区农民家庭生产经营纯收入人均1968元,增加103元,增长5.5%。与上年相比,家庭经营纯收入少增100余元,增速回落10.3个百分点;与全国平均水平相比,多增4元,增速慢0.2个百分点。其中,农业纯收入人均1249元,同比增加45元,增长3.7%;林业纯收入人均32元,同比增加7元,增长27.0%;牧业纯收入人均305元,同比增加24元,增长8.5%;渔业纯收入人均36元,同比增加5元,增长17.3%。第二产业生产经营得到的纯收入人均103元,同比减少2元,减少1.6%。第三产业生产经营得到的纯收入人均243元,同比增加23元,增长10.6%。

(三)财产性收入增速较快

粮食主产区农民得到的财产性收入人均77元,增加20元,增长34.2%,增速比上年提高27.9个百分点。其中:土地征用补偿收入人均17元,增加5元,增长44.9%;转让承包土地经营权收入人均6元,增加2元,增长45.1%;出租农业机械等的租金收入人均11元,增加1元,增长15.2%。

(四)政策性收入持续增加

2005年粮食主产区农民得到的转移性收入人均128元,增加26元,增长25.5%。其中:退耕还林还草补贴人均14元,增加8元,增长1.3倍;粮食直补、良种补贴和购置和更新大型农机具补贴收入人均28元,比全国平均水平多10元;粮食主产区农民三项补贴收入比上年增加3元,增长10.6%。

图2 粮食主产区农民收入结构(元/人)

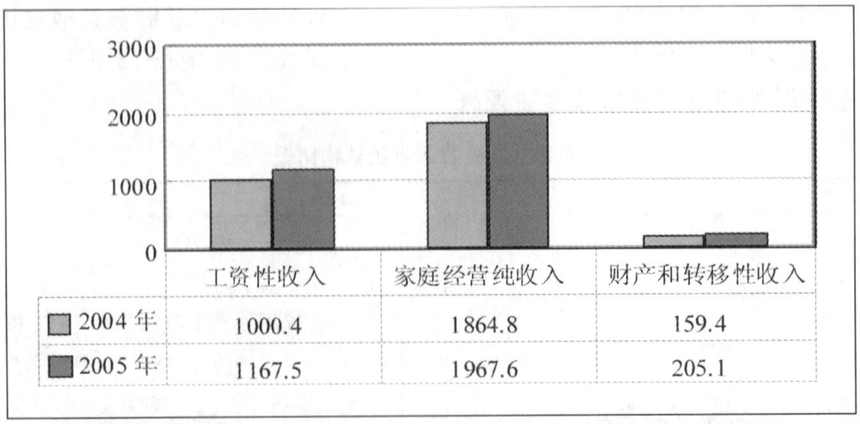

(五)税费负担减少幅度大于全国平均水平

粮食主产区农民税费负担减轻,人均18元,比上年减少29元,下降62.7%;税费负担占当年纯收入的比重为0.5%,下降1.1个百分点。其中农业税人均3元,减少30元,下降92.2%;税费负担比全国平均水平人均多减5元,农业税人均多减7元。但是,粮食主产区农民的税费负担水平仍比全国平均水平高三分之一,税费负担占纯收入的比重比全国平均水平高0.1个百分点。

生活消费

一、全国农民消费

据对全国31个省(区、市)6.8万个农村住户的抽样调查,2005年农村居民生活消费快速增长,生活质量继续提高。人均生活消费支出2555元,比上年增加371元,扣除价格因素和样本轮换因素的影响,实际增长11.5%,超过同期人均纯收入的增长。主要特点是:

(一)生活消费各项支出全面增长

2005年农村居民生活消费支出中,农民食品支出人均1162元,比上年增长12.6%;衣着支出149元,增长23.6%;居住支出370元,增长14.2%;家庭设备用品及服务支出111元,增长24.9%;医疗保健支出168元,增长28.7%;交通及通讯支出245元,增长27.2%;文教娱乐用品及服务支出295元,增长19.3%。消费8大项中增幅最大的是医疗保健支出和交通通讯支出。

图3　农村居民生活消费支出结构(%)

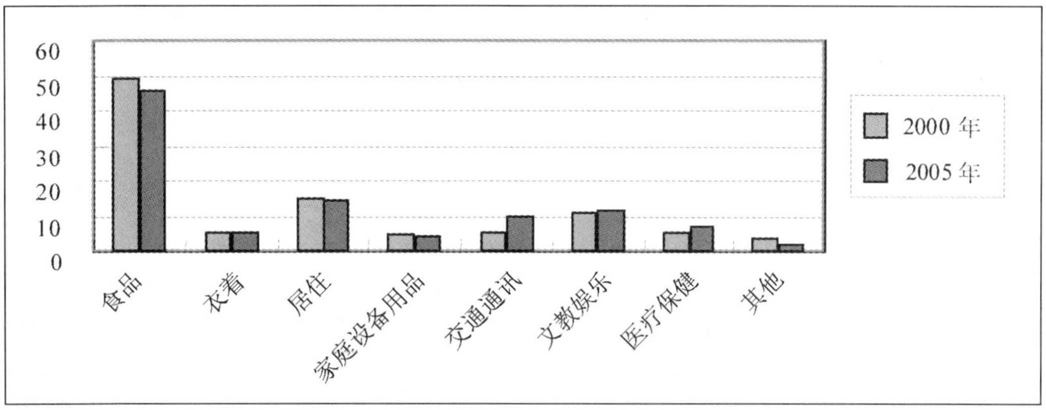

(二)现金消费支出比重和服务性支出比重提高

2005年农村居民生活消费中,现金消费支出额为2135元,比上年增加380元,增长21.7%,现金消费支出占全部生活消费支出的比重为83.5%,比上年提高3.2个百分点。服务性支出757元,比上年增加136元,增长22%。服务性支出占全部生活消费支出的比重为29.6%,比上年提高1.2个百分点。

(三)恩格尔系数下降,食品消费质量提高,动物蛋白摄入量增加

2005年农村居民恩格尔系数为45.5%,比上年下降1.8个百分点。

从食品消费量来看,粮食消费人均210公斤,比上年减少9公斤,下降4.1%;肉类消费人均22公斤,增长16.6%;禽蛋消费人均4.7公斤,增长2.6%;水产品消费人均4.9公斤,增长10.1%。农村居民摄入的动物蛋白比重为17.5%,提高1.1个百分点。

(四)居住面积增加,条件改善

2005年农村居民居住质量的综合指数达到37.5%,比上年提高3.9个百分点。人均居住面积29.7平方米,比上年增长6.4%,其中55.9%的农户人均居住面积大于25平方米。钢筋混凝土结构住房面积人均11.2平方米,增长21.8%,居住在钢筋混凝土结构住房中的农户占31.1%,增加4.4个百分点。砖木结构住房面积14.1平方米,与上年持平,居住在砖木结构住房中的农户占58.9%,减少2.3个百分点。

从居住条件来看,一是住房卫生条件改善,住房有水冲式卫生厕所的农户占13.1%,提高2.6个百分点,无厕所的农户占9.4%,减少0.7个百分点。二是使用清洁能源的农户增加,使用清洁燃料液化气和电的农户占13.6%,提高3个百分点。三是饮用水更加卫生,饮用自来水的农户占37.6%,提高3个百分点,而饮用浅井水、江河湖泊塘等非卫生水的农户下降1.6个百分点。四是住房外部环境改善,28.3%的农户住宅外有水泥或柏油状路面,26.3%的农户住宅外有石头或石板等硬质路面。

图4 农户居住设施使用情况户数构成(%)

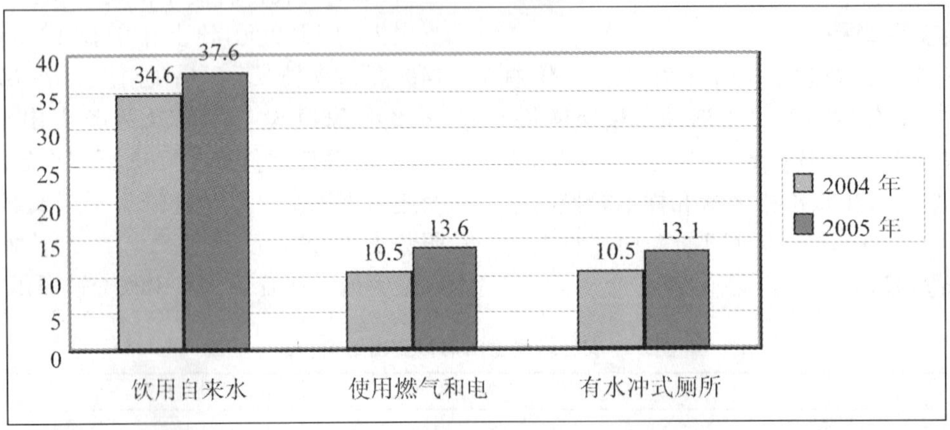

(五)耐用消费品拥有量增加

2005年平均每百户农村居民家庭拥有彩色电视机84台,比上年增加8.9台,增长11.9%;洗衣机40台,增加2.8台,增长7.6%;电冰箱20台,增加2.4台,增长13.3%;摩托车41辆,增加4.5辆,增长12.6%;电话58部,增加3.8部,增长7%;移动电话50部,增加15.5部,增长44.7%;影碟机34.9台,增加7.7台,增长28.3%;空调6.4台,增加1.7台,增长36.2%。

(六)信息化程度大幅度提高

2005年农村居民的信息化程度为44.2%,比上年提高5.3个百分点。其中彩色电视机普及率76.3%,提高7.2个百分点;电话普及率70.4%,提高9.6个百分点;电脑普及率1.9%,提高0.1个百分点。

二、粮食主产区农民生活消费及生活质量

据对全国31个省(区、市)6.8万个农村住户的抽样调查,2005年粮食主产区农村居民生活消费支出人均2481元,增加376元,扣除价格因素和样本因素影响,实际增长12.3%,增速比全国平均水平高0.8个百分点,比上年提高4.3个百分点。

(一)生活消费各项支出全面增长

在粮食主产区农村居民生活消费支出中:食品支出人均1127元,增加123元,增长12.2%;衣着支出人均146元,增加28元,增长23.6%;居住支出人均360元,增加53元,增长17.3%;购买家庭设备用品及服务支出人均107元,增加25元,增长29.9%;交通通讯支出人均238元,增加56元,增长30.7%;文教娱乐支出人均289元,增加50元,增长21.0%;医疗保健支出人均164元,增加39元,增长30.9%;其他商品和服务支出人均51元,增加3元,增长7.2%。

(二)食品消费质量提高

2005年粮食主产区农村居民生活消费的恩格尔系数为45.4%,略低于全国平均水平,比上年下降2.3个百分点,下降幅度比全国平均大0.5个百分点。食品消费结构改善。其中:谷物消费人均206公斤,减少12.7公斤,减少5.8%;豆类消费人均3.5公斤,增加0.3公斤,增长10.3%;奶及奶制品消费人均2.1公斤,增加0.8公斤,增长62.2%;肉类消费人均20.2公斤,增加2.7公斤,增长15.2%;水产品消费人均4.6公斤,增加0.5公斤,增长13.4%;蛋类及蛋制品消费人均6.1公斤,增加0.2公斤,增长3.8%;瓜果消费人均17.9公斤,增加1.2公斤,增长7.4%。

(三)居住条件进一步改善

住房面积增加,质量提高。粮食主产区农村居民人均居住面积30.4平方米,比上年增加2.2平方米,增长7.7%。其中:钢筋混凝土结构住房人均10.8平方米,增加2.2平方米,增长25.3%;砖木结构住房人均16.8平方米,增加0.2平方米,增长1.2%。

居住环境改善。2005年末,粮食主产区有6.9%的农村住户住房有水冲式厕所,增长47.3%;有10.5%的农村住户使用暖气,增长27.5%;有9.1%的农村住户使用清洁燃料,增长74.0%;有30.1%的农村住户饮用自来水,增长10.1%;有54.2%的农村住户住宅外的路面为硬质路面。

(四)交通通讯消费成热点

粮食主产区农村居民交通通讯消费增势不减,成为近年的消费热点。2005年粮食主产区农村居

民购买通讯工具支出人均25元，增加7元，增长36.9%；通讯费支出人均76元，增加18元，增长31.4%；购买交通工具支出人均54元，增加5元，增长11.3%；交通费支出人均46元，增加10元，增长28.1%。年末每百户农村住户拥有摩托车43辆，手机55部，电话67部，分别比上年增长26.8%、78.6%、19.9%。

农户生产投入

据对全国31个省(区、市)6.8万个农村住户的抽样调查，2005年农户人均生产投入1321元，比上年增加289元，增长28%。扣除农业生产资料价格上涨因素影响，实际增长18.2 %。主要情况是：

图5　2001～2005年农户生产投入(元/人)

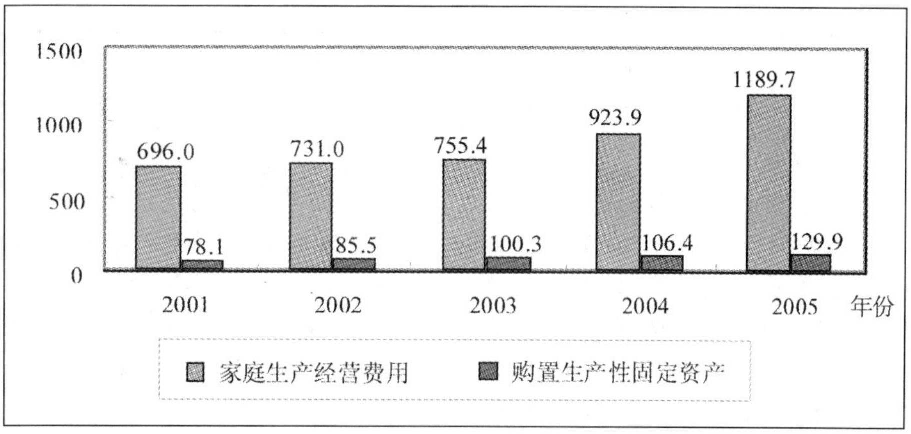

一、农户农业生产投入加快

农户农业生产投入人均为1058元，比上年增加229元，增长27.6%，增速比上年快3.4个百分点。农业生产投入增加额占当年生产投入增加额的79.2%。其中，种植业投入人均为541元，比上年增加106元，增长24.4%；牧业投入人均为477元，比上年增加111元，增长30.4%。

农业生产投入增加，一方面是农户购买生产资料数量增加。2005年农户人均购买化肥158公斤，比上年增长4.5%；人均购买农药41公斤，比上年增长29.8%；人均购买种籽9公斤，比上年增长30%；人均购买饲料161公斤，比上年增长48.5%。另一方面是农资价格上涨。由于农户购买化肥、种籽、饲料、幼畜等生产资料价格上涨，致使农户购买以上几种生产资料多支出100元，占农业生产投入增加总额的44%。

二、农户二三产业生产投入大幅增长

农户用于二、三产业的生产投入人均为131元，比上年增加36元，增长37.9%。其中，工业生产支出人均40元，比上年增长28.8%；交通、运输和邮电业支出人均39元，增长43.4%；批发和零售贸易、餐饮业支出人均31元，增长65%。

三、生产性固定资产投入增加较快

农户购置生产性固定资产支出人均130元，增加24元，增长22.1%。其中，购置农林牧副渔业机械支出人均51元，增加15元，增长41.9%；购置运输机械支出人均为34元，增加9元，增长35.9%。

四、东部地区农户生产投入增幅快于中西部地区

东部地区农户生产投入人均1420，比上年增加328元，增长30%；中部地区人均为1362元，增加306元，增长29%；西部地区人均为1136元，增加215元，增长23.3%。

五、粮食主产区农户生产投入增速略低于全国平均水平

粮食主产区农户人均生产投入1447元，比上年增加314元，增长27.8%，扣除农业生产资料价格上涨因素影响，实际增长18 %，比全国平均增幅略低0.2个百分点。增加的投入主要用于种植业和牧业，用于牧业和种植业的投入分别为514元和634元，分别比上年增加118和123元，增长29.8%和24.1%，农牧业生产投入共增加241元，占生产投入增加总额的76.8%。

农民税费负担

据对全国31个省(区、市)6.8万个农村住户的抽样调查，2005年农民税费负担人均13.1元，比上年减少 24.4 元，下降 65.1%。

图 6　1997～2005 年农民税费支出变化(元/人)

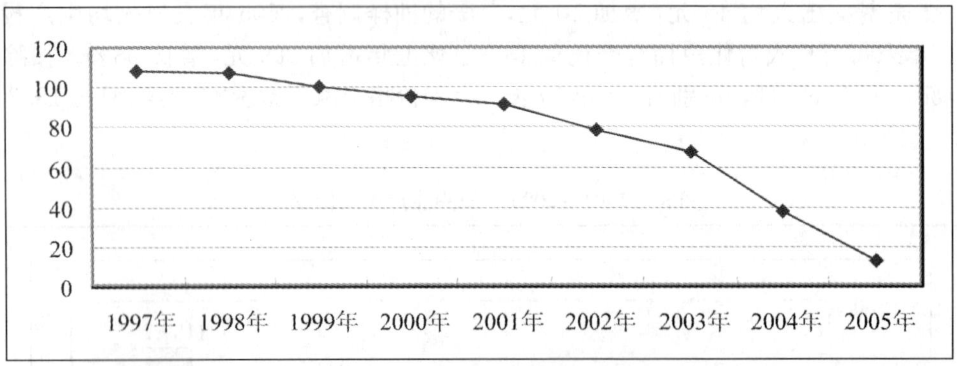

一、农业税大幅度下降

2005 年农民缴纳的农业税人均 1.8 元，比上年减少 23.4 元，下降 93.0%。已取消农业税的地区，除有少部分农户补交往年欠税外，大部分农户已无农业税。尚未完全取消农业税的三个省，农民缴纳的农业税也大幅度减少。其中，河北人均 10.3 元，减少 21.2 元，下降 67.3%；山东人均 10.1 元，减少 29.6 元，下降 74.5%；云南人均 2.8 元，减少 7.1 元，下降 71.7%。

二、中西部地区税费负担低于东部地区

2005 年东部地区农民税费负担人均 18.3 元，其中农业税人均 3.5 元；中部地区农民税费负担人均12.2 元，其中农业税人均 0.5 元；西部地区农民税费负担人均 7.3 元，其中农业税人均 1.0 元。

三、粮食主产区税费减少数额多于全国平均水平

2005 年粮食主产区农民税费负担人均 17.5 元，减少 29.5 元，下降 62.7%。其中农业税人均 2.6 元，减少 30.5 元，下降 92.4%。粮食主产区农民税费负担比全国平均水平人均多 4.4 元，农业税人均多 0.8 元。但税费负担的减少额比全国平均水平人均多 5.1 元，农业税人均多 7.0 元。

四、各种收费成为当前农民税费负担主要部分

2005 年农民缴纳的各种收费人均 8.4 元，增加 0.5 元，增长 6.3%，各种收费占农民税费负担的 64.1%，成为农民税费负担的主要部分。其中“一事一议”筹资人均 2.0 元，增长 21.1%。

农户存粮

据对全国 31 个省(区、市)6.8 万个农村住户的抽样调查，2005 年末全国农户存粮人均 535 公斤(原粮)，比上年末减少 11 公斤，下降 2%。

一、谷物结存减少较多

在 2005 年末农户存粮中，谷物人均 493 公斤，比上年末减少 20 公斤，下降 3.8%。其中：小麦人均 103 公斤；稻谷人均 157 公斤；玉米人均 215 公斤。谷物结存减少主要是由于出售量增加。2005 年农户出售粮食人均 380 公斤，比上年增加 89 公斤，增长 30.8%。其中：出售小麦人均 59 公斤，增加 12 公斤，增长 24.7%；稻谷 107 公斤，增加 23 公斤，增长 26.9%；玉米 171 公斤，增加 42 公斤，增长 32.6%。

二、粮食主产区农户存粮略有减少

2005 年末粮食主产区农户存粮人均 750 公斤，比上年末减少 6 公斤，下降 0.9%。粮食主产区农户存粮比全国平均水平人均多 215 公斤。粮食主产区存粮较多的有：河北、内蒙、辽宁、吉林、黑龙江、安徽、山东、河南等省区。

三、粮食主销区农户存粮减少较多

2005 年末，北京、天津、上海、浙江、福建、广东、海南 7 个粮食主销省(市)农户存粮人均 207 公斤，比上年末减少 42 公斤，下降 16.7%。

四、低收入户存粮有所增加

2005 年末，低收入组农户存粮人均 479 公斤，比上年末增加 13 公斤，增长 2.7%。

图7 农户存粮变化比较(公斤/人)

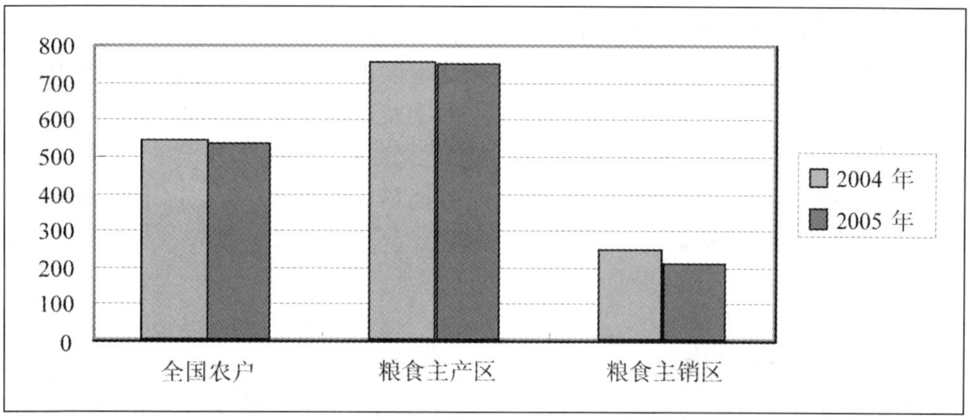

劳动力转移

据对全国31个省(区、市)6.8万个农村住户和7100多个行政村的抽样调查,2005年末,农村转移劳动力达18319万人,比上年增加957万人,增长5.5%。已转移劳动力占农村劳动力的比重为37.4%,比上年提高1.9个百分点。

一、农村转移劳动力以异地转移为主

在转移劳动力中,就地转移(在本乡镇地域内实现非农就业)的劳动力8510万人,占46.5%;异地转移(转移到本乡镇地域以外)劳动力9809万人,占已转移劳动力的53.5%。在异地转移劳动力中,转移到直辖市的约1031万人,占10.5%;省会城市约1957万人,占19.9%;地级市约3692万人,占37.6%;县级市约1837万人,占18.7%;建制镇约896万人,占9.1 %;转移到其它地区的劳动力约396万人,占4%。

二、1/3农村转移劳动力在制造业就业

在农村转移劳动力中,在制造业就业的劳动力占33.8%,在建筑业就业的劳动力占12.6%。在第三产业就业的劳动力约9190万人,占50.2%。其中,在居民和社会服务业就业的劳动力占10.7%,在批发零售业就业的劳动力占7.6%,在交通运输仓储及邮电通讯业就业的劳动力占5.9%,在住宿餐饮业就业的劳动力占4.7%。

三、中西部地区4000余万农村劳动力转移到东部地区

在农村转移劳动力中,东部地区转移劳动力9202万人,占50.3%;中部地区转移劳动力5759万人,占31.4%;西部地区转移劳动力3352万人,占18.3%。在中西部地区已转移的劳动力中,有4077万农村劳动力转移到了东部地区,约占中西部转移劳动力的45%。

四、5省市半数以上农村劳动力已转移

分省看,农村转移劳动力占农村劳动力的比重在50%以上的有5个省市:北京(60.7%)、天津(50.4%)、上海(73.8%)、江苏(58.4%)、浙江(57.1%);农村转移劳动力占农村劳动力的比重在30%~50%之间的省市有:河北(30.5%)、安徽(36.5%)、福建(44.6%)、江西(36.1%)、山东(34%)、湖北(33.5%)、广东(45.3%)、重庆(31.8%)、四川(32.1%)。

外出务工

据对全国31个省(区、市)6.8万个农村住户和7100多个行政村的抽样调查,2005年农村外出务工劳动力12578万人,比上年增加755万人,增长6.4%。其中,农村常住户中外出务工的劳动力10038万人,增加685万人,增长7.3%,首次突破1亿人大关;举家外出务工的劳动力2540万人,增加70万人,增长2.8%。主要情况是:

一、中部地区外出务工劳动力增加较多

在农村常住户中,东部地区外出务工劳动力3393万人,增加205万人,增长6.5%;中部地区外出务工劳动力3993万人,增加312万人,增长8.5%;西部地区外出务工劳动力2652万人,增加168万人,增长6.7%。

二、外出务工去向进一步向东部地区集中

农村常住户中,在东部地区务工的劳动力7058万人,增加547万人,增长8.4%,占外出务工劳动力的比重为70.3%;在中部地区务工的劳动力1445万人,增加101万人,增长7.5%;在西部地区务工的劳动力1503万人，增加30万人，增长2.1%。

三、在地级以上大中城市务工的劳动力增加

从外出务工劳动力的就业地点看，2005年外出劳动力在地级以上大中城市务工的劳动力占65.1%，比上年提高2.7个百分点。其中，在直辖市务工的劳动力占9.9%，提高0.3个百分点；在省级市务工的劳动力占19.1%，提高0.6个百分点；在地级市务工的劳动力占36.1%，提高1.8个百分点。

四、从事制造业的劳动力比重增加

从2005年外出劳动力所从事的行业来看，从事制造业的劳动力所占比重最大，占34.8%，比上年提高2.5个百分点。其次是建筑业，占20.2%，比上年下降2.7个百分点。社会服务业劳动力占10.6%、住宿餐饮业占6%、批发零售业占4.7%。

五、外出务工劳动力素质有所提高

在外出务工劳动力中，文盲占1.7%，小学文化程度占14.8%，初中文化程度占67.3%，高中文化程度占10.7%，中专及以上文化程度占5.5%。初中及以上文化程度占83.5%，比上年提高1.9个百分点。2005年外出务工劳动力中接受过专业技能培训的占34.4%，比上年提高6.2个百分点。

农村贫困

据对全国31个省（区、市）6.8万个农村住户的抽样调查，2005年末全国农村绝对贫困人口为2365万人，比上年减少245万人，贫困发生率为2.5%。初步解决温饱但还不稳定的农村低收入人口为4067万人，比上年减少910万人，低收入人口占农村人口的比重为4.3%。

图8　农村贫困发生率(%)

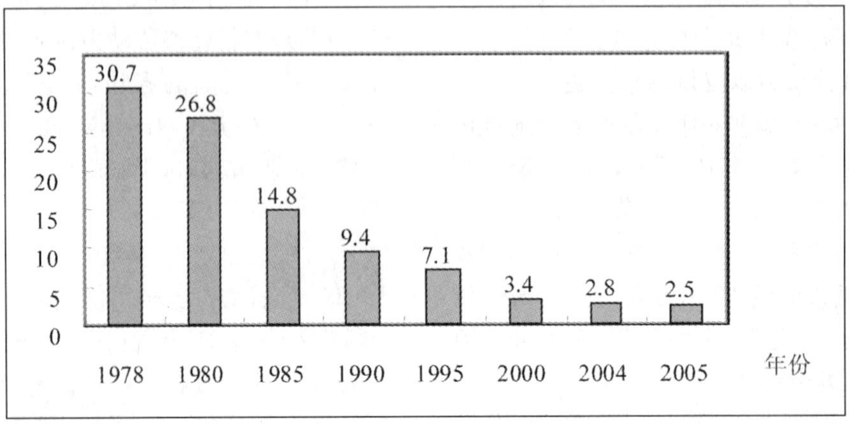

一、绝对贫困人口与低收入人口标准

根据农村居民生活消费价格指数，2005年农村绝对贫困人口的标准由上年的668元调整为683元，低收入人口的标准由上年的924元调整为944元。

二、绝对贫困人口和低收入人口大量减少

根据2005年绝对贫困人口与低收入人口的标准测算，2005年末，农村绝对贫困人口的数量为2365万人，比上年减少245万人，减少9.4%；贫困发生率为2.5%，下降0.3个百分点。低收入人口数量为4067万人，比上年减少910万人，减少18.3%；低收入人口占农村人口的比重为4.3%，下降1个百分点。绝对贫困人口与低收入人口合计数量为6432万人，比上年减少1155万人，减少15.2%；占农村人口的比重为6.8%，下降1.3个百分点。2005年农业继续增产，农民继续增收，农村税费改革继续推进，农村扶贫开发力度加大，共同推动了贫困人口和低收入人口的减少。

分省来看，绝对贫困人口与低收入人口数量合计减少较多的分别是四川（减110万）、山西（减93万）、河南（减89万）和河北（减86万），这几个省贫困人口与低收入人口基数大，2005年人均纯收入增长快，所以贫困人口与低收入人口减少较多。

三、西部地区贫困人口占全国的比重增加

在农村绝对贫困人口中，东部地区为324万人，中部地区为839万人，西部地区为1202万人，各地区贫困发生率分别为0.8%、2.5%和5.2%。在低收入人口中，东部地区为577万人，中部地区为1372万人，西部地区为2118万人，占各地区农村人口的比重分别为1.5%、4.2%和9.2%。2005

年西部地区农村绝对贫困人口占全国农村绝对贫困人口的比重为50.8%，比上年增加0.8个百分点；西部地区农村低收入人口占全国农村低收入人口的比重为52.1%，比上年增加4个百分点。

图9 2005年农村绝对贫困人口分布(%)

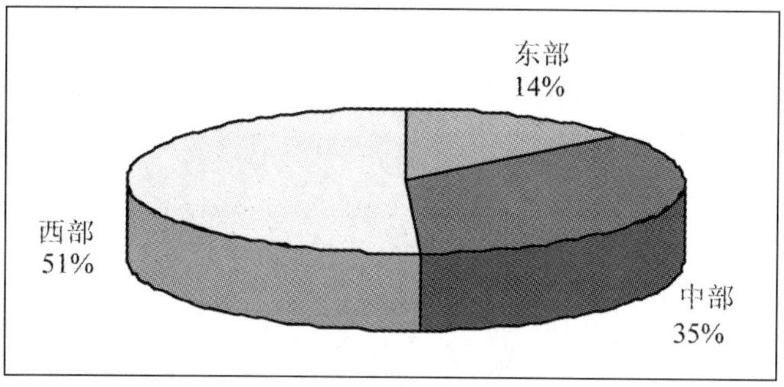

四、扶贫重点县、西部开发12省是农村贫困的主要集中地

2005年592个国家扶贫重点县农村绝对贫困人口1433万人，占全国农村绝对贫困人口的60.6%；农村低收入人口2191万人，占全国农村低收入人口的53.9%。西部开发12省农村绝对贫困人口1421万人，占全国农村绝对贫困人口的60.1%；农村低收入人口2384万人，占全国农村低收入人口的58.6%。

2

综合资料

2—1　农村居民家庭人口状况

年　份	调查户数（户）	常住人口（人/户）	劳动力（人/户）	整劳动力（人/户）	劳动力负担人口（人/劳动力）
1978	6095	5.7	2.3		2.5
1980	15914	5.5	2.5		2.3
1985	66642	5.1	3.0	2.4	1.7
1990	66960	4.8	2.9	2.5	1.6
1991	67410	4.7	2.8	2.4	1.7
1992	67490	4.7	2.8	2.4	1.6
1993	67570	4.6	2.9	2.4	1.6
1994	67420	4.5	2.9	2.5	1.6
1995	67340	4.5	2.9	2.4	1.6
1996	67610	4.4	2.8	2.4	1.6
1997	67680	4.4	2.8	2.2	1.6
1998	68300	4.3	2.8	2.2	1.5
1999	67430	4.2	2.8	2.1	1.5
2000	68116	4.2	2.8	2.1	1.5
2001	68190	4.2	2.7	2.0	1.5
2002	68190	4.1	2.8	2.0	1.5
2003	68190	4.1	2.8	2.0	1.5
2004	68190	4.1	2.8	2.0	1.4
2005	68190	4.1	2.8	2.0	1.4

2—2　农村居民家庭劳动力文化状况

单位：%

年　份	不识字或识字很少	小学程度	初中程度	高中程度	中专程度	大专及大专以上
1985	27.9	37.1	27.7	7.0	0.3	0.1
1990	20.7	38.9	32.8	7.0	0.5	0.1
1991	16.9	39.5	35.2	7.6	0.6	0.1
1992	16.2	39.1	36.2	7.8	0.6	0.1
1993	15.3	38.2	37.4	8.2	0.7	0.2
1994	14.7	37.2	38.6	8.5	0.8	0.2
1995	13.5	36.6	40.1	8.6	1.0	0.2
1996	11.2	35.5	42.8	8.9	1.2	0.3
1997	10.1	35.1	44.3	8.9	1.2	0.3
1998	9.6	34.5	45.0	9.2	1.5	0.4
1999	9.0	33.7	46.1	9.4	1.6	0.4
2000	8.1	32.2	48.1	9.3	1.8	0.5
2001	7.9	31.1	48.9	9.7	1.9	0.5
2002	7.6	30.6	49.3	9.8	2.1	0.6
2003	7.4	29.9	50.2	9.7	2.1	0.6
2004	7.5	29.2	50.4	10.1	2.1	0.8
2005	6.9	27.2	52.2	10.3	2.4	1.1

2—3　农村居民家庭房屋情况

年　份	新建房屋面　积(平方米/人)	砖　木结　构	钢筋混凝土结构	新建房屋造　价(元/平方米)	年末住房面　积(平方米/人)	砖　木结　构	钢筋混凝土结构	年末住房价　值(元/平方米)
1978					8.1			
1980					9.4			17.0
1985	1.1	0.7	0.1	40.2	14.7	7.5	0.3	26.8
1990	0.8	0.5	0.2	92.3	17.8	9.8	1.2	44.6
1991	0.9	0.5	0.3	101.0	18.5	10.4	1.6	56.6
1992	0.7	0.4	0.2	111.2	18.9	10.7	1.8	60.1
1993	0.7	0.3	0.2	124.6	20.7	11.8	2.3	73.4
1994	0.7	0.4	0.2	152.4	20.2	11.5	2.7	83.2
1995	0.8	0.4	0.3	200.3	21.0	11.9	3.1	101.6
1996	1.0	0.4	0.5	219.5	21.7	11.7	4.4	133.9
1997	0.9	0.4	0.5	222.0	22.5	11.9	5.1	149.7
1998	0.8	0.3	0.5	227.4	23.3	12.2	5.7	153.0
1999	0.8	0.3	0.5	239.5	24.2	12.3	6.4	157.6
2000	0.9	0.4	0.5	260.2	24.8	13.6	6.2	187.4
2001	0.8	0.3	0.5	263.5	25.7	13.8	6.9	196.1
2002	0.9	0.3	0.5	295.6	26.5	13.9	7.7	202.8
2003	0.8	0.3	0.5	303.8	27.2	14.1	8.5	217.1
2004	0.6	0.2	0.4	339.3	27.9	14.1	9.2	226.1
2005	0.8	0.3	0.5	373.3	29.7	14.1	11.2	267.8

2—4　农村居民家庭经营土地情况

单位：亩/人

年　份	耕地面积	有效灌溉面积	园地面积	牧草地面积	山地面积	养殖水面面积
1978						
1980					0.04	
1985	2.07				0.52	0.02
1990	2.10				0.42	0.02
1991	2.18				0.33	0.02
1992	2.06				0.33	0.02
1993	2.17				0.40	0.02
1994	2.18				0.43	0.02
1995	2.17				0.44	0.02
1996	2.30				0.46	0.02
1997	2.07				0.43	0.02
1998	2.06				0.43	0.02
1999	2.07				0.47	0.02
2000	1.98		0.06	3.28	0.28	0.03
2001	1.99		0.06	3.83	0.28	0.03
2002	2.00		0.07	4.51	0.28	0.03
2003	1.96		0.07	4.40	0.19	0.02
2004	2.00	0.95	0.07	4.69	0.21	0.02
2005	2.08	0.99	0.08	3.74	0.32	0.03

2—5 农村居民家庭年末拥有主要生产性固定资产数量

单位:平均每百户

年 份	汽 车（辆）	大中型拖拉机（台）	小型和手扶拖拉机（台）	机动脱粒机（台）	收割机（台）
1985	0.3	0.4	2.7	1.9	
1990	0.3	0.5	5.3	3.6	
1991	0.2	0.5	6.6	3.9	
1992	0.3	0.6	7.3	4.2	
1993	0.3	0.6	8.4	5.3	
1994	0.4	0.8	8.8	5.2	
1995	0.5	0.8	9.9	6.3	
1996	0.8	1.0	12.5	6.9	
1997	0.8	1.4	14.3	7.4	
1998	1.0	1.2	14.3	8.6	
1999	1.1	1.4	16.3	8.4	
2000	1.3	1.4	16.7	9.6	1.2
2001	1.2	1.5	17.4	9.3	1.2
2002	1.3	1.5	18.5	9.6	1.2
2003	1.4	1.8	18.9	10.1	1.2
2004	1.4	2.2	18.8	10.1	1.3
2005	1.8	2.1	20.2	8.7	1.0

年 份	农用动力机械（台）	胶轮大车（辆）	水 泵（台）	役 畜（头）	产品畜（头）
1985		5.5	1.7	57.2	32.1
1990		7.9	3.9	57.3	30.9
1991		8.2	4.7	53.9	28.7
1992		8.7	5.5	53.0	30.1
1993		9.6	8.5	60.0	53.2
1994		9.3	7.9	58.8	56.7
1995		9.3	9.1	56.0	50.7
1996		8.8	11.0	55.0	56.3
1997		8.8	12.1	55.6	52.7
1998		8.5	13.7	48.4	52.2
1999		7.9	14.0	45.0	54.1
2000	11.6	13.3	17.7	41.8	41.6
2001	13.1	14.5	19.9	39.7	54.7
2002	13.7	14.3	21.5	39.4	56.4
2003	14.1	13.7	21.1	35.5	58.6
2004	14.5	12.9	22.1	34.8	51.8
2005	14.7	9.9	21.0	29.3	60.3

2—6 农村居民家庭主要农产品出售量

单位:公斤/人

年 份	粮 食	棉 花	油 料	麻 类	糖 料	烟 叶	蔬 菜	水 果
1980								
1985	123.5	4.1	14.4	2.8	57.9	2.3	53.8	6.8
1990	180.2	4.3	12.9	1.6	70.6	2.7	65.1	13.2
1991	179.4	5.5	13.2	1.3	74.5	3.2	68.7	15.7
1992	165.9	4.2	11.3	1.2	86.8	3.6	75.6	16.9
1993	159.4	3.3	10.5	0.9	82.9	3.2	77.7	19.6
1994	188.5	4.0	10.7	0.5	62.2	2.0	72.7	22.6
1995	179.2	4.3	12.0	0.7	56.7	2.2	80.0	24.3
1996	203.5	3.9	11.6	0.8	68.7	3.1	97.0	29.8
1997	228.0	5.1	11.1	0.6	75.8	4.5	106.2	36.2
1998	227.5	5.1	12.4	0.4	81.7	2.3	108.7	38.5
1999	243.3	4.4	15.6	0.3	86.3	2.4	111.7	43.2
2000	264.7	5.6	18.4	0.5	76.4	2.7	132.1	46.4
2001	268.0	7.1	18.3	0.4	62.4	2.4	132.9	48.2
2002	281.2	6.9	18.5	0.6	93.6	2.6	143.8	49.1
2003	294.4	16.8	19.2	0.7	101.1	2.6	147.6	48.8
2004	287.3	19.2	18.9	0.5	91.6	2.5	151.6	57.5
2005	375.8	22.1	20.1	0.7	84.7	3.7	167.9	61.6

年 份	猪 肉	牛 肉	羊 肉	牛羊奶	家 禽	禽 蛋	水产品
1980	8.9	0.2	0.2		0.6	1.1	
1985	16.3	0.6	0.5	1.0	1.0	2.2	1.7
1990	17.8	0.7	0.6	1.7	1.5	1.9	2.1
1991	20.1	0.9	0.8	1.9	2.2	2.7	2.9
1992	21.2	0.9	0.7	1.9	2.2	2.9	3.2
1993	23.8	1.0	0.9	1.8	2.4	2.9	3.1
1994	23.3	1.1	0.9	1.8	2.3	3.4	3.0
1995	24.2	1.2	1.0	1.9	2.4	3.5	2.9
1996	25.7	1.7	2.0	2.6	2.5	2.6	3.3
1997	26.1	1.8	2.3	2.8	3.0	3.8	4.5
1998	23.0	1.7	1.0	2.6	2.4	3.6	4.3
1999	28.4	1.9	1.9	3.0	3.4	4.1	6.2
2000	30.2	2.1	2.4	2.7	4.6	6.3	5.8
2001	30.9	2.3	2.8	3.7	5.0	6.0	6.5
2002	32.3	2.5	2.7	4.9	6.0	6.5	8.0
2003	29.5	2.9	2.7	7.3	6.7	7.1	7.5
2004	26.6	2.9	2.5	7.7	6.9	6.4	7.3
2005	32.2	2.9	3.3	11.3	9.6	10.5	8.5

2—7 农村居民家庭主要食品消费量

单位:公斤/人

年 份	粮 食	1.细 粮	2.粗 粮	蔬菜及制品	食用油	1.植物油	2.动物油	食 糖
1978	247.8	122.5	125.3	141.5	2.0	1.3	0.7	0.7
1979	256.7	139.4	117.3	131.2	2.4	1.5	0.9	0.8
1980	257.2	162.9	94.2	127.2	2.5	1.4	1.1	1.1
1981	256.1	172.4	83.7	124.0	3.1	1.9	1.2	1.1
1982	260.0	191.8	68.1	132.0	3.4	2.1	1.4	1.2
1983	259.9	196.3	63.6	131.0	3.5	2.2	1.3	1.3
1984	266.5	209.1	57.5	140.0	4.0	2.5	1.5	1.3
1985	257.5	208.8	48.6	131.1	4.0	2.6	1.4	1.5
1986	259.3	212.2	47.1	133.7	4.2	2.6	1.6	1.6
1987	259.4	211.4	48.0	130.4	4.7	3.1	1.6	1.7
1988	259.5	210.7	48.8	130.1	4.8	3.3	1.5	1.4
1989	262.3	213.5	48.8	133.4	4.8	3.3	1.5	1.5
1990	262.1	215.0	47.1	134.0	5.2	3.5	1.6	1.5
1991	255.6	213.8	41.8	127.0	5.7	3.9	1.8	1.4
1992	250.5	210.6	39.9	129.1	5.9	4.1	1.8	1.5
1993	251.8	221.0	30.8	107.4	5.7	4.1	1.6	1.4
1994	257.6	212.0	45.6	107.9	5.7	4.1	1.6	1.3
1995	256.1	210.7	45.3	104.6	5.8	4.3	1.6	1.3
1996	256.2	206.5	49.7	106.3	6.1	4.5	1.6	1.4
1997	250.7	208.9	41.8	107.2	6.2	4.7	1.4	1.4
1998	248.9	209.0	39.9	109.0	6.1	4.6	1.5	1.4
1999	247.5	206.2	41.3	108.9	6.2	4.6	1.6	1.5
2000	250.2	207.1	43.1	106.7	7.1	5.5	1.6	1.3
2001	238.6	199.7	38.9	109.3	7.0	5.5	1.5	1.4
2002	236.5	199.4	37.1	110.6	7.5	5.8	1.8	1.6
2003	222.4	192.5	29.9	107.4	6.3	5.3	1.0	1.2
2004	218.3	189.8	28.5	106.6	5.3	4.3	1.0	1.1
2005	208.9	181.8	27.1	102.3	6.0	4.9	1.1	1.1

2—7 续表　　　　单位:公斤/人

年　份	猪牛羊肉	1.猪　肉	2.牛羊肉	家　禽	禽蛋及制品	水产品	奶及制品	酒
1978	5.8	5.2	0.6	0.3	0.8	0.8		1.2
1979	6.5	6.1	0.4	0.3	0.9	0.7		1.4
1980	7.7	7.3	0.5	0.7	1.2	1.1		1.9
1981	8.7	8.2	0.5	0.7	1.3	1.3		2.3
1982	9.1	8.4	0.7	0.8	1.4	1.3	0.7	2.7
1983	10.0	9.3	0.7	0.8	1.6	1.6	0.8	3.2
1984	10.6	9.9	0.7	0.9	1.8	1.7	0.8	3.5
1985	11.0	10.3	0.7	1.0	2.1	1.6	0.8	4.4
1986	11.8	11.1	0.7	1.1	2.1	1.9	1.4	5.0
1987	11.7	11.0	0.7	1.2	2.3	2.0	1.1	5.5
1988	10.7	10.1	0.7	1.3	2.3	1.9	1.1	5.9
1989	11.0	10.3	0.7	1.3	2.4	2.1	1.0	6.0
1990	11.3	10.5	0.8	1.3	2.4	2.1	1.1	6.1
1991	12.2	11.2	1.0	1.3	2.7	2.2	1.3	6.4
1992	11.8	10.9	1.0	1.5	2.9	2.3	1.5	6.6
1993	11.7	10.9	0.8	1.6	2.9	2.8	0.9	6.5
1994	11.0	10.2	0.8	1.6	3.0	3.0	0.7	6.0
1995	11.3	10.6	0.7	1.8	3.2	3.4	0.6	6.5
1996	12.9	11.9	1.1	1.9	3.4	3.7	0.8	7.1
1997	12.7	11.5	1.3	2.4	4.1	3.8	1.0	7.1
1998	13.2	11.9	1.3	2.3	4.1	3.7	0.9	7.0
1999	13.9	12.7	1.2	2.5	4.3	3.8	1.0	7.0
2000	14.4	13.3	1.1	2.8	4.8	3.9	1.1	7.0
2001	14.5	13.4	1.2	2.9	4.7	4.1	1.2	7.1
2002	14.9	13.7	1.2	2.9	4.7	4.4	1.2	7.5
2003	15.0	13.8	1.3	3.2	4.8	4.7	1.7	7.7
2004	14.8	13.5	1.3	3.1	4.6	4.5	2.0	7.8
2005	17.1	15.6	1.5	3.7	4.7	4.9	2.9	9.6

2—8 农村居民家庭主要建筑材料购买量

年 份	水 泥（公斤/户）	木 材（立方米/户）	钢 材（公斤/户）	水泥预制件（件/户）	玻 璃（平方米/户）	砖（块/户）	瓦（块/户）
1985	88.2	0.1	5.1	1.3	0.3	672.1	
1990	171.8	0.1	11.2	1.1	0.3	901.2	
1991	177.2	0.1	10.8	1.0	0.4	844.1	
1992	154.4	0.1	9.9	1.0	0.3	746.4	
1993	111.9	0.1	7.3	0.8	0.3	589.9	
1994	154.6	0.2	11.5	1.0	0.3	758.2	
1995	187.8	0.2	13.9	1.4	0.3	818.2	
1996	236.7	0.4	16.7	1.7	0.4	937.2	
1997	254.8	0.1	18.9	1.9	0.5	926.7	
1998	265.0	0.1	19.3	1.5	0.3	817.6	
1999	285.1	0.1	24.9	1.8	0.5	865.4	
2000	302.7	0.2	24.0	1.9	0.4	896.5	
2001	310.7	0.4	24.4	1.7	0.3	878.3	
2002	336.0	0.2	26.5	1.7	0.3	929.9	
2003	296.2	0.1	24.9	0.8	0.2	696.3	54.6
2004	245.6	0.1	20.1	1.1	0.2	681.4	48.6
2005	309.7	0.1	23.8	1.1	0.2	710.7	55.5

注:2002年以前砖为砖瓦合计数。

2—9 农村居民家庭主要生产资料购买量

单位:公斤/户

年 份	化 肥	饼 肥	农用薄膜	生产用燃料	生产用电(度/户)
1985	375.6	17.1	0.9	73.0	
1990	494.1	7.6	1.4	77.1	
1991	521.7	8.6	1.8	75.0	
1992	497.0	6.8	1.9	76.2	
1993	531.9	3.5	2.0	87.4	
1994	531.9	3.5	2.0	87.4	
1995	569.5	4.2	2.5	98.0	
1996	590.0	5.3	3.1	120.5	
1997	566.4	4.0	3.1	111.0	
1998	551.8	3.9	3.3	83.6	
1999	547.7	5.2	3.0	86.7	
2000	545.8	7.5	4.0	90.8	
2001	554.3	9.0	4.1	84.8	
2002	552.4	8.8	3.6	90.4	
2003	555.2	6.5	4.3	63.3	58.4
2004	616.3	5.8	4.4	106.3	60.5
2005	643.2	5.6	4.9	90.4	71.5

2—10 农村居民家庭主要耐用品拥有量

单位:平均每百户

年 份	自行车（辆）	摩托车（辆）	洗衣机（台）	电风扇（台）	电冰箱（台）	空调机（台）	抽油烟机（台）	热水器（台）
1978	30.8							
1980	36.9							
1985	80.6		1.9	9.7	0.1			
1990	118.3	0.9	9.1	41.4	1.2			
1991	121.6	1.1	11.0	53.3	1.6			
1992	125.7	1.4	12.2	60.1	2.2			
1993	133.4	2.1	13.8	71.8	3.1	0.1	0.3	
1994	136.5	3.2	15.3	80.9	4.0	0.1	0.4	
1995	147.0	4.9	16.9	89.0	5.2	0.2	0.6	
1996	139.1	8.4	20.5	100.5	7.3	0.3	0.9	
1997	142.0	10.9	21.9	105.9	8.5	0.4	2.3	
1998	137.2	13.5	22.8	111.6	9.3	0.6	1.7	
1999	136.9	16.5	24.3	116.1	10.6	0.7	2.3	
2000	120.5	21.9	28.6	122.6	12.3	1.3	2.8	5.1
2001	120.8	24.7	29.9	129.4	13.6	1.7	3.2	5.8
2002	121.3	28.1	31.8	134.3	14.8	2.3	3.6	6.7
2003	118.5	31.8	34.3	138.1	15.9	3.5	4.1	8.0
2004	118.2	36.2	37.3	141.9	17.8	4.7	4.8	9.4
2005	98.4	40.7	40.2	146.4	20.1	6.4	6.0	12.4

年 份	黑白电视机（台）	彩色电视机（台）	收录机（台）	照相机（部）	家用计算机（台）	电话机（部）	移动电话（部）	组合音响（台）
1978								
1980	0.4							
1985	10.9	0.8	4.3					
1990	39.7	4.7	17.8	0.7				
1991	47.5	6.4	19.6	0.9				
1992	52.4	8.1	21.0	1.0				
1993	58.3	10.9	24.2	1.0				
1994	61.8	13.5	26.1	1.2				
1995	63.8	16.9	28.3	1.4				
1996	65.1	22.9	31.2	1.9				
1997	65.1	27.3	32.0	2.1				
1998	63.6	32.6	32.4	2.2				
1999	62.4	38.2	32.0	2.7				
2000	53.0	48.7	21.6	3.1	0.5	26.4	4.3	7.8
2001	50.7	54.4	20.7	3.2	0.7	34.1	8.1	8.7
2002	48.1	60.5	20.4	3.3	1.1	40.8	13.7	9.7
2003	42.8	67.8	18.7	3.4	1.4	49.1	23.7	10.5
2004	37.9	75.1	18.0	3.7	1.9	54.5	34.7	11.5
2005	21.8	84.0	11.0	4.1	2.1	58.3	50.2	13.0

2—11 农村居民总收入

单位:元/人

年　份	总收入	一、工资性收入	二、家庭经营收入	三、财产性收入	四、转移性收入
1978	151.8	88.4	54.0		9.4
1980	216.9	106.4	87.4		23.1
1985	547.3	72.2	445.3		29.9
1990	990.4	138.8	815.8		35.8
1991	1046.1	151.9	854.7		39.5
1992	1155.4	184.4	925.7		45.3
1993	1333.8	194.5	1083.6	7.0	48.7
1994	1789.4	263.0	1442.7	28.6	55.2
1995	2337.9	353.7	1877.4	41.0	65.8
1996	2806.7	450.8	2233.7	42.6	79.6
1997	2977.2	514.6	2346.7	23.6	92.4
1998	2995.5	573.6	2286.8	30.4	104.7
1999	2987.4	630.3	2211.6	31.5	114.1
2000	3146.2	702.3	2251.3	45.0	147.6
2001	3306.9	771.9	2325.2	47.0	162.8
2002	3431.7	840.2	2380.5	52.5	158.4
2003	3582.4	918.4	2455.0	65.8	143.3
2004	4039.6	998.5	2804.5	76.6	160.0
2005	4631.2	1174.5	3164.4	88.5	203.8

2—12 农村居民总收入构成

单位:%

年　份	总收入	一、工资性收入	二、家庭经营收入	三、财产性收入	四、转移性收入
1978	100.0	58.2	35.6		6.2
1980	100.0	49.0	40.3		10.7
1985	100.0	13.2	81.4		5.5
1990	100.0	14.0	82.4		3.6
1991	100.0	14.5	81.7		3.8
1992	100.0	16.0	80.1		3.9
1993	100.0	14.6	81.2	0.5	3.7
1994	100.0	14.7	80.6	1.6	3.1
1995	100.0	15.1	80.3	1.8	2.8
1996	100.0	16.1	79.6	1.5	2.8
1997	100.0	17.3	78.8	0.8	3.1
1998	100.0	19.1	76.3	1.0	3.5
1999	100.0	21.1	74.0	1.1	3.8
2000	100.0	22.3	71.6	1.4	4.7
2001	100.0	23.3	70.3	1.4	4.9
2002	100.0	24.5	69.4	1.5	4.6
2003	100.0	25.6	68.5	1.8	4.0
2004	100.0	24.7	69.4	1.9	4.0
2005	100.0	25.4	68.3	1.9	4.4

2—13 农村居民家庭经营总收入

单位:元/人

年份	家庭经营总收入	一、第一产业收入	1.农业收入	2.林业收入	3.牧业收入	4.渔业收入	二、第二产业收入	1.工业收入
1978	54.0	50.8	20.4		30.4			
1980	87.4	78.9	30.5		48.4			
1985	445.3	400.6	283.4	7.4	104.0	5.7	12.3	4.3
1990	815.8	735.6	531.1	8.5	185.7	10.2	25.9	13.2
1991	854.7	771.2	545.4	9.8	204.5	11.5	25.7	13.3
1992	925.7	828.3	577.3	11.3	226.2	13.5	30.3	14.9
1993	1083.6	933.8	651.0	15.1	251.3	16.3	37.2	16.5
1994	1442.7	1264.7	891.6	15.8	336.4	21.0	47.8	20.2
1995	1877.4	1652.3	1188.1	16.5	420.8	26.9	65.4	26.9
1996	2233.7	1945.6	1419.6	19.1	475.2	31.7	87.3	36.8
1997	2346.7	2019.8	1407.9	21.9	555.4	34.5	101.3	41.4
1998	2286.8	1934.1	1362.3	21.1	512.0	38.7	102.9	44.9
1999	2211.6	1832.1	1305.2	24.6	460.0	42.4	110.3	44.2
2000	2251.3	1810.7	1231.7	27.9	502.8	48.3	133.7	79.6
2001	2325.2	1889.7	1269.1	27.4	541.4	51.9	134.2	81.6
2002	2380.5	1924.8	1279.8	31.4	553.4	60.1	144.6	90.6
2003	2455.0	1993.4	1328.3	36.2	571.7	57.2	150.5	94.8
2004	2804.5	2333.6	1570.0	39.9	662.7	61.0	153.2	97.1
2005	3164.4	2621.3	1704.1	53.2	786.0	78.0	167.1	111.2

年份	2.建筑业收入	三、第三产业收入	1.交通运输业、邮电业收入	2.批发和零售贸易、餐饮业收入	3.社会服务业收入	4.文教卫生业收入	5.其他收入
1978		3.2					3.2
1980		8.6					8.6
1985	8.0	32.4	12.6	8.7	4.0		7.2
1990	12.7	54.3	21.2	14.8	7.7		10.6
1991	12.4	57.9	21.5	15.9	8.1		12.4
1992	15.5	67.1	26.0	18.9	9.5		12.7
1993	20.7	112.7	31.1	25.5	13.0		43.1
1994	27.6	130.1	36.8	35.2	17.1		41.1
1995	38.5	159.7	47.6	43.7	20.3		48.0
1996	50.6	200.8	61.5	56.1	26.1		57.1
1997	59.9	225.7	70.1	70.8	29.1		55.8
1998	58.0	249.8	72.1	82.3	33.9		61.5
1999	66.2	269.1	80.5	87.9	37.5		63.2
2000	54.1	306.9	96.6	96.2	32.9	8.3	72.9
2001	52.7	301.3	95.8	95.9	35.2	8.9	65.5
2002	54.0	311.2	102.5	103.0	36.4	9.7	59.6
2003	55.6	311.1	105.6	109.5	37.2	10.6	48.1
2004	56.2	317.7	112.2	116.7	37.7	10.2	41.0
2005	55.8	376.1	139.0	145.1	40.0	13.2	37.2

注:1978 年和 1980 的第三产业收入为第二产业收入和第三产业收入合计,以下各表同。

2—14 农村居民家庭经营总收入构成

单位：%

年份	家庭经营总收入	一、第一产业收入	1.农业收入	2.林业收入	3.牧业收入	4.渔业收入	二、第二产业收入	1.工业收入
1978	100.0	94.1	37.8		56.2			
1980	100.0	90.2	30.5		55.4			
1985	100.0	90.0	63.7	1.7	23.4	1.3	2.8	1.0
1990	100.0	90.2	65.1	1.0	22.8	1.3	3.2	1.6
1991	100.0	90.2	63.8	1.1	23.9	1.3	3.0	1.6
1992	100.0	89.5	62.4	1.2	24.4	1.5	3.3	1.6
1993	100.0	86.2	60.1	1.4	23.2	1.5	3.4	1.5
1994	100.0	87.7	61.8	1.1	23.3	1.5	3.3	1.4
1995	100.0	88.0	63.3	0.9	22.4	1.4	3.5	1.4
1996	100.0	87.1	63.6	0.9	21.3	1.4	3.9	1.6
1997	100.0	86.1	60.0	0.9	23.7	1.5	4.3	1.8
1998	100.0	84.6	59.6	0.9	22.4	1.7	4.5	2.0
1999	100.0	82.8	59.0	1.1	20.8	1.9	5.0	2.0
2000	100.0	80.4	54.7	1.2	22.3	2.1	5.9	3.5
2001	100.0	81.3	54.6	1.2	23.3	2.2	5.8	3.5
2002	100.0	80.9	53.8	1.3	23.2	2.5	6.1	3.8
2003	100.0	81.2	54.1	1.5	23.3	2.3	6.1	3.9
2004	100.0	83.2	56.0	1.4	23.6	2.2	5.5	3.5
2005	100.0	82.8	53.9	1.7	24.8	2.5	5.3	3.5

年份	2.建筑业收入	三、第三产业收入	1.交通运输业、邮电业收入	2.批发和零售贸易、餐饮业收入	3.社会服务业收入	4.文教卫生业收入	5.其他收入
1978		5.9					5.9
1980		9.8					9.8
1985	1.8	7.3	2.8	2.0	0.9		1.6
1990	1.6	6.7	2.6	1.8	1.0		1.3
1991	1.5	6.8	2.5	1.9	1.0		1.4
1992	1.7	7.2	2.8	2.0	1.0		1.4
1993	1.9	10.4	2.9	2.4	1.2		4.0
1994	1.9	9.0	2.6	2.4	1.2		2.9
1995	2.1	8.5	2.5	2.3	1.1		2.6
1996	2.3	9.0	2.8	2.5	1.2		2.6
1997	2.6	9.6	3.0	3.0	1.2		2.4
1998	2.5	10.9	3.2	3.6	1.5		2.7
1999	3.0	12.2	3.6	4.0	1.7		2.9
2000	2.4	13.6	4.3	4.3	1.5	0.4	3.2
2001	2.3	13.0	4.1	4.1	1.5	0.4	2.8
2002	2.3	13.1	4.3	4.3	1.5	0.4	2.5
2003	2.3	12.7	4.3	4.5	1.5	0.4	2.0
2004	2.0	11.3	4.0	4.2	1.3	0.4	1.5
2005	1.8	11.9	4.4	4.6	1.3	0.4	1.2

2—15 农村居民现金收入

单位:元/人

年 份	现金收入	一、工资性收入	二、家庭经营收入	三、财产性收入	四、转移性收入
1978	63.9	25.4	29.7		8.8
1980	113.1	40.2	57.4		15.5
1985	357.4	68.9	251.7		36.8
1990	676.7	136.4	481.2		59.1
1991	736.8	148.9	523.3		64.7
1992	808.2	179.4	552.8		76.0
1993	910.2	192.8	629.6		87.8
1994	1233.5	261.6	869.0	28.9	74.1
1995	1595.6	352.9	1116.7	38.2	87.8
1996	1927.1	447.4	1322.6	44.7	112.3
1997	2131.2	512.4	1446.9	45.2	126.8
1998	2163.6	573.7	1393.3	54.9	141.7
1999	2206.7	628.4	1380.2	43.5	154.6
2000	2381.6	700.4	1498.8	38.9	143.5
2001	2534.7	769.8	1565.5	41.1	158.4
2002	2713.0	839.2	1653.7	47.7	172.5
2003	2929.5	916.7	1822.1	54.0	136.8
2004	3234.2	997.6	2019.8	62.6	154.2
2005	3915.5	1173.1	2472.3	71.8	198.3

2—16 农村居民现金收入构成

单位:%

年 份	现金收入	一、工资性收入	二、家庭经营收入	三、财产性收入	四、转移性收入
1978	100.0	39.7	46.5		13.8
1980	100.0	35.6	50.7		13.7
1985	100.0	19.3	70.4		10.3
1990	100.0	20.2	71.1		8.7
1991	100.0	20.2	71.0		8.8
1992	100.0	22.2	68.4		9.4
1993	100.0	21.2	69.2		9.6
1994	100.0	21.2	70.4	2.3	6.0
1995	100.0	22.1	70.0	2.4	5.5
1996	100.0	23.2	68.6	2.3	5.8
1997	100.0	24.0	67.9	2.1	5.9
1998	100.0	26.5	64.4	2.5	6.5
1999	100.0	28.5	62.5	2.0	7.0
2000	100.0	29.4	62.9	1.6	6.0
2001	100.0	30.4	61.8	1.6	6.2
2002	100.0	30.9	61.0	1.8	6.4
2003	100.0	31.3	62.2	1.8	4.7
2004	100.0	30.8	62.5	1.9	4.8
2005	100.0	30.0	63.1	1.8	5.1

2—17 农村居民家庭经营现金收入

单位:元/人

年份	家庭经营现金收入	一、第一产业收入	1.农业收入	2.林业收入	3.牧业收入	4.渔业收入	二、第二产业收入	1.工业收入
1978	29.7							
1980	57.4							
1985	251.7	208.3	122.8	5.8	75.2	4.5	11.6	3.9
1990	481.2	401.3	248.6	6.6	137.3	8.7	25.4	12.9
1991	523.3	440.3	269.0	7.8	153.6	9.9	25.2	12.9
1992	552.8	455.7	265.7	8.8	169.5	11.7	29.7	14.6
1993	629.6	476.1	265.6	9.5	187.8	13.2	41.1	20.5
1994	869.0	679.0	394.6	9.8	257.4	17.3	47.4	19.7
1995	1116.7	878.8	522.8	11.1	322.5	22.4	64.3	25.7
1996	1322.7	1013.4	617.1	12.9	356.4	27.0	86.0	35.5
1997	1446.9	1092.3	635.6	14.0	414.6	28.2	100.3	40.5
1998	1393.3	1011.1	602.6	13.8	363.0	31.8	102.6	44.5
1999	1380.2	970.2	583.8	15.5	335.6	35.2	110.3	44.2
2000	1498.8	1044.5	600.6	20.8	383.5	39.6	133.7	79.6
2001	1565.5	1113.4	636.5	20.3	414.8	41.8	134.2	81.6
2002	1653.7	1179.6	667.7	24.3	437.3	50.3	144.6	90.6
2003	1822.1	1361.2	788.7	32.7	485.6	54.3	150.3	94.7
2004	2019.8	1549.1	878.9	36.8	575.0	58.4	153.1	97.0
2005	2472.3	1929.5	1104.9	49.3	700.3	74.9	166.9	111.2

年份	2.建筑业收入	三、第三产业收入	1.交通运输业、邮电业收入	2.批发和零售贸易、餐饮业收入	3.社会服务业收入	4.文教卫生业收入	5.其他收入
1978							
1980							
1985	7.7	31.8	12.1	8.5	3.9		7.3
1990	12.5	54.6	20.9	14.7	7.6		11.4
1991	12.3	57.8	21.1	15.6	8.0		13.1
1992	15.2	67.3	25.4	18.5	9.3		14.2
1993	20.6	112.4	31.2	25.4	12.9		42.8
1994	27.6	142.6	36.8	34.6	17.1		54.1
1995	38.6	173.6	47.6	43.7	20.3		62.1
1996	50.5	223.3	61.5	56.1	26.1		79.6
1997	59.8	254.3	70.0	70.8	29.1		84.4
1998	58.0	279.7	72.1	82.3	33.9		91.4
1999	66.2	299.7	80.5	87.9	37.5		93.8
2000	54.1	320.6	96.6	96.2	32.9	8.3	86.5
2001	52.7	317.9	95.8	95.9	35.2	8.9	82.1
2002	54.0	329.5	102.5	103.0	36.4	9.7	77.9
2003	55.6	310.7	105.6	109.5	37.2	10.6	47.7
2004	56.2	317.6	112.2	116.7	37.7	10.2	40.9
2005	55.8	374.3	139.0	145.1	40.0	13.2	37.0

2—18 农村居民家庭经营现金收入构成

单位：%

年 份	家庭经营现金收入	一、第一产业收入	1.农 业 收 入	2.林 业 收 入	3.牧 业 收 入	4.渔 业 收 入	二、第二产业收入	1.工 业 收 入
1978	100.0							
1980	100.0							
1985	100.0	82.8	48.8	2.3	29.9	1.8	4.6	1.5
1990	100.0	83.4	51.7	1.4	28.5	1.8	5.3	2.7
1991	100.0	84.1	51.4	1.5	29.3	1.9	4.8	2.5
1992	100.0	82.4	48.1	1.6	30.7	2.1	5.4	2.6
1993	100.0	75.6	42.2	1.5	29.8	2.1	6.5	3.2
1994	100.0	78.1	45.4	1.1	29.6	2.0	5.5	2.3
1995	100.0	78.7	46.8	1.0	28.9	2.0	5.8	2.3
1996	100.0	76.6	46.7	1.0	26.9	2.0	6.5	2.7
1997	100.0	75.5	43.9	1.0	28.7	1.9	6.9	2.8
1998	100.0	72.6	43.2	1.0	26.0	2.3	7.4	3.2
1999	100.0	70.3	42.3	1.1	24.3	2.6	8.0	3.2
2000	100.0	69.7	40.1	1.4	25.6	2.6	8.9	5.3
2001	100.0	71.1	40.7	1.3	26.5	2.7	8.6	5.2
2002	100.0	71.3	40.4	1.5	26.4	3.0	8.7	5.5
2003	100.0	74.7	43.3	1.8	26.6	3.0	8.2	5.2
2004	100.0	76.7	43.5	1.8	28.5	2.9	7.6	4.8
2005	100.0	78.0	44.7	2.0	28.3	3.0	6.8	4.5

年 份	2.建筑业收 入	三、第三产业收入	1.交通运输业、邮电业收入	2.批发和零售贸易、餐饮业收入	3.社会服务业收 入	4.文教卫生业收 入	5.其 他收 入
1978							
1980							
1985	3.0	12.7	4.8	3.4	1.5		2.9
1990	2.6	11.3	4.3	3.0	1.6		2.4
1991	2.3	11.0	4.0	3.0	1.5		2.5
1992	2.7	12.2	4.6	3.4	1.7		2.6
1993	3.3	17.9	5.0	4.0	2.1		6.8
1994	3.2	16.4	4.2	4.0	2.0		6.2
1995	3.5	15.5	4.3	3.9	1.8		5.6
1996	3.8	16.9	4.6	4.2	2.0		6.0
1997	4.1	17.6	4.8	4.9	2.0		5.8
1998	4.2	20.1	5.2	5.9	2.4		6.6
1999	4.8	21.7	5.8	6.4	2.7		6.8
2000	3.6	21.4	6.4	6.4	2.2	0.6	5.8
2001	3.4	20.3	6.1	6.1	2.3	0.6	5.2
2002	3.3	19.9	6.2	6.2	2.2	0.6	4.7
2003	3.1	17.1	5.8	6.0	2.0	0.6	2.6
2004	2.8	15.7	5.6	5.8	1.9	0.5	2.0
2005	2.3	15.2	5.6	5.9	1.6	0.5	1.5

2—19 农村居民纯收入

（按收入来源分）

单位:元/人

年 份	纯 收 入	一、工资性收入	二、家庭经营纯收入	三、财产性收入	四、转移性收入
1978	133.6	88.3	35.8		9.5
1979	160.2	100.7	44.0		15.5
1980	191.3	106.4	62.6		22.4
1981	223.4	113.8	84.5		25.1
1982	270.1	142.9	102.8		24.5
1983	309.8	57.5	227.7		24.6
1984	355.3	66.5	261.7		27.2
1985	397.6	72.2	296.0		29.5
1986	423.8	81.6	313.3		28.9
1987	462.6	95.5	345.5		21.6
1988	544.9	117.8	403.2		24.0
1989	601.5	136.5	434.6		30.5
1990	686.3	138.8	518.6		29.0
1991	708.6	151.9	523.6		33.0
1992	784.0	184.4	561.6		38.0
1993	921.6	194.5	678.5	7.0	41.6
1994	1221.0	263.0	881.9	28.6	47.6
1995	1577.7	353.7	1125.8	41.0	57.3
1996	1926.1	450.8	1362.5	42.6	70.2
1997	2090.1	514.6	1472.7	23.6	79.3
1998	2162.0	573.6	1466.0	30.4	92.0
1999	2210.3	630.3	1448.4	31.6	100.2
2000	2253.4	702.3	1427.3	45.0	78.8
2001	2366.4	771.9	1459.6	47.0	87.9
2002	2475.6	840.2	1486.5	50.7	98.2
2003	2622.2	918.4	1541.3	65.8	96.8
2004	2936.4	998.5	1745.8	76.6	115.5
2005	3254.9	1174.5	1844.5	88.5	147.4

2—20 农村居民纯收入构成

（按收入来源分）

单位：%

年 份	纯 收 入	一、工资性收入	二、家庭经营纯收入	三、财产性收入	四、转移性收入
1978	100.0	66.1	26.8		7.1
1979	100.0	62.9	27.5		9.7
1980	100.0	55.6	32.7		11.7
1981	100.0	50.9	37.8		11.2
1982	100.0	52.9	38.1		9.1
1983	100.0	18.6	73.5		7.9
1984	100.0	18.7	73.6		7.6
1985	100.0	18.1	74.4		7.4
1986	100.0	19.3	73.9		6.8
1987	100.0	20.6	74.7		4.7
1988	100.0	21.6	74.0		4.4
1989	100.0	22.7	72.2		5.1
1990	100.0	20.2	75.6		4.2
1991	100.0	21.4	73.9		4.7
1992	100.0	23.5	71.6		4.9
1993	100.0	21.1	73.6	0.8	4.5
1994	100.0	21.5	72.2	2.3	3.9
1995	100.0	22.4	71.4	2.6	3.6
1996	100.0	23.4	70.7	2.2	3.6
1997	100.0	24.6	70.5	1.1	3.8
1998	100.0	26.5	67.8	1.4	4.3
1999	100.0	28.5	65.5	1.4	4.5
2000	100.0	31.2	63.3	2.0	3.5
2001	100.0	32.6	61.7	2.0	3.7
2002	100.0	33.9	60.0	2.0	4.0
2003	100.0	35.0	58.8	2.5	3.7
2004	100.0	34.0	59.5	2.6	3.9
2005	100.0	36.1	56.7	2.7	4.5

2—21 农村居民纯收入

（按收入形态分）

单位：元/人

年 份	纯 收 入	现金纯收入	实物纯收入
1978	133.6	56.0	77.6
1980	191.3	94.4	97.0
1985	397.6	250.9	146.7
1990	686.3	439.7	246.6
1991	708.6	467.6	241.0
1992	784.0	508.5	275.5
1993	921.6	571.2	350.4
1994	1221.0	791.8	429.2
1995	1577.7	987.0	590.7
1996	1926.1	1218.7	707.4
1997	2090.1	1403.7	686.5
1998	2162.0	1455.7	706.3
1999	2210.3	1538.2	672.1
2000	2253.4	1648.7	604.8
2001	2366.4	1748.0	618.4
2002	2475.6	1899.8	575.9
2003	2622.2	2134.9	487.4
2004	2936.4	2317.4	619.0
2005	3254.9	2738.3	516.6

2—22 农村居民纯收入构成

（按收入形态分）

单位：%

年 份	纯 收 入	现金纯收入	实物纯收入
1978	100.0	41.9	58.1
1980	100.0	49.3	50.7
1985	100.0	63.1	36.9
1990	100.0	64.1	35.9
1991	100.0	66.0	34.0
1992	100.0	64.9	35.1
1993	100.0	62.0	38.0
1994	100.0	64.8	35.2
1995	100.0	62.6	37.4
1996	100.0	63.3	36.7
1997	100.0	67.2	32.8
1998	100.0	67.3	32.7
1999	100.0	69.6	30.4
2000	100.0	73.2	26.8
2001	100.0	73.9	26.1
2002	100.0	76.7	23.3
2003	100.0	81.4	18.6
2004	100.0	78.9	21.1
2005	100.0	84.1	15.9

2—23 农村居民家庭经营纯收入

单位:元/人

年份	家庭经营纯收入	一、第一产业收入	1.农业收入	2.林业收入	3.牧业收入	4.渔业收入	二、第二产业收入	1.工业收入
1978	35.8	33.8	17.9		15.9			
1980	62.6	56.3	26.3		30.1			
1985	296.0	263.8	202.1	6.2	52.0	3.6	9.6	2.2
1990	518.6	456.0	344.6	7.5	96.8	7.1	21.3	9.2
1991	523.6	460.6	338.7	8.5	105.2	8.2	20.5	8.6
1992	561.6	486.9	354.5	9.6	113.9	8.9	24.2	9.3
1993	678.5	567.0	448.4	12.6	96.8	9.2	26.3	8.1
1994	881.9	746.7	610.5	12.9	112.3	11.0	36.0	10.8
1995	1125.8	956.5	799.4	13.5	127.8	15.7	48.2	13.6
1996	1362.5	1147.3	955.1	16.1	158.6	17.5	64.6	19.8
1997	1472.7	1220.0	976.2	19.4	203.5	21.0	78.0	24.5
1998	1466.0	1192.4	962.8	18.7	188.5	22.4	80.1	27.3
1999	1448.4	1139.0	918.3	21.6	174.3	24.8	91.1	30.0
2000	1427.3	1090.7	833.9	22.4	207.4	27.0	99.4	52.7
2001	1459.6	1126.6	863.6	22.1	212.0	28.9	100.0	54.6
2002	1486.5	1135.0	866.7	25.5	210.6	32.2	108.6	63.3
2003	1541.3	1195.6	885.7	29.3	245.7	34.9	108.6	60.5
2004	1745.8	1398.0	1056.5	34.1	271.1	36.3	108.2	58.7
2005	1844.5	1469.6	1097.7	45.8	283.6	42.5	108.3	61.1

年份	2.建筑业收入	*三、第三产业收入	1.交通运输业、邮电业收入	2.批发和零售贸易、餐饮业收入	3.社会服务业收入	4.文教卫生业收入	5.其他收入
1978		2.0					2.0
1980		6.2					6.2
1985	7.4	22.6	8.5	6.1	3.3		4.7
1990	12.2	41.2	13.5	12.7	6.6		8.5
1991	11.9	42.6	13.6	12.6	6.7		9.7
1992	14.8	50.6	16.7	15.6	7.9		10.4
1993	18.3	85.2	16.1	19.3	11.1		38.7
1994	25.2	99.2	20.9	27.5	14.3		36.5
1995	34.5	121.2	27.8	34.3	17.2		42.0
1996	44.7	150.6	36.0	44.1	22.0		48.5
1997	53.5	174.8	46.2	55.3	25.3		48.0
1998	52.8	193.5	50.2	62.3	30.0		50.9
1999	61.2	218.3	56.7	74.8	34.0		52.7
2000	46.7	237.2	63.6	78.5	28.1	6.9	60.1
2001	45.4	233.1	63.2	78.8	30.1	7.6	53.4
2002	45.3	243.0	69.4	85.6	31.4	8.0	48.7
2003	48.1	237.1	68.9	89.1	31.0	8.8	39.4
2004	49.6	239.5	72.9	94.1	31.3	8.4	32.9
2005	47.1	266.7	84.2	108.6	32.6	10.1	31.2

注:1978年和1980的第三产业收入为第二产业收入和第三产业收入合计。

2—24 农村居民家庭经营纯收入构成

单位:%

年 份	家庭经营纯收入	一、第一产业收入	1.农业收入	2.林业收入	3.牧业收入	4.渔业收入	二、第二产业收入	1.工业收入
1978	100.0	94.4	49.9		44.4			
1980	100.0	90.0	42.0		48.1			
1985	100.0	89.1	68.3	2.1	17.6	1.2	3.2	0.7
1990	100.0	87.9	66.5	1.5	18.7	1.4	4.1	1.8
1991	100.0	88.0	64.7	1.6	20.1	1.6	3.9	1.6
1992	100.0	86.7	63.1	1.7	20.3	1.6	4.3	1.7
1993	100.0	83.6	66.1	1.9	14.3	1.4	3.9	1.2
1994	100.0	84.7	69.2	1.5	12.7	1.2	4.1	1.2
1995	100.0	85.0	71.0	1.2	11.4	1.4	4.3	1.2
1996	100.0	84.2	70.1	1.2	11.6	1.3	4.7	1.5
1997	100.0	82.8	66.3	1.3	13.8	1.4	5.3	1.7
1998	100.0	81.3	65.7	1.3	12.9	1.5	5.5	1.9
1999	100.0	78.6	63.4	1.5	12.0	1.7	6.3	2.1
2000	100.0	76.4	58.4	1.6	14.5	1.9	7.0	3.7
2001	100.0	77.2	59.2	1.5	14.5	2.0	6.9	3.7
2002	100.0	76.4	58.3	1.7	14.2	2.2	7.3	4.3
2003	100.0	77.6	57.5	1.9	15.9	2.3	7.0	3.9
2004	100.0	80.1	60.5	2.0	15.5	2.1	6.2	3.4
2005	100.0	79.7	59.5	2.5	15.4	2.3	5.9	3.3

年 份	2.建筑业收入	三、第三产业收入	1.交通运输业、邮电业收入	2.批发和零售贸易、餐饮业收入	3.社会服务业收入	4.文教卫生业收入	5.其他收入
1978		5.6					5.6
1980		10.0					10.0
1985	2.5	7.6	2.9	2.1	1.1		1.6
1990	2.3	7.9	2.6	2.4	1.3		1.6
1991	2.3	8.1	2.6	2.4	1.3		1.8
1992	2.6	9.0	3.0	2.8	1.4		1.8
1993	2.7	12.6	2.4	2.8	1.6		5.7
1994	2.9	11.2	2.4	3.1	1.6		4.1
1995	3.1	10.8	2.5	3.0	1.5		3.7
1996	3.3	11.1	2.6	3.2	1.6		3.6
1997	3.6	11.9	3.1	3.8	1.7		3.3
1998	3.6	13.2	3.4	4.3	2.0		3.5
1999	4.2	15.1	3.9	5.2	2.3		3.6
2000	3.3	16.6	4.5	5.5	2.0	0.5	4.2
2001	3.1	16.0	4.3	5.4	2.1	0.5	3.7
2002	3.0	16.3	4.7	5.8	2.1	0.5	3.3
2003	3.1	15.4	4.5	5.8	2.0	0.6	2.6
2004	2.8	13.7	4.2	5.4	1.8	0.5	1.9
2005	2.6	14.5	4.6	5.9	1.8	0.5	1.7

2—25 农村居民纯收入及增长情况

年 份	纯 收 入（元/人）	比上年名义增长（%）	扣除价格因素影响实际比上年增长（%）	指 数 1978年＝100	以1978年为基年增长率（%）	基尼系数
1978	133.6	14.1		100.0		0.2124
1980	191.3	19.5	16.6	139.0	17.9	0.2407
1985	397.6	11.9	7.8	268.9	15.2	0.3072
1990	686.3	14.1	1.8	311.2	9.9	0.3099
1991	708.6	3.2	2.0	317.4	9.3	0.3072
1992	784.0	10.6	5.9	336.2	9.0	0.3134
1993	921.6	17.6	3.2	346.9	8.6	0.3292
1994	1221.0	32.5	5.0	364.3	8.4	0.3210
1995	1577.7	29.2	5.3	383.6	8.2	0.3415
1996	1926.1	22.1	9.0	418.1	8.3	0.3229
1997	2090.1	8.5	4.6	437.3	8.1	0.3285
1998	2162.0	3.4	4.3	456.1	7.9	0.3369
1999	2210.3	2.2	3.8	473.5	7.7	0.3361
2000	2253.4	1.9	2.1	483.4	7.4	0.3536
2001	2366.4	5.0	4.2	503.7	7.3	0.3603
2002	2475.6	4.6	4.8	527.9	7.2	0.3646
2003	2622.2	5.9	4.3	550.6	7.1	0.3680
2004	2936.4	12.0	6.8	588.0	7.1	0.3692
2005	3254.9	10.8	6.2	624.5	7.0	0.3751

2—26 农村居民生活消费支出及生活质量状况

年 份	生活消费支 出（元/人）	比上年名义增长（%）	扣除价格因素影响实际比上年增长（%）	恩格尔系 数	摄取热量（千卡/人日）	摄取脂肪（克/人日）	摄取蛋白（克/人日）
1978	116.1			0.6771	1834.8	21.7	56.9
1979	134.5	15.9	13.6	0.6396	1911.1	22.6	57.4
1980	162.2	20.6	15.5	0.6177	2324.6	32.7	57.8
1985	317.4	15.5	7.7	0.5779	2454.6	39.8	59.6
1990	584.6	9.2	4.5	0.5880	2541.7	43.2	61.5
1991	619.8	6.0	3.6	0.5761	2506.4	45.1	60.4
1992	659.2	6.4	1.6	0.5755	2406.5	36.8	64.5
1993	769.7	16.8	2.7	0.5806	2556.0	41.2	69.4
1994	1016.8	32.1	7.1	0.5886	2455.7	38.8	66.4
1995	1310.4	28.9	9.7	0.5862	2482.2	39.6	66.9
1996	1572.1	20.0	11.2	0.5634	2510.4	42.8	67.3
1997	1617.2	2.9	0.4	0.5505	2509.5	43.4	70.0
1998	1590.3	−1.7	−0.7	0.5343	2528.3	44.2	69.2
1999	1577.4	−0.8	0.7	0.5256	2506.6	46.3	68.8
2000	1670.1	5.9	6.0	0.4913	2605.1	49.6	71.3
2001	1741.1	4.2	3.4	0.4771	2542.8	49.5	70.1
2002	1834.3	5.4	5.8	0.4625	2591.4	52.0	71.1
2003	1943.3	5.9	4.3	0.4559	2440.8	48.2	68.4
2004	2184.7	12.4	7.3	0.4723	2365.5	44.7	66.3
2005	2555.4	17.0	11.5	0.4548	2437.2	52.9	67.1

2—27 农村居民总支出

单位:元/人

年份	总支出	一、家庭经营费用支出	二、购置生产性固定资产支出	三、税费支出	四、生活消费支出	五、财产性支出	六、转移性支出
1978	135.8	16.8		0.2	116.1		2.7
1980	196.2	25.3		0.3	162.2		8.4
1985	485.5	121.4	18.7	18.4	317.4		9.6
1990	903.5	241.1	20.3	38.7	584.6		18.8
1991	979.6	267.3	26.6	42.7	619.8		23.3
1992	1055.9	292.3	28.8	48.4	659.0		27.5
1993	1211.2	330.0	40.3	46.8	769.7		24.5
1994	1635.5	458.6	46.1	67.8	1016.8		46.2
1995	2138.3	621.7	62.3	88.7	1310.4		55.3
1996	2527.5	709.4	63.8	107.4	1572.1		74.8
1997	2536.8	706.3	60.0	108.0	1617.2		45.4
1998	2457.2	652.5	54.3	106.7	1590.3		53.4
1999	2390.4	599.7	57.6	100.0	1577.4		55.6
2000	2652.4	654.3	63.9	95.5	1670.1	19.7	148.9
2001	2780.0	696.0	78.1	91.2	1741.1	10.8	162.7
2002	2923.6	731.0	85.5	78.7	1834.3	10.5	183.6
2003	3025.0	755.4	101.7	67.3	1943.3	11.6	145.7
2004	3430.1	923.9	107.7	37.5	2184.7	13.9	162.4
2005	4126.9	1189.7	131.1	13.1	2555.4	22.0	215.6

2—28 农村居民总支出构成

单位:%

年份	总支出	一、家庭经营费用支出	二、购置生产性固定资产支出	三、税费支出	四、生活消费支出	五、财产性支出	六、转移性支出
1978	100.0	12.4		0.2	85.5		2.0
1980	100.0	12.9		0.1	82.7		4.3
1985	100.0	25.0	3.9	3.8	65.4		2.0
1990	100.0	26.7	2.2	4.3	64.7		2.1
1991	100.0	27.3	2.7	4.4	63.3		2.4
1992	100.0	27.7	2.7	4.6	62.4		2.6
1993	100.0	27.2	3.3	3.9	63.5		2.0
1994	100.0	28.0	2.8	4.1	62.2		2.8
1995	100.0	29.1	2.9	4.1	61.3		2.6
1996	100.0	28.1	2.5	4.2	62.2		3.0
1997	100.0	27.8	2.4	4.3	63.7		1.8
1998	100.0	26.6	2.2	4.3	64.7		2.2
1999	100.0	25.1	2.4	4.2	66.0		2.3
2000	100.0	24.7	2.4	3.6	63.0	0.7	5.6
2001	100.0	25.0	2.8	3.3	62.6	0.4	5.9
2002	100.0	25.0	2.9	2.7	62.7	0.4	6.3
2003	100.0	25.0	3.3	2.2	64.2	0.4	4.8
2004	100.0	26.9	3.1	1.1	63.7	0.4	4.7
2005	100.0	28.8	3.2	0.3	61.9	0.5	5.2

2—29 农村居民家庭经营费用支出

单位:元/人

年份	家庭经营费用支出	一、第一产业支出	1.农业支出	2.林业支出	3.牧业支出	4.渔业支出	二、第二产业支出	1.工业支出
1978	16.8	14.6	1.6		13.1			
1980	25.3	23.6	5.9		17.6			
1985	121.4	110.7	59.5	1.0	48.4	1.9	2.0	1.7
1990	241.1	223.4	130.4	1.0	88.9	3.1	4.6	4.1
1991	267.3	246.8	142.9	1.3	99.4	3.3	5.2	4.7
1992	292.3	269.6	151.0	1.7	112.4	4.6	6.2	5.5
1993	330.0	299.3	165.3	2.0	126.1	5.8	9.0	7.0
1994	458.6	423.6	229.9	2.3	183.2	8.2	9.7	7.6
1995	621.7	575.6	321.5	2.5	242.4	9.2	14.3	11.0
1996	709.4	650.0	378.2	2.4	257.8	11.6	18.5	13.8
1997	706.3	646.3	348.9	2.1	284.4	11.0	18.8	13.7
1998	652.5	589.6	317.6	1.9	257.1	12.9	18.1	14.0
1999	599.7	544.7	304.1	2.4	224.5	13.8	15.1	11.2
2000	654.3	571.7	315.8	4.3	234.6	16.9	27.2	21.4
2001	696.0	612.7	325.5	4.2	264.5	18.5	27.9	22.0
2002	731.0	643.5	336.6	4.8	279.3	22.8	30.3	23.0
2003	755.4	667.6	347.6	6.2	293.3	20.5	34.5	27.9
2004	923.9	829.2	435.0	5.4	365.7	23.1	36.8	31.2
2005	1189.7	1058.3	540.9	7.2	476.9	33.3	47.8	40.2

年份	2.建筑业支出	三、第三产业支出	1.交通运输业、邮电业支出	2.批发和零售贸易、餐饮业支出	3.社会服务业支出	4.文教卫生业支出	5.其他支出
1978		2.2					2.2
1980		1.8					1.8
1985	0.3	8.7	3.6	2.3	0.6		2.2
1990	0.5	13.2	7.8	2.1	0.9		2.3
1991	0.5	15.3	7.9	3.3	1.1		3.0
1992	0.6	16.5	9.3	3.3	1.3		2.6
1993	2.0	21.8	11.9	4.9	1.6		3.4
1994	2.0	25.3	13.1	6.3	2.3		3.7
1995	3.3	31.8	16.4	7.8	2.6		5.0
1996	4.7	40.9	20.8	9.8	3.4		7.0
1997	5.2	41.1	19.3	12.5	3.0		6.3
1998	4.2	44.7	17.4	15.8	3.1		8.4
1999	3.9	40.0	18.7	10.3	2.7		8.2
2000	5.9	55.3	26.2	14.0	3.9	1.1	10.1
2001	5.9	55.4	26.5	13.9	4.2	1.1	9.9
2002	7.3	57.3	27.8	14.6	4.2	1.5	9.2
2003	6.6	53.2	25.2	16.1	5.0	1.5	5.4
2004	5.6	57.9	27.2	18.6	5.1	1.4	5.6
2005	7.6	83.6	39.0	30.6	5.5	2.3	6.2

2—30 农村居民家庭经营费用支出构成

单位：%

年份	家庭经营费用支出	一、第一产业支出	1.农业支出	2.林业支出	3.牧业支出	4.渔业支出	二、第二产业支出	1.工业支出
1978	100.0	87.1	9.4		77.7			
1980	100.0	93.0	23.4		69.7			
1985	100.0	91.2	49.0	0.8	39.8	1.6	1.6	1.4
1990	100.0	92.7	54.1	0.4	36.9	1.3	1.9	1.7
1991	100.0	92.3	53.5	0.5	37.2	1.2	1.9	1.8
1992	100.0	92.2	51.6	0.6	38.4	1.6	2.1	1.9
1993	100.0	90.7	50.1	0.6	38.2	1.8	2.7	2.1
1994	100.0	92.4	50.1	0.5	39.9	1.8	2.1	1.7
1995	100.0	92.6	51.7	0.4	39.0	1.5	2.3	1.8
1996	100.0	91.6	53.3	0.3	36.3	1.6	2.6	1.9
1997	100.0	91.5	49.4	0.3	40.3	1.6	2.7	1.9
1998	100.0	90.4	48.7	0.3	39.4	2.0	2.8	2.1
1999	100.0	90.8	50.7	0.4	37.4	2.3	2.5	1.9
2000	100.0	87.4	48.3	0.7	35.9	2.6	4.2	3.3
2001	100.0	88.0	46.8	0.6	38.0	2.7	4.0	3.2
2002	100.0	88.0	46.0	0.7	38.2	3.1	4.1	3.1
2003	100.0	88.4	46.0	0.8	38.8	2.7	4.6	3.7
2004	100.0	89.7	47.1	0.6	39.6	2.5	4.0	3.4
2005	100.0	89.0	45.5	0.6	40.1	2.8	4.0	3.4

年份	2.建筑业支出	三、第三产业支出	1.交通运输业、邮电业支出	2.批发和零售贸易、餐饮业支出	3.社会服务业支出	4.文教卫生业支出	5.其他支出
1978		12.9					12.9
1980		7.0					7.0
1985	0.2	7.1	3.0	1.9	0.5		1.8
1990	0.2	5.5	3.2	0.9	0.4		1.0
1991	0.2	5.7	2.9	1.2	0.4		1.1
1992	0.2	5.6	3.2	1.1	0.4		0.9
1993	0.6	6.6	3.6	1.5	0.5		1.0
1994	0.4	5.5	2.9	1.4	0.5		0.8
1995	0.5	5.1	2.6	1.3	0.4		0.8
1996	0.7	5.8	2.9	1.4	0.5		1.0
1997	0.7	5.8	2.7	1.8	0.4		0.9
1998	0.6	6.9	2.7	2.4	0.5		1.3
1999	0.7	6.7	3.1	1.7	0.5		1.4
2000	0.9	8.5	4.0	2.1	0.6	0.2	1.5
2001	0.8	8.0	3.8	2.0	0.6	0.2	1.4
2002	1.0	7.8	3.8	2.0	0.6	0.2	1.3
2003	0.9	7.0	3.3	2.1	0.7	0.2	0.7
2004	0.6	6.3	2.9	2.0	0.6	0.2	0.6
2005	0.6	7.0	3.3	2.6	0.5	0.2	0.5

2—31 农村居民生活消费支出

单位:元/人

年 份	生活消费支出	一、食品支出	二、衣着支出	三、居住支出	四、家庭设备用品及服务支出	五、交通通讯支出	六、文教娱乐用品及服务支出	七、医疗保健支出	八、其他支出
1978	116.1	78.6	14.7	12.0					10.8
1979	134.5	86.0	17.6	16.0					14.8
1980	162.2	100.2	20.0	22.5	4.1	0.6	8.3	3.4	3.2
1981	190.8	114.1	23.8	31.6	4.2	0.6	10.1	4.2	2.2
1982	220.2	133.5	25.0	35.6	9.4	0.6	7.5	4.7	4.0
1983	248.3	147.6	28.0	42.0	14.0	3.6	5.7	4.4	3.0
1984	273.8	162.3	28.9	48.4	14.8	3.4	8.2	5.0	2.7
1985	317.4	183.4	30.8	57.9	16.2	5.6	12.4	7.7	3.6
1986	357.0	201.5	33.0	70.3	19.6	6.2	14.4	8.7	3.3
1987	398.3	222.1	34.2	79.8	21.5	8.2	18.5	10.7	3.4
1988	476.7	257.4	41.1	96.3	30.0	8.9	25.7	13.4	3.9
1989	535.4	293.4	44.5	105.2	32.4	8.5	30.6	16.4	4.3
1990	584.6	343.8	45.4	101.4	30.9	8.4	31.4	19.0	4.3
1991	619.8	357.1	51.1	102.3	35.3	10.3	36.4	22.3	5.0
1992	659.0	379.3	52.5	104.9	36.7	12.2	43.8	24.2	5.5
1993	769.7	446.8	55.3	106.8	44.7	17.4	58.4	27.2	13.1
1994	1016.8	598.5	70.3	142.3	55.5	24.0	75.1	32.1	19.0
1995	1310.4	768.2	89.8	182.2	68.5	33.8	102.4	42.5	23.1
1996	1572.1	885.5	113.8	219.1	84.2	47.1	132.5	58.3	31.7
1997	1617.2	890.3	109.4	233.2	85.4	53.9	148.2	62.5	34.3
1998	1590.3	849.6	98.1	239.6	81.9	60.7	159.4	68.1	32.9
1999	1577.4	829.0	92.0	232.7	82.3	68.7	168.3	70.0	34.3
2000	1670.1	820.5	96.0	258.3	75.5	93.1	186.7	87.6	52.5
2001	1741.1	830.7	98.7	279.1	77.0	110.0	192.6	96.6	56.4
2002	1834.3	848.4	105.0	300.2	80.4	128.5	210.3	103.9	57.7
2003	1943.3	886.0	110.3	308.4	81.7	162.5	235.7	115.8	43.0
2004	2184.7	1031.9	120.2	324.3	89.2	192.6	247.6	130.6	48.3
2005	2555.4	1162.2	148.6	370.2	111.4	245.0	295.5	168.1	54.5

注:1979 年以前生活消费支出中的各细项均为其中项。

2—32 农村居民生活消费支出构成

单位:%

年份	生活消费支出	一、食品支出	二、衣着支出	三、居住支出	四、家庭设备用品及服务支出	五、交通通讯支出	六、文教娱乐用品及服务支出	七、医疗保健支出	八、其他支出
1978	100.0	67.7	12.7	10.3					9.3
1979	100.0	64.0	13.1	11.9					11.0
1980	100.0	61.8	12.3	13.8	2.6	0.4	5.1	2.1	2.0
1981	100.0	59.8	12.5	16.6	2.2	0.3	5.3	2.2	1.2
1982	100.0	60.6	11.4	16.1	4.3	0.3	3.4	2.1	1.8
1983	100.0	59.4	11.3	16.9	5.7	1.4	2.3	1.8	1.2
1984	100.0	59.3	10.6	17.7	5.4	1.2	3.0	1.8	1.0
1985	100.0	57.8	9.7	18.2	5.1	1.8	3.9	2.4	1.1
1986	100.0	56.5	9.2	19.7	5.5	1.7	4.0	2.4	0.9
1987	100.0	55.8	8.6	20.0	5.4	2.1	4.6	2.7	0.9
1988	100.0	54.0	8.6	20.2	6.3	1.9	5.4	2.8	0.8
1989	100.0	54.8	8.3	19.7	6.0	1.6	5.7	3.1	0.8
1990	100.0	58.8	7.8	17.3	5.3	1.4	5.4	3.3	0.7
1991	100.0	57.6	8.2	16.5	5.7	1.7	5.9	3.6	0.8
1992	100.0	57.5	8.0	15.9	5.6	1.9	6.6	3.7	0.8
1993	100.0	58.1	7.2	13.9	5.8	2.3	7.6	3.5	1.7
1994	100.0	58.9	6.9	14.0	5.5	2.4	7.4	3.2	1.9
1995	100.0	58.6	6.9	13.9	5.2	2.6	7.8	3.2	1.8
1996	100.0	56.3	7.2	13.9	5.4	3.0	8.4	3.7	2.0
1997	100.0	55.1	6.8	14.4	5.3	3.3	9.2	3.9	2.1
1998	100.0	53.4	6.2	15.1	5.2	3.8	10.0	4.3	2.1
1999	100.0	52.6	5.8	14.8	5.2	4.4	10.7	4.4	2.2
2000	100.0	49.1	5.7	15.5	4.5	5.6	11.2	5.2	3.1
2001	100.0	47.7	5.7	16.0	4.4	6.3	11.1	5.5	3.2
2002	100.0	46.2	5.7	16.4	4.4	7.0	11.5	5.7	3.1
2003	100.0	45.6	5.7	15.9	4.2	8.4	12.1	6.0	2.2
2004	100.0	47.2	5.5	14.8	4.1	8.8	11.3	6.0	2.2
2005	100.0	45.5	5.8	14.5	4.4	9.6	11.6	6.6	2.1

2—33 农村居民现金支出

单位:元/人

年 份	现金支出	一、家庭经营费用支出	二、购置生产性固定资产支出	三、税 费 支 出	四、生活消费 支 出	五、财产性 支 出	六、转移性 支 出
1978	60.8	7.4		0.2	47.6		5.5
1980	107.0	13.8		0.2	83.8		9.1
1985	331.2	80.0	18.9	16.4	194.7		21.3
1990	639.1	162.9	20.5	33.4	374.7		47.6
1991	713.4	188.4	26.7	36.2	404.7		57.4
1992	769.2	206.5	29.8	41.1	431.4		60.5
1993	869.5	241.2	34.5	42.1	490.1		61.6
1994	1156.0	327.8	46.1	59.2	648.2		74.8
1995	1545.8	454.7	62.3	77.0	859.4		92.4
1996	1887.5	524.0	63.8	94.5	1076.2		129.1
1997	1959.8	539.9	60.0	97.8	1126.3		135.8
1998	1931.0	511.7	54.3	98.0	1128.2		138.9
1999	1917.2	470.7	57.6	93.1	1144.6		151.2
2000	2140.4	544.5	63.9	89.8	1284.7	9.8	147.6
2001	2284.6	584.8	78.1	86.4	1364.1	10.8	160.5
2002	2437.7	617.4	85.5	75.6	1467.6	10.3	181.3
2003	2537.4	638.4	101.7	66.0	1576.6	11.6	143.1
2004	2862.5	788.6	107.7	36.9	1754.5	13.9	161.0
2005	3567.5	1052.5	131.1	12.9	2134.6	22.0	214.2

2—34 农村居民现金支出构成

单位:%

年 份	现金支出	一、家庭经营费用支出	二、购置生产性固定资产支出	三、税 费 支 出	四、生活消费 支 出	五、财产性 支 出	六、转移性 支 出
1978	100.0	12.2		0.4	78.3		9.1
1980	100.0	12.9		0.2	78.3		8.5
1985	100.0	24.1	5.7	4.9	58.8		6.4
1990	100.0	25.5	3.2	5.2	58.6		7.4
1991	100.0	26.4	3.7	5.1	56.7		8.0
1992	100.0	26.8	3.9	5.3	56.1		7.9
1993	100.0	27.7	4.0	4.8	56.4		7.1
1994	100.0	28.4	4.0	5.1	56.1		6.5
1995	100.0	29.4	4.0	5.0	55.6		6.0
1996	100.0	27.8	3.4	5.0	57.0		6.8
1997	100.0	27.6	3.1	5.0	57.5		6.9
1998	100.0	26.5	2.8	5.1	58.4		7.2
1999	100.0	24.6	3.0	4.9	59.7		7.9
2000	100.0	25.4	3.0	4.2	60.0	0.5	6.9
2001	100.0	25.6	3.4	3.8	59.7	0.5	7.0
2002	100.0	25.3	3.5	3.1	60.2	0.4	7.4
2003	100.0	25.2	4.0	2.6	62.1	0.5	5.6
2004	100.0	27.5	3.8	1.3	61.3	0.5	5.6
2005	100.0	29.5	3.6	0.4	59.8	0.6	6.0

2—35 农村居民家庭经营费用现金支出

单位：元/人

年份	家庭经营费用现金支出	一、第一产业支出	1.农业支出	2.林业支出	3.牧业支出	4.渔业支出	二、第二产业支出	1.工业支出
1978	7.4							
1980	14.1							
1985	80.0	69.9	43.1	0.9	24.2	1.7	2.0	1.7
1990	162.9	146.4	99.5	0.8	43.2	3.0	4.2	3.8
1991	188.4	169.1	112.8	1.1	52.1	3.1	5.1	4.6
1992	206.5	185.0	118.8	1.0	61.0	4.2	5.9	5.3
1993	241.2	211.3	133.1	1.8	70.7	5.7	8.8	6.9
1994	327.8	294.4	182.8	2.0	101.8	7.9	9.5	7.5
1995	454.7	410.7	261.4	2.1	138.3	8.8	13.8	10.6
1996	524.0	468.4	313.7	2.1	141.6	11.1	17.8	13.3
1997	539.9	483.1	298.4	1.9	172.3	10.4	18.6	13.5
1998	511.7	451.6	277.4	1.8	159.8	12.5	17.5	13.4
1999	470.7	417.6	269.1	2.3	132.8	13.5	15.0	11.1
2000	544.5	462.9	286.5	4.2	155.7	16.5	27.0	21.3
2001	584.8	502.4	296.6	4.0	183.7	18.1	27.7	21.9
2002	617.4	530.7	309.7	4.6	194.2	22.2	30.2	22.9
2003	638.4	551.1	318.1	6.1	206.8	20.2	34.4	27.8
2004	788.6	694.3	402.2	5.2	264.0	22.9	36.6	31.0
2005	1052.5	921.5	510.5	6.5	371.8	32.6	47.6	40.1

年份	2.建筑业支出	三、第三产业支出	1.交通运输业、邮电业支出	2.批发和零售贸易、餐饮业支出	3.社会服务业支出	4.文教卫生业支出	5.其他支出
1978							
1980							
1985	0.3	8.1	3.4	2.2	0.5		2.0
1990	0.4	12.3	7.5	2.0	0.9		1.9
1991	0.5	14.2	7.7	3.1	1.1		2.4
1992	0.6	15.6	8.9	3.1	1.1		2.5
1993	2.0	21.1	11.8	4.8	1.5		3.0
1994	1.9	24.0	12.9	6.1	2.1		2.9
1995	3.2	30.3	16.3	7.4	2.5		4.2
1996	4.5	37.7	20.4	9.6	3.3		4.5
1997	5.1	38.3	19.2	12.4	3.0		3.8
1998	4.1	42.6	17.4	15.8	3.1		6.4
1999	3.9	38.1	18.7	10.3	2.7		6.5
2000	5.8	54.6	26.2	13.9	3.8	1.1	9.5
2001	5.8	54.7	26.4	13.7	4.1	1.1	9.3
2002	7.3	56.5	27.8	14.5	4.2	1.5	8.6
2003	6.6	52.9	25.2	15.9	5.0	1.5	5.4
2004	5.6	57.6	27.2	18.3	5.1	1.4	5.6
2005	7.5	83.4	39.0	30.5	5.5	2.3	6.2

2—36 农村居民家庭经营费用现金支出构成

单位：%

年份	家庭经营费用现金支出	一、第一产业支出	1.农业支出	2.林业支出	3.牧业支出	4.渔业支出	二、第二产业支出	1.工业支出
1978	100.0							
1980	100.0							
1985	100.0	87.3	53.9	1.1	30.2	2.2	2.5	2.2
1990	100.0	89.9	61.1	0.5	26.5	1.9	2.6	2.3
1991	100.0	89.8	59.9	0.6	27.6	1.7	2.7	2.4
1992	100.0	89.6	57.5	0.5	29.6	2.0	2.9	2.6
1993	100.0	87.6	55.2	0.7	29.3	2.3	3.7	2.8
1994	100.0	89.8	55.7	0.6	31.1	2.4	2.9	2.3
1995	100.0	90.3	57.5	0.5	30.4	1.9	3.0	2.3
1996	100.0	89.4	59.9	0.4	27.0	2.1	3.4	2.5
1997	100.0	89.5	55.3	0.4	31.9	1.9	3.4	2.5
1998	100.0	88.3	54.2	0.4	31.2	2.4	3.4	2.6
1999	100.0	88.7	57.2	0.5	28.2	2.9	3.2	2.4
2000	100.0	85.0	52.6	0.8	28.6	3.0	5.0	3.9
2001	100.0	85.9	50.7	0.7	31.4	3.1	4.7	3.7
2002	100.0	86.0	50.2	0.7	31.5	3.6	4.9	3.7
2003	100.0	86.3	49.8	1.0	32.4	3.2	5.4	4.4
2004	100.0	88.0	51.0	0.7	33.5	2.9	4.6	3.9
2005	100.0	87.5	48.5	0.6	35.3	3.1	4.5	3.8

年份	2.建筑业支出	三、第三产业支出	1.交通运输业、邮电业支出	2.批发和零售贸易、餐饮业支出	3.社会服务业支出	4.文教卫生业支出	5.其他支出
1978							
1980							
1985	0.4	10.2	4.3	2.7	0.7		2.5
1990	0.3	7.5	4.6	1.2	0.6		1.2
1991	0.2	7.5	4.1	1.6	0.6		1.3
1992	0.3	7.5	4.3	1.5	0.6		1.2
1993	0.8	8.7	4.9	2.0	0.6		1.2
1994	0.6	7.3	3.9	1.9	0.6		0.9
1995	0.7	6.7	3.6	1.6	0.5		0.9
1996	0.9	7.2	3.9	1.8	0.6		0.8
1997	0.9	7.1	3.6	2.3	0.5		0.7
1998	0.8	8.3	3.4	3.1	0.6		1.3
1999	0.8	8.1	4.0	2.2	0.6		1.4
2000	1.1	10.0	4.8	2.6	0.7	0.2	1.7
2001	1.0	9.3	4.5	2.3	0.7	0.2	1.6
2002	1.2	9.2	4.5	2.4	0.7	0.2	1.4
2003	1.0	8.3	3.9	2.5	0.8	0.2	0.8
2004	0.7	7.3	3.4	2.3	0.7	0.2	0.7
2005	0.7	7.9	3.7	2.9	0.5	0.2	0.6

2—37 农村居民生活消费现金支出

单位:元/人

年份	生活消费现金支出	一、食品支出	二、衣着支出	三、居住支出	四、家庭设备用品及服务支出
1978	47.6				
1980	83.8	31.4	19.8	14.5	3.2
1985	194.7	76.6	30.1	42.8	16.1
1990	374.7	155.9	44.0	81.2	30.7
1991	404.7	164.4	49.7	81.8	34.8
1992	431.4	175.7	51.2	82.8	36.2
1993	490.1	198.0	54.8	78.2	44.4
1994	648.2	264.0	69.7	109.2	55.1
1995	859.4	353.2	88.7	147.9	68.1
1996	1076.2	423.8	112.7	186.2	84.0
1997	1126.3	435.7	108.3	198.3	85.2
1998	1128.2	428.9	97.0	199.4	81.8
1999	1144.6	426.0	91.5	203.6	82.1
2000	1284.7	464.3	95.2	231.1	74.4
2001	1364.1	484.5	98.0	249.8	76.2
2002	1467.6	511.0	104.5	271.5	80.2
2003	1576.6	551.2	109.5	278.1	81.3
2004	1754.5	629.9	119.6	297.2	89.0
2005	2134.6	770.7	147.9	342.3	110.9

年份	五、交通通讯支出	六、文教娱乐用品及服务支出	七、医疗保健支出	八、其他支出
1978				
1980	0.6	8.0	3.3	3.1
1985	5.6	12.3	7.7	3.5
1990	8.4	31.3	19.0	4.3
1991	10.3	36.3	22.3	5.1
1992	12.2	43.7	24.1	5.5
1993	17.4	58.3	26.1	13.1
1994	24.0	75.1	32.1	19.0
1995	33.7	102.4	42.5	23.1
1996	47.1	132.5	58.3	31.7
1997	53.9	148.2	62.5	34.3
1998	60.7	159.4	68.1	32.9
1999	68.7	168.3	70.0	34.3
2000	93.1	186.7	87.6	52.5
2001	110.0	192.6	96.6	56.4
2002	128.5	210.3	103.9	57.7
2003	162.5	235.7	115.8	42.6
2004	192.6	247.6	130.6	48.1
2005	245.0	295.5	168.1	54.1

2—38 农村居民生活消费现金支出构成

单位:%

年 份	生活消费现金支出	一、食品支出	二、衣着支出	三、居住支出	四、家庭设备用品及服务支出
1978	100.0				
1980	100.0	37.4	23.7	17.3	3.8
1985	100.0	39.3	15.5	22.0	8.2
1990	100.0	41.6	11.7	21.7	8.2
1991	100.0	40.6	12.3	20.2	8.6
1992	100.0	40.7	11.9	19.2	8.4
1993	100.0	40.4	11.2	16.0	9.0
1994	100.0	40.7	10.7	16.9	8.5
1995	100.0	41.1	10.3	17.2	7.9
1996	100.0	39.4	10.5	17.3	7.8
1997	100.0	38.7	9.6	17.6	7.6
1998	100.0	38.0	8.6	17.7	7.2
1999	100.0	37.2	8.0	17.8	7.2
2000	100.0	36.1	7.4	18.0	5.8
2001	100.0	35.5	7.2	18.3	5.6
2002	100.0	34.8	7.1	18.5	5.5
2003	100.0	35.0	6.9	17.6	5.2
2004	100.0	35.9	6.8	16.9	5.1
2005	100.0	36.1	6.9	16.0	5.2

年 份	五、交通通讯支出	六、文教娱乐用品及服务支出	七、医疗保健支出	八、其他支出
1978				
1980	0.7	9.6	3.9	3.7
1985	2.9	6.3	3.9	1.8
1990	2.2	8.4	5.1	1.1
1991	2.5	9.0	5.5	1.3
1992	2.8	10.1	5.6	1.3
1993	3.6	11.9	5.3	2.7
1994	3.7	11.6	4.9	2.9
1995	3.9	11.9	4.9	2.7
1996	4.4	12.3	5.4	2.9
1997	4.8	13.2	5.5	3.0
1998	5.4	14.1	6.0	2.9
1999	6.0	14.7	6.1	3.0
2000	7.2	14.5	6.8	4.1
2001	8.1	14.1	7.1	4.1
2002	8.8	14.3	7.1	3.9
2003	10.3	14.9	7.3	2.7
2004	11.0	14.1	7.4	2.7
2005	11.5	13.8	7.9	2.5

2—39 农村绝对贫困状况

年份	贫困线(元/人)	贫困发生率(%)	贫困规模(万人)
1978	100	30.7	25000
1980	130	26.8	22000
1981	142	18.5	15200
1982	164	17.5	14500
1983	179	16.2	13500
1984	200	15.1	12800
1985	206	14.8	12500
1986	213	15.5	13100
1987	227	14.3	12200
1988	236	11.1	9600
1989	259	11.6	10200
1990	300	9.4	8500
1991	304	10.4	9400
1992	317	8.8	8000
1994	440	7.7	7000
1995	530	7.1	6540
1997	640	5.4	4962
1998	635	4.6	4210
1999	625	3.7	3412
2000	625	3.4	3209
2001	630	3.2	2927
2002	627	3.0	2820
2003	637	3.1	2900
2004	668	2.8	2610
2005	683	2.5	2365

3

主要年份分组资料

一、按纯收入分组

3—1 1980年农村居民家庭基本情况

项　　目	单　位	60元以下	60—80元	80—100元	100—150元	150—200元
一、农户所占比重	%	0.9	2.6	5.7	25.6	25.0
二、常住人口	人/户	5.6	6.3	6.2	6.0	5.7
三、劳动力人数	人/户	2.7	2.8	2.3	2.8	2.6
劳动力负担人口	人/劳动力	2.1	2.2	2.7	2.2	2.2
四、经营耕地面积	亩/人	0.3	0.3	0.2	0.2	0.2
#自留地面积	亩/人	0.1	0.2	0.2	0.1	0.1
五、年末使用房屋面积	平方米/人	8.8	8.4	9.3	10.2	11.3
六、收入						
1.总收入	元/人	64.8	86.9	108.5	146.9	198.9
#家庭经营收入	元/人	30.7	40.7	50.3	66.3	85.9
2.纯收入	元/人	52.7	72.7	91.8	126.4	174.0
3.现金收入	元/人	34.2	38.6	47.6	68.4	98.3
七、支出						
1.总支出	元/人	93.6	100.8	113.4	143.3	183.6
#生产费用支出	元/人	12.0	14.1	16.5	20.2	24.6
生活消费支出	元/人	79.1	84.0	94.0	118.1	151.5
2.现金支出	元/人	41.7	44.5	50.1	68.8	94.3
#生产费用支出	元/人	6.9	7.5	8.6	10.7	13.5
生活消费支出	元/人	32.3	33.9	38.3	53.1	73.3
八、主要食品消费量						
粮食	公斤/人	185.9	203.1	218.8	248.6	273.3
蔬菜	公斤/人	65.2	78.7	91.7	110.5	128.1
食用油	公斤/人	1.0	1.3	1.6	2.1	2.8
猪牛羊肉	公斤/人	3.0	3.4	4.1	5.6	7.5
家禽	公斤/人	0.2	0.3	0.3	0.4	0.6
禽蛋	公斤/人	0.5	0.6	0.6	0.7	1.0
食糖	公斤/人	0.4	0.5	0.5	0.7	1.0
酒	公斤/人	0.5	0.6	1.0	1.4	1.9

3－1续表

项　　目	单　位	200—250元	250—300元	300—500元	500元以上
一、农户所占比重	%	17.3	10.0	11.3	1.6
二、常住人口	人/户	5.3	5.1	4.7	4.1
三、劳动力人数	人/户	2.6	2.7	2.7	2.6
劳动力负担人口	人/劳动力	2.0	1.9	1.7	1.6
四、经营耕地面积	亩/人	0.2	0.2	0.2	0.2
#自留地面积	亩/人	0.1	0.1	0.1	0.2
五、年末使用房屋面积	平方米/人	12.5	13.4	15.0	17.2
六、收入					
1.总收入	元/人	254.4	305.0	402.5	641.3
#家庭经营收入	元/人	106.1	115.4	133.6	147.9
2.纯收入	元/人	223.4	271.9	365.3	600.4
3.现金收入	元/人	134.4	168.1	241.6	409.0
七、支出					
1.总支出	元/人	226.5	265.6	331.8	475.4
#生产费用支出	元/人	30.7	32.7	36.9	40.6
生活消费支出	元/人	185.1	218.9	273.5	395.2
2.现金支出	元/人	125.2	157.6	212.3	340.1
#生产费用支出	元/人	17.3	18.4	21.0	25.1
生活消费支出	元/人	97.2	124.3	169.8	275.7
八、主要食品消费量					
粮食	公斤/人	299.9	309.0	312.4	327.8
蔬菜	公斤/人	143.1	154.6	163.3	181.4
食用油	公斤/人	3.3	4.1	4.4	5.1
猪牛羊肉	公斤/人	8.9	10.6	12.7	16.2
家禽	公斤/人	0.8	1.0	1.2	1.4
禽蛋	公斤/人	1.3	2.0	2.2	2.8
食糖	公斤/人	1.3	1.5	2.1	3.3
酒	公斤/人	2.2	2.7	3.4	4.8

3—2 1985年农村居民家庭基本情况

项　　目	单位	100元以下	100—150元	150—200元	200—300元
一、农户所占比重	%	1.0	3.4	7.9	25.6
二、常住人口	人/户	5.2	5.5	5.6	5.4
三、劳动力人数	人/户	2.6	2.8	2.9	3.0
劳动力负担人口	人/劳动力	2.0	2.0	1.9	1.8
四、经营耕地面积	亩/人	3.1	2.4	2.1	2.0
#承包耕地面积	亩/人	2.7	2.1	1.8	1.7
五、年内新建房屋面积	平方米/人	0.8	0.4	0.5	0.7
六、年末住房面积	平方米/人	10.1	10.2	11.1	12.8
#砖木结构面积	平方米/人	3.1	3.2	3.7	5.2
七、年末使用房屋价值	元/平方米	20.1	19.1	19.7	21.6
八、年末生产性固定资产原值	元/户	921.2	639.9	609.7	638.3
九、收入					
1.总收入	元/人	229.7	232.3	281.9	372.8
2.纯收入	元/人	72.2	133.3	179.8	252.4
3.现金收入	元/人	143.9	123.2	153.8	215.6
十、支出					
1.总支出	元/人	351.0	270.2	294.8	360.1
#家庭经营费用支出	元/人	122.0	75.2	78.2	93.6
生活消费支出	元/人	179.2	169.9	191.1	236.2
2.现金支出	元/人	222.2	148.9	166.9	216.1
#家庭经营费用支出	元/人	78.7	41.9	45.1	56.3
生活消费支出	元/人	91.7	80.1	92.8	123.4
十一、主要食品消费量					
粮食	公斤/人	213.1	209.1	222.9	243.9
蔬菜	公斤/人	88.0	87.3	95.3	116.7
食用油	公斤/人	2.6	2.4	2.7	3.3
猪牛羊肉	公斤/人	4.9	5.7	6.8	8.9
家禽	公斤/人	0.3	0.4	0.5	0.7
禽蛋	公斤/人	1.2	0.9	1.0	1.4
食糖	公斤/人	0.5	0.6	0.8	1.0
酒	公斤/人	1.7	1.6	2.2	2.8

3—2 续表 1

项　　目	单　位	300—400 元	400—500 元	500—600 元	600—800 元
一、农户所占比重	%	24.1	15.9	9.1	8.0
二、常住人口	人/户	5.2	5.0	4.8	4.5
三、劳动力人数	人/户	3.0	3.0	2.9	2.9
劳动力负担人口	人/劳动力	1.8	1.7	1.6	1.6
四、经营耕地面积	亩/人	2.0	2.1	2.2	2.2
#承包耕地面积	亩/人	1.7	1.9	1.9	2.0
五、年内新建房屋面积	平方米/人	1.0	1.3	1.5	2.0
六、年末住房面积	平方米/人	14.6	16.1	17.3	19.1
#砖木结构面积	平方米/人	7.2	9.0	10.3	12.4
七、年末使用房屋价值	元/平方米	24.8	28.0	32.0	35.2
八、年末生产性固定资产原值	元/户	712.0	807.1	900.1	919.5
九、收入					
1. 总收入	元/人	492.9	614.5	735.6	907.2
2. 纯收入	元/人	347.7	444.2	542.4	680.6
3. 现金收入	元/人	308.3	412.3	518.9	681.4
十、支出					
1. 总支出	元/人	450.7	541.9	631.6	757.2
#家庭经营费用支出	元/人	113.3	133.0	150.6	180.0
生活消费支出	元/人	297.3	357.0	419.8	502.3
2. 现金支出	元/人	292.9	375.5	461.9	586.9
#家庭经营费用支出	元/人	72.6	88.3	104.1	129.8
生活消费支出	元/人	170.6	222.2	280.3	363.7
十一、主要食品消费量					
粮食	公斤/人	265.6	275.7	279.0	275.2
蔬菜	公斤/人	133.7	146.1	153.1	157.1
食用油	公斤/人	4.1	4.6	5.1	5.4
猪牛羊肉	公斤/人	10.8	12.3	13.9	14.9
家禽	公斤/人	1.0	1.2	1.4	1.7
禽蛋	公斤/人	1.9	2.5	2.9	3.4
食糖	公斤/人	1.4	1.7	1.9	2.3
酒	公斤/人	3.7	4.7	5.6	7.0

3—2 续表 2

项　　目	单　位	800—1000 元	1000—1500 元	1500—2000 元	2000 元以上
一、农户所占比重	%	2.9	1.8	0.3	0.2
二、常住人口	人/户	4.3	4.1	4.3	3.7
三、劳动力人数	人/户	2.8	2.8	2.9	2.6
劳动力负担人口	人/劳动力	1.5	1.5	1.5	1.4
四、经营耕地面积	亩/人	2.3	2.3	1.8	1.4
#承包耕地面积	亩/人	2.1	2.0	1.5	1.1
五、年内新建房屋面积	平方米/人	2.4	3.1	4.4	4.4
六、年末住房面积	平方米/人	20.8	22.8	22.8	27.8
#砖木结构面积	平方米/人	14.7	17.2	17.2	9.9
七、年末使用房屋价值	元/平方米	40.5	46.5	56.3	66.5
八、年末生产性固定资产原值	元/户	1108.1	1768.3	2245.9	2776.4
九、收入					
1.总收入	元/人	1143.8	1536.9	2276.7	3077.8
2.纯收入	元/人	878.9	1157.2	1686.6	2538.2
3.现金收入	元/人	905.1	1281.1	2035.8	2863.5
十、支出					
1.总支出	元/人	932.2	1242.2	1845.8	2448.6
#家庭经营费用支出	元/人	210.5	305.3	502.2	444.6
生活消费支出	元/人	614.8	756.3	1080.9	1461.7
2.现金支出	元/人	757.8	1068.7	1681.7	2412.9
#家庭经营费用支出	元/人	159.9	247.6	449.5	399.0
生活消费支出	元/人	472.7	619.1	940.9	1345.2
十一、主要食品消费量					
粮食	公斤/人	278.3	276.9	263.6	242.4
蔬菜	公斤/人	157.7	158.2	160.8	171.3
食用油	公斤/人	5.6	6.0	6.1	6.0
猪牛羊肉	公斤/人	16.7	18.3	19.2	22.7
家禽	公斤/人	2.0	2.8	3.9	7.0
禽蛋	公斤/人	4.2	4.7	5.3	5.0
食糖	公斤/人	2.7	3.3	3.5	6.3
酒	公斤/人	9.3	10.9	13.5	24.3

3—3 1990年农村居民家庭基本情况

指　　标	单　位	100元以下	100—150元	150—200元	200—300元
一、农户所占比重	%	0.3	0.5	1.3	6.6
二、常住人口	人/户	3.5	5.0	5.1	5.4
三、劳动力人数	人/户	2.1	2.7	2.8	3.0
劳动力负担人口	人/劳动力	1.7	1.9	1.9	1.8
四、经营耕地面积	亩/人	3.3	2.4	2.0	1.9
#承包耕地面积	亩/人	3.0	2.1	1.7	1.6
五、年内新建房屋面积	平方米/人	0.8	0.2	0.2	0.4
六、年末住房面积	平方米/人	13.6	12.5	11.8	12.6
#砖木结构面积	平方米/人	4.9	4.7	4.0	5.1
七、年末使用房屋价值	元/平方米	36.8	30.1	28.5	28.7
八、年末生产性					
固定资产原值	元/户	1484.1	1416.4	950.8	1051.4
九、收入					
1.总收入	元/人	447.4	378.0	368.2	444.8
2.纯收入	元/人	66.1	133.1	181.2	257.7
3.现金收入	元/人	263.7	221.1	198.7	241.7
十、支出					
1.总支出	元/人	744.5	534.6	448.9	498.1
#家庭经营费用支出	元/人	298.6	179.8	140.3	143.8
生活消费支出	元/人	363.7	295.1	269.2	311.2
2.现金支出	元/人	520.9	330.3	261.7	290.5
#家庭经营费用支出	元/人	210.6	109.8	82.6	82.5
生活消费支出	元/人	220.7	157.2	135.0	158.4
十一、主要食品消费量					
粮食	公斤/人	220.4	217.1	208.9	225.0
蔬菜	公斤/人	105.1	87.1	81.8	91.1
食用油	公斤/人	4.2	3.3	3.0	3.3
猪牛羊肉	公斤/人	1.8	1.0	1.1	1.6
家禽	公斤/人	0.5	0.4	0.4	0.5
禽蛋	公斤/人	1.7	1.3	1.3	1.2
食糖	公斤/人	0.8	0.7	0.7	0.8
酒	公斤/人	3.5	3.0	2.1	2.5

3—3 续表 1

指　　标	单　位	300—400 元	400—500 元	500—600 元	600—800 元
一、农户所占比重	%	12.0	14.4	13.9	20.8
二、常住人口	人/户	5.3	5.0	4.9	4.8
三、劳动力人数	人/户	3.0	3.0	3.0	2.9
劳动力负担人口	人/劳动力	1.8	1.7	1.7	1.6
四、经营耕地面积	亩/人	1.7	1.8	1.8	1.8
＃承包耕地面积	亩/人	1.5	1.6	1.5	1.6
五、年内新建房屋面积	平方米/人	0.4	0.5	0.6	0.8
六、年末住房面积	平方米/人	13.9	15.5	16.9	18.6
＃砖木结构面积	平方米/人	6.2	7.6	8.8	10.5
七、年末使用房屋价值	元/平方米	30.3	33.0	44.7	36.8
八、年末生产性					
固定资产原值	元/户	1007.2	1053.4	1125.2	1233.3
九、收入					
1.总收入	元/人	561.3	688.8	814.0	1000.6
2.纯收入	元/人	351.9	450.1	548.2	691.9
3.现金收入	元/人	313.8	405.2	507.5	662.2
十、支出					
1.总支出	元/人	573.4	672.1	774.3	910.6
＃家庭经营费用支出	元/人	163.2	186.5	209.0	244.8
生活消费支出	元/人	363.5	429.6	500.9	590.7
2.现金支出	元/人	342.2	419.0	507.7	628.5
＃家庭经营费用支出	元/人	97.3	113.2	133.4	161.9
生活消费支出	元/人	188.8	236.7	291.5	367.1
十一、主要食品消费量					
粮食	公斤/人	241.1	259.1	272.8	284.6
蔬菜	公斤/人	106.9	121.1	130.7	144.5
食用油	公斤/人	3.8	4.4	4.9	5.6
猪牛羊肉	公斤/人	1.8	1.6	1.5	1.9
家禽	公斤/人	0.6	0.8	1.0	1.3
禽蛋	公斤/人	1.4	1.8	2.0	2.5
食糖	公斤/人	0.9	1.1	1.3	1.6
酒	公斤/人	3.2	4.0	5.2	6.8

3—3续表2

指　　标	单　位	800—1000元	1000—1500元	1500—2000元	2000元以上
一、农户所占比重	%	12.5	12.3	3.5	2.0
二、常住人口	人/户	4.6	4.3	4.0	3.8
三、劳动力人数	人/户	2.9	2.8	2.8	2.7
劳动力负担人口	人/劳动力	1.6	1.5	1.4	1.4
四、经营耕地面积	亩/人	2.0	2.2	2.3	2.3
#承包耕地面积	亩/人	1.8	1.9	2.0	2.1
五、年内新建房屋面积	平方米/人	1.1	1.5	2.4	3.2
六、年末住房面积	平方米/人	20.3	22.9	27.4	32.8
#砖木结构面积	平方米/人	12.3	14.8	18.4	23.9
七、年末使用房屋价值	元/平方米	30.1	28.5	28.7	30.3
八、年末生产性					
固定资产原值	元/户	1349.8	1599.6	2019.1	2362.3
九、收入					
1.总收入	元/人	1254.2	1637.1	2293.3	3397.7
2.纯收入	元/人	889.4	1195.8	1714.4	2611.6
3.现金收入	元/人	886.5	1236.2	1881.6	2952.7
十、支出					
1.总支出	元/人	1112.3	1381.4	1887.2	2656.4
#家庭经营费用支出	元/人	291.5	354.0	471.7	648.5
生活消费支出	元/人	723.2	902.5	1240.1	1754.5
2.现金支出	元/人	820.6	1084.7	1598.8	2362.2
#家庭经营费用支出	元/人	202.1	261.5	384.8	559.9
生活消费支出	元/人	485.6	654.2	979.0	1461.3
十一、主要食品消费量					
粮食	公斤/人	291.0	288.1	283.0	287.2
蔬菜	公斤/人	157.3	162.8	164.5	164.6
食用油	公斤/人	6.3	7.0	7.5	8.0
猪牛羊肉	公斤/人	2.1	2.5	1.6	3.0
家禽	公斤/人	1.6	2.1	3.2	4.6
禽蛋	公斤/人	3.0	4.0	4.9	6.4
食糖	公斤/人	2.0	2.2	2.8	3.4
酒	公斤/人	8.1	10.4	13.1	15.9

3—4 1995年农村居民家庭基本情况

指　　标	单　位	100元以下	100—200元	200—300元	300—400元	400—500元
一、农户所占比重	%	0.2	0.4	0.8	1.5	2.3
二、常住人口	人/户	4.8	5.2	5.2	5.3	5.1
三、劳动力人数	人/户	2.8	3.1	3.0	3.1	3.0
劳动力负担人口	人/劳动力	1.7	1.7	1.7	1.7	1.7
四、经营耕地面积	亩/人	5.2	3.9	3.3	2.8	2.4
#承包耕地面积	亩/人	4.4	3.2	2.4	2.3	2.1
五、年内新建房屋面积	平方米/人	0.8	0.3	0.4	0.4	0.2
六、年末住房面积	平方米/人	16.2	17.9	14.2	14.4	15.4
#砖木结构面积	平方米/人	6.7	4.9	5.5	5.1	6.0
七、年末使用房屋价值	元/平方米	122.9	53.8	64.7	60.4	60.6
八、年末生产性						
固定资产原值	元/户	6695.3	5119.3	3506.2	2885.5	2654.8
九、收入						
1.总收入	元/人	1367.4	939.8	865.0	989.2	954.7
2.纯收入	元/人	−77.2	153.0	258.7	353.4	451.6
3.现金收入	元/人	1081.6	627.6	537.0	524.4	545.1
十、支出						
1.总支出	元/人	2743.7	1546.2	1367.6	1226.6	1214.1
#家庭经营费用支出	元/人	1123.0	615.8	482.7	443.2	410.3
生活消费支出	元/人	1151.0	732.1	702.2	672.9	708.6
2.现金支出	元/人	2059.0	1087.9	903.3	752.9	713.5
#家庭经营费用支出	元/人	959.0	475.3	339.3	300.8	265.9
生活消费支出	元/人	675.5	416.1	384.7	339.1	353.3
十一、主要食品消费量						
粮食	公斤/人	287.4	218.4	209.4	211.6	214.7
蔬菜	公斤/人	83.3	59.3	58.9	62.5	154.5
食用油	公斤/人	5.4	4.5	4.1	4.3	3.9
猪牛羊肉	公斤/人	7.3	5.6	6.4	7.4	7.9
家禽	公斤/人	0.8	0.5	0.7	0.6	0.6
禽蛋	公斤/人	2.6	1.7	1.5	1.3	1.3
食糖	公斤/人	1.1	1.0	0.9	0.9	1.0
酒	公斤/人	6.2	4.0	3.5	3.0	3.1

3—4 续表 1

指　　标	单　位	500—600 元	600—800 元	800—1000 元	1000—1200 元	1200—1300 元
一、农户所占比重	%	3.4	9.5	11.6	11.8	5.4
二、常住人口	人/户	5.1	4.9	4.8	4.6	4.5
三、劳动力人数	人/户	3.0	3.0	3.0	2.9	2.9
劳动力负担人口	人/劳动力	1.7	1.6	1.6	1.6	1.6
四、经营耕地面积	亩/人	2.2	2.2	2.1	2.1	2.0
#承包耕地面积	亩/人	1.9	1.9	1.8	1.9	1.8
五、年内新建房屋面积	平方米/人	0.4	0.6	0.6	0.6	0.7
六、年末住房面积	平方米/人	16.1	17.2	18.1	19.4	19.8
#砖木结构面积	平方米/人	6.3	8.1	9.3	11.0	12.1
七、年末使用房屋价值	元/平方米	57.7	62.0	70.4	73.8	83.2
八、年末生产性						
固定资产原值	元/户	2411.4	2440.6	2398.3	2377.5	2434.9
九、收入						
1.总收入	元/人	1064.8	1242.5	1491.3	1739.6	1917.8
2.纯收入	元/人	551.0	704.7	902.2	1097.0	1248.3
3.现金收入	元/人	604.1	710.6	862.9	1044.3	1165.5
十、支出						
1.总支出	元/人	1286.6	1399.4	1528.7	1696.3	1809.5
#家庭经营费用支出	元/人	418.3	435.9	475.7	519.1	539.6
生活消费支出	元/人	745.4	832.3	909.9	1019.8	1106.6
2.现金支出	元/人	766.9	826.2	954.1	1099.2	1204.2
#家庭经营费用支出	元/人	269.6	276.2	307.9	346.8	371.8
生活消费支出	元/人	382.7	424.3	498.5	586.4	651.2
十一、主要食品消费量						
粮食	公斤/人	223.5	228.3	239.8	252.2	282.9
蔬菜	公斤/人	74.5	82.9	92.1	99.4	105.4
食用油	公斤/人	4.2	4.4	5.0	5.4	5.6
猪牛羊肉	公斤/人	8.5	9.4	10.0	10.2	10.2
家禽	公斤/人	0.8	0.8	1.0	1.3	1.5
禽蛋	公斤/人	1.5	1.8	2.1	2.5	2.9
食糖	公斤/人	1.0	0.9	1.0	1.2	1.3
酒	公斤/人	3.6	3.8	4.3	5.0	5.6

3—4 续表 2

指　　标	单　位	1300—1500 元	1500—1700 元	1700—2000 元	2000—2500 元	2500—3000 元
一、农户所占比重	%	9.7	8.0	9.4	10.3	5.9
二、常住人口	人/户	4.5	4.4	4.3	4.2	4.1
三、劳动力人数	人/户	2.9	2.8	2.8	2.8	2.8
劳动力负担人口	人/劳动力	1.6	1.5	1.6	1.5	1.5
四、经营耕地面积	亩/人	2.0	2.2	2.1	2.2	2.2
#承包耕地面积	亩/人	1.8	2.0	1.9	2.1	2.0
五、年内新建房屋面积	平方米/人	0.7	0.8	0.9	1.0	1.3
六、年末住房面积	平方米/人	20.3	22.1	22.2	24.0	26.4
#砖木结构面积	平方米/人	12.1	13.4	13.8	14.9	16.4
七、年末使用房屋价值	元/平方米	84.4	84.1	104.5	121.5	139.0
八、年末生产性						
固定资产原值	元/户	2530.3	2643.7	2799.7	2966.6	3138.0
九、收入						
1. 总收入	元/人	2112.5	2396.3	2691.3	3165.3	3733.0
2. 纯收入	元/人	1396.8	1596.0	1839.2	2228.6	2723.1
3. 现金收入	元/人	1334.9	1578.3	1820.2	2244.8	2779.6
十、支出						
1. 总支出	元/人	1948.0	2167.1	2443.6	2700.0	3067.9
#家庭经营费用支出	元/人	578.8	650.3	699.4	772.1	835.4
生活消费支出	元/人	1175.3	1301.9	1501.9	1662.2	1937.7
2. 现金支出	元/人	1327.6	1535.3	1747.0	2071.1	2472.0
#家庭经营费用支出	元/人	403.0	466.7	514.2	596.2	666.3
生活消费支出	元/人	713.7	831.2	964.3	1168.9	1439.0
十一、主要食品消费量						
粮食	公斤/人	264.2	269.0	272.9	274.9	274.6
蔬菜	公斤/人	110.2	117.3	120.8	125.7	128.5
食用油	公斤/人	6.0	6.1	6.5	7.0	7.4
猪牛羊肉	公斤/人	11.2	11.5	12.2	13.1	14.2
家禽	公斤/人	1.6	1.8	2.3	2.5	3.2
禽蛋	公斤/人	3.1	3.5	4.1	4.7	5.0
食糖	公斤/人	1.3	1.4	1.4	1.6	1.7
酒	公斤/人	5.9	6.5	7.5	8.6	10.5

3—4 续表 3

指　　标	单　位	3000—3500 元	3500—4000 元	4000—4500 元	4500—5000 元	5000 元以上
一、农户所占比重	%	3.5	2.0	1.3	0.9	2.3
二、常住人口	人/户	4.0	3.8	3.7	3.6	3.5
三、劳动力人数	人/户	2.8	2.8	2.7	2.7	2.6
劳动力负担人口	人/劳动力	1.4	1.4	1.4	1.4	1.3
四、经营耕地面积	亩/人	2.1	2.0	3.0	2.5	13.5
#承包耕地面积	亩/人	1.9	1.8	2.9	2.4	2.1
五、年内新建房屋面积	平方米/人	1.3	1.6	1.2	2.1	2.4
六、年末住房面积	平方米/人	27.4	30.1	31.1	34.2	38.8
#砖木结构面积	平方米/人	16.6	18.1	19.1	20.2	23.7
七、年末使用房屋价值	元/平方米	165.1	185.3	183.3	211.7	220.0
八、年末生产性						
固定资产原值	元/户	3358.0	3571.5	3790.2	3480.3	5712.4
九、收入						
1.总收入	元/人	4277.7	4807.9	5603.6	6269.2	8646.9
2.纯收入	元/人	3223.4	3726.8	4233.6	4740.4	6833.3
3.现金收入	元/人	3279.2	4145.7	4567.6	5331.2	7487.0
十、支出						
1.总支出	元/人	3409.4	3730.8	4424.3	5010.7	6558.5
#家庭经营费用支出	元/人	875.8	903.0	1167.9	1314.0	1540.2
生活消费支出	元/人	2223.1	2487.9	2867.8	3310.4	4292.2
2.现金支出	元/人	2846.4	3213.2	3888.4	4531.1	6169.2
#家庭经营费用支出	元/人	724.1	767.6	1019.8	1190.2	1444.1
生活消费支出	元/人	1727.6	1996.6	2355.2	2819.1	3794.1
十一、主要食品消费量						
粮食	公斤/人	272.0	280.8	282.5	274.7	274.5
蔬菜	公斤/人	128.0	124.0	126.7	122.9	123.4
食用油	公斤/人	7.6	7.6	8.1	7.7	8.2
猪牛羊肉	公斤/人	15.1	15.7	17.3	18.7	19.9
家禽	公斤/人	3.7	4.4	5.1	5.8	6.7
禽蛋	公斤/人	5.5	5.8	6.3	6.2	7.0
食糖	公斤/人	1.9	2.1	2.1	2.3	2.7
酒	公斤/人	12.2	13.1	15.2	16.4	19.6

3—5　2000年农村居民家庭基本情况

指　　标	单位	100元以下	100—200元	200—300元	300—400元	400—500元
一、农户所占比重	%	0.3	0.2	0.4	0.7	1.0
二、常住人口	人/户	4.1	4.7	5.0	5.0	4.8
三、劳动力人数	人/户	2.7	2.8	3.0	3.0	2.9
劳动力负担人口	人/劳动力	1.5	1.7	1.7	1.7	1.7
四、经营耕地面积	亩/人	3.6	2.9	2.7	2.5	2.5
五、年内新建房屋面积	平方米/人	0.7	1.1	0.7	0.4	0.8
六、年末住房面积	平方米/人	22.5	15.8	15.0	15.7	16.4
#砖木结构面积	平方米/人	11.2	7.2	6.4	7.2	6.8
七、年末使用房屋价值	元/平方米	172.3	135.5	135.1	124.6	123.3
八、年末生产性						
固定资产原值	元/户	15997.3	3918.7	6204.0	4844.0	4453.3
九、收入						
1.总收入	元/人	2392.0	916.3	938.4	993.5	1044.3
2.纯收入	元/人	−561.6	155.3	253.3	352.9	454.4
3.现金收入	元/人	2083.2	664.6	628.7	665.8	667.3
十、支出						
1.总支出	元/人	4637.2	1794.8	1505.8	1486.8	1484.5
#家庭经营费用支出	元/人	2418.0	564.8	485.4	449.5	430.4
生活消费支出	元/人	1605.6	987.2	815.8	850.2	883.4
2.现金支出	元/人	3964.6	1354.0	1084.3	1080.9	1072.6
#家庭经营费用支出	元/人	2133.3	411.9	368.7	347.7	327.6
生活消费支出	元/人	1293.6	724.8	542.6	569.5	585.3
十一、主要食品消费量						
粮食	公斤/人	239.2	207.4	210.7	215.1	216.2
蔬菜	公斤/人	90.5	63.8	50.7	58.2	71.1
食用油	公斤/人	6.7	3.9	4.6	4.7	4.9
猪牛羊肉	公斤/人	13.2	9.5	8.6	8.4	9.4
家禽	公斤/人	2.2	0.6	0.9	0.9	0.9
禽蛋	公斤/人	5.6	2.9	2.2	2.1	2.1
食糖	公斤/人	1.1	0.6	0.7	0.7	0.7
酒	公斤/人	10.1	5.9	4.3	4.3	3.6

3—5 续表 1

指　　标	单　位	500—600 元	600—800 元	800—1000 元	1000—2000 元	1200—1300 元
一、农户所占比重	%	1.4	4.4	5.7	6.8	3.8
二、常住人口	人/户	4.9	4.8	4.7	4.6	4.5
三、劳动力人数	人/户	2.9	2.9	2.9	2.9	2.9
劳动力负担人口	人/劳动力	1.7	1.7	1.6	1.6	1.6
四、经营耕地面积	亩/人	2.0	2.0	2.0	2.0	1.9
五、年内新建房屋面积	平方米/人	0.3	0.4	0.5	0.5	0.5
六、年末住房面积	平方米/人	16.8	17.2	18.7	20.1	21.1
#砖木结构面积	平方米/人	7.0	7.8	8.9	10.2	11.5
七、年末使用房屋价值	元/平方米	120.1	121.0	126.0	130.7	136.3
八、年末生产性						
固定资产原值	元/户	4447.8	4100.5	3748.3	4003.7	3969.4
九、收入						
1. 总收入	元/人	1150.6	1260.4	1531.4	1743.6	1907.5
2. 纯收入	元/人	552.1	684.1	879.2	1076.2	1221.4
3. 现金收入	元/人	707.9	783.3	978.2	1125.5	1250.5
十、支出						
1. 总支出	元/人	1424.5	1476.4	1635.0	1755.7	1830.9
#家庭经营费用支出	元/人	431.2	398.0	455.8	461.2	475.1
生活消费支出	元/人	831.9	901.2	982.3	1091.9	1132.8
2. 现金支出	元/人	999.2	1025.8	1157.7	1234.3	1327.5
#家庭经营费用支出	元/人	319.8	287.8	340.0	347.1	363.0
生活消费支出	元/人	530.1	573.8	635.2	697.1	755.7
十一、主要食品消费量						
粮食	公斤/人	213.2	223.0	231.6	235.6	240.9
蔬菜	公斤/人	70.7	78.1	84.7	93.0	99.5
食用油	公斤/人	4.7	5.3	5.4	5.9	6.3
猪牛羊肉	公斤/人	10.0	10.9	11.7	12.6	12.8
家禽	公斤/人	1.0	1.1	1.3	1.5	1.7
禽蛋	公斤/人	2.2	2.4	3.1	3.2	3.5
食糖	公斤/人	0.8	0.8	1.0	1.1	1.1
酒	公斤/人	3.7	4.0	4.5	4.9	5.0

3—5 续表 2

指　　标	单　位	1300—1500 元	1500—1700 元	1700—2000 元	2000—2500 元	2500—3000 元
一、农户所占比重	%	7.4	7.5	10.5	14.5	10.3
二、常住人口	人/户	4.5	4.4	4.2	4.1	4.0
三、劳动力人数	人/户	2.8	2.8	2.8	2.8	2.7
劳动力负担人口	人/劳动力	1.6	1.6	1.5	1.5	1.5
四、经营耕地面积	亩/人	1.9	2.0	1.9	2.0	2.0
五、年内新建房屋面积	平方米/人	0.7	0.8	0.7	0.9	1.0
六、年末住房面积	平方米/人	21.7	22.9	23.7	25.0	26.7
#砖木结构面积	平方米/人	11.7	12.8	13.7	14.7	15.7
七、年末使用房屋价值	元/平方米	138.6	147.6	154.2	167.3	178.8
八、年末生产性						
固定资产原值	元/户	3924.6	3928.7	3935.4	4163.6	4607.6
九、收入						
1.总收入	元/人	2102.5	2349.4	2635.7	3116.2	3691.4
2.纯收入	元/人	1373.4	1563.3	1810.5	2188.7	2679.7
3.现金收入	元/人	1413.4	1619.5	1882.4	2299.6	2820.5
十、支出						
1.总支出	元/人	1948.0	2118.5	2271.6	2578.8	2896.8
#家庭经营费用支出	元/人	503.0	546.4	570.4	641.1	700.5
生活消费支出	元/人	1209.5	1315.9	1425.5	1621.9	1843.1
2.现金支出	元/人	1441.3	1597.0	1753.6	2057.1	2365.6
#家庭经营费用支出	元/人	387.2	429.1	460.8	532.7	594.8
生活消费支出	元/人	831.1	925.8	1032.0	1224.4	1437.0
十一、主要食品消费量						
粮食	公斤/人	243.0	247.6	254.6	256.9	264.6
蔬菜	公斤/人	105.8	112.6	115.3	120.6	125.2
食用油	公斤/人	6.4	6.9	7.2	5.3	5.4
猪牛羊肉	公斤/人	13.3	13.8	14.0	14.6	15.9
家禽	公斤/人	2.0	2.2	2.6	2.8	3.4
禽蛋	公斤/人	3.9	4.3	4.7	5.4	6.1
食糖	公斤/人	1.1	1.2	1.3	1.3	1.5
酒	公斤/人	5.4	5.7	6.5	7.0	7.9

3—5 续表 3

指　　标	单　位	3000—3500 元	3500—4000 元	4000—4500 元	4500—5000 元	5000 元以上
一、农户所占比重	%	7.1	4.8	3.4	2.4	7.5
二、常住人口	人/户	3.9	3.8	3.7	3.6	3.4
三、劳动力人数	人/户	2.7	2.7	2.7	2.6	2.5
劳动力负担人口	人/劳动力	1.4	1.4	1.4	1.4	1.3
四、经营耕地面积	亩/人	1.9	2.0	2.0	2.1	2.0
五、年内新建房屋面积	平方米/人	1.1	1.0	1.5	1.6	2.0
六、年末住房面积	平方米/人	28.9	30.7	32.8	35.5	41.3
＃砖木结构面积	平方米/人	16.8	17.3	18.0	19.1	21.3
七、年末使用房屋价值	元/平方米	198.1	214.6	224.5	240.5	297.9
八、年末生产性						
固定资产原值	元/户	4326.4	5839.2	5425.9	5947.7	8642.0
九、收入						
1.总收入	元/人	4254.3	4852.7	5379.9	6015.6	9395.0
2.纯收入	元/人	3166.8	3656.0	4148.1	4616.1	7199.5
3.现金收入	元/人	3346.9	3908.8	4396.7	4947.8	8236.9
十、支出						
1.总支出	元/人	3286.9	3666.2	4036.3	4338.1	6510.9
＃家庭经营费用支出	元/人	752.6	815.4	835.9	954.7	1527.5
生活消费支出	元/人	2142.2	2377.7	2690.4	2883.0	4098.6
2.现金支出	元/人	2751.2	3145.0	3507.0	3805.2	5973.9
＃家庭经营费用支出	元/人	644.2	717.0	745.6	860.7	1422.5
生活消费支出	元/人	1735.3	1972.8	2270.9	2465.0	3697.3
十一、主要食品消费量						
粮食	公斤/人	261.9	260.9	268.1	266.6	262.8
蔬菜	公斤/人	128.7	132.1	138.1	137.7	140.8
食用油	公斤/人	5.9	6.3	6.4	6.9	7.2
猪牛羊肉	公斤/人	16.7	18.0	18.9	19.6	22.3
家禽	公斤/人	4.1	4.5	5.2	5.0	7.0
禽蛋	公斤/人	6.7	6.6	7.1	7.6	9.1
食糖	公斤/人	1.5	1.5	1.7	1.6	1.9
酒	公斤/人	9.5	9.7	11.2	12.1	13.8

3—6 2005年农村居民家庭基本情况

指　　标	单　位	100元以下	100—200元	200—300元	300—400元	400—500元
一、农户所占比重	%	0.7	0.1	0.2	0.3	0.4
二、常住人口	人/户	4.0	4.1	4.3	4.3	4.7
三、劳动力人数	人/户	2.7	2.6	2.8	2.7	3.1
劳动力负担人口	人/劳动力	1.5	1.6	1.6	1.6	1.5
四、经营耕地面积	亩/人	3.6	4.5	2.5	2.3	2.1
五、年内新建房屋面积	平方米/人	0.7	0.8	0.3	0.4	0.8
六、年末住房面积	平方米/人	26.1	22.7	23.9	22.2	21.6
#砖木结构面积	平方米/人	12.9	16.4	10.8	10.7	11.0
七、年末住房价值	元/平方米	326.6	235.6	206.7	202.5	178.7
八、年末生产性						
固定资产原值	元/户	37512.5	11658.7	11526.3	8263.6	8153.4
九、收入						
1. 总收入	元/人	4682.8	2421.3	1791.7	1520.6	1616.3
2. 纯收入	元/人	—1122.5	150.7	255.4	351.4	451.1
3. 现金收入	元/人	4569.7	1985.4	1482.5	1165.4	1144.6
十、支出						
1. 总支出	元/人	8900.1	4793.8	3255.7	2783.7	2716.9
#家庭经营费用支出	元/人	5114.7	2060.5	1314.8	978.2	1006.8
生活消费支出	元/人	2810.9	2271.3	1650.5	1469.7	1395.0
2. 现金支出	元/人	8397.8	4399.4	2747.6	2301.4	2205.1
#家庭经营费用支出	元/人	4893.9	1928.4	1166.5	832.8	839.3
生活消费支出	元/人	2531.6	2013.1	1290.8	1133.8	1051.0
十一、主要食品消费量						
粮食	公斤/人	184.2	157.5	176.7	189.3	191.6
蔬菜及制品	公斤/人	73.7	84.7	82.1	71.2	74.2
食用油	公斤/人	6.9	5.5	4.3	5.4	4.1
水果	公斤/人	13.0	10.4	6.6	7.5	7.6
猪牛羊肉	公斤/人	15.5	12.4	16.6	12.7	13.6
奶及奶制品	公斤/人	8.5	2.4	1.5	2.8	1.7
家禽	公斤/人	2.5	2.4	2.2	1.8	2.5
禽蛋及制品	公斤/人	4.3	2.7	2.6	2.9	2.5
食糖	公斤/人	1.4	0.8	1.1	1.0	0.8
酒	公斤/人	12.7	8.1	7.8	6.8	6.6
水产品	公斤/人	5.0	3.7	3.6	2.2	1.8

3—6 续表 1

指　　标	单　位	500—600 元	600—800 元	800—1000 元	1000—2000 元	1200—1300 元
一、农户所占比重	%	0.6	1.9	2.8	3.5	2.0
二、常住人口	人/户	4.8	4.8	4.7	4.6	4.5
三、劳动力人数	人/户	2.9	3.0	3.0	2.9	2.9
劳动力负担人口	人/劳动力	1.6	1.6	1.6	1.6	1.5
四、经营耕地面积	亩/人	1.9	1.9	1.8	1.7	1.8
五、年内新建房屋面积	平方米/人	0.5	0.5	0.5	0.7	1.0
六、年末住房面积	平方米/人	19.9	20.8	21.2	21.5	22.5
#砖木结构面积	平方米/人	10.6	8.8	9.9	9.7	10.4
七、年末住房价值	元/平方米	180.4	172.8	184.2	184.3	197.9
八、年末生产性						
固定资产原值	元/户	6567.2	6026.6	6138.7	6077.3	5547.0
九、收入						
1. 总收入	元/人	1538.7	1541.4	1745.2	1919.6	2083.8
2. 纯收入	元/人	551.6	705.2	903.3	1102.5	1250.3
3. 现金收入	元/人	1122.3	1052.0	1237.7	1352.4	1507.8
十、支出						
1. 总支出	元/人	2360.8	2169.2	2309.1	2330.0	2483.1
#家庭经营费用支出	元/人	874.4	723.4	716.9	688.7	720.7
生活消费支出	元/人	1282.6	1271.1	1397.5	1477.0	1562.9
2. 现金支出	元/人	1892.9	1658.2	1792.0	1783.0	1943.4
#家庭经营费用支出	元/人	719.6	569.5	574.6	542.4	577.8
生活消费支出	元/人	970.2	915.3	1023.5	1076.8	1167.0
十一、主要食品消费量						
粮食	公斤/人	184.3	193.1	195.1	198.0	198.8
蔬菜及制品	公斤/人	69.8	71.7	77.8	82.0	81.8
食用油	公斤/人	4.6	4.4	4.6	4.6	4.8
水果	公斤/人	5.5	7.0	7.6	8.4	8.4
猪牛羊肉	公斤/人	10.8	12.3	13.7	15.3	14.7
奶及奶制品	公斤/人	1.6	1.9	1.7	2.4	2.1
家禽	公斤/人	1.3	1.7	1.8	1.9	2.1
禽蛋及制品	公斤/人	2.1	2.1	2.4	2.6	2.8
食糖	公斤/人	0.7	0.8	0.8	1.0	0.9
酒	公斤/人	5.1	5.1	5.5	6.1	6.1
水产品	公斤/人	1.3	1.5	1.7	1.9	2.2

3—6 续表 2

指　　标	单　位	1300—1500 元	1500—1700 元	1700—2000 元	2000—2500 元	2500—3000 元
一、农户所占比重	%	4.4	4.9	7.7	12.5	11.4
二、常住人口	人/户	4.6	4.4	4.4	4.3	4.1
三、劳动力人数	人/户	3.0	2.9	2.9	2.9	2.9
劳动力负担人口	人/劳动力	1.5	1.5	1.5	1.5	1.5
四、经营耕地面积	亩/人	1.8	1.9	1.9	2.0	2.0
五、年内新建房屋面积	平方米/人	0.6	0.7	0.5	0.8	0.8
六、年末住房面积	平方米/人	22.9	24.1	24.7	26.7	28.4
＃砖木结构面积	平方米/人	11.0	11.6	11.8	13.0	14.5
七、年末住房价值	元/平方米	194.4	206.9	203.8	214.9	226.2
八、年末生产性						
固定资产原值	元/户	5310.4	5798.6	5698.1	6002.1	6193.9
九、收入						
1.总收入	元/人	2283.5	2499.9	2813.9	3307.4	3879.2
2.纯收入	元/人	1401.8	1599.6	1850.3	2244.3	2742.2
3.现金收入	元/人	1654.9	1839.1	2114.1	2581.1	3130.8
十、支出						
1.总支出	元/人	2547.8	2715.0	2877.7	3212.7	3547.7
＃家庭经营费用支出	元/人	770.4	765.4	830.9	915.2	974.9
生活消费支出	元/人	1594.9	1716.2	1814.1	2028.0	2261.9
2.现金支出	元/人	1986.4	2151.7	2309.2	2640.7	2973.6
＃家庭经营费用支出	元/人	616.3	617.2	688.4	774.7	838.6
生活消费支出	元/人	1188.8	1301.8	1388.8	1597.5	1825.2
十一、主要食品消费量						
粮食	公斤/人	201.4	204.7	202.8	208.3	210.8
蔬菜及制品	公斤/人	88.1	90.5	96.1	100.0	105.4
食用油	公斤/人	5.0	5.0	5.1	5.7	6.0
水果	公斤/人	8.4	9.4	9.6	10.6	11.3
猪牛羊肉	公斤/人	15.0	15.3	15.6	15.9	16.2
奶及奶制品	公斤/人	1.9	1.8	2.3	2.1	2.5
家禽	公斤/人	2.3	2.5	2.7	3.1	3.5
禽蛋及制品	公斤/人	3.0	3.2	3.6	4.1	4.6
食糖	公斤/人	1.0	1.0	1.1	1.1	1.1
酒	公斤/人	6.3	7.1	7.0	7.9	8.7
水产品	公斤/人	2.1	2.5	2.9	3.5	4.1

3—6 续表 3

指　　标	单 位	3000—3500 元	3500—4000 元	4000—4500 元	4500—5000 元	5000 元以上
一、农户所占比重	%	9.6	7.6	5.9	4.6	19.0
二、常住人口	人/户	4.0	3.9	3.8	3.8	3.5
三、劳动力人数	人/户	2.8	2.8	2.8	2.8	2.6
劳动力负担人口	人/劳动力	1.4	1.4	1.4	1.4	1.3
四、经营耕地面积	亩/人	2.2	2.2	2.3	2.4	2.3
五、年内新建房屋面积	平方米/人	0.8	0.8	1.1	1.1	1.1
六、年末住房面积	平方米/人	30.5	31.7	33.3	34.7	42.5
#砖木结构面积	平方米/人	15.0	15.8	16.3	17.2	18.4
七、年末住房价值	元/平方米	239.3	255.6	277.8	294.7	398.0
八、年末生产性						
固定资产原值	元/户	6184.0	6447.3	7125.0	7314.2	10097.1
九、收入						
1.总收入	元/人	4517.1	5108.3	5790.0	6319.1	10418.5
2.纯收入	元/人	3238.2	3738.1	4241.2	4737.3	7912.3
3.现金收入	元/人	3739.4	4325.7	4971.3	5510.1	9620.7
十、支出						
1.总支出	元/人	3993.8	4325.8	4815.5	5066.6	7647.0
#家庭经营费用支出	元/人	1106.0	1180.9	1333.5	1358.3	2185.3
生活消费支出	元/人	2527.5	2753.5	3013.0	3217.9	4669.0
2.现金支出	元/人	3373.1	3736.4	4254.3	4504.0	7132.5
#家庭经营费用支出	元/人	968.7	1042.5	1203.7	1229.2	2069.4
生活消费支出	元/人	2045.5	2303.7	2582.8	2786.2	4274.8
十一、主要食品消费量						
粮食	公斤/人	214.9	216.3	216.2	216.4	215.9
蔬菜及制品	公斤/人	109.4	112.5	113.8	117.6	117.9
食用油	公斤/人	6.5	6.4	6.9	6.8	7.6
水果	公斤/人	12.6	13.6	14.0	15.0	18.0
猪牛羊肉	公斤/人	21.2	17.6	17.8	18.1	20.2
奶及奶制品	公斤/人	2.5	3.0	3.0	2.9	5.3
家禽	公斤/人	3.8	4.2	4.2	4.7	6.3
禽蛋及制品	公斤/人	5.1	5.4	5.5	6.1	7.6
食糖	公斤/人	1.1	1.2	1.2	1.2	1.4
酒	公斤/人	9.6	10.4	11.5	12.2	16.1
水产品	公斤/人	4.8	5.7	6.2	6.8	10.8

二、按人均纯收入五等分分组

3—7 2005年农村居民家庭基本情况

指　　标	单　位	低收入户	中低收入户	中等收入户	中高收入户	高收入户
一、常住人口	人/户	4.6	4.3	4.1	3.9	3.5
二、劳动力	人/户	2.9	2.9	2.8	2.8	2.6
劳动力负担人口	人/劳动力	1.6	1.5	1.4	1.4	1.3
三、劳动力文化程度						
1.文盲或半文盲	%	11.2	7.8	6.1	4.9	3.9
2.小学程度	%	32.4	28.9	27.2	24.5	22.5
3.初中程度	%	47.9	52.3	54.0	55.1	52.0
4.高中程度	%	7.0	8.6	9.8	11.7	14.7
5.中专程度	%	1.1	1.7	2.1	2.8	4.2
6.大专及以上	%	0.4	0.7	0.8	1.0	2.6
四、年末生产性						
固定资产原值	元/户	7039.1	5851.0	6116.5	6769.4	10001.7
五、年内新建房屋面积	平方米/人	0.6	0.7	0.8	0.9	1.1
#砖木结构面积	平方米/人	0.3	0.3	0.3	0.3	0.3
六、年内新建房屋价值	元/平方米	316.3	311.0	322.2	351.4	530.6
七、年末住房面积	平方米/人	22.3	25.6	28.9	32.6	42.1
#砖木结构面积	平方米/人	10.5	12.3	14.7	16.1	18.3
八、年末住房价值	元/平方米	195.9	209.4	228.3	269.3	392.8
九、经营耕地面积	亩/人	1.9	1.9	2.1	2.3	2.3
十、经营山地面积	亩/人	0.3	0.3	0.3	0.3	0.3
十一、主要农产品消费量						
粮食	公斤/人	197.8	205.2	212.0	216.2	216.1
蔬菜及制品	公斤/人	81.8	97.8	106.1	112.9	118.5
食用油	公斤/人	4.8	5.4	6.1	6.6	7.5
食糖	公斤/人	0.9	1.1	1.1	1.2	1.4
卷烟	盒/人	18.1	21.7	24.3	28.3	35.3
水果	公斤/人	8.3	10.1	11.6	13.9	17.8
猪肉	公斤/人	13.0	14.6	17.2	16.2	17.9
牛羊肉	公斤/人	1.4	1.2	1.3	1.4	2.2
奶及制品	公斤/人	2.2	2.2	2.5	2.9	5.1
家禽	公斤/人	2.1	2.9	3.6	4.3	6.2
禽蛋及制品	公斤/人	2.7	3.8	4.7	5.5	7.5
水产品	公斤/人	2.1	3.1	4.3	6.0	10.6

3—7 续表 1

单位:元/人

指　　标	低收入户	中低收入户	中等收入户	中高收入户	高收入户
一、总收入	2090.0	3024.4	4022.7	5453.6	10210.6
1.工资性收入	321.7	672.2	1043.1	1538.8	3097.0
2.家庭经营收入	1655.1	2194.4	2769.7	3616.8	6326.9
3.财产性收入	21.9	32.3	46.4	80.9	304.0
4.转移性收入	91.3	125.5	163.4	217.1	482.7
二、纯收入	1067.2	2018.3	2851.0	4003.3	7747.4
1.工资性收入	321.7	672.2	1043.1	1538.8	3097.0
2.家庭经营收入	662.6	1230.7	1651.9	2231.0	3965.8
(1)第一产业收入	615.6	1099.8	1428.4	1824.1	2711.3
农业收入	547.9	882.3	1127.7	1383.5	1738.3
林业收入	22.9	33.8	43.6	59.7	78.0
牧业收入	48.9	175.3	237.0	341.9	718.2
渔业收入	−4.1	8.4	20.2	39.0	176.8
(2)第二产业收入	4.2	28.9	52.1	102.0	417.6
工业收入	−1.5	11.9	26.1	51.9	256.8
建筑业收入	5.6	17.1	26.0	50.2	160.8
(3)第三产业收入	42.9	101.9	171.4	304.9	837.0
交通、运输和邮电业收入	5.2	24.8	42.4	87.8	307.7
批发零售贸易餐饮业收入	16.4	41.0	72.2	127.9	335.7
社会服务业收入	6.4	12.7	23.7	38.2	96.2
文教卫生业收入	1.4	4.6	6.5	14.7	27.8
其他家庭经营收入	13.5	18.9	26.6	36.2	69.6
3.财产性收入	21.9	32.3	46.4	80.9	304.0
4.转移性收入	61.0	83.1	109.5	152.6	380.5
三、现金收入	1538.8	2312.4	3266.3	4659.4	9408.7
1.工资性收入	321.4	671.6	1042.3	1537.4	3092.2
2.家庭经营收入	1115.6	1498.0	2033.3	2849.7	5574.5
3.财产性收入	13.4	21.4	31.3	59.2	273.2
4.转移性收入	88.3	121.3	159.3	213.1	468.8

3—7 续表 2 单位:元/人

指　　标	低收入户	中低收入户	中等收入户	中高收入户	高收入户
一、总支出	2647.0	3036.3	3652.6	4561.2	7515.0
1.家庭经营费用支出	882.2	865.9	1007.6	1251.9	2144.7
2.购置生产性固定资产支出	92.7	102.8	108.0	147.1	226.8
3.税费支出	7.8	8.0	10.9	16.9	24.7
4.生活消费支出	1548.3	1913.1	2327.7	2879.1	4593.0
(1)食品支出	796.3	950.1	1120.9	1297.3	1807.6
(2)衣着支出	88.0	108.7	132.4	167.5	276.2
(3)居住支出	205.9	249.8	313.2	411.5	758.2
(4)家庭设备用品及服务支出	59.6	76.2	95.8	127.6	224.1
(5)交通通讯支出	111.2	153.7	207.0	281.5	539.4
(6)文教娱乐用品及服务支出	155.5	209.4	262.2	345.2	571.5
(7)医疗保健支出	106.4	128.5	148.1	183.5	305.1
(8)其他商品及服务支出	25.4	36.6	48.2	65.0	111.1
5.财产性支出	10.2	10.2	15.8	22.8	58.6
6.转移性支出	105.8	136.3	182.6	243.6	467.1
二、现金支出	2110.6	2466.2	3057.9	3986.3	6996.6
1.家庭经营费用支出	731.8	722.9	870.6	1118.6	2027.6
2.购置生产性固定资产支出	92.7	102.8	108.0	147.1	226.8
3.税费支出	7.4	7.9	10.8	16.8	24.6
4.生活消费支出	1163.2	1486.9	1871.0	2438.8	4195.9
(1)食品支出	435.0	553.8	697.0	888.1	1440.1
(2)衣着支出	87.2	108.0	131.9	166.9	275.7
(3)居住支出	183.7	221.4	282.2	381.6	729.5
(4)家庭设备用品支出	59.0	75.7	94.8	127.4	224.0
(5)交通通讯支出	111.2	153.7	207.0	281.5	539.4
(6)文教娱乐用品及服务支出	155.5	209.4	262.2	345.2	571.5
(7)医疗保健支出	106.4	128.5	148.1	183.5	305.1
(8)其他商品及服务支出	25.2	36.2	47.9	64.5	110.6
5.财产性支出	10.2	10.2	15.8	22.8	58.6
6.转移性支出	105.3	135.5	181.6	242.3	463.1

三、按三个经济地带及西部12省、区分组

3—8 1980年农村居民家庭基本情况

项目	单位	全国	东部地区	中部地区	西部地区	西部12省、区
一、调查户数	户	15914	5658	5687	4569	5539
二、常住人口	人/户	5.5	5.5	5.6	5.5	5.6
三、劳动力人数	人/户	2.5	2.5	2.3	2.5	2.5
劳动力负担人口	人/劳动力	2.3	2.2	2.4	2.2	2.2
四、年末使用房屋面积	平方米/人	11.6	11.8	11.0	12.1	11.6
五、年末使用房屋价值	元/平方米	17.0	22.5	15.6	12.1	12.6
六、经营耕地面积	亩/人	0.2	0.1	0.2	0.2	0.2
#自留地面积	亩/人	0.2	0.1	0.2	0.2	0.1
七、收入						
1.总收入	元/人	216.9	262.9	202.3	199.0	200.4
(1)工资性收入	元/人	106.4	120.0	98.1	88.7	86.0
(2)家庭经营收入	元/人	87.4	102.0	79.3	89.1	93.3
(3)财产性和转移性收入	元/人	23.1	40.9	24.8	21.2	20.5
2.纯收入	元/人	191.3	217.6	181.0	171.6	172.7
(1)工资性收入	元/人	106.4	120.0	98.1	88.7	86.0
(2)家庭经营收入	元/人	62.6	71.8	59.2	62.2	66.7
(3)财产性和转移性收入	元/人	22.4	40.4	23.6	20.7	20.0
3.现金收入	元/人	113.1	141.1	102.5	91.7	104.9
(1)工资性收入	元/人	40.2	54.8	34.0	27.0	31.5
(2)家庭经营收入	元/人	57.4	64.2	50.7	47.6	53.6
(3)财产性和转移性收入	元/人	15.5	22.1	17.8	17.2	19.8
八、支出						
1.总支出	元/人	196.2	221.3	184.6	179.4	184.4
(1)家庭经营费用支出	元/人	25.3	28.5	20.9	27.0	27.8
(2)税费支出	元/人	0.3	0.2	0.3	0.4	0.4
(3)生活消费支出	元/人	162.2	182.0	156.3	145.2	149.4
(4)财产性和转移性支出	元/人	8.4	10.6	7.1	6.8	6.7
2.现金支出	元/人	107.0	123.1	97.0	88.5	89.4
(1)家庭经营费用支出	元/人	13.8	14.3	12.1	14.8	14.8
(2)税费支出	元/人	0.2	0.2	0.2	0.4	0.3
(3)生活消费支出	元/人	83.8	97.5	76.9	66.8	67.9
(4)财产性和转移性支出	元/人	9.1	11.2	7.8	6.5	6.4

注:1980年、1985年和1990年农村居民家庭生产费用支出包括“开发性投资”,下表同。

3—9 1985年农村居民家庭基本情况

指　　标	单　位	全国	东部地区	中部地区	西部地区	西部12省、区
一、调查户数	户	66642	25126	24660	16856	20996
二、常住人口	人/户	5.1	5.0	5.1	5.4	5.4
三、整、半劳动力	人/户	3.0	2.9	2.9	3.0	3.0
劳动力负担人口	人/劳动力	1.7	1.7	1.8	1.8	1.8
四、劳动力文化程度						
1.不识字或识字很少	%	27.9	22.1	25.4	39.7	35.9
2.小学程度	%	37.1	38.9	37.2	34.5	36.1
3.初中程度	%	27.7	30.4	29.4	21.3	22.8
4.高中程度	%	7.0	8.2	7.7	4.2	4.9
5.中专程度	%	0.3	0.3	0.3	0.2	0.2
6.大专及以上	%	0.1	0.1	0.1	0.0	0.0
五、年末生产性						
固定资产原值	元/户	792.5	634.7	897.6	874.1	831.3
六、年内新建房屋面积	平方米/人	1.1	1.2	1.1	0.8	0.8
#砖木结构面积	平方米/人	0.7	0.9	0.8	0.3	0.3
#生活用房面积	平方米/人	0.9	1.1	0.9	0.7	0.6
七、年内新建房屋价值	元/平方米	40.2	51.7	35.9	24.9	26.3
八、年末住房面积	平方米/人	14.7	15.8	14.5	13.4	13.1
#砖木结构面积	平方米/人	7.5	10.8	7.3	3.1	3.1
九、年末使用房屋价值	元/平方米	26.8	35.4	24.3	7.8	18.2
十、经营耕地面积	亩/人	2.1	1.5	2.7	2.0	2.3
#自留地面积	亩/人	0.2	0.1	0.2	0.2	0.3
十一、经营山地面积	亩/人	0.5	0.3	0.6	0.6	0.6
十二、主要农产品消费量						
粮食	公斤/人	257.5	250.4	278.6	237.5	241.9
蔬菜	公斤/人	131.1	129.1	142.1	118.6	120.2
棉花	公斤/人	0.4	0.5	0.5	0.3	0.3
食用油	公斤/人	4.0	3.9	4.5	3.5	3.6
食糖	公斤/人	1.5	2.0	1.2	1.1	1.1
卷烟	盒/人	23.7	26.0	25.8	17.6	16.9
水果	公斤/人	3.0	3.6	2.6	4.1	3.8
猪肉	公斤/人	10.3	9.9	9.9	11.5	11.7
牛羊肉	公斤/人	0.7	0.3	0.3	1.5	1.3
牛羊奶	公斤/人	0.8	0.1	0.2	2.4	2.2
家禽	公斤/人	1.0	1.4	1.0	0.6	0.8
禽蛋	公斤/人	2.1	2.6	2.1	1.2	1.2
水产品	公斤/人	1.6	3.1	1.2	0.2	0.3

注：1990年以前水产品消费量为鱼虾消费量。

3—9续表 单位:元/人

指　　标	全国	东部地区	中部地区	西部地区	西部12省、区
一、收入					
1.总收入	547.3	617.3	530.7	437.2	449.2
(1)工资性收入	72.2	112.5	52.3	40.3	39.1
(2)家庭经营收入	445.3	476.2	456.4	373.8	389.1
(3)财产性和转移性收入	29.9	28.7	21.9	23.0	21.0
2.纯收入	397.6	452.2	377.8	313.4	316.2
(1)工资性收入	72.2	112.5	52.3	40.3	39.1
(2)家庭经营收入	296.0	310.8	303.6	250.1	257.0
(3)财产性和转移性收入	29.5	28.9	22.0	23.0	20.1
3.现金收入	357.4	445.3	340.8	258.2	263.8
(1)工资性收入	68.9	108.8	50.5	40.4	38.4
(2)家庭经营收入	251.7	296.4	254.2	184.7	193.6
(3)财产性和转移性收入	36.8	40.1	36.1	33.2	31.8
二、支出					
1.总支出	485.5	555.7	481.2	393.4	406.3
(1)家庭经营费用支出	121.4	138.7	118.2	101.4	105.1
(2)购置生产性固定资产支出	18.7	16.8	22.9	15.2	16.2
(3)税费支出	18.4	18.0	24.0	11.2	11.4
(4)生活消费支出	317.4	370.8	306.6	258.5	266.7
(5)财产性和转移性支出	9.6	11.4	9.5	7.1	6.9
2.现金支出	331.2	412.1	319.2	235.4	241.0
(1)家庭经营费用支出	80.0	100.3	75.0	58.5	59.6
(2)购置生产性固定资产支出	18.9	17.0	23.3	15.3	16.0
(3)税费支出	16.4	14.8	22.3	10.1	10.3
(4)生活消费支出	194.7	256.3	175.5	136.5	139.6
(5)财产性和转移性支出	21.3	23.8	23.2	15.1	15.5

注:1985年购置生产性固定资产支出中包括“开发性生产投资”。

3—10 1990年农村居民家庭基本情况

指　　　标	单　位	全国	东部地区	中部地区	西部地区	西部12省、区
一、调查户数	户	66960	25520	24510	16930	21070
二、常住人口	人/户	4.8	4.7	4.8	5.0	5.1
三、劳动力人数	人/户	2.9	2.9	2.9	3.0	3.0
劳动力负担人口	人/劳动力	1.6	1.6	1.7	1.7	1.7
四、劳动力文化程度						
1.不识字或识字很少	%	20.7	15.6	17.9	32.8	28.6
2.小学程度	%	38.9	39.3	38.7	39.6	39.7
3.初中程度	%	32.8	36.1	35.2	25.8	26.3
4.高中程度	%	7.0	8.1	8.9	4.8	5.0
5.中专程度	%	0.5	0.7	0.6	0.3	0.3
6.大专及以上	%	0.1	0.2	0.1	0.1	0.1
五、年末生产性						
固定资产原值	元/户	1258.1	1125.0	1323.7	1363.6	1405.3
六、年内新建房屋面积	平方米/人	0.8	1.0	0.8	0.6	0.6
#砖木结构面积	平方米/人	0.5	0.6	0.5	0.2	0.2
#生活用房面积	平方米/人	0.7	0.9	0.7	0.5	0.5
七、年内新建房屋价值	元/平方米	92.3	121.4	78.0	54.1	57.4
八、年末住房面积	平方米/人	17.8	19.6	17.6	15.7	15.4
#砖木结构面积	平方米/人	9.8	13.4	10.3	4.3	4.3
九、年末使用房屋价值	元/平方米	44.6	62.1	39.5	25.0	25.3
十、经营耕地面积	亩/人	2.1	1.5	2.7	2.2	2.4
#自留地面积	亩/人	0.2	0.1	0.2	0.2	0.2
十一、经营山地面积	亩/人	0.4	0.3	0.5	0.5	0.5
十二、主要农产品消费情况						
粮食	公斤/人	262.1	250.2	287.2	244.3	244.1
蔬菜	公斤/人	134.0	131.2	147.8	119.1	122.8
食用油	公斤/人	5.2	5.1	5.7	4.5	4.6
食糖	公斤/人	1.5	1.9	1.3	1.1	1.1
卷烟	盒/人	28.0	30.0	30.0	22.5	21.0
水果	公斤/人	5.9	7.0	4.3	6.6	6.0
猪肉	公斤/人	10.5	9.9	9.9	12.4	12.3
牛羊肉	公斤/人	0.8	0.5	0.5	1.7	1.5
牛羊奶	公斤/人	1.1	0.1	0.3	3.6	3.1
家禽	公斤/人	1.3	1.9	1.0	0.7	1.0
禽蛋	公斤/人	2.4	3.0	2.5	1.4	1.4
水产品*	公斤/人	2.1	4.2	1.4	0.2	0.4

注:1990年以前水产品消费量为鱼虾消费量。

3—10 续表　　　　单位:元/人

指　　标	全国	东部地区	中部地区	西部地区	西部12省、区
一、收入					
1.总收入	990.4	1176.2	951.8	783.3	810.9
(1)工资性收入	138.8	237.0	85.7	74.0	70.5
(2)家庭经营收入	815.8	892.8	838.1	677.6	709.0
(3)财产性和转移性收入	35.8	46.5	27.9	31.7	31.4
2.纯收入	686.3	847.6	632.9	533.8	552.7
(1)工资性收入	138.8	237.0	95.7	74.0	70.5
(2)家庭经营收入	518.6	572.1	525.7	434.0	457.5
(3)财产性和转移性收入	29.0	38.6	21.5	25.7	24.7
3.现金收入	676.7	867.4	625.5	479.9	494.7
(1)工资性收入	136.4	232.9	83.6	73.8	70.2
(2)家庭经营收入	481.2	566.2	487.2	354.1	373.4
(3)财产性和转移性收入	59.1	68.3	54.7	52.0	51.1
二、支出					
1.总支出	903.5	1038.7	874.0	724.1	742.3
(1)家庭经营费用支出	241.1	261.7	242.7	202.5	210.4
(2)购置生产性固定资产支出	20.3	19.4	20.4	20.8	20.6
(3)税费支出	38.7	37.2	51.2	23.0	23.0
(4)生活消费支出	584.6	696.6	543.2	464.0	475.2
(5)财产性和转移性支出	18.8	23.8	16.5	13.8	13.2
2.现金支出	639.1	810.7	601.1	450.9	461.9
(1)家庭经营费用支出	162.9	198.9	156.9	120.8	126.7
(2)购置生产性固定资产支出	20.5	20.2	20.4	20.9	20.7
(3)税费支出	33.4	31.0	45.1	20.7	20.7
(4)生活消费支出	374.7	503.8	328.0	258.1	263.1
(5)财产性和转移性支出	47.6	56.9	50.8	30.3	30.7

3—11 1995年农村居民家庭基本情况

指标	单位	全国	东部地区	中部地区	西部地区	西部12省、区
一、调查户数	户	67340	25600	24350	17390	21450
二、常住人口	人/户	4.5	4.4	4.4	4.8	4.8
三、劳动力人数	人/户	2.9	2.9	2.8	3.0	3.0
劳动力负担人口	人/劳动力	1.6	1.5	1.5	1.6	1.6
四、劳动力文化程度						
1.不识字或识字很少	%	13.5	9.2	11.1	22.7	20.2
2.小学程度	%	36.6	35.1	36.3	39.2	39.4
3.初中程度	%	40.1	44.0	42.5	31.6	33.2
4.高中程度	%	8.6	10.0	9.2	5.9	6.5
5.中专程度	%	1.0	1.4	0.8	0.6	0.6
6.大专及以上	%	0.2	0.4	0.2	0.1	0.1
五、年末生产性						
固定资产原值	元/户	2774.3	2693.4	2732.7	2951.5	2972.9
六、年内新建房屋面积	平方米/人	0.8	0.9	0.8	0.7	0.7
#砖木结构面积	平方米/人	0.4	0.4	0.4	0.3	0.3
#生活用房面积	平方米/人	0.7	0.8	0.7	0.5	0.6
七、年内新建房屋价值	元/平方米	200.3	256.0	165.7	154.6	158.6
八、年末住房面积	平方米/人	21.0	23.5	20.3	18.6	18.3
#砖木结构面积	平方米/人	11.9	15.5	12.8	5.9	6.1
九、年末使用房屋价值	元/平方米	101.6	146.3	81.6	55.2	57.1
十、经营耕地面积	亩/人	2.2	1.4	2.9	2.3	2.5
#自留地面积	亩/人	0.2	0.1	0.2	0.2	0.2
十一、经营山地面积	亩/人	0.4	0.3	0.4	0.7	0.6
十二、主要农产品消费情况						
粮食	公斤/人	258.9	247.8	282.1	244.2	245.5
蔬菜	公斤/人	104.6	107.1	110.3	94.0	95.9
食用油	公斤/人	5.8	5.7	6.4	5.2	5.1
食糖	公斤/人	1.3	1.5	1.2	1.1	1.1
卷烟	盒/人	24.6	25.0	26.3	21.9	20.9
水果	公斤/人	13.0	15.8	12.5	9.9	9.6
猪肉	公斤/人	10.6	10.2	9.4	12.5	12.4
牛羊肉	公斤/人	0.7	0.5	0.4	1.5	1.3
牛羊奶	公斤/人	0.6	0.2	0.2	1.9	1.6
家禽	公斤/人	1.8	2.9	1.4	1.0	1.3
禽蛋	公斤/人	3.2	4.4	3.3	1.5	1.6
水产品	公斤/人	3.4	6.1	2.7	0.5	0.7

3—11 续表 单位:元/人

指　　标	全国	东部地区	中部地区	西部地区	西部12省、区
一、收入					
1.总收入	2337.9	2944.3	2182.3	1719.0	1789.3
(1)工资性收入	353.7	635.1	219.0	146.7	149.4
(2)家庭经营收入	1877.4	2165.1	1878.4	1487.9	1554.2
(3)财产性收入	41.0	50.9	39.3	29.7	29.6
(4)转移性收入	65.8	93.2	45.6	54.6	56.2
2.纯收入	1577.7	2127.2	1402.7	1060.7	1116.8
(1)工资性收入	353.7	635.1	219.0	146.7	149.4
(2)家庭经营收入	1125.8	1358.8	1105.8	836.9	889.6
(3)财产性收入	41.0	50.9	39.3	29.7	29.6
(4)转移性收入	57.3	82.4	38.5	47.4	48.3
3.现金收入	1595.6	2152.9	1407.2	1084.9	1147.5
(1)工资性收入	352.9	633.6	218.5	146.4	149.1
(2)家庭经营收入	1116.7	1359.0	1081.6	834.8	891.8
(3)财产性收入	38.2	43.0	36.5	34.0	35.0
(4)转移性收入	87.8	117.4	70.6	69.8	71.6
二、支出					
1.总支出	2138.3	2571.3	2031.7	1690.8	1745.5
(1)家庭经营费用支出	621.7	677.6	618.0	551.1	564.3
(2)购置生产性固定资产支出	62.3	59.9	65.5	61.6	62.6
(3)税费支出	88.7	87.7	112.9	58.7	59.0
(4)生活消费支出	1310.4	1670.8	1187.2	982.0	1023.0
(5)财产性和转移性支出	55.3	75.3	48.1	37.5	36.6
2.现金支出	1545.8	1969.6	1459.8	1084.2	1144.4
(1)家庭经营费用支出	454.7	522.7	452.2	366.3	386.0
(2)购置生产性固定资产支出	62.3	59.9	65.5	61.6	62.6
(3)税费支出	77.0	66.6	107.1	52.3	52.5
(4)生活消费支出	859.4	1201.2	742.1	548.7	586.9
(5)财产性和转移性支出	92.4	119.2	93.0	55.3	56.5

3—12　2000年农村居民家庭基本情况

指　　标	单位	全国	东部地区	中部地区	西部地区	西部12省、区
一、调查户数	户	68116	25750	24726	17640	21986
二、常住人口	人/户	4.2	4.1	4.1	4.5	4.5
三、劳动力人数	人/户	2.8	2.7	2.8	2.8	2.8
劳动力负担人口	人/劳动力	1.5	1.5	1.5	1.6	1.6
四、劳动力文化程度						
1.不识字或识字很少	%	8.1	4.8	5.9	15.9	14.0
2.小学程度	%	32.2	29.5	30.5	38.5	37.6
3.初中程度	%	48.1	51.7	51.9	37.6	39.7
4.高中程度	%	9.3	11.1	9.6	6.5	7.1
5.中专程度	%	1.8	2.4	1.7	1.2	1.4
6.大专及以上	%	0.5	0.6	0.4	0.3	0.3
五、年末生产性						
固定资产原值	元/户	4673.1	5149.2	4219.6	4613.8	4750.4
六、年内新建房屋面积	平方米/人	0.9	1.0	0.8	0.7	0.8
#砖木结构面积	平方米/人	0.4	0.4	0.3	0.3	0.3
七、年内新建房屋价值	元/平方米	260.2	321.6	224.5	199.0	205.7
八、年末住房面积	平方米/人	24.8	27.7	24.2	21.9	21.6
#砖木结构面积	平方米/人	13.6	16.8	14.5	8.2	8.3
九、年末住房价值	元/平方米	187.4	249.0	156.4	127.8	128.0
十、经营耕地面积	亩/人	2.0	1.3	2.8	1.8	2.2
#自留地面积	亩/人	0.1	0.1	0.1	0.1	0.1
十一、经营山地面积	亩/人	0.3	0.2	0.3	0.4	0.4
十二、主要农产品消费情况						
粮食	公斤/人	250.2	237.7	270.9	240.4	240.8
蔬菜	公斤/人	106.7	108.4	108.0	102.9	103.0
食用油	公斤/人	7.1	7.8	7.0	5.9	5.4
食糖	公斤/人	1.3	1.4	1.2	1.2	1.2
卷烟	盒/人	23.9	24.3	24.7	22.2	21.1
水果	公斤/人	18.3	21.7	17.6	14.7	14.8
猪肉	公斤/人	13.3	12.1	13.8	13.7	12.5
牛羊肉	公斤/人	1.1	0.6	0.7	2.2	1.9
牛羊奶	公斤/人	1.1	0.6	0.7	2.1	2.3
家禽	公斤/人	2.8	3.2	3.5	1.3	1.5
禽蛋	公斤/人	4.8	6.1	5.5	1.9	2.2
水产品	公斤/人	3.9	7.0	3.2	0.8	1.1

3－12 续表

单位:元/人

指　　标	全国	东部地区	中部地区	西部地区	西部 12 省、区
一、收入					
1. 总收入	3146.2	4033.9	2975.0	2375.4	2496.4
(1)工资性收入	702.3	1223.1	554.8	388.8	390.9
(2)家庭经营收入	2251.3	2539.4	2262.8	1853.5	1976.0
(3)财产性收入	45.0	70.2	27.5	34.2	31.2
(4)转移性收入	147.6	201.2	129.6	99.0	98.3
2. 纯收入	2253.4	3063.3	2077.1	1592.7	1661.0
(1)工资性收入	702.3	1223.1	554.8	388.8	390.9
(2)家庭经营收入	1427.3	1652.1	1439.6	1112.7	1182.4
(3)财产性收入	45.1	70.1	27.5	34.2	31.2
(4)转移性收入	78.8	117.9	55.3	57.0	56.4
3. 现金收入	2381.6	3340.5	2137.0	1610.3	1722.5
(1)工资性收入	700.4	1219.3	553.9	388.0	390.3
(2)家庭经营收入	1498.8	1861.7	1435.9	1097.4	1210.6
(3)财产性收入	38.9	64.2	20.0	29.5	26.2
(4)转移性收入	143.5	195.3	127.2	95.4	95.4
二、支出					
1. 总支出	2652.4	3199.0	2516.6	2100.4	2211.4
(1)家庭经营费用支出	654.3	725.3	621.1	602.4	643.6
(2)购置生产性固定资产支出	63.9	69.0	62.1	59.5	63.6
(3)税费支出	95.5	77.9	133.7	69.9	79.5
(4)生活消费支出	1670.1	2116.1	1518.0	1272.6	1325.9
(5)财产性支出	19.7	20.4	26.3	10.3	12.1
(6)转移性支出	148.9	190.3	155.3	85.6	86.7
2. 现金支出	2140.4	2772.5	1971.1	1517.4	1621.3
(1)家庭经营费用支出	544.5	649.6	511.2	447.4	483.5
(2)购置生产性固定资产支出	63.9	69.0	62.1	59.5	63.6
(3)税费支出	89.8	69.6	129.8	65.3	74.4
(4)生活消费支出	1284.7	1784.2	1103.2	853.9	907.0
(5)财产性支出	9.8	11.3	10.6	6.8	7.1
(6)转移性支出	147.6	188.8	154.1	84.4	85.7

3—13 2005年农村居民家庭基本情况

指标	单位	全国	东部地区	中部地区	西部地区	西部12省、区
一、调查户数	户	68190	25750	24750	17690	22060
二、常住人口	人/户	4.1	4.0	4.0	4.3	4.3
三、劳动力人数	人/户	2.8	2.8	2.8	2.8	2.9
劳动力负担人口	人/劳动力	1.4	1.4	1.4	1.5	1.5
四、劳动力文化程度						
1.不识字或识字很少	%	6.9	4.3	5.7	12.2	10.4
2.小学程度	%	27.2	22.9	26.2	35.0	33.4
3.初中程度	%	52.2	55.0	55.5	43.5	45.9
4.高中程度	%	10.2	13.0	9.8	7.0	7.8
5.中专程度	%	2.4	3.1	2.1	1.7	1.8
6.大专及以上	%	1.1	1.7	0.8	0.6	0.6
五、年末生产性						
固定资产原值	元/户	7155.5	7786.4	6575.8	7048.4	7391.9
六、年内新建住房面积	平方米/人	0.8	0.8	0.9	0.7	0.7
#砖木结构面积	平方米/人	0.3	0.3	0.3	0.3	0.3
七、年内新建住房造价	元/平方米	373.3	490.3	321.2	270.9	278.1
八、年末住房面积	平方米/人	29.7	33.3	28.9	25.9	25.7
#砖木结构面积	平方米/人	14.1	16.0	15.5	9.8	9.6
九、年末住房价值	元/平方米	267.8	369.4	210.9	175.9	179.2
十、经营耕地面积	亩/人	2.1	1.3	3.1	1.8	2.3
十一、经营山地面积	亩/人	0.3	0.3	0.3	0.3	0.4
十二、主要农产品消费情况						
粮食	公斤/人	208.8	195.7	214.9	218.5	214.2
蔬菜及制品	公斤/人	102.3	93.1	114.1	99.2	97.7
食用油	公斤/人	6.0	6.6	6.1	5.1	5.0
食糖	公斤/人	1.1	1.2	1.0	1.2	1.2
卷烟	盒/人	25.0	25.5	26.2	22.8	22.3
水果	公斤/人	12.0	13.0	12.0	10.8	10.6
猪肉	公斤/人	15.6	13.6	13.2	21.4	20.7
牛羊肉	公斤/人	1.5	0.9	1.0	2.9	2.8
奶及奶制品	公斤/人	2.9	3.1	1.5	4.3	4.0
家禽	公斤/人	3.7	5.3	3.1	2.3	3.1
蛋及蛋制品	公斤/人	4.7	5.7	5.3	2.6	2.6
水产品	公斤/人	4.9	8.6	4.2	1.0	1.4

3—13续表 单位:元/人

指标	全国	东部地区	中部地区	西部地区	西部12省、区
一、收入					
1.总收入	4631.2	5944.3	4385.0	3463.1	3646.0
(1)工资性收入	1174.5	1997.7	928.4	658.5	674.5
(2)家庭经营收入	3164.4	3531.6	3224.5	2598.0	2770.9
(3)财产性收入	88.4	141.6	62.5	51.3	49.3
(4)转移性收入	203.8	273.4	169.7	155.3	151.3
2.纯收入	3254.9	4416.6	2999.5	2300.4	2378.9
(1)工资性收入	1174.5	1997.7	928.4	658.5	674.5
(2)家庭经营收入	1844.5	2074.9	1896.1	1471.2	1537.8
(3)财产性收入	88.4	141.6	62.5	51.3	49.3
(4)转移性收入	147.4	202.4	112.5	119.4	117.3
3.现金收入	3915.5	5379.0	3601.4	2635.0	2806.9
(1)工资性收入	1173.1	1995.1	927.7	657.6	673.8
(2)家庭经营收入	2472.3	2990.3	2472.0	1783.4	1947.0
(3)财产性收入	71.8	128.3	35.6	43.3	39.5
(4)转移性收入	198.3	265.3	166.1	150.8	146.6
二、支出					
1.总支出	4126.9	4980.9	3929.9	3245.2	3447.8
(1)家庭经营费用支出	1189.7	1307.3	1206.8	1011.1	1111.9
(2)购置生产性固定资产支出	131.1	112.6	155.3	124.5	136.2
(3)税费支出	13.1	18.3	12.2	7.3	7.3
(4)生活消费支出	2555.4	3257.4	2314.3	1933.1	2022.9
(5)财产性支出	22.0	21.3	29.8	12.7	14.8
(6)转移性支出	215.6	264.1	211.5	156.5	154.9
2.现金支出	3567.3	4564.4	3360.1	2508.2	2709.7
(1)家庭经营费用支出	1052.5	1232.6	1075.2	783.5	876.4
(2)购置生产性固定资产支出	131.1	112.6	155.3	124.5	136.2
(3)税费支出	12.9	18.2	12.1	7.0	7.0
(4)生活消费支出	2134.6	2918.2	1876.8	1425.2	1521.5
(5)财产性支出	22.0	21.3	29.8	12.7	14.8
(6)转移性支出	214.2	261.6	210.9	155.4	153.9

4

各地区主要年份农村居民收支情况

4—1 1980年农村居民总收入

单位:元/人

地　　区	总收入	一、工资性收入	二、家庭经营收入	三、财产性和转移性收入
全国合计	**216.9**	**106.4**	**87.4**	**23.1**
北　　京	316.0	184.5	72.6	59.0
天　　津	293.2	183.1	57.9	52.2
河　　北	193.4	96.9	62.8	33.7
山　　西	164.2	91.0	47.7	25.5
内 蒙 古	202.1	75.0	110.6	16.6
辽　　宁	299.4	122.2	110.4	66.8
吉　　林	263.3	113.2	122.2	27.9
黑 龙 江	225.9	134.7	73.2	18.0
上　　海	430.5	196.1	84.2	150.2
江　　苏	252.5	117.9	92.8	41.8
浙　　江	249.7	125.1	93.2	31.4
安　　徽	220.8	96.4	87.9	36.5
福　　建	195.0	81.8	89.1	24.1
江　　西	202.4	99.6	83.7	19.1
山　　东	225.1	119.0	73.8	32.3
河　　南	184.4	87.5	67.2	29.7
湖　　北	182.8	94.5	66.3	22.0
湖　　南	253.3	104.2	122.0	27.1
广　　东	306.6	118.1	151.4	37.1
广　　西	209.9	74.4	117.3	18.3
四　　川	224.3	100.4	103.6	20.3
贵　　州	189.5	66.6	101.9	21.0
云　　南	170.7	77.1	76.1	17.5
西　　藏				
陕　　西	157.9	69.2	62.0	26.7
甘　　肃	169.2	91.2	56.1	21.9
青　　海				
宁　　夏	186.8	81.8	76.3	28.7
新　　疆	219.2	127.9	65.4	26.0

4—2 1980年农村居民总收入构成

单位：%

地　区	总收入	一、工资性收入	二、家庭经营收入	三、财产性和转移性收入
全国合计	**100.0**	**49.0**	**40.3**	**10.7**
北　京	100.0	58.4	23.0	18.7
天　津	100.0	62.5	19.7	17.8
河　北	100.0	50.1	32.5	17.4
山　西	100.0	55.4	29.0	15.5
内蒙古	100.0	37.1	54.7	8.2
辽　宁	100.0	40.8	36.9	22.3
吉　林	100.0	43.0	46.4	10.6
黑龙江	100.0	59.6	32.4	8.0
上　海	100.0	45.5	19.6	34.9
江　苏	100.0	46.7	36.8	16.5
浙　江	100.0	50.1	37.3	12.6
安　徽	100.0	43.7	39.8	16.5
福　建	100.0	42.0	45.7	12.3
江　西	100.0	49.2	41.4	9.4
山　东	100.0	52.9	32.8	14.3
河　南	100.0	47.5	36.4	16.1
湖　北	100.0	51.7	36.3	12.0
湖　南	100.0	41.1	48.2	10.7
广　东	100.0	38.5	49.4	12.1
广　西	100.0	35.4	55.9	8.7
四　川	100.0	44.8	46.2	9.0
贵　州	100.0	35.2	53.8	11.1
云　南	100.0	45.2	44.6	10.2
西　藏				
陕　西	100.0	43.8	39.3	16.9
甘　肃	100.0	53.9	33.2	12.9
青　海				
宁　夏	100.0	43.8	40.8	15.4
新　疆	100.0	58.3	29.8	11.9

4—3 1980年农村居民家庭经营收入

单位:元/人

地　区	家庭经营收入	一、农、林业收入	二、牧业收入	三、其他家庭收入
全国合计	**87.4**	**30.5**	**48.4**	**8.6**
北　京	72.6	15.9	53.9	2.7
天　津	57.9	21.7	32.4	3.8
河　北	62.8	24.1	31.5	7.1
山　西	47.7	17.6	22.9	7.1
内蒙古	110.6	51.6	52.3	6.7
辽　宁	110.4	44.9	54.4	11.0
吉　林	122.2	58.9	57.6	5.6
黑龙江	73.2	28.6	42.0	2.5
上　海	84.2	23.4	58.4	2.5
江　苏	92.8	29.3	58.2	5.4
浙　江	93.2	31.0	47.3	14.9
安　徽	87.9	33.3	46.1	8.5
福　建	89.1	27.1	49.6	12.3
江　西	83.7	25.8	49.3	8.6
山　东	73.8	21.4	45.4	7.0
河　南	67.2	23.0	34.5	9.7
湖　北	66.3	18.8	41.7	5.8
湖　南	122.0	38.2	74.8	9.0
广　东	151.4	50.2	80.3	20.9
广　西	117.3	42.3	66.0	8.9
四　川	103.6	30.9	64.6	8.1
贵　州	101.9	38.1	47.7	16.1
云　南	76.1	23.7	46.2	6.3
西　藏				
陕　西	62.0	23.7	33.5	4.8
甘　肃	56.1	26.5	22.4	7.2
青　海				
宁　夏	76.3	41.8	21.5	13.0
新　疆	65.4	33.8	25.0	6.6

4—4 1980年农村居民家庭经营收入构成

单位:%

地 区	家庭经营收入	一、农、林业收入	二、牧业收入	三、其他家庭收入
全国合计	**100.0**	**34.8**	**55.4**	**9.8**
北 京	100.0	22.0	74.2	3.8
天 津	100.0	37.5	55.9	6.6
河 北	100.0	38.4	50.2	11.3
山 西	100.0	37.0	48.1	15.0
内 蒙 古	100.0	46.7	47.3	6.1
辽 宁	100.0	40.7	49.3	10.0
吉 林	100.0	48.2	47.2	4.6
黑 龙 江	100.0	39.2	57.4	3.4
上 海	100.0	27.7	69.3	2.9
江 苏	100.0	31.5	62.7	5.8
浙 江	100.0	33.3	50.8	15.9
安 徽	100.0	37.9	52.4	9.6
福 建	100.0	30.5	55.7	13.8
江 西	100.0	30.8	58.9	10.2
山 东	100.0	29.0	61.5	9.5
河 南	100.0	34.2	51.4	14.4
湖 北	100.0	28.3	63.0	8.8
湖 南	100.0	31.3	61.4	7.3
广 东	100.0	33.2	53.0	13.8
广 西	100.0	36.1	56.3	7.6
四 川	100.0	29.8	62.3	7.8
贵 州	100.0	37.4	46.9	15.8
云 南	100.0	31.1	60.7	8.2
西 藏				
陕 西	100.0	38.2	54.1	7.7
甘 肃	100.0	47.2	40.0	12.9
青 海				
宁 夏	100.0	54.8	28.2	17.0
新 疆	100.0	51.7	38.3	10.1

4—5 1980 年农村居民现金收入

单位:元/人

地 区	现金收入	一、工资性收入	二、家庭经营收入	三、财产性和转移性收入
全国合计	**113.1**	**40.2**	**57.4**	**15.5**
北 京	202.6	116.6	56.2	29.8
天 津	158.4	78.4	50.7	29.4
河 北	110.1	38.7	44.9	26.4
山 西	86.1	32.8	33.5	19.8
内蒙古	100.0	32.8	53.9	13.3
辽 宁	163.9	69.2	54.1	40.6
吉 林	112.0	32.9	59.4	19.7
黑龙江	115.3	52.4	50.3	12.7
上 海	274.7	169.1	63.8	41.8
江 苏	153.6	60.9	72.5	20.1
浙 江				
安 徽	113.5	32.8	63.1	17.6
福 建	111.9	38.9	59.3	13.8
江 西	92.0	32.1	47.5	12.4
山 东	141.2	60.6	61.0	19.6
河 南	110.6	31.7	54.9	24.0
湖 北	86.2	29.8	40.7	15.7
湖 南	115.6	27.0	68.3	20.3
广 东	186.0	66.7	95.5	23.8
广 西	101.2	18.2	70.9	12.2
四 川	103.1	28.5	58.4	16.2
贵 州	81.8	18.0	47.4	16.4
云 南	79.4	23.5	41.5	14.4
西 藏				
陕 西	67.1	16.7	29.2	21.2
甘 肃	85.8	34.1	29.5	22.2
青 海				
宁 夏	89.3	24.2	40.9	24.2
新 疆	112.8	66.6	32.5	13.8

4—6 1980年农村居民现金收入构成

单位:%

地　区	现金收入	一、工资性收入	二、家庭经营收入	三、财产性和转移性收入
全国合计	**100.0**	**35.6**	**50.7**	**13.7**
北　京	100.0	57.6	27.7	14.7
天　津	100.0	49.5	32.0	18.5
河　北	100.0	35.2	40.8	24.0
山　西	100.0	38.1	38.9	22.9
内蒙古	100.0	32.8	53.9	13.3
辽　宁	100.0	42.2	33.0	24.7
吉　林	100.0	29.3	53.1	17.6
黑龙江	100.0	45.4	43.6	11.0
上　海	100.0	61.6	23.2	15.2
江　苏	100.0	39.7	47.2	13.1
浙　江				
安　徽	100.0	28.9	55.6	15.5
福　建	100.0	34.7	53.0	12.3
江　西	100.0	34.9	51.6	13.5
山　东	100.0	42.9	43.2	13.9
河　南	100.0	28.7	49.6	21.7
湖　北	100.0	34.6	47.2	18.2
湖　南	100.0	23.4	59.1	17.5
广　东	100.0	35.8	51.4	12.8
广　西	100.0	18.0	70.0	12.0
四　川	100.0	27.6	56.7	15.7
贵　州	100.0	22.0	57.9	20.1
云　南	100.0	29.6	52.3	18.1
西　藏				
陕　西	100.0	24.9	43.5	31.6
甘　肃	100.0	39.7	34.4	25.9
青　海				
宁　夏	100.0	27.1	45.8	27.1
新　疆	100.0	59.0	28.8	12.2

4—7 1980年农村居民家庭经营现金收入

单位:元/人

地区	家庭经营现金收入	一、出售农产品收入	二、其他家庭经营收入
全国合计	**57.4**	**48.6**	**8.8**
北京	56.2	54.5	1.6
天津	50.7	44.9	5.8
河北	44.9	38.7	6.3
山西	33.5	28.1	5.5
内蒙古	53.9	49.7	4.3
辽宁	54.1	46.0	8.1
吉林	59.4	57.1	2.3
黑龙江	50.3	49.1	1.1
上海	63.8	61.3	2.5
江苏	72.5	66.5	6.0
浙江			0.0
安徽	63.1	57.9	5.2
福建	59.3	51.5	7.8
江西	47.5	41.7	5.8
山东	61.0	56.2	4.8
河南	54.9	48.8	6.1
湖北	40.7	36.3	4.5
湖南	68.3	61.4	7.0
广东	95.5	78.5	17.0
广西	70.9	64.2	6.7
四川	58.4	53.5	4.9
贵州	47.4	39.7	7.7
云南	41.5	37.6	3.9
西藏			
陕西	29.2	25.9	3.3
甘肃	29.5	23.3	6.1
青海			
宁夏	40.9	31.2	9.7
新疆	32.5	26.6	6.0

4—8 1980年农村居民家庭经营现金收入构成

单位:%

地区	家庭经营现金收入	一、出售农产品收入	二、其他家庭经营收入
全国合计	**100.0**	**84.7**	**15.3**
北京	100.0	97.1	2.9
天津	100.0	88.6	11.4
河北	100.0	86.1	13.9
山西	100.0	83.7	16.3
内蒙古	100.0	92.1	7.9
辽宁	100.0	85.0	15.0
吉林	100.0	96.1	3.9
黑龙江	100.0	97.8	2.2
上海	100.0	96.1	3.9
江苏	100.0	91.8	8.2
浙江			
安徽	100.0	91.8	8.2
福建	100.0	86.9	13.1
江西	100.0	87.7	12.3
山东	100.0	92.1	7.9
河南	100.0	88.9	11.1
湖北	100.0	89.0	11.0
湖南	100.0	89.8	10.2
广东	100.0	82.2	17.8
广西	100.0	90.5	9.5
四川	100.0	91.6	8.4
贵州	100.0	83.8	16.2
云南	100.0	90.6	9.4
西藏			
陕西	100.0	88.7	11.3
甘肃	100.0	79.2	20.8
青海			
宁夏	100.0	76.3	23.7
新疆	100.0	81.7	18.3

4—9 1980年农村居民纯收入

单位:元/人

地　区	纯收入	一、工资性收入	二、家庭经营纯收入	三、财产性和转移性收入
全国合计	**191.3**	**106.4**	**62.6**	**22.4**
北　京	290.5	184.5	47.0	59.0
天　津	277.9	183.1	42.6	52.2
河　北	175.8	96.9	45.2	33.7
山　西	155.8	91.0	39.3	25.5
内蒙古	181.3	75.0	90.3	16.0
辽　宁	273.0	122.2	84.0	66.8
吉　林	236.3	113.2	95.2	27.9
黑龙江	205.4	134.7	52.8	17.9
上　海	397.4	196.1	51.1	150.2
江　苏	217.9	117.9	58.3	41.7
浙　江	219.2	125.1	62.8	31.3
安　徽	184.8	96.4	59.6	28.8
福　建	171.7	81.8	66.8	23.1
江　西	180.9	99.6	62.4	18.9
山　东	194.3	119.0	43.9	31.4
河　南	160.8	87.5	45.4	27.9
湖　北	169.9	94.4	53.5	22.0
湖　南	219.7	104.2	88.5	27.0
广　东	274.4	118.1	120.2	36.1
广　西	173.7	74.4	81.6	17.7
四　川	187.9	100.4	67.6	19.9
贵　州	161.5	66.9	75.1	19.5
云　南	150.1	77.1	55.6	17.5
西　藏				
陕　西	142.5	69.2	46.7	26.6
甘　肃	153.3	91.2	40.3	21.8
青　海				
宁　夏	178.1	81.8	67.6	28.6
新　疆	198.0	127.9	46.8	23.3

4—10 1980年农村居民纯收入构成

单位:%

地 区	纯收入	一、工资性收入	二、家庭经营纯收入	三、财产性和转移性收入
全国合计	**100.0**	**55.6**	**32.7**	**11.7**
北 京	100.0	63.5	16.2	20.3
天 津	100.0	65.9	15.3	18.8
河 北	100.0	55.1	25.7	19.2
山 西	100.0	58.4	25.2	16.4
内蒙古	100.0	41.4	49.8	8.8
辽 宁	100.0	44.8	30.8	24.5
吉 林	100.0	47.9	40.3	11.8
黑龙江	100.0	65.6	25.7	8.7
上 海	100.0	49.3	12.9	37.8
江 苏	100.0	54.1	26.7	19.2
浙 江	100.0	57.1	28.6	14.3
安 徽	100.0	52.2	32.3	15.6
福 建	100.0	47.6	38.9	13.5
江 西	100.0	55.0	34.5	10.5
山 东	100.0	61.2	22.6	16.2
河 南	100.0	54.4	28.2	17.3
湖 北	100.0	55.6	31.5	12.9
湖 南	100.0	47.4	40.3	12.3
广 东	100.0	43.0	43.8	13.2
广 西	100.0	42.8	47.0	10.2
四 川	100.0	53.5	36.0	10.6
贵 州	100.0	41.4	46.5	12.0
云 南	100.0	51.4	37.0	11.6
西 藏				
陕 西	100.0	48.6	32.8	18.7
甘 肃	100.0	59.5	26.3	14.2
青 海				
宁 夏	100.0	46.0	38.0	16.1
新 疆	100.0	64.6	23.7	11.8

4—11　1980 年农村居民总支出

单位:元/人

地　区	总支出	一、家庭经营费用支出	二、交纳税金	三、生活消费支出	四、财产性和转移性支出
全国总计	**196.2**	**25.3**	**0.3**	**162.2**	**8.4**
北　京	287.7	25.6		252.7	9.5
天　津	250.7	15.2		208.4	27.1
河　北	166.0	17.6	0.0	142.0	6.4
山　西	149.0	8.4	0.0	134.4	6.2
内蒙古	183.4	20.2	0.7	156.6	6.0
辽　宁	276.3	26.3	0.0	228.1	21.8
吉　林	253.2	26.2	0.0	216.3	10.8
黑龙江	193.7	20.4	0.1	164.1	9.1
上　海	375.2	33.0	0.1	321.8	20.2
江　苏	241.5	34.5	0.0	194.7	12.3
浙　江	233.6	30.5	0.0	191.9	11.3
安　徽	206.2	35.5	0.5	162.9	7.3
福　建	186.1	22.9	0.4	157.7	5.2
江　西	184.0	20.7	0.7	156.0	6.6
山　东	185.1	30.7	0.1	145.9	8.4
河　南	164.5	23.5	0.1	135.5	5.4
湖　北	172.8	12.5	0.4	152.7	7.2
湖　南	236.1	32.9	0.7	192.9	9.7
广　东	266.9	31.7	0.5	222.2	12.4
广　西	192.8	35.9	0.4	151.1	5.5
四　川	202.4	36.0	0.4	159.4	6.5
贵　州	175.0	27.2	0.8	139.3	7.7
云　南	152.6	20.3	0.3	124.6	7.4
西　藏					
陕　西	161.6	15.1	0.2	139.8	6.4
甘　肃	146.7	15.8	0.0	126.6	4.3
青　海					
宁　夏	152.0	8.7	0.0	135.5	7.8
新　疆	181.4	20.4	0.8	150.6	9.5

4—12 1980年农村居民总支出构成

单位:%

地 区	总支出	一、家庭经营费用支出	二、交纳税金	三、生活消费支出	四、财产性和转移性支出
全国总计	**100.0**	**12.9**	**0.1**	**82.7**	**4.3**
北 京	100.0	8.9		87.8	3.3
天 津	100.0	6.1		83.1	10.8
河 北	100.0	10.6	0.0	85.5	3.9
山 西	100.0	5.6	0.0	90.2	4.2
内蒙古	100.0	11.0	0.4	85.4	3.2
辽 宁	100.0	9.5	0.0	82.6	7.9
吉 林	100.0	10.3	0.0	85.4	4.3
黑龙江	100.0	10.5	0.1	84.7	4.7
上 海	100.0	8.8	0.0	85.8	5.4
江 苏	100.0	14.3	0.0	80.6	5.1
浙 江	100.0	13.0	0.0	82.1	4.8
安 徽	100.0	17.2	0.3	79.0	3.5
福 建	100.0	12.3	0.2	84.7	2.8
江 西	100.0	11.3	0.4	84.8	3.6
山 东	100.0	16.6	0.0	78.8	4.6
河 南	100.0	14.3	0.1	82.4	3.3
湖 北	100.0	7.2	0.2	88.4	4.1
湖 南	100.0	13.9	0.3	81.7	4.1
广 东	100.0	11.9	0.2	83.3	4.6
广 西	100.0	18.6	0.2	78.4	2.8
四 川	100.0	17.8	0.2	78.8	3.2
贵 州	100.0	15.6	0.4	79.6	4.4
云 南	100.0	13.3	0.2	81.7	4.9
西 藏					
陕 西	100.0	9.4	0.1	86.5	4.0
甘 肃	100.0	10.8	0.0	86.3	2.9
青 海					
宁 夏	100.0	5.7	0.0	89.1	5.1
新 疆	100.0	11.3	0.4	83.1	5.3

4—13　1980年农村居民家庭经营费用支出

单位：元/人

地　区	家庭经营费用支出	一、农业支出	二、牧业支出	三、其他经营费用支出
全国合计	**25.3**	**5.9**	**17.6**	**1.8**
北　京	25.6	1.2	20.3	4.1
天　津	15.2	2.8	12.1	0.3
河　北	17.6	3.8	12.9	0.9
山　西	8.4	2.5	5.0	0.9
内蒙古	20.2	7.2	11.0	2.0
辽　宁	26.3	4.1	21.2	1.0
吉　林	26.2	4.4	20.3	1.5
黑龙江	20.4	5.1	14.0	1.2
上　海	33.0	3.1	28.7	1.3
江　苏	34.5	3.6	29.9	1.1
浙　江	30.5	7.3	20.6	2.6
安　徽	35.5	18.6	13.2	3.7
福　建	22.9	7.6	13.4	1.8
江　西	20.7	4.9	14.1	1.8
山　东	30.7	7.4	22.4	0.9
河　南	23.5	7.5	14.1	1.9
湖　北	12.5	3.6	8.2	0.7
湖　南	32.9	3.9	27.6	1.5
广　东	31.7	9.4	20.0	2.4
广　西	35.9	4.3	30.6	1.0
四　川	36.0	5.5	26.4	4.1
贵　州	27.2	9.0	17.0	1.2
云　南	20.3	2.6	16.7	0.9
西　藏				
陕　西	15.1	5.0	9.0	1.1
甘　肃	15.8	7.3	8.2	0.3
青　海				
宁　夏	8.7	4.7	3.5	0.4
新　疆	20.4	9.3	8.9	2.3

4—14 1980年农村居民家庭经营费用支出构成

单位：%

地 区	家庭经营费用支出	一、农业支出	二、牧业支出	三、其他经营费用支出
全国合计	**100.0**	**23.4**	**69.7**	**7.0**
北 京	100.0	4.5	79.4	16.1
天 津	100.0	18.6	79.4	2.0
河 北	100.0	21.7	73.4	5.0
山 西	100.0	29.7	60.1	10.2
内蒙古	100.0	35.6	54.7	9.7
辽 宁	100.0	15.6	80.6	3.8
吉 林	100.0	16.7	77.7	5.6
黑龙江	100.0	25.2	68.8	6.0
上 海	100.0	9.2	86.7	4.0
江 苏	100.0	10.4	86.5	3.1
浙 江	100.0	23.9	67.7	8.4
安 徽	100.0	52.3	37.3	10.4
福 建	100.0	33.2	58.8	8.0
江 西	100.0	23.6	67.9	8.6
山 东	100.0	24.2	72.8	3.0
河 南	100.0	31.8	59.9	8.3
湖 北	100.0	29.1	65.7	5.3
湖 南	100.0	11.8	83.8	4.4
广 东	100.0	29.6	63.0	7.5
广 西	100.0	11.9	85.2	2.8
四 川	100.0	15.3	73.2	11.5
贵 州	100.0	33.2	62.5	4.3
云 南	100.0	12.8	82.6	4.6
西 藏				
陕 西	100.0	33.3	59.4	7.3
甘 肃	100.0	46.2	51.7	2.2
青 海				
宁 夏	100.0	54.3	40.6	5.1
新 疆	100.0	45.3	43.5	11.2

4—15　1980年农村居民生活消费支出

单位:元/人

地　区	生活消费支出	一、食品支出	二、衣着支出	三、居住支出	四、家庭设备用品及服务支出	五、交通和通讯支出	六、文化教育用品及服务支出	七、医疗保健支出	八、其他商品及服务支出
全国总计	**162.2**	**100.2**	**20.0**	**22.5**	**4.1**	**0.6**	**8.3**	**3.4**	**3.2**
北　京	252.7	135.8	32.7	38.7	8.3	1.1	19.6	8.5	8.0
天　津	208.4	118.9	31.7	31.0	4.8	0.7	11.6	5.0	4.7
河　北	142.0	79.8	19.9	23.0	3.5	0.4	8.3	3.6	3.5
山　西	134.4	80.6	21.0	15.6	3.2	0.4	7.3	3.2	3.1
内蒙古	156.6	102.6	21.7	11.6	3.7	0.6	9.0	3.8	3.6
辽　宁	228.1	128.9	30.9	33.0	6.3	1.0	15.4	6.5	6.1
吉　林	216.3	140.2	27.7	24.9	4.5	0.3	9.7	4.6	4.5
黑龙江	164.1	95.8	27.6	18.3	4.1	0.6	9.7	4.2	3.9
上　海	321.8	170.2	36.7	72.1	8.0	0.8	18.1	8.1	7.8
江　苏	194.7	113.2	24.7	33.4	4.1	0.8	10.4	4.3	3.9
浙　江	191.9	109.3	22.9	38.3	3.8	0.7	9.5	3.9	3.6
安　徽	162.9	87.8	19.1	36.9	3.2	0.8	8.7	3.4	3.0
福　建	157.7	99.7	16.3	25.2	2.7	0.7	7.5	2.9	2.6
江　西	156.0	97.5	15.8	25.8	2.9	0.6	7.5	3.1	2.8
山　东	145.9	80.1	24.0	21.5	3.7	0.4	8.7	3.8	3.6
河　南	135.5	78.7	18.7	21.7	3.0	0.5	7.2	3.0	2.9
湖　北	152.7	98.6	17.9	20.5	2.7	0.6	7.1	2.8	2.6
湖　南	192.9	127.9	20.5	27.3	3.1	0.5	7.5	3.2	2.9
广　东	222.2	134.5	19.9	40.2	4.8	0.9	12.2	5.0	4.6
广　西	151.1	96.6	14.2	22.6	3.2	0.4	7.7	3.3	3.1
四　川	159.4	111.9	17.7	15.1	2.5	0.6	6.7	2.6	2.3
贵　州	139.3	96.7	14.7	16.5	1.7	0.7	5.5	1.9	1.6
云　南	124.6	87.1	12.5	16.1	1.5	0.4	4.0	1.6	1.5
西　藏									
陕　西	139.8	83.8	18.2	22.2	2.8	0.4	6.9	2.9	2.7
甘　肃	126.6	81.6	17.1	13.8	2.5	0.5	6.3	2.6	2.4
青　海									
宁　夏	135.5	86.1	19.5	14.7	2.7	0.5	6.7	2.8	2.6
新　疆	150.6	90.8	31.4	13.2	2.7	0.5	6.7	2.8	2.6

4—16 1980年农村居民生活消费支出构成

单位：%

地区	生活消费支出	一、食品支出	二、衣着支出	三、居住支出	四、家庭设备用品及服务支出	五、交通和通讯支出	六、文化教育用品及服务支出	七、医疗保健支出	八、其他商品及服务支出
全国总计	**100.0**	**61.8**	**12.3**	**13.8**	**2.6**	**0.4**	**5.1**	**2.1**	**2.0**
北京	100.0	53.8	12.9	15.3	3.3	0.4	7.8	3.4	3.2
天津	100.0	57.1	15.2	14.9	2.3	0.3	5.6	2.4	2.3
河北	100.0	56.2	14.0	16.2	2.5	0.3	5.9	2.6	2.4
山西	100.0	60.0	15.6	11.6	2.4	0.3	5.5	2.4	2.3
内蒙古	100.0	65.5	13.9	7.4	2.4	0.4	5.7	2.4	2.3
辽宁	100.0	56.5	13.5	14.5	2.8	0.4	6.8	2.8	2.7
吉林	100.0	64.8	12.8	11.5	2.1	0.1	4.5	2.1	2.1
黑龙江	100.0	58.3	16.8	11.2	2.5	0.4	5.9	2.5	2.4
上海	100.0	52.9	11.4	22.4	2.5	0.2	5.6	2.5	2.4
江苏	100.0	58.1	12.7	17.2	2.1	0.4	5.3	2.2	2.0
浙江	100.0	57.0	11.9	19.9	2.0	0.3	4.9	2.0	1.9
安徽	100.0	53.9	11.7	22.6	2.0	0.5	5.3	2.1	1.9
福建	100.0	63.3	10.3	16.0	1.7	0.5	4.8	1.8	1.6
江西	100.0	62.5	10.1	16.6	1.9	0.4	4.8	2.0	1.8
山东	100.0	54.9	16.4	14.7	2.6	0.3	6.0	2.6	2.5
河南	100.0	58.1	13.8	16.0	2.2	0.3	5.3	2.2	2.1
湖北	100.0	64.5	11.7	13.4	1.8	0.4	4.6	1.8	1.7
湖南	100.0	66.3	10.6	14.2	1.6	0.3	3.9	1.6	1.5
广东	100.0	60.5	9.0	18.1	2.2	0.4	5.5	2.3	2.1
广西	100.0	63.9	9.4	15.0	2.1	0.3	5.1	2.2	2.1
四川	100.0	70.2	11.1	9.5	1.5	0.4	4.2	1.6	1.5
贵州	100.0	69.5	10.6	11.8	1.2	0.5	3.9	1.3	1.1
云南	100.0	69.9	10.0	12.9	1.2	0.3	3.2	1.3	1.2
西藏									
陕西	100.0	59.9	13.0	15.9	2.0	0.3	4.9	2.1	1.9
甘肃	100.0	64.4	13.5	10.9	1.9	0.4	5.0	2.0	1.9
青海									
宁夏	100.0	63.6	14.4	10.8	2.0	0.3	4.9	2.0	1.9
新疆	100.0	60.3	20.9	8.8	1.8	0.3	4.5	1.8	1.7

4—17 1980年农村居民现金支出

单位:元/人

地　区	现金支出	一、生产费用支　出	二、交纳税金	三、生活消费现金支出	四、财产性和转移性支出
全国总计	**107.0**	**13.8**	**0.2**	**83.8**	**9.1**
北　京	203.5	14.2		179.7	9.6
天　津	155.2	6.3		122.3	26.6
河　北	99.4	6.0	0.0	80.8	12.6
山　西	81.2	4.5	0.0	71.3	5.4
内蒙古	87.9	11.8	0.1	69.6	6.4
辽　宁	164.2	10.9	0.0	132.0	21.2
吉　林	114.4	12.9	0.0	88.5	13.0
黑龙江	105.7	10.5	0.1	85.0	10.2
上　海	273.7	19.9	0.1	233.5	20.2
江　苏	152.2	19.8	0.0	119.9	12.4
浙　江					
安　徽	114.4	20.4	0.2	84.4	9.5
福　建	105.8	16.6	0.4	83.5	5.3
江　西	84.2	9.0	0.7	68.0	6.6
山　东	117.8	12.4	0.0	92.4	12.9
河　南	100.0	16.1	0.1	77.6	6.2
湖　北	87.5	7.3	0.4	71.3	8.4
湖　南	113.0	15.4	0.7	85.8	11.2
广　东	165.8	28.0	0.5	124.3	12.9
广　西	97.4	16.9	0.4	74.6	5.6
四　川	100.6	20.0	0.4	73.8	6.3
贵　州	79.8	14.8	0.5	57.8	6.7
云　南	73.2	10.6	0.3	55.2	7.1
西　藏					
陕　西	78.6	6.6	0.2	65.6	6.2
甘　肃	79.8	9.7	0.0	62.8	7.2
青　海					
宁　夏	78.4	3.9	0.0	66.7	7.8
新　疆	97.3	5.3	0.8	79.5	11.7

4—18 1980年农村居民现金支出构成

单位:%

地 区	现金支出	一、生产费用支出	二、交纳税金	三、生活消费现金支出	四、财产性和转移性支出
全国总计	**100.0**	**12.9**	**0.2**	**78.3**	**8.5**
北 京	100.0	7.0		88.3	4.7
天 津	100.0	4.1		78.8	17.1
河 北	100.0	6.0	0.0	81.3	12.6
山 西	100.0	5.6	0.0	87.7	6.6
内蒙古	100.0	13.5	0.1	79.2	7.3
辽 宁	100.0	6.6	0.0	80.4	12.9
吉 林	100.0	11.2	0.0	77.4	11.4
黑龙江	100.0	9.9	0.1	80.4	9.6
上 海	100.0	7.3	0.0	85.3	7.4
江 苏	100.0	13.0	0.0	78.8	8.1
浙 江					
安 徽	100.0	17.8	0.1	73.7	8.3
福 建	100.0	15.7	0.3	78.9	5.0
江 西	100.0	10.6	0.8	80.7	7.8
山 东	100.0	10.5	0.0	78.5	11.0
河 南	100.0	16.1	0.1	77.6	6.2
湖 北	100.0	8.4	0.5	81.5	9.7
湖 南	100.0	13.6	0.6	75.9	9.9
广 东	100.0	16.9	0.3	75.0	7.8
广 西	100.0	17.4	0.4	76.6	5.7
四 川	100.0	19.9	0.4	73.4	6.3
贵 州	100.0	18.5	0.6	72.5	8.4
云 南	100.0	14.5	0.4	75.4	9.8
西 藏					
陕 西	100.0	8.4	0.3	83.4	7.9
甘 肃	100.0	12.2	0.0	78.8	9.0
青 海					
宁 夏	100.0	5.0	0.1	85.1	9.9
新 疆	100.0	5.4	0.8	81.7	12.0

4—19 1980年农村居民生活消费现金支出

单位:元/人

地区	生活消费现金支出	一、食品支出	二、衣着支出	三、居住支出	四、家庭设备用品及服务支出	五、交通和通讯支出	六、文化教育用品及服务支出	七、医疗保健支出	八、其他商品及服务支出
全国总计	**83.8**	**31.4**	**19.8**	**14.5**	**3.2**	**0.6**	**8.0**	**3.3**	**3.1**
北京	179.7	69.6	32.3	35.9	7.6	1.1	18.2	7.8	7.3
天津	122.3	49.8	30.8	17.4	4.4	0.7	10.7	4.5	4.2
河北	80.8	26.6	19.2	17.0	3.3	0.4	7.8	3.4	3.2
山西	71.3	22.4	20.1	11.9	3.1	0.4	7.2	3.2	3.0
内蒙古	69.6	20.3	21.7	6.4	3.8	0.6	9.2	3.9	3.7
辽宁	132.0	46.3	30.8	20.3	6.2	1.0	15.1	6.4	5.9
吉林	88.5	26.9	27.6	11.5	4.4	0.2	9.3	4.4	4.4
黑龙江	85.0	23.9	27.5	11.6	4.0	0.6	9.5	4.1	3.8
上海	233.5	97.1	35.2	62.2	7.2	0.8	16.6	7.4	7.1
江苏	119.9	47.7	24.4	25.2	4.0	0.7	10.0	4.1	3.8
浙江									
安徽	84.4	29.6	18.6	18.0	3.0	0.8	8.3	3.2	2.8
福建	83.5	37.6	16.3	13.1	2.7	0.7	7.5	2.9	2.6
江西	68.0	22.7	15.5	13.8	2.8	0.6	7.1	2.9	2.7
山东	92.4	32.4	23.5	16.4	3.7	0.4	8.7	3.8	3.6
河南	77.6	25.0	18.4	17.8	2.9	0.5	7.1	3.0	2.8
湖北	71.3	25.7	17.5	12.9	2.6	0.6	6.9	2.7	2.5
湖南	85.8	36.4	20.4	12.3	3.0	0.5	7.4	3.1	2.8
广东	124.3	53.5	19.9	23.8	4.8	0.9	12.1	4.9	4.6
广西	74.6	32.3	14.2	10.4	3.2	0.4	7.6	3.3	3.1
四川	73.8	32.7	17.5	9.1	2.4	0.6	6.6	2.6	2.3
贵州	57.8	24.9	14.4	8.0	1.6	0.7	5.1	1.7	1.4
云南	55.2	26.6	12.4	7.5	1.5	0.4	4.0	1.6	1.4
西藏									
陕西	65.6	19.9	17.8	12.2	2.8	0.4	6.8	2.9	2.7
甘肃	62.8	21.2	16.4	11.7	2.3	0.5	6.1	2.4	2.2
青海									
宁夏	66.7	20.7	19.4	11.8	2.6	0.5	6.5	2.7	2.5
新疆	79.5	24.6	30.2	9.9	2.6	0.5	6.6	2.7	2.5

4—20 1980年农村居民生活消费现金支出构成

单位:%

地区	生活消费现金支出	一、食品支出	二、衣着支出	三、居住支出	四、家庭设备用品及服务支出	五、交通和通讯支出	六、文化教育用品及服务支出	七、医疗保健支出	八、其他商品及服务支出
全国总计	**100.0**	**37.4**	**23.7**	**17.3**	**3.8**	**0.7**	**9.6**	**3.9**	**3.7**
北京	100.0	38.7	18.0	20.0	4.2	0.6	10.2	4.3	4.1
天津	100.0	40.7	25.1	14.2	3.6	0.6	8.7	3.7	3.4
河北	100.0	32.9	23.8	21.1	4.0	0.5	9.6	4.1	3.9
山西	100.0	31.4	28.2	16.8	4.3	0.5	10.1	4.4	4.3
内蒙古	100.0	29.2	31.2	9.2	5.4	0.8	13.2	5.6	5.3
辽宁	100.0	35.1	23.3	15.4	4.7	0.8	11.5	4.8	4.5
吉林	100.0	30.3	31.1	12.9	4.9	0.2	10.5	5.0	4.9
黑龙江	100.0	28.1	32.4	13.7	4.6	0.7	11.2	4.8	4.5
上海	100.0	41.6	15.1	26.6	3.1	0.3	7.1	3.2	3.0
江苏	100.0	39.7	20.4	21.0	3.3	0.6	8.3	3.4	3.2
浙江									
安徽	100.0	35.1	22.1	21.4	3.5	1.0	9.8	3.7	3.3
福建	100.0	45.0	19.5	15.7	3.3	0.9	9.0	3.4	3.1
江西	100.0	33.4	22.8	20.3	4.1	0.8	10.4	4.2	3.9
山东	100.0	35.0	25.4	17.7	4.0	0.5	9.4	4.1	3.9
河南	100.0	32.2	23.8	22.9	3.8	0.6	9.2	3.9	3.7
湖北	100.0	36.0	24.6	18.1	3.6	0.9	9.6	3.8	3.5
湖南	100.0	42.5	23.7	14.3	3.4	0.6	8.6	3.6	3.3
广东	100.0	43.0	16.0	19.1	3.8	0.7	9.7	4.0	3.7
广西	100.0	43.3	19.0	13.9	4.3	0.6	10.2	4.4	4.2
四川	100.0	44.3	23.8	12.3	3.3	0.9	9.0	3.5	3.1
贵州	100.0	43.0	24.9	13.9	2.7	1.2	8.9	3.0	2.4
云南	100.0	48.2	22.4	13.5	2.7	0.7	7.2	2.8	2.6
西藏									
陕西	100.0	30.3	27.2	18.6	4.3	0.7	10.4	4.4	4.1
甘肃	100.0	33.7	26.1	18.6	3.7	0.8	9.7	3.9	3.5
青海									
宁夏	100.0	31.0	29.1	17.7	3.9	0.7	9.8	4.0	3.8
新疆	100.0	31.0	38.0	12.4	3.2	0.6	8.2	3.4	3.1

4—21 1985年农村居民总收入

单位:元/人

地 区	总收入	一、工资性收入	二、家庭经营收入	三、财产性和转移性收入
全国总计	**547.3**	**72.2**	**445.3**	**29.9**
北 京	939.7	438.8	459.3	41.6
天 津	722.0	210.2	466.0	45.8
河 北	529.2	88.7	412.5	28.0
山 西	463.7	110.2	330.1	23.4
内蒙古	518.3	36.7	472.3	9.3
辽 宁	685.4	143.2	522.4	19.8
吉 林	645.6	53.2	572.2	20.2
黑龙江	623.9	52.8	559.6	11.6
上 海	1036.2	430.4	553.2	52.7
江 苏	676.6	135.1	502.9	38.6
浙 江	711.1	162.6	523.1	25.5
安 徽	526.6	35.8	460.9	29.9
福 建	542.4	73.7	442.5	26.2
江 西	494.2	52.8	418.7	22.8
山 东	587.9	80.9	489.0	18.0
河 南	455.8	44.6	390.0	21.2
湖 北	565.5	50.4	479.2	35.9
湖 南	553.7	53.9	484.7	15.1
广 东	671.4	77.4	549.4	44.7
广 西	420.3	27.5	379.2	13.6
四 川	455.8	47.2	389.6	19.0
贵 州	394.1	27.3	351.4	15.5
云 南	446.5	36.2	378.4	32.0
西 藏	463.8	20.6	414.4	28.8
陕 西	399.9	38.7	339.4	21.9
甘 肃	358.3	40.1	290.9	27.3
青 海	464.0	58.6	381.4	24.0
宁 夏	438.4	65.0	348.1	25.3
新 疆	594.2	38.3	530.1	25.8

4—22 1985年农村居民总收入构成

单位：%

地　区	总收入	一、工资性收入	二、家庭经营收入	三、财产性和转移性收入
全国总计	**100.0**	**13.2**	**81.4**	**5.5**
北　京	100.0	46.7	48.9	4.4
天　津	100.0	29.1	64.5	6.3
河　北	100.0	16.8	77.9	5.3
山　西	100.0	23.8	71.2	5.1
内蒙古	100.0	7.1	91.1	1.8
辽　宁	100.0	20.9	76.2	2.9
吉　林	100.0	8.2	88.6	3.1
黑龙江	100.0	8.5	89.7	1.9
上　海	100.0	41.5	53.4	5.1
江　苏	100.0	20.0	74.3	5.7
浙　江	100.0	22.9	73.6	3.6
安　徽	100.0	6.8	87.5	5.7
福　建	100.0	13.6	81.6	4.8
江　西	100.0	10.7	84.7	4.6
山　东	100.0	13.8	83.2	3.1
河　南	100.0	9.8	85.6	4.7
湖　北	100.0	8.9	84.7	6.4
湖　南	100.0	9.7	87.5	2.7
广　东	100.0	11.5	81.8	6.6
广　西	100.0	6.5	90.2	3.2
四　川	100.0	10.4	85.5	4.2
贵　州	100.0	6.9	89.2	3.9
云　南	100.0	8.1	84.7	7.2
西　藏	100.0	4.4	89.4	6.2
陕　西	100.0	9.7	84.9	5.5
甘　肃	100.0	11.2	81.2	7.6
青　海	100.0	12.6	82.2	5.2
宁　夏	100.0	14.8	79.4	5.8
新　疆	100.0	6.4	89.2	4.3

4—23 1985年农村居民家庭经营收入

单位:元/人

地区	家庭经营收入	一、第一产业收入	1.农业收入	2.林业收入	3.牧业收入	4.渔业收入	二、第二产业收入
全国总计	**445.3**	**400.6**	**283.4**	**7.4**	**104.0**	**5.7**	**12.3**
北京	459.3	365.4	231.4	6.8	126.3	0.9	18.6
天津	466.0	405.4	287.2	1.0	114.9	2.4	14.8
河北	412.5	369.1	298.6	2.4	67.2	1.0	13.4
山西	330.1	258.8	209.1	4.3	45.3	0.0	7.6
内蒙古	472.3	456.5	338.9	1.7	115.4	0.4	3.6
辽宁	522.4	458.5	333.4	2.6	115.0	7.5	20.0
吉林	572.2	528.1	419.7	1.9	105.5	1.1	6.3
黑龙江	559.6	518.9	420.5	0.7	88.2	9.5	3.5
上海	553.2	523.7	308.9	0.5	210.9	3.5	5.5
江苏	502.9	450.3	314.7	5.0	119.8	10.7	20.2
浙江	523.1	465.6	307.4	21.7	124.2	12.3	17.0
安徽	460.9	418.6	324.6	6.2	83.6	4.2	7.4
福建	442.5	386.8	244.6	12.3	122.4	7.6	13.3
江西	418.7	388.9	253.9	18.3	111.3	5.5	9.6
山东	489.0	436.0	336.5	5.5	91.6	2.5	12.4
河南	390.0	357.0	300.2	4.3	51.3	1.1	9.5
湖北	479.2	430.0	313.0	7.6	98.2	11.3	14.4
湖南	484.7	441.0	270.8	15.3	146.0	8.9	15.6
广东	549.4	483.8	272.2	10.8	165.6	35.2	23.1
广西	379.2	335.0	188.9	8.6	133.3	4.2	14.5
四川	389.6	358.9	228.7	6.6	122.3	1.2	10.3
贵州	351.4	314.8	204.4	7.2	102.3	1.0	8.0
云南	378.4	340.0	212.6	8.3	117.1	2.0	13.1
西藏	414.4	357.4	246.1	11.6	99.8	0.0	18.9
陕西	339.4	305.4	234.6	5.0	65.7	0.1	9.2
甘肃	290.9	257.7	199.1	4.5	54.1		10.0
青海	381.4	330.4	202.7	2.1	125.6	0.1	8.3
宁夏	348.1	318.2	252.0	6.5	58.7	1.0	7.9
新疆	530.1	488.5	387.6	7.9	92.8	0.2	6.7

4—23续表

单位:元/人

地　区	1.工　业收　入	2.建筑业收　入	三、第三产业收入	1.交通运输业、邮电业收入	2.批发和零售贸易、餐饮业收入	3.社会服务业收入	4.其他家庭经营收入
全国总计	**4.3**	**8.0**	**32.4**	**12.6**	**8.7**	**4.0**	**7.2**
北　京	5.6	13.0	75.3	56.4	5.1	4.5	9.2
天　津	0.9	13.9	45.7	20.4	12.2	4.8	8.5
河　北	4.5	9.0	29.9	10.2	9.5	4.0	6.3
山　西	2.9	4.7	63.7	42.4	7.4	4.5	9.4
内蒙古	1.2	2.4	12.2	5.2	3.1	2.1	1.7
辽　宁	7.6	12.3	44.0	22.8	9.2	3.6	8.4
吉　林	1.2	5.1	37.8	14.3	6.8	2.6	14.2
黑龙江	1.6	1.9	37.2	16.8	6.6	2.4	11.4
上　海		5.5	23.9	8.1	4.1	2.7	9.0
江　苏	6.8	13.4	32.5	12.3	6.7	5.5	8.1
浙　江	6.4	10.6	40.5	14.6	10.3	6.1	9.6
安　徽	1.9	5.5	34.9	11.4	13.4	4.1	6.1
福　建	6.3	7.1	42.3	15.8	10.8	6.8	8.9
江　西	4.4	5.2	20.2	7.0	5.2	3.1	4.8
山　东	3.2	9.3	40.6	12.0	13.2	4.9	10.5
河　南	1.6	7.9	23.6	9.4	5.6	2.9	5.7
湖　北	7.3	7.1	34.8	11.9	15.0	4.1	3.8
湖　南	8.4	7.2	28.2	9.4	11.7	3.2	3.9
广　东	4.7	18.5	42.4	12.3	12.2	6.1	11.8
广　西	9.4	5.1	29.7	7.1	9.4	2.7	10.4
四　川	3.5	6.8	20.5	7.7	5.1	3.7	4.1
贵　州	3.1	4.9	28.6	10.0	8.7	3.5	6.4
云　南	5.1	8.0	25.2	6.9	8.0	5.0	5.4
西　藏	0.1	18.8	38.1	24.0	2.3	1.6	10.1
陕　西	1.2	8.0	24.7	12.1	5.7	2.2	4.7
甘　肃	2.0	8.0	23.1	8.1	4.7	2.3	8.1
青　海	4.5	3.9	42.7	19.9	9.6	5.3	8.0
宁　夏	2.4	5.5	22.0	15.2	2.6	2.6	1.6
新　疆	2.1	4.6	34.9	15.9	10.2	4.0	4.8

4—24 1985年农村居民家庭经营收入构成

单位：%

地区	家庭经营收入	一、第一产业收入	1.农业收入	2.林业收入	3.牧业收入	4.渔业收入	二、第二产业收入
全国总计	**100.0**	**90.0**	**63.7**	**1.7**	**23.4**	**1.3**	**2.8**
北京	100.0	79.6	50.4	1.5	27.5	0.2	4.1
天津	100.0	87.0	61.6	0.2	24.7	0.5	3.2
河北	100.0	89.5	72.4	0.6	16.3	0.2	3.3
山西	100.0	78.4	63.4	1.3	13.7	0.0	2.3
内蒙古	100.0	96.7	71.8	0.3	24.4	0.1	0.8
辽宁	100.0	87.8	63.8	0.5	22.0	1.4	3.8
吉林	100.0	92.3	73.3	0.3	18.4	0.2	1.1
黑龙江	100.0	92.7	75.1	0.1	15.8	1.7	0.6
上海	100.0	94.7	55.8	0.1	38.1	0.6	1.0
江苏	100.0	89.5	62.6	1.0	23.8	2.1	4.0
浙江	100.0	89.0	58.8	4.1	23.8	2.3	3.3
安徽	100.0	90.8	70.4	1.3	18.1	0.9	1.6
福建	100.0	87.4	55.3	2.8	27.7	1.7	3.0
江西	100.0	92.9	60.6	4.4	26.6	1.3	2.3
山东	100.0	89.2	68.8	1.1	18.7	0.5	2.5
河南	100.0	91.5	77.0	1.1	13.2	0.3	2.4
湖北	100.0	89.7	65.3	1.6	20.5	2.4	3.0
湖南	100.0	91.0	55.9	3.2	30.1	1.8	3.2
广东	100.0	88.1	49.5	2.0	30.2	6.4	4.2
广西	100.0	88.3	49.8	2.3	35.2	1.1	3.8
四川	100.0	92.1	58.7	1.7	31.4	0.3	2.6
贵州	100.0	89.6	58.2	2.0	29.1	0.3	2.3
云南	100.0	89.9	56.2	2.2	31.0	0.5	3.5
西藏	100.0	86.3	59.4	2.8	24.1	0.0	4.6
陕西	100.0	90.0	69.1	1.5	19.4	0.0	2.7
甘肃	100.0	88.6	68.4	1.6	18.6	0.0	3.4
青海	100.0	86.6	53.1	0.5	32.9	0.0	2.2
宁夏	100.0	91.4	72.4	1.9	16.9	0.3	2.3
新疆	100.0	92.2	73.1	1.5	17.5	0.0	1.3

4—24续表　　单位:%

地　　区	1.工　业收　入	2.建筑业收　入	三、第三产业收入	1.交通运输业、邮电业收入	2.批发和零售贸易、餐饮业收入	3.社会服务业收入	4.其他家庭经营收入
全国总计	**1.0**	**1.8**	**7.3**	**2.8**	**2.0**	**0.9**	**1.6**
北　京	1.2	2.8	16.4	12.3	1.1	1.0	2.0
天　津	0.2	3.0	9.8	4.4	2.6	1.0	1.8
河　北	1.1	2.2	7.3	2.5	2.3	1.0	1.5
山　西	0.9	1.4	19.3	12.8	2.2	1.4	2.9
内蒙古	0.2	0.5	2.6	1.1	0.7	0.5	0.4
辽　宁	1.5	2.4	8.4	4.4	1.8	0.7	1.6
吉　林	0.2	0.9	6.6	2.5	1.2	0.5	2.5
黑龙江	0.3	0.3	6.6	3.0	1.2	0.4	2.0
上　海	0.0	1.0	4.3	1.5	0.7	0.5	1.6
江　苏	1.4	2.7	6.5	2.4	1.3	1.1	1.6
浙　江	1.2	2.0	7.7	2.8	2.0	1.2	1.8
安　徽	0.4	1.2	7.6	2.5	2.9	0.9	1.3
福　建	1.4	1.6	9.6	3.6	2.4	1.5	2.0
江　西	1.1	1.2	4.8	1.7	1.3	0.7	1.2
山　东	0.6	1.9	8.3	2.5	2.7	1.0	2.1
河　南	0.4	2.0	6.0	2.4	1.4	0.7	1.5
湖　北	1.5	1.5	7.3	2.5	3.1	0.9	0.8
湖　南	1.7	1.5	5.8	1.9	2.4	0.7	0.8
广　东	0.9	3.4	7.7	2.2	2.2	1.1	2.2
广　西	2.5	1.4	7.8	1.9	2.5	0.7	2.8
四　川	0.9	1.7	5.3	2.0	1.3	1.0	1.0
贵　州	0.9	1.4	8.1	2.9	2.5	1.0	1.8
云　南	1.4	2.1	6.7	1.8	2.1	1.3	1.4
西　藏	0.0	4.5	9.2	5.8	0.6	0.4	2.4
陕　西	0.4	2.4	7.3	3.6	1.7	0.7	1.4
甘　肃	0.7	2.8	8.0	2.8	1.6	0.8	2.8
青　海	1.2	1.0	11.2	5.2	2.5	1.4	2.1
宁　夏	0.7	1.6	6.3	4.4	0.7	0.7	0.5
新　疆	0.4	0.9	6.6	3.0	1.9	0.8	0.9

4—25 1985年农村居民现金收入

单位:元/人

地区	现金收入	一、工资性收入	二、家庭经营收入	三、财产性和转移性收入
全国总计	**357.4**	**68.9**	**251.7**	**36.8**
北京	736.0	399.5	281.3	55.3
天津	562.1	205.3	295.7	61.1
河北	351.5	85.9	236.5	29.1
山西	336.4	104.8	187.7	44.0
内蒙古	289.9	35.6	230.8	23.6
辽宁	486.2	128.5	321.2	36.6
吉林	454.8	52.7	360.4	41.7
黑龙江	414.8	49.8	321.9	43.1
上海	859.7	420.9	361.9	76.9
江苏	483.1	133.0	312.6	37.5
浙江	555.5	161.7	345.9	47.9
安徽	339.4	35.6	272.5	31.4
福建	394.8	73.1	278.6	43.0
江西	307.0	51.6	231.1	24.3
山东	405.5	77.8	296.3	31.4
河南	292.9	43.4	214.0	35.5
湖北	347.4	46.3	267.2	34.0
湖南	351.5	53.1	250.2	48.2
广东	500.4	77.0	366.4	57.0
广西	282.2	27.5	225.7	29.0
四川	274.9	46.9	194.7	33.3
贵州	218.2	26.9	161.4	29.9
云南	254.1	37.1	182.7	34.3
西藏	199.0	20.1	147.2	31.7
陕西	234.9	38.8	159.0	37.0
甘肃	198.4	39.2	129.8	29.4
青海	278.9	58.0	182.3	38.6
宁夏	294.6	64.4	190.1	40.1
新疆	414.0	40.6	342.8	30.6

4—26 1985年农村居民现金收入构成

单位：%

地区	现金收入	一、工资性收入	二、家庭经营收入	三、财产性和转移性收入
全国总计	**100.0**	**19.3**	**70.4**	**10.3**
北京	100.0	54.3	38.2	7.5
天津	100.0	36.5	52.6	10.9
河北	100.0	24.4	67.3	8.3
山西	100.0	31.1	55.8	13.1
内蒙古	100.0	12.3	79.6	8.1
辽宁	100.0	26.4	66.1	7.5
吉林	100.0	11.6	79.2	9.2
黑龙江	100.0	12.0	77.6	10.4
上海	100.0	49.0	42.1	8.9
江苏	100.0	27.5	64.7	7.8
浙江	100.0	29.1	62.3	8.6
安徽	100.0	10.5	80.3	9.2
福建	100.0	18.5	70.6	10.9
江西	100.0	16.8	75.3	7.9
山东	100.0	19.2	73.1	7.7
河南	100.0	14.8	73.1	12.1
湖北	100.0	13.3	76.9	9.8
湖南	100.0	15.1	71.2	13.7
广东	100.0	15.4	73.2	11.4
广西	100.0	9.7	80.0	10.3
四川	100.0	17.1	70.8	12.1
贵州	100.0	12.3	73.9	13.7
云南	100.0	14.6	71.9	13.5
西藏	100.0	10.1	74.0	15.9
陕西	100.0	16.5	67.7	15.8
甘肃	100.0	19.8	65.4	14.8
青海	100.0	20.8	65.4	13.8
宁夏	100.0	21.9	64.5	13.6
新疆	100.0	9.8	82.8	7.4

4—27 1985 年农村居民家庭经营现金收入

单位:元/人

地区	家庭经营现金收入	一、第一产业收入			二、第二产业收入
			农业产品	牧业产品	
全国总计	**251.7**	**213.6**	**122.8**	**75.2**	**7.7**
北京	281.3	208.8	90.1	102.6	11.3
天津	295.7	237.7	125.3	107.6	13.7
河北	236.5	200.2	135.1	57.0	8.8
山西	187.7	125.9	84.9	34.2	4.5
内蒙古	230.8	216.9	150.6	62.9	2.3
辽宁	321.2	271.7	178.7	77.3	10.0
吉林	360.4	323.5	246.4	67.9	5.1
黑龙江	321.9	284.5	210.0	63.4	1.6
上海	361.9	339.5	140.8	193.4	5.3
江苏	312.6	268.6	146.0	2.3	12.9
浙江	345.9	277.7	142.8	98.3	10.6
安徽	272.5	234.7	155.0	68.0	5.4
福建	278.6	232.5	106.8	99.5	7.0
江西	231.1	207.5	104.9	79.2	5.0
山东	296.3	250.9	160.2	79.1	8.8
河南	214.0	185.4	133.5	45.0	7.4
湖北	267.2	228.5	149.6	59.4	6.2
湖南	250.2	215.8	90.1	102.4	7.0
广东	366.4	308.6	127.9	135.3	18.3
广西	225.7	194.3	74.5	98.4	5.1
四川	194.7	168.6	76.1	82.5	6.7
贵州	161.4	130.0	64.3	55.2	5.0
云南	182.7	150.5	78.5	58.0	7.9
西藏	147.2	94.0	50.8	34.3	18.7
陕西	159.0	127.8	76.3	44.8	8.1
甘肃	129.8	100.6	57.1	37.8	7.7
青海	182.3	139.8	49.5	82.3	3.9
宁夏	190.1	163.0	110.6	42.6	5.5
新疆	342.8	304.9	226.9	68.3	4.6

4—27 续表 单位:元/人

地　　区	三、第三产业收入	1. 交通运输业、邮电业收入	2. 批发和零售贸易、餐饮业收入	3. 社会服务业收入	4. 其他家庭经营收入
全国总计	**30.5**	**12.1**	**8.5**	**3.9**	**2.0**
北　京	61.2	49.6	3.8	4.3	3.4
天　津	44.4	20.4	12.1	4.8	7.2
河　北	27.6	9.3	9.4	4.0	4.9
山　西	57.3	38.7	7.2	4.5	6.9
内 蒙 古	11.5	5.2	3.1	2.1	1.2
辽　宁	39.5	20.8	8.8	3.3	6.6
吉　林	31.8	14.3	6.8	2.6	8.1
黑 龙 江	35.8	16.7	6.6	2.3	10.2
上　海	17.1	7.8	2.7	2.7	3.9
江　苏	31.1	12.2	6.6	5.4	6.9
浙　江	57.6	14.6	10.3	6.0	26.8
安　徽	32.3	11.3	13.3	4.0	3.8
福　建	39.2	15.6	10.7	6.8	6.2
江　西	18.6	6.9	5.2	3.0	3.5
山　东	36.6	11.5	13.0	4.7	7.4
河　南	21.2	9.3	5.2	2.8	3.8
湖　北	32.5	11.0	14.7	3.8	3.0
湖　南	27.4	9.4	11.6	3.2	3.3
广　东	39.5	12.2	12.2	6.1	9.0
广　西	26.3	7.1	9.4	2.7	7.1
四　川	19.3	7.6	5.0	3.7	3.0
贵　州	26.4	10.0	8.0	3.5	4.8
云　南	24.2	6.8	8.0	5.0	4.5
西　藏	34.6	23.9	1.7	1.2	7.9
陕　西	23.2	12.0	5.8	2.2	3.2
甘　肃	21.4	7.9	4.7	2.3	6.6
青　海	38.7	18.9	9.6	5.2	4.9
宁　夏	21.6	15.2	2.6	2.6	1.2
新　疆	33.2	15.9	10.1	4.0	3.3

4—28 1985年农村居民家庭经营现金收入构成

单位：%

地 区	家庭经营现金收入	一、第一产业收入	农业产品	牧业产品	二、第二产业收入
全国总计	**100.0**	**84.9**	**48.8**	**29.9**	**3.0**
北 京	100.0	74.2	32.0	36.5	4.0
天 津	100.0	80.4	42.4	36.4	4.6
河 北	100.0	84.6	57.1	24.1	3.7
山 西	100.0	67.1	45.2	18.2	2.4
内蒙古	100.0	94.0	65.3	27.3	1.0
辽 宁	100.0	84.6	55.6	24.1	3.1
吉 林	100.0	89.8	68.4	18.8	1.4
黑龙江	100.0	88.4	65.3	19.7	0.5
上 海	100.0	93.8	38.9	53.4	1.5
江 苏	100.0	85.9	46.7	0.7	4.1
浙 江	100.0	80.3	41.3	28.4	3.1
安 徽	100.0	86.2	56.9	24.9	2.0
福 建	100.0	83.4	38.3	35.7	2.5
江 西	100.0	89.8	45.4	34.3	2.2
山 东	100.0	84.7	54.1	26.7	3.0
河 南	100.0	86.6	62.4	21.0	3.5
湖 北	100.0	85.5	56.0	22.2	2.3
湖 南	100.0	86.3	36.0	40.9	2.8
广 东	100.0	84.2	34.9	36.9	5.0
广 西	100.0	86.1	33.0	43.6	2.3
四 川	100.0	86.6	39.1	42.4	3.5
贵 州	100.0	80.6	39.9	34.2	3.1
云 南	100.0	82.4	43.0	31.7	4.3
西 藏	100.0	63.8	34.5	23.3	12.7
陕 西	100.0	80.4	48.0	28.2	5.1
甘 肃	100.0	77.5	44.0	29.1	6.0
青 海	100.0	76.7	27.1	45.2	2.1
宁 夏	100.0	85.7	58.2	22.4	2.9
新 疆	100.0	89.0	66.2	19.9	1.3

4—28 续表

单位:%

地区	三、第三产业收入	1. 交通运输业、邮电业收入	2. 批发和零售贸易、餐饮业收入	3. 社会服务业收入	4. 其他家庭经营收入
全国总计	**12.1**	**4.8**	**3.4**	**1.5**	**0.8**
北京	21.7	17.6	1.4	1.5	1.2
天津	15.0	6.9	4.1	1.6	2.4
河北	11.6	3.9	4.0	1.7	2.1
山西	30.5	20.6	3.8	2.4	3.7
内蒙古	5.0	2.2	1.3	0.9	0.5
辽宁	12.3	6.5	2.7	1.0	2.1
吉林	8.8	4.0	1.9	0.7	2.2
黑龙江	11.1	5.2	2.1	0.7	3.2
上海	4.7	2.2	0.7	0.8	1.1
江苏	10.0	3.9	2.1	1.7	2.2
浙江	16.7	4.2	3.0	1.7	7.7
安徽	11.9	4.1	4.9	1.5	1.4
福建	14.1	5.6	3.8	2.4	2.2
江西	8.1	3.0	2.3	1.3	1.5
山东	12.3	3.9	4.4	1.6	2.5
河南	9.9	4.4	2.4	1.3	1.8
湖北	12.2	4.1	5.5	1.4	1.1
湖南	11.0	3.7	4.6	1.3	1.3
广东	10.8	3.3	3.3	1.7	2.5
广西	11.7	3.2	4.2	1.2	3.1
四川	9.9	3.9	2.6	1.9	1.6
贵州	16.3	6.2	5.0	2.2	3.0
云南	13.3	3.7	4.4	2.7	2.5
西藏	23.5	16.2	1.1	0.8	5.3
陕西	14.6	7.5	3.6	1.4	2.0
甘肃	16.5	6.1	3.6	1.8	5.1
青海	21.2	10.4	5.3	2.9	2.7
宁夏	11.3	8.0	1.4	1.4	0.6
新疆	9.7	4.6	2.9	1.2	1.0

4—29 1985年农村居民纯收入

单位:元/人

地区	纯收入	一、工资性收入	二、家庭经营纯收入	三、财产性和转移性收入
全国合计	**397.6**	**72.2**	**296.0**	**29.5**
北京	775.1	438.8	294.7	41.6
天津	564.6	210.2	308.6	45.8
河北	385.2	88.7	268.5	28.0
山西	358.3	110.2	224.7	23.4
内蒙古	360.4	36.7	314.4	9.3
辽宁	467.8	143.2	304.8	19.8
吉林	413.7	53.2	340.4	20.2
黑龙江	397.8	52.8	333.5	11.6
上海	805.9	430.4	322.9	52.7
江苏	492.6	135.1	318.9	38.6
浙江	548.6	162.6	360.5	25.5
安徽	369.4	35.8	303.7	29.9
福建	396.5	73.7	296.5	26.2
江西	377.3	52.8	301.8	22.8
山东	408.1	80.9	309.2	18.0
河南	329.4	44.6	263.6	21.2
湖北	421.2	50.4	335.0	35.9
湖南	395.3	53.9	326.2	15.1
广东	495.3	77.4	373.2	44.7
广西	303.0	27.5	261.9	13.6
四川	315.1	47.2	248.9	19.0
贵州	287.8	27.3	245.1	15.5
云南	338.3	36.2	270.2	32.0
西藏	353.0	20.6	303.6	28.8
陕西	295.3	38.7	234.7	21.9
甘肃	255.2	40.1	187.8	27.3
青海	343.0	58.6	260.4	24.0
宁夏	321.2	65.0	230.8	25.3
新疆	394.3	38.3	330.2	25.8

4—30 1985年农村居民纯收入构成

单位:%

地 区	纯 收 入	一、工资性收入	二、家庭经营纯收入	三、财产性和转移性收入
全国合计	**100.0**	**18.1**	**74.4**	**7.4**
北 京	100.0	56.6	38.0	5.4
天 津	100.0	37.2	54.7	8.1
河 北	100.0	23.0	69.7	7.3
山 西	100.0	30.7	62.7	6.5
内蒙古	100.0	10.2	87.2	2.6
辽 宁	100.0	30.6	65.2	4.2
吉 林	100.0	12.9	82.3	4.9
黑龙江	100.0	13.3	83.8	2.9
上 海	100.0	53.4	40.1	6.5
江 苏	100.0	27.4	64.7	7.8
浙 江	100.0	29.6	65.7	4.6
安 徽	100.0	9.7	82.2	8.1
福 建	100.0	18.6	74.8	6.6
江 西	100.0	14.0	80.0	6.0
山 东	100.0	19.8	75.8	4.4
河 南	100.0	13.5	80.0	6.4
湖 北	100.0	12.0	79.5	8.5
湖 南	100.0	13.6	82.5	3.8
广 东	100.0	15.6	75.4	9.0
广 西	100.0	9.1	86.5	4.5
四 川	100.0	15.0	79.0	6.0
贵 州	100.0	9.5	85.2	5.4
云 南	100.0	10.7	79.9	9.4
西 藏	100.0	5.8	86.0	8.2
陕 西	100.0	13.1	79.5	7.4
甘 肃	100.0	15.7	73.6	10.7
青 海	100.0	17.1	75.9	7.0
宁 夏	100.0	20.2	71.9	7.9
新 疆	100.0	9.7	83.8	6.5

4—31 1985年农村居民总支出

单位:元/人

地　区	总支出	一、家庭经营费用支出	二、购置生产性固定资产支出	三、税费支出	四、生活消费支出	五、财产性和转移性支出
全国合计	**485.5**	**121.4**	**18.7**	**18.4**	**317.4**	**9.6**
北　京	726.3	143.9	38.0	15.0	510.0	19.4
天　津	611.8	138.2	16.7	11.4	426.1	19.4
河　北	461.2	117.9	19.9	16.6	297.7	9.1
山　西	407.9	77.1	30.8	16.4	272.7	10.8
内蒙古	465.5	121.0	26.1	20.8	291.3	6.4
辽　宁	643.6	174.8	24.8	30.7	401.6	11.7
吉　林	649.3	174.7	47.7	39.8	364.5	22.7
黑龙江	576.5	157.2	47.3	52.1	306.6	13.4
上　海	1025.6	185.5	4.5	37.2	778.4	20.0
江　苏	610.5	152.2	10.6	25.4	415.6	6.7
浙　江	662.2	141.7	17.5	12.2	473.8	16.9
安　徽	476.0	128.0	20.0	19.8	299.0	9.2
福　建	514.6	129.1	9.8	10.1	350.6	15.0
江　西	433.1	93.4	10.2	16.3	303.1	10.0
山　东	523.2	144.8	18.7	26.7	322.0	11.0
河　南	403.5	97.1	18.8	19.5	259.6	8.5
湖　北	493.2	108.5	15.6	28.4	334.6	6.1
湖　南	519.9	134.5	14.3	16.2	348.5	6.4
广　东	585.5	151.7	16.3	15.8	388.0	13.6
广　西	395.3	103.9	13.2	4.8	268.3	5.1
四　川	421.5	117.6	7.5	15.2	276.3	5.1
贵　州	366.8	91.3	7.4	6.6	254.6	7.0
云　南	387.6	89.5	16.9	7.4	267.0	6.8
西　藏	387.8	73.3	36.7	0.0	269.6	8.2
陕　西	353.8	86.6	17.7	10.0	233.4	6.0
甘　肃	325.5	85.8	18.2	7.0	204.6	9.9
青　海	409.6	85.5	28.7	12.5	274.7	8.2
宁　夏	401.5	95.7	25.5	9.7	265.2	5.5
新　疆	513.6	155.4	28.2	27.0	290.4	12.6

4—32 1985年农村居民总支出构成

单位：%

地区	总支出	一、家庭经营费用支出	二、购置生产性固定资产支出	三、税费支出	四、生活消费支出	五、财产性和转移性支出
全国合计	**100.0**	**25.0**	**3.9**	**3.8**	**65.4**	**2.0**
北京	100.0	19.8	5.2	2.1	70.2	2.7
天津	100.0	22.6	2.7	1.9	69.6	3.2
河北	100.0	25.6	4.3	3.6	64.6	2.0
山西	100.0	18.9	7.6	4.0	66.9	2.6
内蒙古	100.0	26.0	5.6	4.5	62.6	1.4
辽宁	100.0	27.2	3.9	4.8	62.4	1.8
吉林	100.0	26.9	7.3	6.1	56.1	3.5
黑龙江	100.0	27.3	8.2	9.0	53.2	2.3
上海	100.0	18.1	0.4	3.6	75.9	1.9
江苏	100.0	24.9	1.7	4.2	68.1	1.1
浙江	100.0	21.4	2.6	1.8	71.6	2.5
安徽	100.0	26.9	4.2	4.2	62.8	1.9
福建	100.0	25.1	1.9	2.0	68.1	2.9
江西	100.0	21.6	2.4	3.8	70.0	2.3
山东	100.0	27.7	3.6	5.1	61.5	2.1
河南	100.0	24.1	4.7	4.8	64.3	2.1
湖北	100.0	22.0	3.2	5.8	67.9	1.2
湖南	100.0	25.9	2.8	3.1	67.0	1.2
广东	100.0	25.9	2.8	2.7	66.3	2.3
广西	100.0	26.3	3.3	1.2	67.9	1.3
四川	100.0	27.9	1.8	3.6	65.5	1.2
贵州	100.0	24.9	2.0	1.8	69.4	1.9
云南	100.0	23.1	4.4	1.9	68.9	1.8
西藏	100.0	18.9	9.5	0.0	69.5	2.1
陕西	100.0	24.5	5.0	2.8	66.0	1.7
甘肃	100.0	26.4	5.6	2.1	62.9	3.0
青海	100.0	20.9	7.0	3.0	67.1	2.0
宁夏	100.0	23.8	6.3	2.4	66.0	1.4
新疆	100.0	30.3	5.5	5.3	56.5	2.4

4—33 1985年农村居民家庭经营费用支出

单位:元/人

地区	家庭经营费用支出	一、第一产业支出	1.农业支出	2.林业支出	3.牧业支出	4.渔业支出	二、第二产业支出
全国合计	**121.4**	**110.7**	**59.5**	**1.0**	**48.4**	**1.9**	**2.0**
北京	143.9	119.4	43.4	0.2	75.6	0.2	2.9
天津	138.2	130.8	61.7	0.5	67.9	0.8	0.0
河北	117.9	107.0	69.4	0.7	36.6	0.2	2.3
山西	77.1	57.5	42.4	0.5	14.6		0.7
内蒙古	121.0	115.6	76.7	0.6	38.2	0.1	1.0
辽宁	174.8	157.5	84.9	1.2	69.8	1.5	4.8
吉林	174.7	161.1	103.5	0.7	56.3	0.6	1.6
黑龙江	157.2	145.4	97.6	0.4	44.3	3.1	0.9
上海	185.5	179.2	66.1	0.6	111.1	1.4	0.0
江苏	152.2	140.6	70.4	1.1	66.0	3.2	5.2
浙江	141.7	131.5	62.9	4.3	59.7	4.6	3.6
安徽	128.0	117.2	77.8	0.5	37.7	1.2	1.4
福建	129.1	113.9	53.3	1.2	56.3	3.1	2.8
江西	93.4	86.5	46.0	1.4	37.6	1.6	1.6
山东	144.8	129.6	71.6	2.0	55.1	1.0	2.0
河南	97.1	91.7	63.6	1.0	26.7	0.4	0.8
湖北	108.5	96.0	53.0	0.7	37.7	4.6	2.5
湖南	134.5	123.5	52.4	0.5	68.5	2.1	2.5
广东	151.7	141.1	61.9	0.6	66.1	12.5	2.0
广西	103.9	94.1	37.4	0.7	55.0	1.0	1.6
四川	117.6	110.4	37.9	0.4	71.5	0.5	1.8
贵州	91.3	82.1	36.1	0.4	45.4	0.2	1.6
云南	89.5	79.3	31.1	0.6	47.0	0.7	3.5
西藏	73.3	56.9	32.5	0.3	24.2		0.6
陕西	86.6	78.9	53.3	1.0	24.5	0.1	0.4
甘肃	85.8	78.3	52.0	0.6	25.6	0.0	1.0
青海	85.5	76.9	47.2	0.3	29.4		1.3
宁夏	95.7	88.4	67.6	1.0	19.0	0.8	1.0
新疆	155.4	141.0	93.2	2.5	44.9	0.3	1.1

4—33 续表　　　　　　　　　　　　　　　　　　　　　　　　单位:元/人

地　区	1.工业支出	2.建筑业支出	三、第三产业支出	1.交通运输业、邮电业支出	2.批发和零售贸易、餐饮业支出	3.社会服务业支出	4.其他家庭经营支出
全国合计	**1.7**	**0.3**	**8.7**	**3.6**	**2.3**	**0.6**	**2.2**
北　京	2.7	0.2	21.6	17.4	1.3	0.6	2.4
天　津		0.0	7.4	2.2	2.7	0.3	2.2
河　北	1.9	0.5	8.6	2.8	2.9	0.8	2.1
山　西	0.7	0.0	18.9	15.0	2.0	0.5	1.4
内蒙古	0.7	0.2	4.5	1.9	0.5	0.4	1.7
辽　宁	4.2	0.6	12.6	7.1	1.9	0.6	3.1
吉　林	1.3	0.4	12.0	4.7	3.9	0.6	2.9
黑龙江	0.9	0.0	10.9	3.3	2.2	0.2	5.1
上　海		0.0	6.3	1.1	2.3	0.0	2.9
江　苏	4.9	0.4	6.4	3.2	0.8	0.6	1.8
浙　江	3.4	0.2	6.7	2.0	0.6	0.5	3.6
安　徽	0.9	0.6	9.4	3.2	3.8	0.7	1.7
福　建	2.3	0.5	12.3	5.0	3.3	1.1	2.9
江　西	1.5	0.1	5.3	2.2	0.6	0.1	2.3
山　东	1.2	0.8	13.2	3.5	5.8	0.7	3.3
河　南	0.4	0.4	4.6	2.4	0.5	0.3	1.5
湖　北	2.3	0.2	10.0	3.4	4.6	0.5	1.5
湖　南	2.4	0.1	8.6	3.3	4.2	0.3	0.8
广　东	1.7	0.2	8.6	2.7	3.0	0.9	2.0
广　西	1.5	0.1	8.2	2.3	2.5	0.6	2.8
四　川	1.6	0.2	5.4	2.7	1.1	0.7	0.9
贵　州	1.0	0.6	7.5	3.3	1.8	0.4	2.1
云　南	3.1	0.4	6.8	1.5	2.0	1.2	2.0
西　藏		0.6	15.8	9.0		0.2	6.6
陕　西	0.3	0.1	7.3	4.9	0.4	0.4	1.6
甘　肃	0.7	0.3	6.6	2.5	0.6	0.1	3.4
青　海	1.2	0.1	7.3	5.5	0.2	0.4	1.2
宁　夏	1.0		6.3	5.4	0.1	0.1	0.7
新　疆	0.7	0.3	13.4	6.3	3.2	1.2	2.7

4—34 1985年农村居民家庭经营费用支出构成

单位:%

地区	家庭经营费用支出	一、第一产业支出	1.农业支出	2.林业支出	3.牧业支出	4.渔业支出	二、第二产业支出
全国合计	**100.0**	**91.2**	**49.0**	**0.8**	**39.8**	**1.6**	**1.6**
北京	100.0	83.0	30.2	0.1	52.5	0.2	2.0
天津	100.0	94.6	44.7	0.3	49.1	0.5	0.0
河北	100.0	90.7	58.9	0.6	31.0	0.2	2.0
山西	100.0	74.6	55.0	0.7	18.9	0.0	0.9
内蒙古	100.0	95.5	63.3	0.5	31.6	0.1	0.8
辽宁	100.0	90.1	48.6	0.7	39.9	0.9	2.7
吉林	100.0	92.2	59.3	0.4	32.2	0.3	0.9
黑龙江	100.0	92.5	62.1	0.2	28.2	2.0	0.6
上海	100.0	96.6	35.6	0.3	59.9	0.8	0.0
江苏	100.0	92.4	46.2	0.7	43.3	2.1	3.4
浙江	100.0	92.8	44.3	3.1	42.1	3.2	2.5
安徽	100.0	91.5	60.8	0.4	29.4	0.9	1.1
福建	100.0	88.3	41.3	0.9	43.6	2.4	2.2
江西	100.0	92.6	49.2	1.5	40.2	1.7	1.7
山东	100.0	89.5	49.5	1.4	38.1	0.7	1.4
河南	100.0	94.5	65.5	1.1	27.5	0.4	0.8
湖北	100.0	88.5	48.9	0.7	34.7	4.2	2.3
湖南	100.0	91.8	39.0	0.3	50.9	1.6	1.9
广东	100.0	93.0	40.8	0.4	43.6	8.3	1.3
广西	100.0	90.6	36.0	0.6	53.0	1.0	1.5
四川	100.0	93.9	32.3	0.4	60.8	0.4	1.5
贵州	100.0	90.0	39.6	0.5	49.7	0.3	1.8
云南	100.0	88.6	34.7	0.6	52.5	0.8	3.9
西藏	100.0	77.7	44.3	0.4	33.0	0.0	0.8
陕西	100.0	91.1	61.5	1.2	28.3	0.1	0.5
甘肃	100.0	91.2	60.6	0.7	29.8	0.0	1.1
青海	100.0	89.9	55.2	0.3	34.4	0.0	1.6
宁夏	100.0	92.4	70.6	1.1	19.8	0.9	1.0
新疆	100.0	90.7	60.0	1.6	28.9	0.2	0.7

4—34续表 单位:%

地　　区	1.工　业支　出	2.建筑业支　出	三、第三产业支出	1.交通运输业、邮电业支出	2.批发和零售贸易、餐饮业支出	3.社会服务业支出	4.其他家庭经营支出
全国合计	**1.4**	**0.2**	**7.1**	**3.0**	**1.9**	**0.5**	**1.8**
北　　京	1.9	0.1	15.0	12.1	0.9	0.4	1.7
天　　津	0.0	0.0	5.4	1.6	1.9	0.2	1.6
河　　北	1.6	0.4	7.3	2.4	2.5	0.7	1.7
山　　西	0.9	0.0	24.5	19.4	2.6	0.6	1.9
内 蒙 古	0.6	0.2	3.7	1.6	0.4	0.3	1.4
辽　　宁	2.4	0.3	7.2	4.0	1.1	0.3	1.8
吉　　林	0.7	0.2	6.9	2.7	2.2	0.3	1.7
黑 龙 江	0.6	0.0	6.9	2.1	1.4	0.1	3.3
上　　海	0.0	0.0	3.4	0.6	1.2	0.0	1.6
江　　苏	3.2	0.2	4.2	2.1	0.5	0.4	1.2
浙　　江	2.4	0.1	4.7	1.4	0.4	0.3	2.5
安　　徽	0.7	0.5	7.3	2.5	3.0	0.5	1.3
福　　建	1.8	0.4	9.5	3.9	2.6	0.9	2.2
江　　西	1.6	0.1	5.7	2.3	0.7	0.1	2.5
山　　东	0.9	0.5	9.1	2.4	4.0	0.5	2.3
河　　南	0.4	0.4	4.8	2.5	0.5	0.3	1.5
湖　　北	2.1	0.2	9.2	3.2	4.3	0.4	1.3
湖　　南	1.8	0.1	6.4	2.4	3.1	0.2	0.6
广　　东	1.1	0.2	5.7	1.8	2.0	0.6	1.3
广　　西	1.5	0.1	7.9	2.2	2.4	0.6	2.7
四　　川	1.4	0.1	4.6	2.3	0.9	0.6	0.8
贵　　州	1.1	0.7	8.3	3.6	2.0	0.4	2.3
云　　南	3.5	0.4	7.5	1.7	2.3	1.3	2.3
西　　藏	0.0	0.8	21.6	12.3	0.0	0.3	9.0
陕　　西	0.4	0.1	8.4	5.6	0.5	0.5	1.9
甘　　肃	0.8	0.3	7.7	2.9	0.7	0.1	4.0
青　　海	1.4	0.2	8.5	6.4	0.3	0.4	1.4
宁　　夏	1.0	0.0	6.6	5.6	0.1	0.1	0.8
新　　疆	0.5	0.2	8.6	4.0	2.1	0.8	1.7

4—35 1985年农村居民生活消费支出

单位:元/人

地 区	生活消费支出	一、食品支出	二、衣着支出	三、居住支出
全国合计	**317.4**	**183.4**	**30.8**	**57.9**
北 京	510.0	240.1	52.5	106.8
天 津	426.1	202.2	48.6	89.9
河 北	297.7	149.0	31.9	66.4
山 西	272.7	148.2	39.5	37.8
内蒙古	291.3	183.6	29.6	36.0
辽 宁	401.6	207.2	43.7	81.2
吉 林	364.5	199.5	37.0	66.8
黑龙江	306.6	176.8	31.9	52.4
上 海	778.4	341.5	64.8	254.5
江 苏	415.6	217.0	36.8	101.7
浙 江	473.8	247.3	41.9	110.5
安 徽	299.0	174.9	28.5	58.0
福 建	350.6	218.8	24.4	59.0
江 西	303.1	185.4	26.4	52.9
山 东	322.0	168.2	35.7	66.1
河 南	259.6	145.5	28.6	51.9
湖 北	334.6	198.0	33.4	55.3
湖 南	348.5	219.6	32.8	51.0
广 东	388.0	234.4	19.2	77.2
广 西	268.3	166.9	19.1	45.8
四 川	276.3	173.9	27.3	41.4
贵 州	254.6	177.9	23.7	29.4
云 南	267.0	178.0	22.9	38.9
西 藏	269.6	184.3	33.3	34.6
陕 西	233.4	134.1	25.2	41.8
甘 肃	204.6	123.6	25.0	25.1
青 海	274.7	176.2	36.9	31.0
宁 夏	265.2	156.3	30.4	32.9
新 疆	290.4	168.1	46.6	33.2

4—35续表 单位:元/人

地　区	四、家庭设备用品及服务支出	五、交通和通讯支出	六、文化教育用品及服务支出	七、医疗保健支出	八、其他商品及服务支出
全国合计	**16.2**	**5.6**	**12.4**	**7.7**	**3.6**
北　京	44.9	10.0	40.2	10.5	5.0
天　津	31.6	9.2	30.5	8.8	5.3
河　北	17.9	6.7	14.2	8.3	3.4
山　西	16.1	5.7	14.4	7.4	3.7
内蒙古	13.6	5.3	11.8	8.6	2.9
辽　宁	21.3	9.4	25.7	8.3	4.9
吉　林	18.8	6.3	21.2	11.1	3.8
黑龙江	15.5	5.2	12.2	10.0	2.5
上　海	52.1	14.9	35.8	8.1	6.8
江　苏	24.2	8.6	15.1	7.8	4.5
浙　江	32.7	11.7	14.8	9.3	5.7
安　徽	13.8	5.1	9.0	6.5	3.3
福　建	15.2	5.4	13.4	9.0	5.5
江　西	11.9	5.1	11.6	7.0	2.9
山　东	21.9	5.4	14.2	6.7	3.8
河　南	12.2	4.0	7.1	8.1	2.4
湖　北	17.1	5.1	14.3	8.0	3.6
湖　南	15.7	6.6	11.9	7.5	3.4
广　东	17.4	6.8	16.0	11.9	5.2
广　西	12.8	4.8	8.7	6.6	3.7
四　川	11.1	3.5	9.7	6.3	3.0
贵　州	7.9	1.7	6.2	4.1	3.7
云　南	9.8	3.1	6.2	5.6	2.6
西　藏	12.9	1.0	1.0	0.1	2.5
陕　西	11.6	4.0	6.7	7.5	2.5
甘　肃	10.7	4.0	7.5	6.4	2.4
青　海	8.6	5.0	7.5	6.3	3.3
宁　夏	15.1	6.0	14.7	8.1	1.6
新　疆	14.6	5.6	11.2	7.8	3.2

4—36 1985年农村居民生活消费支出构成

单位:%

地　区	生活消费支出	一、食品支出	二、衣着支出	三、居住支出
全国合计	**100.0**	**57.8**	**9.7**	**18.2**
北　京	100.0	47.1	10.3	20.9
天　津	100.0	47.5	11.4	21.1
河　北	100.0	50.1	10.7	22.3
山　西	100.0	54.3	14.5	13.9
内蒙古	100.0	63.0	10.1	12.4
辽　宁	100.0	51.6	10.9	20.2
吉　林	100.0	54.7	10.1	18.3
黑龙江	100.0	57.7	10.4	17.1
上　海	100.0	43.9	8.3	32.7
江　苏	100.0	52.2	8.9	24.5
浙　江	100.0	52.2	8.8	23.3
安　徽	100.0	58.5	9.5	19.4
福　建	100.0	62.4	7.0	16.8
江　西	100.0	61.1	8.7	17.5
山　东	100.0	52.2	11.1	20.5
河　南	100.0	56.0	11.0	20.0
湖　北	100.0	59.2	10.0	16.5
湖　南	100.0	63.0	9.4	14.6
广　东	100.0	60.4	4.9	19.9
广　西	100.0	62.2	7.1	17.1
四　川	100.0	62.9	9.9	15.0
贵　州	100.0	69.9	9.3	11.6
云　南	100.0	66.7	8.6	14.6
西　藏	100.0	68.4	12.3	12.8
陕　西	100.0	57.5	10.8	17.9
甘　肃	100.0	60.4	12.2	12.3
青　海	100.0	64.1	13.4	11.3
宁　夏	100.0	59.0	11.5	12.4
新　疆	100.0	57.9	16.1	11.4

4—36续表 单位:%

地　区	四、家庭设备用品及服务支出	五、交通和通讯支出	六、文化教育用品及服务支出	七、医疗保健支出	八、其他商品及服务支出
全国合计	**5.1**	**1.8**	**3.9**	**2.4**	**1.1**
北　京	8.8	2.0	7.9	2.1	1.0
天　津	7.4	2.1	7.2	2.1	1.2
河　北	6.0	2.2	4.8	2.8	1.1
山　西	5.9	2.1	5.3	2.7	1.3
内蒙古	4.7	1.8	4.1	2.9	1.0
辽　宁	5.3	2.3	6.4	2.1	1.2
吉　林	5.2	1.7	5.8	3.0	1.0
黑龙江	5.1	1.7	4.0	3.3	0.8
上　海	6.7	1.9	4.6	1.0	0.9
江　苏	5.8	2.1	3.6	1.9	1.1
浙　江	6.9	2.5	3.1	2.0	1.2
安　徽	4.6	1.7	3.0	2.2	1.1
福　建	4.3	1.5	3.8	2.6	1.6
江　西	3.9	1.7	3.8	2.3	1.0
山　东	6.8	1.7	4.4	2.1	1.2
河　南	4.7	1.5	2.7	3.1	0.9
湖　北	5.1	1.5	4.3	2.4	1.1
湖　南	4.5	1.9	3.4	2.1	1.0
广　东	4.5	1.8	4.1	3.1	1.3
广　西	4.8	1.8	3.3	2.5	1.4
四　川	4.0	1.3	3.5	2.3	1.1
贵　州	3.1	0.7	2.4	1.6	1.4
云　南	3.7	1.2	2.3	2.1	1.0
西　藏	4.8	0.4	0.4	0.0	0.9
陕　西	5.0	1.7	2.9	3.2	1.1
甘　肃	5.2	2.0	3.7	3.1	1.2
青　海	3.1	1.8	2.7	2.3	1.2
宁　夏	5.7	2.2	5.6	3.1	0.6
新　疆	5.0	1.9	3.9	2.7	1.1

4—37 1985年农村居民现金支出

单位:元/人

地区	现金支出	一、家庭经营费用支出	二、购买生产性固定资产支出	三、税费支出	四、生活消费支出	五、财产性和转移性支出
全国合计	**331.2**	**80.0**	**18.9**	**16.4**	**194.7**	**21.3**
北京	619.9	104.0	37.9	10.7	438.8	28.5
天津	497.8	104.8	16.7	5.6	338.4	32.3
河北	327.5	78.5	19.9	14.3	198.5	16.4
山西	307.2	58.0	31.1	15.6	183.7	18.9
内蒙古	259.1	53.9	26.6	20.1	141.4	17.2
辽宁	471.7	120.6	25.3	24.0	270.4	31.5
吉林	452.6	108.5	50.8	39.1	219.9	34.2
黑龙江	390.0	96.7	47.6	45.5	178.3	22.0
上海	840.0	135.5	3.5	6.5	651.7	42.7
江苏	458.4	108.9	10.7	24.6	286.8	27.5
浙江	511.9	107.3	18.1	12.1	342.8	31.6
安徽	317.5	82.8	20.3	19.6	173.1	21.7
福建	374.1	99.3	10.8	7.9	226.1	30.1
江西	279.0	64.7	10.5	14.0	166.5	23.2
山东	379.5	98.7	18.5	23.8	218.8	19.7
河南	268.1	64.1	18.9	17.7	152.5	15.0
湖北	332.4	75.0	15.6	26.4	189.2	26.4
湖南	336.2	81.4	14.3	15.4	192.0	33.0
广东	437.7	123.1	16.6	10.5	266.4	21.2
广西	265.1	70.7	13.7	4.6	159.3	16.9
四川	258.0	65.4	7.5	14.9	154.3	15.9
贵州	198.1	48.6	7.6	5.8	117.8	18.4
云南	225.0	55.0	17.3	4.1	135.5	13.0
西藏	168.8	35.8	31.2	0.0	97.1	4.6
陕西	223.4	51.9	18.6	9.7	129.8	13.4
甘肃	185.0	44.4	17.8	6.0	101.9	14.9
青海	237.9	42.1	28.6	11.8	141.0	14.4
宁夏	260.4	60.3	26.2	7.4	149.3	17.2
新疆	358.7	108.3	28.5	24.8	179.6	17.6

4—38 1985年农村居民现金支出构成

单位：%

地区	现金支出	一、家庭经营费用支出	二、购买生产性固定资产支出	三、税费支出	四、生活消费支出	五、财产性和转移性支出
全国合计	**100.0**	**24.1**	**5.7**	**4.9**	**58.8**	**6.4**
北京	100.0	16.8	6.1	1.7	70.8	4.6
天津	100.0	21.1	3.3	1.1	68.0	6.5
河北	100.0	24.0	6.1	4.4	60.6	5.0
山西	100.0	18.9	10.1	5.1	59.8	6.2
内蒙古	100.0	20.8	10.2	7.8	54.6	6.6
辽宁	100.0	25.6	5.4	5.1	57.3	6.7
吉林	100.0	24.0	11.2	8.6	48.6	7.6
黑龙江	100.0	24.8	12.2	11.7	45.7	5.6
上海	100.0	16.1	0.4	0.8	77.6	5.1
江苏	100.0	23.8	2.3	5.4	62.6	6.0
浙江	100.0	21.0	3.5	2.4	67.0	6.2
安徽	100.0	26.1	6.4	6.2	54.5	6.8
福建	100.0	26.5	2.9	2.1	60.4	8.0
江西	100.0	23.2	3.8	5.0	59.7	8.3
山东	100.0	26.0	4.9	6.3	57.6	5.2
河南	100.0	23.9	7.0	6.6	56.9	5.6
湖北	100.0	22.6	4.7	7.9	56.9	7.9
湖南	100.0	24.2	4.3	4.6	57.1	9.8
广东	100.0	28.1	3.8	2.4	60.9	4.8
广西	100.0	26.7	5.1	1.7	60.1	6.4
四川	100.0	25.3	2.9	5.8	59.8	6.2
贵州	100.0	24.5	3.8	2.9	59.5	9.3
云南	100.0	24.4	7.7	1.8	60.2	5.8
西藏	100.0	21.2	18.5	0.0	57.5	2.7
陕西	100.0	23.2	8.3	4.4	58.1	6.0
甘肃	100.0	24.0	9.6	3.2	55.1	8.1
青海	100.0	17.7	12.0	5.0	59.3	6.1
宁夏	100.0	23.1	10.0	2.8	57.3	6.6
新疆	100.0	30.2	7.9	6.9	50.1	4.9

4—39　1985年农村居民家庭经营费用现金支出

单位:元/人

地　区	家庭经营费用现金支出	一、第一产业支出	1.农　业支　出	2.林　业支　出	3.牧　业支　出	4.渔　业支　出	二、第二产业支出
全国合计	**80.0**	**69.9**	**43.1**	**0.9**	**24.2**	**1.7**	**2.0**
北　京	104.0	84.4	34.1	0.2	49.9	0.2	2.8
天　津	104.8	97.6	48.2	0.5	48.1	0.8	0.0
河　北	78.5	68.4	50.8	0.7	16.7	0.2	2.2
山　西	58.0	38.8	29.6	0.5	8.7		0.8
内蒙古	53.9	48.5	33.6	0.6	14.2	0.1	1.0
辽　宁	120.6	104.8	64.8	0.9	37.7	1.4	4.7
吉　林	108.5	95.5	65.6	0.7	28.6	0.6	1.6
黑龙江	96.7	86.4	56.4	0.3	26.7	3.1	0.8
上　海	135.5	130.1	38.7	0.6	89.5	1.2	0.0
江　苏	108.9	97.5	57.7	1.1	35.9	2.8	5.3
浙　江	107.3	94.3	54.6	4.3	31.1	4.4	6.2
安　徽	82.8	72.8	52.8	0.5	18.6	1.0	1.3
福　建	99.3	84.5	46.8	1.1	33.7	3.0	2.8
江　西	64.7	58.6	37.6	1.2	18.4	1.4	1.5
山　东	98.7	84.5	55.3	1.8	26.7	0.7	1.9
河　南	62.1	57.0	42.0	0.9	13.8	0.3	0.7
湖　北	74.8	63.2	40.5	0.7	19.2	2.9	2.2
湖　南	81.4	70.6	41.5	0.4	26.6	2.0	2.4
广　东	123.1	112.7	55.6	0.6	44.4	12.2	1.9
广　西	70.7	61.1	32.8	0.6	26.8	1.0	1.5
四　川	65.4	58.4	29.5	0.3	28.1	0.5	1.7
贵　州	48.6	41.0	22.7	0.3	17.9	0.2	1.4
云　南	55.0	45.3	23.3	0.4	21.0	0.6	3.3
西　藏	35.9	21.4	12.5	0.2	8.7		0.4
陕　西	51.9	44.3	32.6	0.9	10.7	0.1	0.4
甘　肃	44.4	38.2	28.8	0.6	8.7	0.0	0.9
青　海	42.1	33.7	19.3	0.3	14.1		1.3
宁　夏	60.3	53.1	40.7	1.0	10.6	0.8	1.0
新　疆	108.3	94.3	64.3	2.4	27.3	0.3	0.8

4—39 续表　　　　单位:元/人

地　区	1.工　业支　出	2.建筑业支　出	三、第三产业支出	1.交通运输业、邮电业支出	2.批发和零售贸易、餐饮业支出	3.社会服务业支出	4.其他家庭经营支出
全国合计	**1.7**	**0.3**	**8.1**	**3.4**	**2.2**	**0.5**	**2.0**
北　京	2.7	0.2	16.7	14.0	0.2	0.5	2.0
天　津		0.0	7.2	2.0	2.7	0.0	2.5
河　北	1.8	0.4	7.8	2.2	2.8	0.8	2.0
山　西	0.7	0.0	18.5	14.8	2.0	0.4	1.2
内蒙古	0.7	0.2	4.4	1.9	0.5	0.4	1.7
辽　宁	4.2	0.6	11.0	6.2	1.8	0.6	2.5
吉　林	1.3	0.4	11.4	4.7	3.9	0.6	2.3
黑龙江	0.8	0.0	9.5	2.7	2.2	0.2	4.4
上　海		0.0	5.5	1.0	2.3	0.0	2.2
江　苏	4.9	0.4	6.1	3.2	0.8	0.5	1.7
浙　江	6.0	0.2	6.8	2.0	0.6	0.4	3.8
安　徽	0.9	0.5	8.6	2.8	3.7	0.4	1.6
福　建	2.3	0.5	12.0	5.0	3.2	1.1	2.6
江　西	1.4	0.1	4.7	1.9	0.6	0.1	2.0
山　东	1.2	0.7	12.3	3.2	5.7	0.6	2.8
河　南	0.4	0.3	4.5	2.4	0.5	0.3	1.3
湖　北	2.0	0.2	9.4	3.3	4.3	0.4	1.4
湖　南	2.3	0.1	8.4	3.2	4.1	0.3	0.8
广　东	1.6	0.2	8.5	2.7	3.0	0.9	1.9
广　西	1.4	0.1	8.2	2.3	2.5	0.6	2.8
四　川	1.6	0.2	5.4	2.7	1.1	0.7	0.9
贵　州	1.0	0.5	6.1	3.0	0.9	0.4	1.9
云　南	2.9	0.4	6.5	1.5	2.0	1.2	1.8
西　藏		0.4	14.0	8.2		0.2	5.7
陕　西	0.4	0.0	7.2	4.9	0.4	0.4	1.5
甘　肃	0.6	0.3	5.4	2.0	0.6	0.1	2.6
青　海	1.2	0.1	7.0	5.2	0.2	0.4	1.2
宁　夏	1.0		6.2	5.2	0.1	0.1	0.7
新　疆	0.5	0.3	13.2	6.3	3.3	1.0	2.7

4—40 1985年农村居民家庭经营费用现金支出构成

单位：%

地区	家庭经营费用现金支出	一、第一产业支出	1.农业支出	2.林业支出	3.牧业支出	4.渔业支出	二、第二产业支出
全国合计	**100.0**	**87.3**	**53.9**	**1.1**	**30.2**	**2.2**	**2.5**
北京	100.0	81.2	32.8	0.2	48.0	0.2	2.7
天津	100.0	93.1	46.0	0.4	45.9	0.7	0.0
河北	100.0	87.2	64.8	0.9	21.3	0.2	2.8
山西	100.0	66.9	51.1	0.8	15.0	0.0	1.3
内蒙古	100.0	90.0	62.3	1.0	26.4	0.2	1.8
辽宁	100.0	86.9	53.7	0.7	31.3	1.2	3.9
吉林	100.0	88.0	60.4	0.7	26.4	0.5	1.5
黑龙江	100.0	89.4	58.3	0.3	27.6	3.2	0.8
上海	100.0	96.0	28.6	0.4	66.1	0.9	0.0
江苏	100.0	89.5	53.0	1.0	33.0	2.6	4.8
浙江	100.0	87.9	50.8	4.0	29.0	4.1	5.8
安徽	100.0	88.0	63.8	0.6	22.5	1.2	1.6
福建	100.0	85.1	47.2	1.1	33.9	3.0	2.8
江西	100.0	90.5	58.0	1.9	28.4	2.2	2.3
山东	100.0	85.6	56.0	1.9	27.0	0.7	1.9
河南	100.0	91.7	67.6	1.4	22.2	0.5	1.1
湖北	100.0	84.5	54.2	0.9	25.6	3.8	2.9
湖南	100.0	86.7	51.1	0.5	32.7	2.4	3.0
广东	100.0	91.6	45.2	0.5	36.0	9.9	1.5
广西	100.0	86.4	46.4	0.8	37.8	1.4	2.1
四川	100.0	89.2	45.0	0.5	42.9	0.8	2.6
贵州	100.0	84.4	46.6	0.6	36.7	0.5	2.9
云南	100.0	82.3	42.4	0.7	38.1	1.1	6.0
西藏	100.0	59.7	34.8	0.7	24.2	0.0	1.2
陕西	100.0	85.4	62.9	1.8	20.6	0.1	0.7
甘肃	100.0	85.9	64.9	1.3	19.7	0.0	2.0
青海	100.0	80.2	46.0	0.6	33.6	0.0	3.2
宁夏	100.0	88.2	67.6	1.7	17.6	1.4	1.6
新疆	100.0	87.1	59.4	2.2	25.2	0.3	0.7

4—40续表

单位:%

地　　区	1.工　业支　出	2.建筑业支　出	三、第三产业支出	1.交通运输业、邮电业支出	2.批发和零售贸易、餐饮业支出	3.社会服务业支出	4.其他家庭经营支出
全国合计	**2.2**	**0.4**	**10.2**	**4.3**	**2.7**	**0.7**	**2.5**
北　　京	2.6	0.2	16.1	13.5	0.2	0.5	1.9
天　　津	0.0	0.0	6.9	1.9	2.5	0.0	2.4
河　　北	2.3	0.6	10.0	2.8	3.6	1.0	2.5
山　　西	1.2	0.1	31.8	25.5	3.5	0.7	2.1
内 蒙 古	1.4	0.4	8.2	3.5	0.9	0.7	3.1
辽　　宁	3.4	0.5	9.2	5.1	1.5	0.5	2.1
吉　　林	1.2	0.3	10.5	4.3	3.5	0.5	2.1
黑 龙 江	0.8	0.0	9.8	2.7	2.2	0.2	4.6
上　　海	0.0	0.0	4.0	0.7	1.7	0.0	1.6
江　　苏	4.5	0.4	5.6	2.9	0.7	0.5	1.5
浙　　江	5.6	0.2	6.3	1.9	0.6	0.4	3.5
安　　徽	1.0	0.6	10.4	3.4	4.5	0.5	2.0
福　　建	2.3	0.5	12.0	5.0	3.2	1.1	2.7
江　　西	2.1	0.1	7.3	3.0	0.9	0.2	3.1
山　　东	1.2	0.7	12.4	3.2	5.8	0.6	2.8
河　　南	0.6	0.5	7.2	3.8	0.7	0.5	2.1
湖　　北	2.7	0.3	12.6	4.4	5.8	0.6	1.8
湖　　南	2.9	0.1	10.3	4.0	5.0	0.3	0.9
广　　东	1.3	0.2	6.9	2.2	2.4	0.7	1.6
广　　西	2.0	0.1	11.6	3.3	3.5	0.8	3.9
四　　川	2.4	0.2	8.2	4.1	1.7	1.1	1.3
贵　　州	2.0	1.0	12.6	6.1	1.9	0.8	3.9
云　　南	5.3	0.7	11.7	2.7	3.6	2.1	3.3
西　　藏	0.0	1.2	39.1	22.8	0.0	0.5	15.8
陕　　西	0.7	0.0	13.9	9.5	0.7	0.8	3.0
甘　　肃	1.4	0.6	12.1	4.6	1.3	0.3	5.9
青　　海	2.9	0.3	16.6	12.4	0.5	0.9	2.9
宁　　夏	1.6	0.0	10.2	8.6	0.2	0.2	1.2
新　　疆	0.5	0.3	12.2	5.8	3.0	0.9	2.4

4—41　1985年农村居民生活消费现金支出

单位:元/人

地　　区	生活消费支出	一、食品支出	二、衣着支出	三、居住支出
全国合计	**194.7**	**76.6**	**30.1**	**42.8**
北　　京	438.8	176.6	52.4	99.2
天　　津	338.4	128.3	48.4	76.3
河　　北	198.5	62.1	30.0	56.0
山　　西	183.7	63.8	38.9	34.2
内 蒙 古	141.4	48.5	29.6	21.3
辽　　宁	270.4	99.6	43.4	58.0
吉　　林	219.9	77.3	37.0	44.5
黑 龙 江	178.3	69.0	31.9	32.0
上　　海	651.7	233.2	63.4	238.5
江　　苏	286.8	108.0	35.9	83.1
浙　　江	342.8	137.0	41.2	91.1
安　　徽	173.1	69.3	28.0	38.4
福　　建	266.1	150.1	24.4	43.4
江　　西	166.5	69.5	26.0	32.8
山　　东	218.8	81.2	34.5	51.3
河　　南	152.5	51.7	27.5	39.8
湖　　北	189.2	70.3	32.2	38.9
湖　　南	192.0	78.0	32.5	36.4
广　　东	266.4	133.7	19.1	56.3
广　　西	159.3	76.1	19.1	27.5
四　　川	154.3	66.0	26.7	28.1
贵　　州	117.8	50.7	23.7	20.0
云　　南	135.5	60.0	22.8	25.5
西　　藏	97.1	48.3	26.5	6.5
陕　　西	129.8	42.1	24.7	30.8
甘　　肃	101.9	30.8	24.8	15.6
青　　海	141.0	55.3	36.2	18.8
宁　　夏	149.3	46.0	30.4	27.4
新　　疆	179.7	65.4	45.6	26.5

4—41续表

单位:元/人

地　区	四、家庭设备用品及服务支出	五、交通和通讯支出	六、文化教育用品及服务支出	七、医疗保健支出	八、其他商品及服务支出
全国合计	**16.1**	**5.6**	**12.3**	**7.7**	**3.5**
北　京	44.8	10.0	40.2	10.5	5.0
天　津	31.6	9.2	30.5	8.8	5.3
河　北	17.9	6.7	14.1	8.3	3.3
山　西	15.8	5.7	14.3	7.4	3.6
内蒙古	13.5	5.3	11.8	8.6	2.9
辽　宁	21.2	9.6	25.6	8.1	4.8
吉　林	18.8	6.3	21.2	11.1	3.8
黑龙江	15.5	5.2	12.2	10.0	2.4
上　海	51.8	14.9	35.8	7.6	6.8
江　苏	23.8	8.6	15.1	7.8	4.5
浙　江	32.2	11.8	14.7	9.2	5.6
安　徽	13.6	5.1	9.0	6.5	3.3
福　建	15.1	5.4	13.4	9.0	5.4
江　西	11.8	5.1	11.6	7.0	2.8
山　东	21.8	5.4	14.2	6.7	3.8
河　南	12.1	4.0	7.1	8.1	2.4
湖　北	17.0	5.1	14.3	8.0	3.5
湖　南	15.6	6.6	11.9	7.5	3.4
广　东	17.4	6.8	16.0	11.9	5.2
广　西	12.8	4.8	8.7	6.6	3.7
四　川	11.0	3.5	9.7	6.3	3.0
贵　州	7.8	1.7	6.2	4.1	3.7
云　南	9.8	3.1	6.2	5.6	2.6
西　藏	12.2	1.1	0.4	0.2	2.0
陕　西	11.6	4.0	6.7	7.5	2.5
甘　肃	10.6	4.0	7.4	6.4	2.3
青　海	8.6	5.0	7.5	6.3	3.3
宁　夏	15.1	6.0	14.7	8.1	1.6
新　疆	14.6	5.2	11.2	8.0	3.3

4—42 1985年农村居民生活消费现金支出构成

单位：%

地区	生活消费支出	一、食品支出	二、衣着支出	三、居住支出
全国合计	**100.0**	**39.3**	**15.5**	**22.0**
北京	100.0	40.2	11.9	22.6
天津	100.0	37.9	14.3	22.5
河北	100.0	31.3	15.1	28.2
山西	100.0	34.7	21.2	18.6
内蒙古	100.0	34.3	20.9	15.0
辽宁	100.0	36.9	16.1	21.4
吉林	100.0	35.1	16.8	20.2
黑龙江	100.0	38.7	17.9	18.0
上海	100.0	35.8	9.7	36.6
江苏	100.0	37.7	12.5	29.0
浙江	100.0	40.0	12.0	26.6
安徽	100.0	40.0	16.2	22.2
福建	100.0	56.4	9.2	16.3
江西	100.0	41.7	15.6	19.7
山东	100.0	37.1	15.8	23.5
河南	100.0	33.9	18.0	26.1
湖北	100.0	37.1	17.0	20.6
湖南	100.0	40.6	16.9	19.0
广东	100.0	50.2	7.2	21.1
广西	100.0	47.8	12.0	17.3
四川	100.0	42.8	17.3	18.2
贵州	100.0	43.0	20.1	16.9
云南	100.0	44.3	16.8	18.8
西藏	100.0	49.7	27.3	6.7
陕西	100.0	32.4	19.0	23.8
甘肃	100.0	30.3	24.3	15.3
青海	100.0	39.2	25.7	13.3
宁夏	100.0	30.8	20.3	18.4
新疆	100.0	36.4	25.4	14.7

4—42续表 单位:%

地　区	四、家庭设备用品及服务支出	五、交通和通讯支出	六、文化教育用品及服务支出	七、医疗保健支出	八、其他商品及服务支出
全国合计	**8.2**	**2.9**	**6.3**	**3.9**	**1.8**
北　京	10.2	2.3	9.2	2.4	1.1
天　津	9.3	2.7	9.0	2.6	1.6
河　北	9.0	3.4	7.1	4.2	1.7
山　西	8.6	3.1	7.8	4.0	2.0
内蒙古	9.6	3.7	8.4	6.1	2.1
辽　宁	7.9	3.5	9.5	3.0	1.8
吉　林	8.6	2.9	9.6	5.0	1.7
黑龙江	8.7	2.9	6.8	5.6	1.4
上　海	7.9	2.3	5.5	1.2	1.0
江　苏	8.3	3.0	5.3	2.7	1.6
浙　江	9.4	3.4	4.3	2.7	1.6
安　徽	7.9	2.9	5.2	3.7	1.9
福　建	5.7	2.0	5.0	3.4	2.0
江　西	7.1	3.1	6.9	4.2	1.7
山　东	10.0	2.5	6.5	3.1	1.7
河　南	7.9	2.6	4.6	5.3	1.5
湖　北	9.0	2.7	7.6	4.2	1.9
湖　南	8.1	3.5	6.2	3.9	1.8
广　东	6.5	2.6	6.0	4.5	2.0
广　西	8.0	3.0	5.5	4.1	2.3
四　川	7.1	2.3	6.3	4.1	1.9
贵　州	6.6	1.5	5.2	3.4	3.1
云　南	7.2	2.3	4.5	4.1	1.9
西　藏	12.5	1.1	0.4	0.2	2.1
陕　西	8.9	3.0	5.2	5.8	1.9
甘　肃	10.4	3.9	7.3	6.2	2.3
青　海	6.1	3.5	5.3	4.5	2.3
宁　夏	10.1	4.0	9.9	5.4	1.1
新　疆	8.1	2.9	6.2	4.4	1.8

4—43 1990年农村居民总收入

单位:元/人

地区	总收入	一、工资性收入	二、家庭经营收入	三、财产性和转移性收入
全国合计	**990.4**	**138.8**	**815.8**	**35.8**
北京	1649.2	704.7	857.9	86.5
天津	1371.5	464.1	837.4	70.0
河北	894.8	171.4	691.3	32.1
山西	825.0	165.3	623.6	36.1
内蒙古	947.2	52.3	871.1	23.8
辽宁	1235.9	260.6	951.1	24.3
吉林	1312.8	75.7	1207.3	29.8
黑龙江	1329.6	77.1	1233.7	18.8
上海	2232.1	1065.6	1092.6	73.8
江苏	1273.3	300.6	938.4	34.4
浙江	1445.7	354.1	1029.1	62.5
安徽	837.3	77.1	734.9	25.2
福建	1112.1	156.6	888.2	67.3
江西	940.9	87.2	822.5	31.2
山东	994.4	167.8	795.0	31.6
河南	764.4	79.2	655.2	30.0
湖北	957.0	82.4	849.9	24.7
湖南	975.6	85.1	859.8	30.7
广东	1488.9	235.5	1181.5	71.9
广西	898.5	59.8	803.5	35.2
海南	949.3	60.8	827.2	61.3
四川	846.7	83.6	727.6	35.5
贵州	629.0	47.0	554.6	27.4
云南	775.0	77.0	662.6	35.4
西藏	869.8	45.6	790.6	33.6
陕西	735.0	87.9	613.6	33.4
甘肃	614.7	80.9	508.6	25.2
青海	782.7	81.7	664.2	36.8
宁夏	835.1	80.4	725.4	29.2
新疆	1112.0	54.0	1034.7	23.3

4—44 1990年农村居民总收入构成

单位:%

地区	总收入	一、工资性收入	二、家庭经营收入	三、财产性和转移性收入
全国合计	**100.0**	**14.0**	**82.4**	**3.6**
北京	100.0	42.7	52.0	5.2
天津	100.0	33.8	61.1	5.1
河北	100.0	19.2	77.3	3.6
山西	100.0	20.0	75.6	4.4
内蒙古	100.0	5.5	92.0	2.5
辽宁	100.0	21.1	77.0	2.0
吉林	100.0	5.8	92.0	2.3
黑龙江	100.0	5.8	92.8	1.4
上海	100.0	47.7	49.0	3.3
江苏	100.0	23.6	73.7	2.7
浙江	100.0	24.5	71.2	4.3
安徽	100.0	9.2	87.8	3.0
福建	100.0	14.1	79.9	6.0
江西	100.0	9.3	87.4	3.3
山东	100.0	16.9	79.9	3.2
河南	100.0	10.4	85.7	3.9
湖北	100.0	8.6	88.8	2.6
湖南	100.0	8.7	88.1	3.1
广东	100.0	15.8	79.4	4.8
广西	100.0	6.7	89.4	3.9
海南	100.0	6.4	87.1	6.5
四川	100.0	9.9	85.9	4.2
贵州	100.0	7.5	88.2	4.3
云南	100.0	9.9	85.5	4.6
西藏	100.0	5.2	90.9	3.9
陕西	100.0	12.0	83.5	4.5
甘肃	100.0	13.2	82.7	4.1
青海	100.0	10.4	84.9	4.7
宁夏	100.0	9.6	86.9	3.5
新疆	100.0	4.9	93.0	2.1

4—45 1990年农村居民家庭经营收入

单位:元/人

地区	家庭经营收入	一、第一产业收入	1.农业收入	2.林业收入	3.牧业收入	4.渔业收入	二、第二产业收入
全国合计	**815.8**	**735.6**	**531.1**	**8.5**	**185.7**	**10.2**	**25.9**
北京	857.9	693.9	486.5	18.3	185.4	3.7	35.4
天津	837.4	706.9	538.7	1.8	159.6	6.7	19.9
河北	691.3	627.6	513.6	2.9	108.8	2.3	25.4
山西	623.6	517.7	430.5	7.0	80.2		15.8
内蒙古	871.1	845.1	677.8	2.0	164.5	0.8	7.7
辽宁	951.1	870.4	660.0	1.2	199.6	9.6	21.5
吉林	1207.3	1166.4	1011.0	1.9	153.0	0.5	9.0
黑龙江	1233.7	1151.3	998.9	0.7	147.0	4.8	11.7
上海	1092.6	1051.8	762.3	11.4	272.8	5.4	8.0
江苏	938.4	830.6	567.7	8.7	235.5	18.7	41.1
浙江	1029.1	839.7	528.3	8.6	277.9	24.9	56.0
安徽	734.9	672.6	522.9	7.1	134.5	8.2	19.0
福建	888.2	770.3	456.0	24.0	273.9	16.4	34.4
江西	822.5	760.9	511.6	16.3	219.3	13.7	21.2
山东	795.0	717.1	571.0	7.2	138.1	0.9	27.7
河南	655.2	587.6	486.6	8.7	91.2	1.2	24.2
湖北	849.9	787.2	593.1	7.3	175.8	10.9	16.1
湖南	859.8	775.4	476.5	13.5	271.7	13.6	40.1
广东	1181.5	995.9	598.8	6.6	322.2	68.4	67.9
广西	803.5	723.5	443.7	12.2	257.0	10.6	36.5
海南	827.2	703.7	372.6	35.2	190.8	105.2	34.2
四川	727.6	668.5	397.6	7.9	258.7	4.2	27.0
贵州	554.6	506.2	320.6	7.3	176.8	1.5	14.2
云南	662.6	607.3	393.0	7.4	203.9	3.1	15.0
西藏	790.6	736.1	508.5	16.1	211.5		11.4
陕西	613.6	559.2	450.8	8.0	99.9	0.6	16.9
甘肃	508.6	465.2	379.8	6.2	79.2	0.1	13.6
青海	664.2	596.7	387.8	2.7	205.8	0.5	11.9
宁夏	725.4	673.2	540.7	5.4	126.2	0.9	14.5
新疆	1034.7	966.5	823.1	14.1	129.3	0.0	5.6

4—45 续表 单位:元/人

地　区	1.工　业收　入	2.建筑业收　入	三、第三产业收入	1.交通运输业、邮电业收入	2.批发和零售贸易、餐饮业收入	3.社会服务业收入	4.其他家庭经营收入
全国合计	**13.2**	**12.7**	**54.3**	**21.2**	**14.8**	**7.7**	**10.6**
北　京	16.0	19.4	128.6	76.2	16.0	17.2	19.2
天　津	5.3	14.5	110.6	34.1	45.2	13.4	17.9
河　北	14.7	10.7	38.4	12.6	12.6	6.5	6.7
山　西	10.2	5.6	90.1	64.7	10.1	6.7	8.6
内蒙古	6.3	1.5	18.3	8.9	4.3	2.7	2.3
辽　宁	8.1	13.4	59.2	33.3	14.1	4.8	7.0
吉　林	6.0	3.1	31.9	16.1	5.0	2.2	8.5
黑龙江	9.3	2.3	70.8	18.7	6.8	4.6	40.7
上　海	0.3	7.7	32.8	10.4	3.8	9.0	9.6
江　苏	14.3	26.8	66.7	21.5	17.5	12.4	15.2
浙　江	33.8	22.3	133.4	55.4	30.6	23.6	23.8
安　徽	9.6	9.4	43.3	13.3	17.4	5.9	6.8
福　建	18.9	15.5	83.4	26.1	16.3	14.4	26.6
江　西	13.4	7.8	40.3	15.1	13.4	6.7	5.1
山　东	10.5	17.2	50.2	17.6	13.7	6.1	12.7
河　南	12.0	12.2	43.4	18.8	8.9	5.7	10.0
湖　北	9.7	6.4	46.7	16.1	20.4	7.4	2.9
湖　南	19.7	20.4	44.4	11.8	20.3	7.9	4.4
广　东	28.8	39.1	117.8	37.1	38.1	18.2	24.3
广　西	27.1	9.4	43.5	15.6	17.8	4.0	6.2
海　南	13.9	20.3	89.3	35.2	14.1	5.6	34.4
四　川	10.8	16.1	32.2	11.5	8.7	7.9	4.0
贵　州	8.5	5.7	34.2	10.3	11.7	5.0	7.3
云　南	9.1	5.9	40.4	16.7	10.1	5.6	8.0
西　藏	1.2	10.1	43.1	23.8	11.4	1.3	6.5
陕　西	9.8	7.1	37.5	16.4	11.1	4.2	5.8
甘　肃	7.1	6.5	29.8	11.8	7.7	4.2	6.0
青　海	7.3	4.6	55.5	30.0	11.5	7.9	6.1
宁　夏	9.3	5.2	37.7	27.1	7.7	1.5	1.5
新　疆	2.7	2.9	62.6	30.7	18.1	6.8	7.0

4—46 1990年农村居民家庭经营收入构成

单位：%

地区	家庭经营收入	一、第一产业收入	1.农业收入	2.林业收入	3.牧业收入	4.渔业收入	二、第二产业收入
全国合计	**100.0**	**90.2**	**65.1**	**1.0**	**22.8**	**1.3**	**3.2**
北京	100.0	80.9	56.7	2.1	21.6	0.4	4.1
天津	100.0	84.4	64.3	0.2	19.1	0.8	2.4
河北	100.0	90.8	74.3	0.4	15.7	0.3	3.7
山西	100.0	83.0	69.0	1.1	12.9	0.0	2.5
内蒙古	100.0	97.0	77.8	0.2	18.9	0.1	0.9
辽宁	100.0	91.5	69.4	0.1	21.0	1.0	2.3
吉林	100.0	96.6	83.7	0.2	12.7	0.0	0.7
黑龙江	100.0	93.3	81.0	0.1	11.9	0.4	0.9
上海	100.0	96.3	69.8	1.0	25.0	0.5	0.7
江苏	100.0	88.5	60.5	0.9	25.1	2.0	4.4
浙江	100.0	81.6	51.3	0.8	27.0	2.4	5.4
安徽	100.0	91.5	71.1	1.0	18.3	1.1	2.6
福建	100.0	86.7	51.3	2.7	30.8	1.8	3.9
江西	100.0	92.5	62.2	2.0	26.7	1.7	2.6
山东	100.0	90.2	71.8	0.9	17.4	0.1	3.5
河南	100.0	89.7	74.3	1.3	13.9	0.2	3.7
湖北	100.0	92.6	69.8	0.9	20.7	1.3	1.9
湖南	100.0	90.2	55.4	1.6	31.6	1.6	4.7
广东	100.0	84.3	50.7	0.6	27.3	5.8	5.7
广西	100.0	90.0	55.2	1.5	32.0	1.3	4.5
海南	100.0	85.1	45.0	4.3	23.1	12.7	4.1
四川	100.0	91.9	54.6	1.1	35.6	0.6	3.7
贵州	100.0	91.3	57.8	1.3	31.9	0.3	2.6
云南	100.0	91.6	59.3	1.1	30.8	0.5	2.3
西藏	100.0	93.1	64.3	2.0	26.8	0.0	1.4
陕西	100.0	91.1	73.5	1.3	16.3	0.1	2.8
甘肃	100.0	91.5	74.7	1.2	15.6	0.0	2.7
青海	100.0	89.8	58.4	0.4	31.0	0.1	1.8
宁夏	100.0	92.8	74.5	0.7	17.4	0.1	2.0
新疆	100.0	93.4	79.6	1.4	12.5	0.0	0.5

4—46 续表

单位:%

地　　区	1.工　业收　入	2.建筑业收　入	三、第三产业收入	1.交通运输业、邮电业收入	2.批发和零售贸易、餐饮业收入	3.社会服务业收入	4.其他家庭经营收入
全国合计	**1.6**	**1.6**	**6.7**	**2.6**	**1.8**	**0.9**	**1.3**
北　　京	1.9	2.3	15.0	8.9	1.9	2.0	2.2
天　　津	0.6	1.7	13.2	4.1	5.4	1.6	2.1
河　　北	2.1	1.5	5.6	1.8	1.8	0.9	1.0
山　　西	1.6	0.9	14.4	10.4	1.6	1.1	1.4
内 蒙 古	0.7	0.2	2.1	1.0	0.5	0.3	0.3
辽　　宁	0.9	1.4	6.2	3.5	1.5	0.5	0.7
吉　　林	0.5	0.3	2.6	1.3	0.4	0.2	0.7
黑 龙 江	0.8	0.2	5.7	1.5	0.6	0.4	3.3
上　　海	0.0	0.7	3.0	1.0	0.4	0.8	0.9
江　　苏	1.5	2.9	7.1	2.3	1.9	1.3	1.6
浙　　江	3.3	2.2	13.0	5.4	3.0	2.3	2.3
安　　徽	1.3	1.3	5.9	1.8	2.4	0.8	0.9
福　　建	2.1	1.7	9.4	2.9	1.8	1.6	3.0
江　　西	1.6	0.9	4.9	1.8	1.6	0.8	0.6
山　　东	1.3	2.2	6.3	2.2	1.7	0.8	1.6
河　　南	1.8	1.9	6.6	2.9	1.4	0.9	1.5
湖　　北	1.1	0.8	5.5	1.9	2.4	0.9	0.3
湖　　南	2.3	2.4	5.2	1.4	2.4	0.9	0.5
广　　东	2.4	3.3	10.0	3.1	3.2	1.5	2.1
广　　西	3.4	1.2	5.4	1.9	2.2	0.5	0.8
海　　南	1.7	2.5	10.8	4.3	1.7	0.7	4.2
四　　川	1.5	2.2	4.4	1.6	1.2	1.1	0.6
贵　　州	1.5	1.0	6.2	1.9	2.1	0.9	1.3
云　　南	1.4	0.9	6.1	2.5	1.5	0.8	1.2
西　　藏	0.2	1.3	5.4	3.0	1.4	0.2	0.8
陕　　西	1.6	1.2	6.1	2.7	1.8	0.7	0.9
甘　　肃	1.4	1.3	5.9	2.3	1.5	0.8	1.2
青　　海	1.1	0.7	8.4	4.5	1.7	1.2	0.9
宁　　夏	1.3	0.7	5.2	3.7	1.1	0.2	0.2
新　　疆	0.3	0.3	6.0	3.0	1.8	0.7	0.7

4—47 1990 年农村居民现金收入

单位:元/人

地 区	现金收入	一、工资性收入	二、家庭经营收入	三、财产性和转移性收入
全国合计	**676.7**	**136.4**	**481.2**	**59.1**
北 京	1330.6	686.5	547.3	96.8
天 津	1024.3	460.5	487.0	76.7
河 北	610.8	166.7	397.7	46.4
山 西	586.8	163.5	366.1	57.2
内 蒙 古	527.0	51.2	431.8	44.1
辽 宁	874.8	249.8	579.8	45.2
吉 林	926.7	75.6	787.5	63.6
黑 龙 江	871.7	69.8	757.3	44.6
上 海	1740.0	1056.6	555.5	128.0
江 苏	914.1	298.6	551.7	63.8
浙 江	1203.6	352.8	754.5	96.3
安 徽	583.0	76.5	462.6	44.0
福 建	849.4	156.0	605.9	87.5
江 西	577.4	85.5	446.8	45.1
山 东	686.9	158.5	482.6	45.7
河 南	512.9	78.3	386.2	48.5
湖 北	618.1	77.6	476.3	64.1
湖 南	638.5	84.1	475.9	78.5
广 东	1177.7	235.2	832.2	110.3
广 西	569.5	59.8	459.6	50.2
海 南	715.2	59.1	598.4	57.7
四 川	520.5	83.6	380.4	56.6
贵 州	356.5	46.4	265.2	44.9
云 南	479.7	76.9	346.3	56.5
西 藏	292.9	45.6	213.5	33.9
陕 西	454.4	87.9	307.7	58.8
甘 肃	326.9	80.8	212.9	33.2
青 海	471.1	80.2	333.2	57.7
宁 夏	560.3	79.6	423.5	57.1
新 疆	862.1	53.0	750.3	58.8

4—48 1990年农村居民现金收入构成

单位:%

地　区	现金收入	一、工资性收入	二、家庭经营收入	三、财产性和转移性收入
全国合计	**100.0**	**20.2**	**71.1**	**8.7**
北　京	100.0	51.6	41.1	7.3
天　津	100.0	45.0	47.5	7.5
河　北	100.0	27.3	65.1	7.6
山　西	100.0	27.9	62.4	9.8
内蒙古	100.0	9.7	81.9	8.4
辽　宁	100.0	28.6	66.3	5.2
吉　林	100.0	8.2	85.0	6.9
黑龙江	100.0	8.0	86.9	5.1
上　海	100.0	60.7	31.9	7.4
江　苏	100.0	32.7	60.4	7.0
浙　江	100.0	29.3	62.7	8.0
安　徽	100.0	13.1	79.3	7.5
福　建	100.0	18.4	71.3	10.3
江　西	100.0	14.8	77.4	7.8
山　东	100.0	23.1	70.3	6.7
河　南	100.0	15.3	75.3	9.4
湖　北	100.0	12.6	77.1	10.4
湖　南	100.0	13.2	74.5	12.3
广　东	100.0	20.0	70.7	9.4
广　西	100.0	10.5	80.7	8.8
海　南	100.0	8.3	83.7	8.1
四　川	100.0	16.1	73.1	10.9
贵　州	100.0	13.0	74.4	12.6
云　南	100.0	16.0	72.2	11.8
西　藏	100.0	15.6	72.9	11.6
陕　西	100.0	19.3	67.7	12.9
甘　肃	100.0	24.7	65.1	10.2
青　海	100.0	17.0	70.7	12.2
宁　夏	100.0	14.2	75.6	10.2
新　疆	100.0	6.1	87.0	6.8

4—49 1990年农村居民家庭经营现金收入

单位:元/人

地 区	家庭经营现金收入	一、第一产业收入	农业产品	牧业产品	二、第二产业收入
全国合计	**481.2**	**408.5**	**248.6**	**137.3**	**19.4**
北 京	547.3	404.3	220.9	152.5	24.1
天 津	487.0	362.6	206.1	147.5	19.4
河 北	397.7	345.0	245.3	88.3	17.1
山 西	366.1	266.3	190.4	63.8	12.3
内蒙古	431.8	408.8	317.8	86.5	5.3
辽 宁	579.8	508.8	356.3	138.9	16.5
吉 林	787.5	748.1	641.6	102.7	8.5
黑龙江	757.3	695.7	578.7	106.0	8.3
上 海	555.5	514.8	297.8	204.6	7.9
江 苏	551.7	450.5	242.2	181.7	36.9
浙 江	754.5	535.0	244.0	243.8	40.8
安 徽	462.6	408.6	281.8	107.3	12.7
福 建	605.9	503.6	228.9	225.1	26.3
江 西	446.8	394.9	197.0	168.4	12.8
山 东	482.6	416.2	285.2	116.6	20.7
河 南	386.2	326.9	234.1	78.0	17.5
湖 北	476.3	421.9	303.1	100.6	10.6
湖 南	475.9	403.7	165.0	209.8	28.7
广 东	832.2	656.7	308.2	271.7	60.5
广 西	459.6	400.2	167.5	193.8	16.4
海 南	598.4	486.9	193.9	149.0	24.3
四 川	380.4	327.1	135.2	176.8	21.7
贵 州	265.2	221.7	111.2	99.2	10.8
云 南	346.3	297.7	160.7	123.5	10.4
西 藏	213.5	162.3	88.9	57.8	10.5
陕 西	307.7	258.7	180.0	67.2	13.1
甘 肃	212.9	173.3	117.9	47.3	11.5
青 海	333.2	270.0	137.0	127.2	8.8
宁 夏	423.5	371.6	273.9	91.3	14.3
新 疆	750.3	684.5	571.6	103.2	5.2

4—49 续表

单位：元/人

地 区	1. 工业加工费收入	2. 建筑业收入	三、第三产业收入	1. 交通运输业、邮电业收入	2. 批发和零售贸易、餐饮业收入	3. 社会服务业收入	4. 其他家庭经营收入
全国合计	**6.9**	**12.5**	**53.3**	**20.9**	**14.7**	**7.6**	**10.1**
北 京	5.3	18.8	118.9	69.4	15.9	16.9	16.7
天 津	5.2	14.3	105.0	33.7	45.2	13.4	12.7
河 北	6.5	10.6	35.6	11.4	12.3	6.5	5.4
山 西	6.8	5.6	87.5	64.6	10.1	6.7	6.1
内蒙古	3.9	1.5	17.7	8.7	4.1	2.7	2.2
辽 宁	5.2	11.3	54.5	30.2	14.2	4.5	5.6
吉 林	5.4	3.1	30.9	16.1	5.0	2.2	7.5
黑龙江	6.0	2.3	53.3	18.6	6.7	4.5	23.5
上 海	0.2	7.7	32.8	10.4	3.8	9.0	9.6
江 苏	10.1	26.8	64.4	21.5	17.5	12.4	12.9
浙 江	18.5	22.3	178.7	55.4	30.6	23.6	69.1
安 徽	3.5	9.2	41.3	13.3	17.3	5.8	5.0
福 建	11.0	15.3	76.0	26.1	16.3	14.3	19.4
江 西	5.2	7.6	39.1	15.1	13.2	6.7	4.2
山 东	4.1	16.6	45.8	16.8	13.2	6.0	9.7
河 南	5.4	12.0	41.8	18.8	8.9	5.7	8.5
湖 北	5.2	5.4	43.9	15.4	19.4	7.0	2.2
湖 南	8.3	20.4	43.5	11.8	20.3	8.0	3.5
广 东	21.4	39.1	115.1	37.1	37.5	18.1	22.4
广 西	7.0	9.4	43.0	15.6	17.8	4.0	5.6
海 南	4.0	20.2	87.2	35.2	13.8	5.6	32.6
四 川	5.6	16.1	31.5	11.5	8.7	7.9	3.5
贵 州	5.3	5.6	32.7	10.3	11.6	5.0	5.8
云 南	4.7	5.7	38.2	16.6	10.0	5.6	6.1
西 藏	0.5	10.0	40.7	23.8	11.4	1.3	4.2
陕 西	6.0	7.1	35.9	16.4	11.1	4.2	4.2
甘 肃	5.0	6.5	28.1	11.8	7.7	4.0	4.6
青 海	4.2	4.6	54.3	30.0	11.5	7.9	4.9
宁 夏	9.1	5.2	37.6	27.1	7.6	1.5	1.5
新 疆	2.3	2.9	60.6	30.1	18.0	6.8	5.7

4—50 1990年农村居民家庭经营现金收入构成

单位：%

地区	家庭经营现金收入	一、第一产业收入	农业产品	牧业产品	二、第二产业收入
全国合计	**100.0**	**84.9**	**51.7**	**28.5**	**4.0**
北京	100.0	73.9	40.4	27.9	4.4
天津	100.0	74.4	42.3	30.3	4.0
河北	100.0	86.8	61.7	22.2	4.3
山西	100.0	72.7	52.0	17.4	3.4
内蒙古	100.0	94.7	73.6	20.0	1.2
辽宁	100.0	87.8	61.5	24.0	2.8
吉林	100.0	95.0	81.5	13.0	1.1
黑龙江	100.0	91.9	76.4	14.0	1.1
上海	100.0	92.7	53.6	36.8	1.4
江苏	100.0	81.6	43.9	32.9	6.7
浙江	100.0	70.9	32.3	32.3	5.4
安徽	100.0	88.3	60.9	23.2	2.7
福建	100.0	83.1	37.8	37.1	4.3
江西	100.0	88.4	44.1	37.7	2.9
山东	100.0	86.2	59.1	24.2	4.3
河南	100.0	84.7	60.6	20.2	4.5
湖北	100.0	88.6	63.6	21.1	2.2
湖南	100.0	84.8	34.7	44.1	6.0
广东	100.0	78.9	37.0	32.6	7.3
广西	100.0	87.1	36.4	42.2	3.6
海南	100.0	81.4	32.4	24.9	4.1
四川	100.0	86.0	35.6	46.5	5.7
贵州	100.0	83.6	41.9	37.4	4.1
云南	100.0	86.0	46.4	35.7	3.0
西藏	100.0	76.0	41.6	27.1	4.9
陕西	100.0	84.1	58.5	21.8	4.3
甘肃	100.0	81.4	55.4	22.2	5.4
青海	100.0	81.0	41.1	38.2	2.7
宁夏	100.0	87.7	64.7	21.6	3.4
新疆	100.0	91.2	76.2	13.8	0.7

4—50 续表　　　　　　　　　　　　　　　　　　　　　　　　单位：%

地　区	1. 工业加工费收入	2. 建筑业收入	三、第三产业收入	1. 交通运输业、邮电业收入	2. 批发和零售贸易、餐饮业收入	3. 社会服务业收入	4. 其他家庭经营收入
全国合计	**1.4**	**2.6**	**11.1**	**4.3**	**3.0**	**1.6**	**2.1**
北　京	1.0	3.4	21.7	12.7	2.9	3.1	3.1
天　津	1.1	2.9	21.6	6.9	9.3	2.8	2.6
河　北	1.6	2.7	9.0	2.9	3.1	1.6	1.3
山　西	1.8	1.5	23.9	17.6	2.7	1.8	1.7
内蒙古	0.9	0.3	4.1	2.0	0.9	0.6	0.5
辽　宁	0.9	1.9	9.4	5.2	2.5	0.8	1.0
吉　林	0.7	0.4	3.9	2.0	0.6	0.3	1.0
黑龙江	0.8	0.3	7.0	2.4	0.9	0.6	3.1
上　海	0.0	1.4	5.9	1.9	0.7	1.6	1.7
江　苏	1.8	4.9	11.7	3.9	3.2	2.3	2.3
浙　江	2.5	2.9	23.7	7.3	4.1	3.1	9.2
安　徽	0.8	2.0	8.9	2.9	3.7	1.3	1.1
福　建	1.8	2.5	12.5	4.3	2.7	2.4	3.2
江　西	1.2	1.7	8.8	3.4	2.9	1.5	0.9
山　东	0.9	3.4	9.5	3.5	2.7	1.2	2.0
河　南	1.4	3.1	10.8	4.9	2.3	1.5	2.2
湖　北	1.1	1.1	9.2	3.2	4.1	1.5	0.5
湖　南	1.7	4.3	9.1	2.5	4.3	1.7	0.7
广　东	2.6	4.7	13.8	4.5	4.5	2.2	2.7
广　西	1.5	2.0	9.3	3.4	3.9	0.9	1.2
海　南	0.7	3.4	14.6	5.9	2.3	0.9	5.4
四　川	1.5	4.2	8.3	3.0	2.3	2.1	0.9
贵　州	2.0	2.1	12.3	3.9	4.4	1.9	2.2
云　南	1.4	1.6	11.0	4.8	2.9	1.6	1.7
西　藏	0.2	4.7	19.1	11.2	5.3	0.6	2.0
陕　西	1.9	2.3	11.7	5.3	3.6	1.4	1.4
甘　肃	2.3	3.1	13.2	5.6	3.6	1.9	2.2
青　海	1.3	1.4	16.3	9.0	3.5	2.4	1.5
宁　夏	2.1	1.2	8.9	6.4	1.8	0.3	0.4
新　疆	0.3	0.4	8.1	4.0	2.4	0.9	0.8

4—51 1990年农村居民纯收入

单位:元/人

地 区	纯收入	一、工资性收入	二. 家庭经营纯收入	三、财产性和转移性收入
全国合计	**686.3**	**138.8**	**518.6**	**29.0**
北 京	1297.1	704.7	520.9	71.5
天 津	1069.0	464.1	545.9	59.0
河 北	621.7	171.4	422.9	27.4
山 西	603.5	165.3	407.9	30.3
内蒙古	607.2	52.3	542.5	12.4
辽 宁	836.2	260.6	557.2	18.3
吉 林	803.5	75.7	702.1	25.7
黑龙江	759.9	77.1	670.8	12.0
上 海	1907.3	1065.6	781.8	59.9
江 苏	959.1	300.6	631.5	27.0
浙 江	1099.0	354.1	690.2	54.8
安 徽	539.2	77.1	442.0	20.0
福 建	764.4	156.6	554.2	53.6
江 西	669.9	87.2	557.9	24.8
山 东	680.2	167.8	486.0	26.4
河 南	527.0	79.2	423.2	24.5
湖 北	670.8	82.4	568.8	19.6
湖 南	664.2	85.1	557.1	22.0
广 东	1043.0	235.5	745.4	62.2
广 西	639.5	59.8	553.0	26.7
海 南	696.2	60.8	579.8	55.6
四 川	557.8	83.6	445.6	28.6
贵 州	435.1	47.0	365.3	22.9
云 南	540.9	77.0	434.0	29.9
西 藏	649.7	45.6	580.7	23.4
陕 西	530.8	87.9	414.8	28.1
甘 肃	431.0	80.9	329.8	20.3
青 海	559.8	81.7	448.8	29.4
宁 夏	578.1	80.4	474.3	23.4
新 疆	683.5	54.0	612.7	16.8

4—52 1990年农村居民纯收入构成

单位：%

地　区	纯 收 入	一、工资性收入	二. 家庭经营纯收入	三、财产性和转移性收入
全国合计	**100.0**	**20.2**	**75.6**	**4.2**
北　京	100.0	54.3	40.2	5.5
天　津	100.0	43.4	51.1	5.5
河　北	100.0	27.6	68.0	4.4
山　西	100.0	27.4	67.6	5.0
内蒙古	100.0	8.6	89.3	2.0
辽　宁	100.0	31.2	66.6	2.2
吉　林	100.0	9.4	87.4	3.2
黑龙江	100.0	10.1	88.3	1.6
上　海	100.0	55.9	41.0	3.1
江　苏	100.0	31.3	65.8	2.8
浙　江	100.0	32.2	62.8	5.0
安　徽	100.0	14.3	82.0	3.7
福　建	100.0	20.5	72.5	7.0
江　西	100.0	13.0	83.3	3.7
山　东	100.0	24.7	71.5	3.9
河　南	100.0	15.0	80.3	4.7
湖　北	100.0	12.3	84.8	2.9
湖　南	100.0	12.8	83.9	3.3
广　东	100.0	22.6	71.5	6.0
广　西	100.0	9.3	86.5	4.2
海　南	100.0	8.7	83.3	8.0
四　川	100.0	15.0	79.9	5.1
贵　州	100.0	10.8	83.9	5.3
云　南	100.0	14.2	80.2	5.5
西　藏	100.0	7.0	89.4	3.6
陕　西	100.0	16.6	78.1	5.3
甘　肃	100.0	18.8	76.5	4.7
青　海	100.0	14.6	80.2	5.2
宁　夏	100.0	13.9	82.0	4.1
新　疆	100.0	7.9	89.6	2.5

4—53 1990年农村居民总支出

单位:元/人

地区	总支出	一、家庭经营费用支出	二、购置生产性固定资产支出	三、税费支出	四、生活消费支出	五、财产性和转移性支出
全国合计	**903.5**	**241.1**	**20.3**	**38.7**	**584.6**	**18.8**
北京	1371.6	276.9	17.3	50.9	980.7	45.9
天津	1062.5	248.9	17.8	28.2	732.9	34.7
河北	775.7	219.1	23.1	32.7	485.7	15.1
山西	730.1	160.5	27.8	34.9	487.7	19.2
内蒙古	827.7	261.8	21.8	40.7	491.9	11.4
辽宁	1091.0	295.9	20.9	78.2	679.1	16.8
吉林	1176.6	368.3	43.4	99.9	632.9	32.0
黑龙江	1168.3	411.0	32.8	117.2	585.8	21.5
上海	1834.3	258.0	5.0	36.2	1505.1	30.2
江苏	1166.7	250.6	13.0	42.8	842.8	17.6
浙江	1337.8	296.2	33.0	20.7	946.0	41.9
安徽	822.4	231.6	17.0	45.0	514.9	13.9
福建	1082.9	300.6	10.9	17.8	708.0	45.6
江西	858.6	224.2	9.7	28.8	577.2	18.9
山东	878.3	237.3	18.1	57.6	547.1	18.1
河南	688.2	174.8	19.4	41.3	437.7	14.9
湖北	902.3	210.5	12.9	58.4	607.6	13.0
湖南	930.2	258.5	17.3	32.2	608.7	13.6
广东	1410.2	373.6	24.9	46.2	932.6	32.9
广西	803.1	226.9	18.1	10.8	537.0	10.3
海南	834.3	208.3	14.6	13.6	565.8	32.0
四川	801.8	239.2	9.2	31.0	509.2	13.2
贵州	608.0	165.6	12.8	11.0	403.3	15.2
云南	730.3	196.6	21.4	14.1	485.5	12.8
西藏	668.0	144.6	22.1	0.5	490.8	10.0
陕西	699.2	167.5	23.9	17.7	477.1	13.0
甘肃	530.1	147.9	16.6	15.7	339.3	10.6
青海	723.5	161.0	40.4	23.6	474.8	23.7
宁夏	766.7	206.5	40.7	22.4	483.7	13.4
新疆	971.5	326.0	57.7	62.1	506.8	18.9

4—54 1990年农村居民总支出构成

单位:%

地区	总支出	一、家庭经营费用支出	二、购置生产性固定资产支出	三、税费支出	四、生活消费支出	五、财产性和转移性支出
全国合计	**100.0**	**26.7**	**2.2**	**4.3**	**64.7**	**2.1**
北京	100.0	20.2	1.3	3.7	71.5	3.3
天津	100.0	23.4	1.7	2.7	69.0	3.3
河北	100.0	28.2	3.0	4.2	62.6	1.9
山西	100.0	22.0	3.8	4.8	66.8	2.6
内蒙古	100.0	31.6	2.6	4.9	59.4	1.4
辽宁	100.0	27.1	1.9	7.2	62.2	1.5
吉林	100.0	31.3	3.7	8.5	53.8	2.7
黑龙江	100.0	35.2	2.8	10.0	50.1	1.8
上海	100.0	14.1	0.3	2.0	82.0	1.6
江苏	100.0	21.5	1.1	3.7	72.2	1.5
浙江	100.0	22.1	2.5	1.5	70.7	3.1
安徽	100.0	28.2	2.1	5.5	62.6	1.7
福建	100.0	27.8	1.0	1.6	65.4	4.2
江西	100.0	26.1	1.1	3.3	67.2	2.2
山东	100.0	27.0	2.1	6.6	62.3	2.1
河南	100.0	25.4	2.8	6.0	63.6	2.2
湖北	100.0	23.3	1.4	6.5	67.3	1.4
湖南	100.0	27.8	1.9	3.5	65.4	1.5
广东	100.0	26.5	1.8	3.3	66.1	2.3
广西	100.0	28.3	2.3	1.3	66.9	1.3
海南	100.0	25.0	1.7	1.6	67.8	3.8
四川	100.0	29.8	1.1	3.9	63.5	1.6
贵州	100.0	27.2	2.1	1.8	66.3	2.5
云南	100.0	26.9	2.9	1.9	66.5	1.7
西藏	100.0	21.6	3.3	0.1	73.5	1.5
陕西	100.0	24.0	3.4	2.5	68.2	1.9
甘肃	100.0	27.9	3.1	3.0	64.0	2.0
青海	100.0	22.3	5.6	3.3	65.6	3.3
宁夏	100.0	26.9	5.3	2.9	63.1	1.7
新疆	100.0	33.6	5.9	6.4	52.2	1.9

4—55　1990年农村居民家庭经营费用支出

单位:元/人

地　区	家庭经营费用支出	一、第一产业支出	1.农　业支　出	2.林　业支　出	3.牧　业支　出	4.渔　业支　出	二、第二产业支出
全国合计	**241.1**	**223.4**	**130.4**	**1.0**	**88.9**	**3.1**	**4.6**
北　京	276.9	237.9	124.3	2.3	110.8	0.5	5.5
天　津	248.9	218.6	122.6	1.6	93.8	0.7	0.5
河　北	219.1	207.9	154.3	0.4	52.8	0.4	4.4
山　西	160.5	124.3	95.3	0.4	28.6		3.7
内蒙古	261.8	253.6	179.2	0.2	73.9	0.2	3.1
辽　宁	295.9	277.1	180.7	0.6	94.2	1.7	3.4
吉　林	368.3	353.2	272.2	0.5	80.3	0.2	2.4
黑龙江	411.0	389.3	310.9	0.5	76.1	1.8	3.6
上　海	258.0	249.1	96.5	3.3	146.1	3.3	1.0
江　苏	250.6	234.8	121.7	1.0	108.8	3.3	6.4
浙　江	296.2	258.3	123.8	0.7	127.1	6.6	9.4
安　徽	231.6	215.4	154.0	0.6	59.1	1.8	4.0
福　建	300.6	271.2	128.0	4.1	133.0	6.1	11.1
江　西	224.2	205.4	112.9	0.9	89.1	2.6	5.0
山　东	237.3	226.0	157.1	2.1	66.4	0.3	3.1
河　南	174.8	159.9	118.4	0.8	40.6	0.1	5.3
湖　北	210.5	195.0	125.4	0.9	67.3	1.3	2.7
湖　南	258.5	245.7	99.2	0.6	143.3	2.6	4.7
广　东	373.6	347.1	156.2	0.8	160.9	29.3	6.8
广　西	226.9	206.6	82.8	0.7	121.4	1.7	10.2
海　南	208.3	182.2	69.4	4.5	67.8	40.5	4.8
四　川	239.2	226.3	75.9	0.2	148.7	1.6	4.0
贵　州	165.6	152.7	70.9	0.7	80.8	0.4	3.4
云　南	196.6	180.1	75.3	0.7	103.2	0.8	2.5
西　藏	144.6	126.4	72.6	0.3	53.4		0.4
陕　西	167.5	156.1	111.4	1.0	43.6	0.1	3.4
甘　肃	147.9	137.0	103.6	0.5	32.9	0.0	1.8
青　海	161.0	145.2	95.2	0.7	49.2	0.1	1.2
宁　夏	206.5	193.5	139.6	0.0	52.1	1.8	2.9
新　疆	326.0	300.8	211.7	4.0	85.1	0.0	1.5

4—55 续表 单位:元/人

地区	1.工业支出	2.建筑业支出	三、第三产业支出	1.交通运输业、邮电业支出	2.批发和零售贸易、餐饮业支出	3.社会服务业支出	4.其他家庭经营支出
全国合计	**4.1**	**0.5**	**13.2**	**7.8**	**2.1**	**0.9**	**2.3**
北京	5.2	0.3	33.6	26.3	1.6	3.4	2.3
天津	0.5		29.7	8.6	15.9	1.6	3.7
河北	4.1	0.3	6.9	3.7	1.2	0.7	1.3
山西	3.0	0.6	32.6	26.1	1.5	1.1	3.9
内蒙古	3.1	0.0	5.1	2.6	0.2	0.4	1.8
辽宁	2.9	0.5	15.4	11.1	1.3	0.4	2.7
吉林	2.1	0.3	12.7	7.5	1.3	0.4	3.6
黑龙江	3.3	0.3	18.1	6.5	0.6	0.7	10.3
上海		1.0	7.9	3.5	0.6	0.8	3.1
江苏	6.2	0.3	9.3	5.4	2.2	0.8	1.0
浙江	9.1	0.3	28.6	18.1	4.2	2.3	3.9
安徽	3.7	0.3	12.2	4.7	4.4	1.1	2.1
福建	5.3	5.7	18.4	10.5	1.2	2.1	4.6
江西	4.8	0.2	13.7	7.6	3.8	0.8	1.5
山东	2.9	0.2	8.3	5.3	1.2	0.5	1.2
河南	4.9	0.4	9.6	5.7	0.5	0.7	2.7
湖北	2.5	0.3	12.8	7.7	3.2	1.0	1.0
湖南	4.5	0.2	8.1	3.2	3.1	1.2	0.6
广东	6.2	0.6	19.8	12.5	2.9	1.3	3.0
广西	10.2	0.0	10.1	5.7	3.4	0.3	0.7
海南	3.8	1.0	21.3	13.3	2.0	0.1	5.9
四川	3.8	0.2	8.9	5.5	1.1	1.3	1.0
贵州	2.7	0.8	9.5	4.2	2.6	0.8	2.0
云南	2.4	0.1	14.1	8.4	3.0	0.9	1.8
西藏		0.4	17.8	12.0	1.6	0.0	4.1
陕西	2.8	0.7	8.0	5.9	1.1	0.3	0.8
甘肃	1.8	0.0	9.2	4.1	0.6	0.4	4.1
青海	1.2	0.0	14.6	8.1	1.0	2.1	3.4
宁夏	2.5	0.4	10.1	9.2	0.5	0.2	0.2
新疆	1.4	0.1	23.7	15.6	2.3	2.0	3.8

4—56 1990年农村居民家庭经营费用支出构成

单位:%

地区	家庭经营费用支出	一、第一产业支出	1.农业支出	2.林业支出	3.牧业支出	4.渔业支出	二、第二产业支出
全国合计	**100.0**	**92.7**	**54.1**	**0.4**	**36.9**	**1.3**	**1.9**
北京	100.0	85.9	44.9	0.8	40.0	0.2	2.0
天津	100.0	87.8	49.2	0.6	37.7	0.3	0.2
河北	100.0	94.9	70.4	0.2	24.1	0.2	2.0
山西	100.0	77.4	59.4	0.3	17.8	0.0	2.3
内蒙古	100.0	96.8	68.4	0.1	28.2	0.1	1.2
辽宁	100.0	93.6	61.0	0.2	31.8	0.6	1.1
吉林	100.0	95.9	73.9	0.1	21.8	0.1	0.6
黑龙江	100.0	94.7	75.6	0.1	18.5	0.4	0.9
上海	100.0	96.6	37.4	1.3	56.6	1.3	0.4
江苏	100.0	93.7	48.6	0.4	43.4	1.3	2.6
浙江	100.0	87.2	41.8	0.2	42.9	2.2	3.2
安徽	100.0	93.0	66.5	0.3	25.5	0.8	1.7
福建	100.0	90.2	42.6	1.3	44.2	2.0	3.7
江西	100.0	91.7	50.4	0.4	39.8	1.2	2.2
山东	100.0	95.2	66.2	0.9	28.0	0.1	1.3
河南	100.0	91.5	67.7	0.5	23.2	0.1	3.0
湖北	100.0	92.6	59.6	0.4	32.0	0.6	1.3
湖南	100.0	95.1	38.4	0.2	55.5	1.0	1.8
广东	100.0	92.9	41.8	0.2	43.1	7.8	1.8
广西	100.0	91.0	36.5	0.3	53.5	0.7	4.5
海南	100.0	87.5	33.3	2.1	32.5	19.4	2.3
四川	100.0	94.6	31.7	0.1	62.2	0.7	1.7
贵州	100.0	92.2	42.8	0.4	48.8	0.2	2.1
云南	100.0	91.6	38.3	0.4	52.5	0.4	1.2
西藏	100.0	87.4	50.2	0.2	36.9	0.0	0.3
陕西	100.0	93.2	66.5	0.6	26.0	0.1	2.0
甘肃	100.0	92.6	70.1	0.3	22.2	0.0	1.2
青海	100.0	90.2	59.1	0.4	30.6	0.1	0.8
宁夏	100.0	93.7	67.6	0.0	25.2	0.9	1.4
新疆	100.0	92.3	64.9	1.2	26.1	0.0	0.5

4—56 续表 单位:%

地区	1.工业支出	2.建筑业支出	三、第三产业支出	1.交通运输业、邮电业支出	2.批发和零售贸易、餐饮业支出	3.社会服务业支出	4.其他家庭经营支出
全国合计	**1.7**	**0.2**	**5.5**	**3.2**	**0.9**	**0.4**	**1.0**
北京	1.9	0.1	12.1	9.5	0.6	1.2	0.8
天津	0.2	0.0	12.0	3.5	6.4	0.6	1.5
河北	1.9	0.1	3.1	1.7	0.5	0.3	0.6
山西	1.9	0.4	20.3	16.3	0.9	0.7	2.4
内蒙古	1.2	0.0	2.0	1.0	0.1	0.2	0.7
辽宁	1.0	0.2	5.2	3.7	0.4	0.1	0.9
吉林	0.6	0.1	3.5	2.0	0.3	0.1	1.0
黑龙江	0.8	0.1	4.4	1.6	0.1	0.2	2.5
上海	0.0	0.4	3.1	1.4	0.2	0.3	1.2
江苏	2.5	0.1	3.7	2.2	0.9	0.3	0.4
浙江	3.1	0.1	9.7	6.1	1.4	0.8	1.3
安徽	1.6	0.1	5.3	2.0	1.9	0.5	0.9
福建	1.8	1.9	6.1	3.5	0.4	0.7	1.5
江西	2.1	0.1	6.1	3.4	1.7	0.3	0.6
山东	1.2	0.1	3.5	2.2	0.5	0.2	0.5
河南	2.8	0.2	5.5	3.3	0.3	0.4	1.5
湖北	1.2	0.1	6.1	3.7	1.5	0.5	0.5
湖南	1.8	0.1	3.1	1.2	1.2	0.4	0.2
广东	1.7	0.2	5.3	3.4	0.8	0.4	0.8
广西	4.5	0.0	4.5	2.5	1.5	0.1	0.3
海南	1.8	0.5	10.2	6.4	1.0	0.1	2.8
四川	1.6	0.1	3.7	2.3	0.5	0.6	0.4
贵州	1.6	0.5	5.7	2.5	1.6	0.5	1.2
云南	1.2	0.0	7.2	4.3	1.5	0.5	0.9
西藏	0.0	0.3	12.3	8.3	1.1	0.0	2.9
陕西	1.6	0.4	4.8	3.5	0.7	0.2	0.5
甘肃	1.2	0.0	6.2	2.8	0.4	0.2	2.8
青海	0.7	0.0	9.1	5.0	0.6	1.3	2.1
宁夏	1.2	0.2	4.9	4.5	0.2	0.1	0.1
新疆	0.4	0.0	7.3	4.8	0.7	0.6	1.2

4—57 1990年农村居民生活消费支出

单位:元/人

地 区	生活消费支出	一、食品支出	二、衣着支出	三、居住支出
全国合计	**584.6**	**343.8**	**45.4**	**101.4**
北 京	980.7	496.8	91.9	181.0
天 津	732.9	396.4	70.2	126.4
河 北	485.7	253.8	46.9	102.2
山 西	487.7	257.9	59.8	76.0
内蒙古	491.9	302.7	38.0	65.1
辽 宁	679.1	367.6	69.0	126.0
吉 林	632.9	385.4	54.0	99.9
黑龙江	585.8	331.7	58.7	102.2
上 海	1505.1	807.7	132.7	285.8
江 苏	842.8	465.6	57.9	195.0
浙 江	946.0	503.1	59.0	225.8
安 徽	514.9	300.1	38.9	99.1
福 建	708.0	429.2	38.9	121.7
江 西	577.2	372.8	36.3	85.4
山 东	547.1	297.1	52.8	105.7
河 南	437.7	240.9	43.2	80.7
湖 北	607.6	376.2	42.8	90.0
湖 南	608.7	390.7	37.3	82.8
广 东	932.6	538.2	38.4	176.1
广 西	537.0	350.0	26.2	81.6
海 南	565.8	362.5	36.5	69.3
四 川	509.2	330.0	35.6	72.7
贵 州	403.3	282.8	30.2	43.4
云 南	485.5	310.4	35.8	76.2
西 藏	490.8	362.3	42.5	63.7
陕 西	477.1	278.9	38.1	85.3
甘 肃	339.3	208.7	30.1	46.0
青 海	474.8	282.6	60.3	59.8
宁 夏	483.7	277.4	47.9	67.6
新 疆	506.8	272.1	76.9	69.4

4—57 续表 单位:元/人

地 区	四、家庭设备用品及服务支出	五、交通和通讯支出	六、文化教育用品及服务支出	七、医疗保健支出	八、其他商品及服务支出
全国合计	**30.9**	**8.4**	**31.4**	**19.0**	**4.3**
北 京	79.1	19.9	65.0	39.3	7.9
天 津	56.6	10.8	45.6	25.1	1.9
河 北	30.2	6.6	24.2	19.1	2.6
山 西	30.7	6.6	32.8	20.1	3.7
内蒙古	23.3	8.6	33.2	19.3	1.7
辽 宁	34.9	12.5	39.2	24.8	5.1
吉 林	26.1	10.1	26.4	27.5	3.7
黑龙江	24.7	9.2	28.3	28.7	2.4
上 海	125.6	23.9	59.3	40.3	29.8
江 苏	53.2	10.0	34.7	22.7	3.7
浙 江	61.5	16.7	42.0	28.4	9.5
安 徽	25.8	6.8	25.7	14.7	4.0
福 建	34.8	13.8	39.2	20.1	10.4
江 西	24.6	6.1	32.3	16.1	3.5
山 东	32.8	6.4	32.7	17.1	2.3
河 南	23.9	5.6	22.3	18.0	3.1
湖 北	33.8	7.7	35.9	17.6	3.6
湖 南	28.6	8.8	39.2	18.3	3.0
广 东	50.2	16.1	67.0	34.1	12.7
广 西	21.8	7.7	31.8	12.5	5.4
海 南	20.5	11.8	40.2	19.7	5.3
四 川	22.3	6.4	24.7	14.3	3.1
贵 州	13.8	3.9	16.9	7.9	4.4
云 南	21.8	5.3	19.4	13.7	2.9
西 藏	14.0	2.7	1.7	1.4	2.6
陕 西	23.4	6.0	23.9	18.2	3.3
甘 肃	14.9	4.5	18.9	13.9	2.2
青 海	29.0	6.7	16.5	18.5	1.3
宁 夏	27.6	12.5	31.8	17.2	1.8
新 疆	30.4	11.4	27.0	16.4	3.3

4—58 1990年农村居民生活消费支出构成

单位：%

地　区	生活消费支出	一、食品支出	二、衣着支出	三、居住支出
全国合计	**100.0**	**58.8**	**7.8**	**17.3**
北　京	100.0	50.7	9.4	18.5
天　津	100.0	54.1	9.6	17.2
河　北	100.0	52.3	9.7	21.0
山　西	100.0	52.9	12.3	15.6
内蒙古	100.0	61.5	7.7	13.2
辽　宁	100.0	54.1	10.2	18.5
吉　林	100.0	60.9	8.5	15.8
黑龙江	100.0	56.6	10.0	17.4
上　海	100.0	53.7	8.8	19.0
江　苏	100.0	55.2	6.9	23.1
浙　江	100.0	53.2	6.2	23.9
安　徽	100.0	58.3	7.6	19.2
福　建	100.0	60.6	5.5	17.2
江　西	100.0	64.6	6.3	14.8
山　东	100.0	54.3	9.7	19.3
河　南	100.0	55.0	9.9	18.4
湖　北	100.0	61.9	7.0	14.8
湖　南	100.0	64.2	6.1	13.6
广　东	100.0	57.7	4.1	18.9
广　西	100.0	65.2	4.9	15.2
海　南	100.0	64.1	6.4	12.2
四　川	100.0	64.8	7.0	14.3
贵　州	100.0	70.1	7.5	10.8
云　南	100.0	63.9	7.4	15.7
西　藏	100.0	73.8	8.7	13.0
陕　西	100.0	58.5	8.0	17.9
甘　肃	100.0	61.5	8.9	13.6
青　海	100.0	59.5	12.7	12.6
宁　夏	100.0	57.4	9.9	14.0
新　疆	100.0	53.7	15.2	13.7

4—58 续表　　　　单位:%

地　区	四、家庭设备用品及服务支出	五、交通和通讯支出	六、文化教育用品及服务支出	七、医疗保健支出	八、其他商品及服务支出
全国合计	**5.3**	**1.4**	**5.4**	**3.3**	**0.7**
北　京	8.1	2.0	6.6	4.0	0.8
天　津	7.7	1.5	6.2	3.4	0.3
河　北	6.2	1.4	5.0	3.9	0.5
山　西	6.3	1.3	6.7	4.1	0.8
内蒙古	4.7	1.8	6.8	3.9	0.3
辽　宁	5.1	1.8	5.8	3.7	0.7
吉　林	4.1	1.6	4.2	4.3	0.6
黑龙江	4.2	1.6	4.8	4.9	0.4
上　海	8.3	1.6	3.9	2.7	2.0
江　苏	6.3	1.2	4.1	2.7	0.4
浙　江	6.5	1.8	4.4	3.0	1.0
安　徽	5.0	1.3	5.0	2.8	0.8
福　建	4.9	1.9	5.5	2.8	1.5
江　西	4.3	1.1	5.6	2.8	0.6
山　东	6.0	1.2	6.0	3.1	0.4
河　南	5.5	1.3	5.1	4.1	0.7
湖　北	5.6	1.3	5.9	2.9	0.6
湖　南	4.7	1.5	6.4	3.0	0.5
广　东	5.4	1.7	7.2	3.7	1.4
广　西	4.1	1.4	5.9	2.3	1.0
海　南	3.6	2.1	7.1	3.5	0.9
四　川	4.4	1.3	4.9	2.8	0.6
贵　州	3.4	1.0	4.2	2.0	1.1
云　南	4.5	1.1	4.0	2.8	0.6
西　藏	2.9	0.5	0.3	0.3	0.5
陕　西	4.9	1.3	5.0	3.8	0.7
甘　肃	4.4	1.3	5.6	4.1	0.7
青　海	6.1	1.4	3.5	3.9	0.3
宁　夏	5.7	2.6	6.6	3.6	0.4
新　疆	6.0	2.2	5.3	3.2	0.6

4—59 1990年农村居民现金支出

单位:元/人

地　区	现金支出	一、家庭经营费用支出	二、购买生产性固定资产支出	三、税费支出	四、生活消费支出	五、财产性和转移性支出
全国合计	**639.1**	**162.9**	**20.5**	**33.4**	**374.7**	**47.6**
北　京	1183.6	210.5	16.9	48.0	844.2	64.0
天　津	846.0	194.0	17.5	10.1	558.7	65.7
河　北	561.2	144.6	23.8	27.5	329.8	35.5
山　西	563.4	119.9	27.7	26.8	346.1	42.9
内蒙古	500.6	135.9	21.8	35.9	271.2	35.9
辽　宁	829.6	197.1	20.9	64.3	481.8	65.6
吉　林	866.9	261.2	43.6	99.5	389.7	73.0
黑龙江	806.6	255.9	32.4	95.6	368.4	54.4
上　海	1568.8	251.0	5.8	36.2	1146.1	129.8
江　苏	895.9	195.7	12.9	42.8	569.7	75.0
浙　江	1132.9	238.7	33.3	20.7	746.6	93.7
安　徽	578.2	151.0	17.0	43.4	323.0	43.9
福　建	848.6	243.4	10.5	14.2	500.8	79.8
江　西	553.2	156.1	9.6	24.0	317.3	46.2
山　东	646.8	158.7	18.8	51.2	379.6	38.5
河　南	488.5	120.1	19.4	37.1	280.7	31.2
湖　北	603.4	134.2	12.8	48.3	344.0	64.1
湖　南	628.1	154.7	17.3	29.9	352.7	73.6
广　东	1089.4	297.4	26.7	22.7	686.4	56.1
广　西	507.1	158.5	18.2	10.4	290.3	29.6
海　南	618.8	165.4	14.7	5.0	399.4	34.3
四　川	502.3	142.5	9.2	30.8	285.1	34.8
贵　州	350.5	92.9	13.1	9.8	199.3	35.5
云　南	447.7	107.1	21.6	6.8	285.3	27.0
西　藏	245.4	40.7	21.8	0.5	173.1	9.4
陕　西	444.9	105.8	24.0	15.9	270.3	28.9
甘　肃	308.7	85.7	16.6	12.4	174.3	19.7
青　海	446.3	86.2	40.6	23.3	256.6	39.6
宁　夏	534.2	136.4	40.7	22.1	297.3	37.7
新　疆	716.7	236.4	57.8	58.2	333.9	30.5

4—60 1990年农村居民现金支出构成

单位:%

地　区	现金支出	一、家庭经营费用支出	二、购买生产性固定资产支出	三、税费支出	四、生活消费支出	五、财产性和转移性支出
全国合计	**100.0**	**25.5**	**3.2**	**5.2**	**58.6**	**7.4**
北　京	100.0	17.8	1.4	4.1	71.3	5.4
天　津	100.0	22.9	2.1	1.2	66.0	7.8
河　北	100.0	25.8	4.2	4.9	58.8	6.3
山　西	100.0	21.3	4.9	4.7	61.4	7.6
内蒙古	100.0	27.1	4.3	7.2	54.2	7.2
辽　宁	100.0	23.8	2.5	7.8	58.1	7.9
吉　林	100.0	30.1	5.0	11.5	45.0	8.4
黑龙江	100.0	31.7	4.0	11.8	45.7	6.7
上　海	100.0	16.0	0.4	2.3	73.1	8.3
江　苏	100.0	21.8	1.4	4.8	63.6	8.4
浙　江	100.0	21.1	2.9	1.8	65.9	8.3
安　徽	100.0	26.1	2.9	7.5	55.9	7.6
福　建	100.0	28.7	1.2	1.7	59.0	9.4
江　西	100.0	28.2	1.7	4.3	57.3	8.4
山　东	100.0	24.5	2.9	7.9	58.7	6.0
河　南	100.0	24.6	4.0	7.6	57.5	6.4
湖　北	100.0	22.2	2.1	8.0	57.0	10.6
湖　南	100.0	24.6	2.7	4.8	56.2	11.7
广　东	100.0	27.3	2.5	2.1	63.0	5.2
广　西	100.0	31.3	3.6	2.1	57.3	5.8
海　南	100.0	26.7	2.4	0.8	64.5	5.5
四　川	100.0	28.4	1.8	6.1	56.7	6.9
贵　州	100.0	26.5	3.7	2.8	56.9	10.1
云　南	100.0	23.9	4.8	1.5	63.7	6.0
西　藏	100.0	16.6	8.9	0.2	70.5	3.8
陕　西	100.0	23.8	5.4	3.6	60.8	6.5
甘　肃	100.0	27.8	5.4	4.0	56.5	6.4
青　海	100.0	19.3	9.1	5.2	57.5	8.9
宁　夏	100.0	25.5	7.6	4.1	55.6	7.1
新　疆	100.0	33.0	8.1	8.1	46.6	4.3

4—61 1990年农村居民家庭经营费用现金支出

单位:元/人

地区	家庭经营费用现金支出	一、第一产业支出	1.农业支出	2.林业支出	3.牧业支出	4.渔业支出	二、第二产业支出
全国合计	**162.9**	**146.4**	**99.5**	**0.8**	**43.2**	**3.0**	**4.2**
北京	210.5	174.6	102.5	0.6	71.1	0.4	5.4
天津	194.0	166.1	99.0	1.6	64.9	0.7	0.5
河北	144.6	136.2	114.1	0.3	21.4	0.4	2.5
山西	119.9	88.1	72.9	0.4	14.9		3.5
内蒙古	135.9	129.0	105.1	0.2	23.5	0.2	2.5
辽宁	197.1	180.9	139.6	0.2	39.5	1.6	3.3
吉林	261.2	246.4	216.4	0.5	29.3	0.2	2.4
黑龙江	255.9	236.0	194.3	0.4	39.5	1.8	3.2
上海	251.0	242.1	95.1	3.2	140.6	3.3	1.0
江苏	195.7	179.9	111.2	1.0	64.5	3.3	6.4
浙江	238.7	201.1	115.4	0.5	78.8	6.5	9.3
安徽	151.0	135.8	106.9	0.5	26.7	1.7	3.8
福建	243.4	215.8	112.8	3.8	93.3	5.9	10.4
江西	156.1	137.8	95.3	0.6	39.5	2.4	5.0
山东	158.7	148.9	121.8	1.7	25.1	0.3	2.0
河南	120.1	105.7	88.3	0.7	16.6	0.1	5.1
湖北	134.2	120.9	90.2	0.6	29.0	1.1	2.3
湖南	154.7	142.1	81.6	0.6	57.5	2.5	4.6
广东	297.4	271.2	132.7	0.4	109.5	28.7	6.7
广西	158.5	138.2	76.3	0.7	59.5	1.7	10.2
海南	165.4	141.4	59.1	4.2	37.6	40.5	4.4
四川	142.5	129.8	63.5	0.1	64.6	1.6	4.0
贵州	92.9	81.2	47.1	0.2	33.5	0.3	3.0
云南	107.1	91.5	52.0	0.7	38.2	0.6	2.4
西藏	40.7	29.4	21.2	0.1	8.1		0.4
陕西	105.8	94.5	77.9	1.0	15.4	0.1	3.4
甘肃	85.7	78.0	67.5	0.4	10.1	0.0	1.7
青海	86.2	70.5	48.7	0.7	21.0	0.1	1.2
宁夏	136.4	123.4	93.9	0.0	27.6	1.8	2.9
新疆	236.4	213.0	168.8	1.9	42.3	0.0	1.5

4—61 续表

单位:元/人

地区	1.工业支出	2.建筑业支出	三、第三产业支出	1.交通运输业、邮电业支出	2.批发和零售贸易、餐饮业支出	3.社会服务业支出	4.其他家庭经营支出
全国合计	**3.8**	**0.4**	**12.3**	**7.5**	**2.0**	**0.9**	**1.9**
北京	5.2	0.2	30.5	23.3	1.6	3.3	2.3
天津	0.5		27.5	8.2	15.9	1.6	1.8
河北	2.4	0.1	5.9	2.8	1.2	0.6	1.2
山西	2.9	0.6	28.3	24.4	1.4	1.1	1.5
内蒙古	2.5	0.0	4.4	2.4	0.2	0.4	1.3
辽宁	2.8	0.5	12.9	10.2	0.8	0.3	1.6
吉林	2.1	0.3	12.5	7.5	1.3	0.4	3.4
黑龙江	2.9	0.3	16.8	6.0	0.6	0.7	9.5
上海		1.0	7.9	3.5	0.6	0.8	3.1
江苏	6.2	0.3	9.3	5.4	2.2	0.8	1.0
浙江	9.0	0.3	28.4	18.1	4.2	2.3	3.8
安徽	3.5	0.3	11.4	4.5	4.0	1.1	1.8
福建	5.1	5.4	17.2	10.3	1.2	1.7	4.0
江西	4.8	0.2	13.4	7.6	3.8	0.7	1.2
山东	1.8	0.2	7.9	5.2	1.2	0.5	1.0
河南	4.7	0.4	9.3	5.6	0.4	0.7	2.5
湖北	2.2	0.1	11.0	6.7	2.6	0.9	0.8
湖南	4.4	0.2	8.0	3.3	3.1	1.1	0.6
广东	6.1	0.6	19.5	12.5	2.8	1.3	3.0
广西	10.2	0.0	10.1	5.7	3.4	0.3	0.7
海南	3.7	0.7	19.7	12.6	2.0	0.1	4.9
四川	3.8	0.2	8.8	5.5	1.1	1.3	0.8
贵州	2.7	0.4	8.7	3.9	2.6	0.7	1.5
云南	2.3	0.1	13.1	8.3	2.7	0.9	1.2
西藏		0.4	11.0	9.3	0.4		1.3
陕西	2.8	0.7	8.0	5.8	1.1	0.3	0.7
甘肃	1.7	0.0	6.0	4.0	0.4	0.2	1.5
青海	1.2	0.0	14.5	8.1	1.0	2.1	3.3
宁夏	2.5	0.4	10.1	9.2	0.5	0.2	0.2
新疆	1.4	0.1	21.8	15.6	2.3	2.0	2.0

4—62 1990年农村居民家庭经营费用现金支出构成

单位:%

地区	家庭经营费用现金支出	一、第一产业支出	1.农业支出	2.林业支出	3.牧业支出	4.渔业支出	二、第二产业支出
全国合计	**100.0**	**89.9**	**61.1**	**0.5**	**26.5**	**1.9**	**2.6**
北京	100.0	83.0	48.7	0.3	33.8	0.2	2.5
天津	100.0	85.6	51.0	0.8	33.4	0.3	0.3
河北	100.0	94.2	78.9	0.2	14.8	0.2	1.8
山西	100.0	73.5	60.8	0.3	12.4	0.0	2.9
内蒙古	100.0	94.9	77.3	0.1	17.3	0.1	1.9
辽宁	100.0	91.8	70.8	0.1	20.0	0.8	1.7
吉林	100.0	94.3	82.8	0.2	11.2	0.1	0.9
黑龙江	100.0	92.2	75.9	0.2	15.4	0.7	1.2
上海	100.0	96.5	37.9	1.3	56.0	1.3	0.4
江苏	100.0	91.9	56.8	0.5	33.0	1.7	3.3
浙江	100.0	84.2	48.3	0.2	33.0	2.7	3.9
安徽	100.0	90.0	70.8	0.3	17.7	1.1	2.5
福建	100.0	88.6	46.3	1.6	38.3	2.4	4.3
江西	100.0	88.2	61.0	0.4	25.3	1.5	3.2
山东	100.0	93.8	76.7	1.1	15.8	0.2	1.2
河南	100.0	88.0	73.5	0.6	13.9	0.1	4.2
湖北	100.0	90.1	67.2	0.4	21.6	0.8	1.7
湖南	100.0	91.8	52.7	0.4	37.1	1.6	3.0
广东	100.0	91.2	44.6	0.1	36.8	9.6	2.2
广西	100.0	87.2	48.1	0.4	37.5	1.0	6.5
海南	100.0	85.5	35.7	2.5	22.7	24.5	2.6
四川	100.0	91.1	44.6	0.1	45.3	1.1	2.8
贵州	100.0	87.4	50.7	0.3	36.1	0.3	3.2
云南	100.0	85.5	48.6	0.6	35.7	0.6	2.2
西藏	100.0	72.2	52.1	0.2	19.8	0.0	0.9
陕西	100.0	89.3	73.6	1.0	14.6	0.1	3.2
甘肃	100.0	91.0	78.7	0.5	11.7	0.0	2.0
青海	100.0	81.8	56.5	0.8	24.4	0.1	1.4
宁夏	100.0	90.4	68.9	0.0	20.2	1.3	2.1
新疆	100.0	90.1	71.4	0.8	17.9	0.0	0.6

4—62续表

单位:%

地　区	1.工　业支　出	2.建筑业支　出	三、第三产业支出	1.交通运输业、邮电业支出	2.批发和零售贸易、餐饮业支出	3.社会服务业支出	4.其他家庭经营支出
全国合计	**2.3**	**0.3**	**7.5**	**4.6**	**1.2**	**0.6**	**1.2**
北　京	2.5	0.1	14.5	11.1	0.8	1.6	1.1
天　津	0.3	0.0	14.2	4.2	8.2	0.8	0.9
河　北	1.7	0.1	4.1	2.0	0.8	0.4	0.9
山　西	2.4	0.5	23.6	20.3	1.1	0.9	1.2
内蒙古	1.8	0.0	3.2	1.8	0.2	0.3	1.0
辽　宁	1.4	0.3	6.5	5.2	0.4	0.2	0.8
吉　林	0.8	0.1	4.8	2.9	0.5	0.1	1.3
黑龙江	1.1	0.1	6.5	2.3	0.2	0.3	3.7
上　海	0.0	0.4	3.1	1.4	0.2	0.3	1.2
江　苏	3.1	0.1	4.8	2.8	1.1	0.4	0.5
浙　江	3.8	0.1	11.9	7.6	1.8	1.0	1.6
安　徽	2.3	0.2	7.5	3.0	2.7	0.7	1.2
福　建	2.1	2.2	7.1	4.2	0.5	0.7	1.6
江　西	3.1	0.1	8.6	4.9	2.4	0.5	0.8
山　东	1.2	0.1	5.0	3.3	0.8	0.3	0.6
河　南	3.9	0.3	7.7	4.7	0.4	0.5	2.1
湖　北	1.7	0.1	8.2	5.0	1.9	0.7	0.6
湖　南	2.9	0.1	5.2	2.1	2.0	0.7	0.4
广　东	2.0	0.2	6.6	4.2	0.9	0.4	1.0
广　西	6.4	0.0	6.4	3.6	2.1	0.2	0.4
海　南	2.2	0.4	11.9	7.6	1.2	0.1	3.0
四　川	2.6	0.1	6.1	3.8	0.8	0.9	0.6
贵　州	2.9	0.4	9.4	4.2	2.7	0.8	1.7
云　南	2.2	0.1	12.3	7.7	2.5	0.9	1.2
西　藏	0.0	0.9	26.9	22.9	0.9	0.0	3.1
陕　西	2.6	0.6	7.5	5.5	1.0	0.3	0.7
甘　肃	2.0	0.0	7.0	4.7	0.4	0.2	1.7
青　海	1.4	0.0	16.8	9.4	1.2	2.4	3.8
宁　夏	1.9	0.3	7.4	6.8	0.4	0.1	0.1
新　疆	0.6	0.0	9.2	6.6	1.0	0.9	0.8

4—63　1990年农村居民生活消费现金支出

单位:元/人

地　区	生活消费现金支出	一、食品支出	二、衣着支出	三、居住支出
全国合计	**374.7**	**155.9**	**44.0**	**81.2**
北　京	844.2	367.7	91.8	182.2
天　津	558.7	241.5	69.5	107.8
河　北	329.8	116.6	43.2	87.3
山　西	346.1	122.4	58.9	71.2
内蒙古	271.2	94.7	44.0	46.6
辽　宁	481.8	200.6	68.9	96.4
吉　林	389.7	164.4	54.0	77.6
黑龙江	368.4	148.5	58.7	68.2
上　海	1146.1	497.3	106.8	274.1
江　苏	569.7	224.4	51.9	170.1
浙　江	746.6	324.6	56.6	207.4
安　徽	323.0	134.4	37.9	74.2
福　建	500.8	252.1	38.8	92.3
江　西	317.3	141.5	35.9	57.6
山　东	379.6	152.0	49.7	86.7
河　南	280.7	102.1	41.0	64.9
湖　北	344.0	138.9	41.8	64.8
湖　南	352.7	152.8	37.2	64.8
广　东	686.4	321.4	38.2	147.1
广　西	290.3	134.7	26.2	50.3
海　南	399.4	216.2	36.5	49.3
四　川	285.1	126.7	35.3	52.5
贵　州	199.3	90.1	30.1	32.5
云　南	285.3	124.6	35.7	62.4
西　藏	173.1	88.4	42.5	19.9
陕　西	270.3	87.7	37.0	70.8
甘　肃	174.3	56.1	30.1	33.9
青　海	256.6	89.6	54.6	41.4
宁　夏	297.3	95.7	47.9	62.9
新　疆	333.9	110.8	74.5	60.4

4—63 续表

单位:元/人

地　　区	四、家庭设备用品及服务支出	五、交通和通讯支出	六、文化教育用品及服务支出	七、医疗保健支出	八、其他商品及服务支出
全国合计	**30.7**	**8.4**	**31.3**	**19.0**	**4.3**
北　京	78.9	17.3	64.2	36.8	5.4
天　津	56.6	10.7	45.6	25.1	1.9
河　北	30.2	6.6	24.2	19.1	2.6
山　西	30.4	6.6	32.7	20.1	3.8
内蒙古	23.2	8.6	33.2	19.3	1.6
辽　宁	34.5	12.5	39.1	24.7	5.0
吉　林	26.1	10.1	26.4	27.5	3.7
黑龙江	24.6	9.2	28.3	28.6	2.4
上　海	125.6	23.9	59.3	40.3	18.8
江　苏	52.3	10.0	34.7	22.7	3.7
浙　江	61.4	16.7	42.0	28.4	9.5
安　徽	25.6	6.7	25.6	14.6	3.9
福　建	34.7	13.8	39.1	19.9	10.3
江　西	24.5	6.1	32.3	16.1	3.2
山　东	32.7	6.3	32.7	17.1	2.3
河　南	23.8	5.6	22.3	17.9	3.1
湖　北	33.7	7.7	35.9	17.5	3.6
湖　南	28.6	8.8	39.2	18.3	3.0
广　东	50.2	16.1	66.9	34.0	12.5
广　西	21.7	7.7	31.8	12.5	5.4
海　南	20.4	11.8	40.2	19.7	5.4
四　川	22.1	6.4	24.7	14.3	3.1
贵　州	13.7	3.8	16.9	7.8	4.4
云　南	21.3	5.3	19.4	13.7	2.9
西　藏	14.0	2.7	1.7	1.4	2.6
陕　西	23.3	6.0	23.9	18.2	3.3
甘　肃	14.9	4.4	18.8	13.8	2.3
青　海	28.1	6.7	16.5	18.5	1.3
宁　夏	27.6	12.5	31.9	17.2	1.7
新　疆	30.2	11.4	27.0	16.4	3.3

4—64 1990年农村居民生活消费现金支出构成

单位:%

地 区	生活消费现金支出	一、食品支出	二、衣着支出	三、居住支出
全国合计	**100.0**	**41.6**	**11.7**	**21.7**
北 京	100.0	43.6	10.9	21.6
天 津	100.0	43.2	12.4	19.3
河 北	100.0	35.4	13.1	26.5
山 西	100.0	35.4	17.0	20.6
内蒙古	100.0	34.9	16.2	17.2
辽 宁	100.0	41.6	14.3	20.0
吉 林	100.0	42.2	13.8	19.9
黑龙江	100.0	40.3	15.9	18.5
上 海	100.0	43.4	9.3	23.9
江 苏	100.0	39.4	9.1	29.9
浙 江	100.0	43.5	7.6	27.8
安 徽	100.0	41.6	11.7	23.0
福 建	100.0	50.3	7.7	18.4
江 西	100.0	44.6	11.3	18.2
山 东	100.0	40.0	13.1	22.8
河 南	100.0	36.4	14.6	23.1
湖 北	100.0	40.4	12.2	18.8
湖 南	100.0	43.3	10.5	18.4
广 东	100.0	46.8	5.6	21.4
广 西	100.0	46.4	9.0	17.3
海 南	100.0	54.1	9.1	12.3
四 川	100.0	44.5	12.4	18.4
贵 州	100.0	45.2	15.1	16.3
云 南	100.0	43.7	12.5	21.9
西 藏	100.0	51.1	24.5	11.5
陕 西	100.0	32.5	13.7	26.2
甘 肃	100.0	32.2	17.3	19.4
青 海	100.0	34.9	21.3	16.1
宁 夏	100.0	32.2	16.1	21.2
新 疆	100.0	33.2	22.3	18.1

4—64 续表

单位:%

地　区	四、家庭设备用品及服务支出	五、交通和通讯支出	六、文化教育用品及服务支出	七、医疗保健支出	八、其他商品及服务支出
全国合计	**8.2**	**2.2**	**8.4**	**5.1**	**1.1**
北　京	9.3	2.0	7.6	4.4	0.6
天　津	10.1	1.9	8.2	4.5	0.3
河　北	9.1	2.0	7.4	5.8	0.8
山　西	8.8	1.9	9.5	5.8	1.1
内蒙古	8.6	3.2	12.3	7.1	0.6
辽　宁	7.2	2.6	8.1	5.1	1.0
吉　林	6.7	2.6	6.8	7.0	0.9
黑龙江	6.7	2.5	7.7	7.8	0.7
上　海	11.0	2.1	5.2	3.5	1.6
江　苏	9.2	1.8	6.1	4.0	0.6
浙　江	8.2	2.2	5.6	3.8	1.3
安　徽	7.9	2.1	7.9	4.5	1.2
福　建	6.9	2.7	7.8	4.0	2.1
江　西	7.7	1.9	10.2	5.1	1.0
山　东	8.6	1.7	8.6	4.5	0.6
河　南	8.5	2.0	7.9	6.4	1.1
湖　北	9.8	2.2	10.4	5.1	1.1
湖　南	8.1	2.5	11.1	5.2	0.9
广　东	7.3	2.3	9.7	5.0	1.8
广　西	7.5	2.6	11.0	4.3	1.9
海　南	5.1	3.0	10.1	4.9	1.3
四　川	7.7	2.2	8.7	5.0	1.1
贵　州	6.9	1.9	8.5	3.9	2.2
云　南	7.4	1.9	6.8	4.8	1.0
西　藏	8.1	1.5	1.0	0.8	1.5
陕　西	8.6	2.2	8.9	6.7	1.2
甘　肃	8.5	2.5	10.8	7.9	1.3
青　海	10.9	2.6	6.4	7.2	0.5
宁　夏	9.3	4.2	10.7	5.8	0.6
新　疆	9.1	3.4	8.1	4.9	1.0

4—65 1995年农村居民总收入

单位:元/人

地　区	总收入	一、工资性收入	二、家庭经营收入	三、财产性收入	四、转移性收入
全国合计	**2337.9**	**353.7**	**1877.4**	**41.0**	**65.8**
北　京	3923.2	1715.0	1904.1	116.6	187.5
天　津	3373.7	1012.2	2253.3	55.3	52.9
河　北	2376.5	441.2	1851.4	40.9	43.0
山　西	1565.7	367.2	1131.7	22.9	43.9
内蒙古	2053.8	98.6	1871.5	54.8	28.9
辽　宁	2953.5	486.2	2350.6	70.6	46.1
吉　林	2819.5	165.6	2481.5	145.4	27.1
黑龙江	3159.3	130.3	2921.4	80.5	27.2
上　海	4860.6	2734.0	1776.3	154.8	195.5
江　苏	3290.9	821.9	2368.0	25.6	75.5
浙　江	3974.9	1109.8	2691.8	62.5	110.8
安　徽	2016.4	234.2	1688.5	35.4	58.2
福　建	2748.9	520.5	1977.9	118.9	131.5
江　西	2325.4	319.7	1940.6	14.5	50.5
山　东	2627.0	409.0	2135.2	28.8	54.0
河　南	1862.9	163.5	1631.0	28.4	40.0
湖　北	2184.2	192.4	1907.4	33.5	51.0
湖　南	2235.4	268.0	1892.4	15.1	59.9
广　东	3536.3	712.3	2579.1	50.1	194.9
广　西	2101.4	202.1	1802.9	11.4	85.0
海　南	1935.0	53.6	1716.2	74.3	91.0
四　川	1864.9	208.6	1558.6	21.4	76.4
贵　州	1574.4	146.3	1353.2	16.3	58.6
云　南	1709.5	120.8	1483.5	57.0	48.1
西　藏	1501.5	79.2	1313.3	46.0	63.0
陕　西	1440.1	186.0	1192.7	17.3	44.1
甘　肃	1368.5	91.7	1216.3	18.3	42.2
青　海	1382.2	96.7	1253.5	3.0	29.0
宁　夏	1825.1	188.8	1588.2	22.5	25.6
新　疆	2414.6	64.5	2238.7	65.3	46.1

4—66 1995年农村居民总收入构成

单位:%

地区	总收入	一、工资性收入	二、家庭经营收入	三、财产性收入	四、转移性收入
全国合计	**100.0**	**15.1**	**80.3**	**1.8**	**2.8**
北京	100.0	43.7	48.5	3.0	4.8
天津	100.0	30.0	66.8	1.6	1.6
河北	100.0	18.6	77.9	1.7	1.8
山西	100.0	23.5	72.3	1.5	2.8
内蒙古	100.0	4.8	91.1	2.7	1.4
辽宁	100.0	16.5	79.6	2.4	1.6
吉林	100.0	5.9	88.0	5.2	1.0
黑龙江	100.0	4.1	92.5	2.5	0.9
上海	100.0	56.2	36.5	3.2	4.0
江苏	100.0	25.0	72.0	0.8	2.3
浙江	100.0	27.9	67.7	1.6	2.8
安徽	100.0	11.6	83.7	1.8	2.9
福建	100.0	18.9	72.0	4.3	4.8
江西	100.0	13.7	83.5	0.6	2.2
山东	100.0	15.6	81.3	1.1	2.1
河南	100.0	8.8	87.6	1.5	2.1
湖北	100.0	8.8	87.3	1.5	2.3
湖南	100.0	12.0	84.7	0.7	2.7
广东	100.0	20.1	72.9	1.4	5.5
广西	100.0	9.6	85.8	0.5	4.0
海南	100.0	2.8	88.7	3.8	4.7
四川	100.0	11.2	83.6	1.1	4.1
贵州	100.0	9.3	86.0	1.0	3.7
云南	100.0	7.1	86.8	3.3	2.8
西藏	100.0	5.3	87.5	3.1	4.2
陕西	100.0	12.9	82.8	1.2	3.1
甘肃	100.0	6.7	88.9	1.3	3.1
青海	100.0	7.0	90.7	0.2	2.1
宁夏	100.0	10.3	87.0	1.2	1.4
新疆	100.0	2.7	92.7	2.7	1.9

4—67 1995年农村居民家庭经营收入

单位：元/人

地区	家庭经营收入	一、第一产业收入	1.农业收入	2.林业收入	3.牧业收入	4.渔业收入	二、第二产业收入
全国合计	**1877.4**	**1652.3**	**1188.1**	**16.5**	**420.8**	**26.9**	**65.4**
北京	1904.1	1506.2	1128.7	15.1	317.4	45.2	52.5
天津	2253.3	2039.4	1558.8	2.1	470.6	7.8	62.3
河北	1851.4	1626.5	1355.3	6.2	263.3	1.7	55.4
山西	1131.7	932.9	768.5	8.5	155.5	0.4	47.3
内蒙古	1871.5	1791.5	1402.1	2.9	386.0	0.6	21.7
辽宁	2350.6	2169.9	1610.6	4.6	520.6	34.1	32.6
吉林	2481.5	2390.7	2104.7	3.1	281.3	1.7	26.4
黑龙江	2921.4	2775.5	2388.6	3.9	359.2	23.8	26.3
上海	1776.3	1608.5	1227.9		373.7	6.8	21.4
江苏	2368.0	2058.3	1515.9	12.7	485.1	44.6	131.5
浙江	2691.8	1900.5	1226.1	14.6	581.5	78.2	298.8
安徽	1688.5	1547.7	1157.3	18.9	348.1	23.4	31.3
福建	1977.9	1593.3	1107.5	20.7	419.8	45.4	105.2
江西	1940.6	1797.1	1100.8	25.1	620.0	51.2	29.7
山东	2135.2	1969.5	1553.4	24.4	389.1	2.6	49.3
河南	1631.0	1482.0	1236.8	15.6	225.4	4.2	35.7
湖北	1907.4	1762.4	1304.1	20.6	401.9	35.9	38.3
湖南	1892.4	1648.8	974.4	15.2	618.2	40.9	109.7
广东	2579.1	1986.8	1154.9	21.6	640.1	170.3	182.4
广西	1802.9	1566.5	853.2	27.5	658.7	27.2	84.9
海南	1716.2	1442.1	969.3	72.9	346.6	53.3	44.4
四川	1558.6	1429.0	822.1	15.2	579.1	12.6	45.9
贵州	1353.2	1209.3	783.4	12.2	410.1	3.7	39.6
云南	1483.5	1284.7	832.0	22.1	416.6	14.0	44.3
西藏	1313.3	979.0	613.7	45.0	320.3		30.4
陕西	1192.7	1060.9	833.8	8.2	218.3	0.5	41.4
甘肃	1216.3	1058.8	841.8	11.4	205.5		36.7
青海	1253.5	1088.8	705.5	4.5	378.8		16.6
宁夏	1588.2	1412.9	1000.2	8.3	401.9	2.5	27.8
新疆	2238.7	2074.0	1630.1	35.2	398.3	10.3	11.0

4－67 续表 单位:元/人

地　　区	1.工　业收　入	2.建筑业收　入	三、第三产业收入	1.交通运输业、邮电业收入	2.批发和零售贸易、餐饮业收入	3.社会服务业收入	4.其他家庭经营收入
全国合计	**26.9**	**38.5**	**159.7**	**47.6**	**43.7**	**20.3**	**48.0**
北　　京	45.5	6.9	345.4	243.1	24.9	14.2	63.3
天　　津	32.0	30.2	151.7	31.8	48.0	30.7	41.1
河　　北	34.2	21.2	169.5	51.2	70.8	14.2	33.3
山　　西	23.5	23.8	151.5	79.4	28.6	18.5	24.9
内 蒙 古	18.6	3.1	58.2	13.4	13.4	5.4	26.0
辽　　宁	14.0	18.6	148.0	42.8	50.9	13.5	40.8
吉　　林	12.7	13.8	64.3	20.2	17.5	3.7	23.0
黑 龙 江	12.6	13.6	119.6	46.5	11.4	12.5	49.2
上　　海	6.6	14.7	146.4	44.3	7.6	28.7	65.9
江　　苏	31.6	99.9	178.2	60.3	61.8	26.4	29.7
浙　　江	206.2	92.6	492.5	153.0	146.9	69.9	122.8
安　　徽	7.0	24.2	109.5	25.3	27.0	14.4	42.8
福　　建	19.5	85.7	279.4	80.9	65.4	46.2	87.0
江　　西	15.7	14.0	113.9	30.8	28.3	21.1	33.7
山　　东	14.1	35.2	116.4	24.5	25.0	11.5	55.5
河　　南	7.5	28.2	113.3	36.6	24.4	12.8	39.6
湖　　北	17.9	20.4	106.7	20.6	42.9	15.4	27.9
湖　　南	49.9	59.9	133.9	34.9	47.0	20.3	31.7
广　　东	29.5	152.9	409.8	110.3	138.7	52.9	107.9
广　　西	34.9	50.0	151.5	47.0	51.9	15.0	37.6
海　　南	12.8	31.5	229.8	33.0	20.7	23.6	152.5
四　　川	12.4	33.5	83.7	21.4	19.9	20.9	21.6
贵　　州	22.8	16.8	104.3	17.8	35.7	21.0	29.8
云　　南	23.4	20.9	154.5	55.1	24.8	7.6	67.1
西　　藏	10.3	20.1	303.9	85.2	57.4	13.3	148.0
陕　　西	21.9	19.6	90.4	34.3	25.8	7.8	22.6
甘　　肃	6.9	29.9	120.8	21.6	19.4	15.1	64.8
青　　海	7.8	8.8	148.1	46.2	35.5	9.7	56.7
宁　　夏	24.0	3.9	147.5	90.6	44.8	6.6	5.5
新　　疆	5.1	5.9	153.7	38.4	32.2	27.4	55.7

4—68 1995年农村居民家庭经营收入构成

单位:%

地区	家庭经营收入	一、第一产业收入	1.农业收入	2.林业收入	3.牧业收入	4.渔业收入	二、第二产业收入
全国合计	**100.0**	**88.0**	**63.3**	**0.9**	**22.4**	**1.4**	**3.5**
北京	100.0	79.1	59.3	0.8	16.7	2.4	2.8
天津	100.0	90.5	69.2	0.1	20.9	0.3	2.8
河北	100.0	87.9	73.2	0.3	14.2	0.1	3.0
山西	100.0	82.4	67.9	0.8	13.7	0.0	4.2
内蒙古	100.0	95.7	74.9	0.2	20.6	0.0	1.2
辽宁	100.0	92.3	68.5	0.2	22.1	1.5	1.4
吉林	100.0	96.3	84.8	0.1	11.3	0.1	1.1
黑龙江	100.0	95.0	81.8	0.1	12.3	0.8	0.9
上海	100.0	90.6	69.1	0.0	21.0	0.4	1.2
江苏	100.0	86.9	64.0	0.5	20.5	1.9	5.6
浙江	100.0	70.6	45.5	0.5	21.6	2.9	11.1
安徽	100.0	91.7	68.5	1.1	20.6	1.4	1.9
福建	100.0	80.6	56.0	1.0	21.2	2.3	5.3
江西	100.0	92.6	56.7	1.3	31.9	2.6	1.5
山东	100.0	92.2	72.8	1.1	18.2	0.1	2.3
河南	100.0	90.9	75.8	1.0	13.8	0.3	2.2
湖北	100.0	92.4	68.4	1.1	21.1	1.9	2.0
湖南	100.0	87.1	51.5	0.8	32.7	2.2	5.8
广东	100.0	77.0	44.8	0.8	24.8	6.6	7.1
广西	100.0	86.9	47.3	1.5	36.5	1.5	4.7
海南	100.0	84.0	56.5	4.2	20.2	3.1	2.6
四川	100.0	91.7	52.7	1.0	37.2	0.8	2.9
贵州	100.0	89.4	57.9	0.9	30.3	0.3	2.9
云南	100.0	86.6	56.1	1.5	28.1	0.9	3.0
西藏	100.0	74.5	46.7	3.4	24.4	0.0	2.3
陕西	100.0	88.9	69.9	0.7	18.3	0.0	3.5
甘肃	100.0	87.0	69.2	0.9	16.9	0.0	3.0
青海	100.0	86.9	56.3	0.4	30.2	0.0	1.3
宁夏	100.0	89.0	63.0	0.5	25.3	0.2	1.8
新疆	100.0	92.6	72.8	1.6	17.8	0.5	0.5

4—68续表　　　　单位：%

地　　区	1.工　业收　入	2.建筑业收　入	三、第三产业收入	1.交通运输业、邮电业收入	2.批发和零售贸易、餐饮业收入	3.社会服务业收入	4.其他家庭经营收入
全国合计	**1.4**	**2.1**	**8.5**	**2.5**	**2.3**	**1.1**	**2.6**
北　京	2.4	0.4	18.1	12.8	1.3	0.7	3.3
天　津	1.4	1.3	6.7	1.4	2.1	1.4	1.8
河　北	1.8	1.1	9.2	2.8	3.8	0.8	1.8
山　西	2.1	2.1	13.4	7.0	2.5	1.6	2.2
内蒙古	1.0	0.2	3.1	0.7	0.7	0.3	1.4
辽　宁	0.6	0.8	6.3	1.8	2.2	0.6	1.7
吉　林	0.5	0.6	2.6	0.8	0.7	0.1	0.9
黑龙江	0.4	0.5	4.1	1.6	0.4	0.4	1.7
上　海	0.4	0.8	8.2	2.5	0.4	1.6	3.7
江　苏	1.3	4.2	7.5	2.5	2.6	1.1	1.3
浙　江	7.7	3.4	18.3	5.7	5.5	2.6	4.6
安　徽	0.4	1.4	6.5	1.5	1.6	0.9	2.5
福　建	1.0	4.3	14.1	4.1	3.3	2.3	4.4
江　西	0.8	0.7	5.9	1.6	1.5	1.1	1.7
山　东	0.7	1.6	5.5	1.1	1.2	0.5	2.6
河　南	0.5	1.7	6.9	2.2	1.5	0.8	2.4
湖　北	0.9	1.1	5.6	1.1	2.3	0.8	1.5
湖　南	2.6	3.2	7.1	1.8	2.5	1.1	1.7
广　东	1.1	5.9	15.9	4.3	5.4	2.1	4.2
广　西	1.9	2.8	8.4	2.6	2.9	0.8	2.1
海　南	0.7	1.8	13.4	1.9	1.2	1.4	8.9
四　川	0.8	2.1	5.4	1.4	1.3	1.3	1.4
贵　州	1.7	1.2	7.7	1.3	2.6	1.6	2.2
云　南	1.6	1.4	10.4	3.7	1.7	0.5	4.5
西　藏	0.8	1.5	23.1	6.5	4.4	1.0	11.3
陕　西	1.8	1.6	7.6	2.9	2.2	0.6	1.9
甘　肃	0.6	2.5	9.9	1.8	1.6	1.2	5.3
青　海	0.6	0.7	11.8	3.7	2.8	0.8	4.5
宁　夏	1.5	0.2	9.3	5.7	2.8	0.4	0.3
新　疆	0.2	0.3	6.9	1.7	1.4	1.2	2.5

4—69 1995年农村居民现金收入

单位:元/人

地区	现金收入	一、工资性收入	二、家庭经营收入	三、财产性收入	四、转移性收入
全国合计	**1595.6**	**352.9**	**1116.7**	**38.2**	**87.8**
北京	3300.0	1707.8	1303.9	88.4	199.9
天津	2275.4	1007.8	1181.1	29.2	57.2
河北	1423.6	440.8	902.1	28.3	52.4
山西	1088.2	366.3	631.5	21.5	68.8
内蒙古	1197.0	98.5	1004.3	48.5	45.7
辽宁	1923.2	501.2	1307.6	43.1	71.3
吉林	1853.9	165.3	1586.1	55.4	47.0
黑龙江	2195.1	130.0	1912.9	99.5	52.7
上海	4272.4	2719.7	1178.9	120.9	252.9
江苏	2323.0	815.0	1367.7	33.2	107.2
浙江	3431.4	1106.0	2095.4	66.9	163.1
安徽	1367.7	233.9	1041.4	20.9	71.5
福建	2226.9	526.2	1502.7	37.5	160.5
江西	1539.9	319.5	1126.4	24.4	69.6
山东	1608.3	404.0	1097.9	40.7	65.7
河南	1020.7	162.7	776.8	33.8	47.5
湖北	1380.3	192.2	1076.2	19.0	93.0
湖南	1515.3	267.4	1097.4	38.7	111.9
广东	2891.3	708.9	1892.3	57.5	232.6
广西	1550.2	201.9	1213.7	33.1	101.6
海南	1363.3	53.4	1193.2	16.1	100.5
四川	1129.1	208.3	802.6	18.8	99.4
贵州	913.7	146.0	663.4	22.7	81.6
云南	1209.7	120.3	984.2	40.0	65.2
西藏	772.4	79.0	599.7	33.5	60.1
陕西	881.1	185.8	571.9	71.0	52.5
甘肃	674.3	91.5	515.5	15.9	51.4
青海	733.2	96.5	573.9	21.1	41.7
宁夏	1279.6	188.7	1019.7	34.8	36.4
新疆	1876.6	64.4	1700.9	59.2	52.1

4—70 1995年农村居民现金收入构成

单位：%

地区	现金收入	一、工资性收入	二、家庭经营收入	三、财产性收入	四、转移性收入
全国合计	**100.0**	**22.1**	**70.0**	**2.4**	**5.5**
北京	100.0	51.8	39.5	2.7	6.1
天津	100.0	44.3	51.9	1.3	2.5
河北	100.0	31.0	63.4	2.0	3.7
山西	100.0	33.7	58.0	2.0	6.3
内蒙古	100.0	8.2	83.9	4.1	3.8
辽宁	100.0	26.1	68.0	2.2	3.7
吉林	100.0	8.9	85.6	3.0	2.5
黑龙江	100.0	5.9	87.1	4.5	2.4
上海	100.0	63.7	27.6	2.8	5.9
江苏	100.0	35.1	58.9	1.4	4.6
浙江	100.0	32.2	61.1	1.9	4.8
安徽	100.0	17.1	76.1	1.5	5.2
福建	100.0	23.6	67.5	1.7	7.2
江西	100.0	20.7	73.2	1.6	4.5
山东	100.0	25.1	68.3	2.5	4.1
河南	100.0	15.9	76.1	3.3	4.7
湖北	100.0	13.9	78.0	1.4	6.7
湖南	100.0	17.6	72.4	2.6	7.4
广东	100.0	24.5	65.4	2.0	8.0
广西	100.0	13.0	78.3	2.1	6.6
海南	100.0	3.9	87.5	1.2	7.4
四川	100.0	18.5	71.1	1.7	8.8
贵州	100.0	16.0	72.6	2.5	8.9
云南	100.0	9.9	81.4	3.3	5.4
西藏	100.0	10.2	77.7	4.3	7.8
陕西	100.0	21.1	64.9	8.1	6.0
甘肃	100.0	13.6	76.5	2.4	7.6
青海	100.0	13.2	78.3	2.9	5.7
宁夏	100.0	14.7	79.7	2.7	2.8
新疆	100.0	3.4	90.6	3.2	2.8

4—71 1995年农村居民家庭经营现金收入

单位:元/人

地区	家庭经营现金收入	一、第一产业收入	农业产品	牧业产品	二、第二产业收入
全国合计	**1116.7**	**891.3**	**522.8**	**322.5**	**56.0**
北京	1303.9	920.0	606.0	245.0	40.9
天津	1181.1	974.7	506.9	448.9	62.3
河北	902.1	680.9	454.6	211.3	46.2
山西	631.5	427.8	289.4	116.6	34.5
内蒙古	1004.3	924.5	684.6	228.2	16.4
辽宁	1307.6	1123.6	707.0	387.8	35.8
吉林	1586.1	1488.5	1177.2	302.1	26.3
黑龙江	1912.9	1763.9	1513.7	227.5	22.6
上海	1178.9	989.8	682.1	301.9	21.4
江苏	1367.7	1040.7	578.0	401.7	116.4
浙江	2095.4	1308.7	602.3	515.2	212.2
安徽	1041.4	893.1	589.2	267.8	30.2
福建	1502.7	1071.7	583.1	413.5	104.2
江西	1126.4	978.2	414.9	499.2	26.9
山东	1097.9	931.1	620.8	293.1	48.2
河南	776.8	629.5	451.1	164.6	34.7
湖北	1076.2	931.1	640.7	251.4	29.3
湖南	1097.4	857.4	292.3	502.7	85.4
广东	1892.3	1271.1	564.0	538.2	181.9
广西	1213.7	1005.4	357.6	579.7	60.9
海南	1193.2	933.4	517.6	270.4	35.4
四川	802.6	677.1	246.1	404.9	41.3
贵州	663.4	528.3	253.1	253.2	28.7
云南	984.2	797.7	457.1	299.1	33.8
西藏	599.7	324.8	138.6	118.0	29.0
陕西	571.9	447.8	286.5	149.5	34.3
甘肃	515.5	360.1	255.1	97.1	36.5
青海	573.9	410.3	188.1	218.4	15.9
宁夏	1019.7	839.1	497.4	331.5	27.8
新疆	1700.9	1540.0	1213.9	300.1	11.0

4—71 续表 单位：元/人

地　区	1. 工业加工费收入	2. 建筑业收入	三、第三产业收入	1. 交通运输业、邮电业收入	2. 批发和零售贸易、餐饮业收入	3. 社会服务业收入	4. 其他家庭经营收入
全国合计	**17.4**	**38.6**	**169.5**	**47.6**	**43.7**	**20.3**	**57.9**
北　京	34.0	6.9	343.0	243.1	24.9	14.2	60.9
天　津	32.0	30.2	144.2	31.8	48.0	30.7	33.6
河　北	24.9	21.2	175.0	51.2	70.8	14.2	38.8
山　西	10.7	23.8	169.2	79.4	28.6	18.5	42.6
内蒙古	13.4	3.1	63.4	13.4	13.4	5.4	31.1
辽　宁	15.7	20.1	148.3	42.8	50.9	13.4	41.2
吉　林	12.6	13.8	71.3	20.2	17.5	3.7	30.0
黑龙江	9.0	13.6	126.4	46.5	11.4	12.5	55.9
上　海	6.6	14.7	167.7	44.3	7.6	28.7	87.1
江　苏	16.4	99.9	210.6	60.3	61.8	26.4	62.1
浙　江	119.5	92.6	574.5	153.0	146.9	69.9	204.8
安　徽	6.0	24.2	118.1	25.3	27.0	14.3	51.5
福　建	18.5	85.7	326.8	80.9	65.4	46.2	134.4
江　西	12.9	14.0	121.3	30.8	28.3	21.1	41.2
山　东	13.1	35.1	118.6	24.5	25.0	11.5	57.7
河　南	6.5	28.2	112.5	36.6	24.4	12.8	38.8
湖　北	8.9	20.4	115.8	20.6	42.9	15.4	36.9
湖　南	25.6	59.9	154.5	34.9	47.0	20.3	52.4
广　东	29.0	152.9	439.4	110.3	138.7	52.9	137.5
广　西	10.8	50.0	147.4	47.0	51.9	15.0	33.5
海　南	3.9	31.5	224.5	33.0	20.7	23.6	147.2
四　川	7.9	33.5	84.1	21.4	19.9	20.9	22.0
贵　州	11.9	16.8	106.4	17.8	35.7	21.1	31.9
云　南	12.9	20.9	152.8	55.1	24.8	7.6	65.3
西　藏	8.9	20.1	245.9	85.2	57.4	13.3	90.0
陕　西	14.8	19.6	89.7	34.3	25.8	7.8	21.9
甘　肃	6.7	29.9	118.9	21.6	19.4	15.1	62.8
青　海	7.2	8.8	147.7	46.2	35.5	9.7	56.3
宁　夏	23.9	3.9	152.8	90.6	44.8	6.6	10.8
新　疆	5.1	5.9	149.9	38.4	29.9	27.4	54.2

4－72 1995年农村居民家庭经营现金收入构成

单位:%

地区	家庭经营现金收入	一、第一产业收入			二、第二产业收入
			农业产品	牧业产品	
全国合计	**100.0**	**79.8**	**46.8**	**28.9**	**5.0**
北京	100.0	70.6	46.5	18.8	3.1
天津	100.0	82.5	42.9	38.0	5.3
河北	100.0	75.5	50.4	23.4	5.1
山西	100.0	67.7	45.8	18.5	5.5
内蒙古	100.0	92.1	68.2	22.7	1.6
辽宁	100.0	85.9	54.1	29.7	2.7
吉林	100.0	93.8	74.2	19.0	1.7
黑龙江	100.0	92.2	79.1	11.9	1.2
上海	100.0	84.0	57.9	25.6	1.8
江苏	100.0	76.1	42.3	29.4	8.5
浙江	100.0	62.5	28.7	24.6	10.1
安徽	100.0	85.8	56.6	25.7	2.9
福建	100.0	71.3	38.8	27.5	6.9
江西	100.0	86.8	36.8	44.3	2.4
山东	100.0	84.8	56.5	26.7	4.4
河南	100.0	81.0	58.1	21.2	4.5
湖北	100.0	86.5	59.5	23.4	2.7
湖南	100.0	78.1	26.6	45.8	7.8
广东	100.0	67.2	29.8	28.4	9.6
广西	100.0	82.8	29.5	47.8	5.0
海南	100.0	78.2	43.4	22.7	3.0
四川	100.0	84.4	30.7	50.4	5.2
贵州	100.0	79.6	38.2	38.2	4.3
云南	100.0	81.0	46.4	30.4	3.4
西藏	100.0	54.2	23.1	19.7	4.8
陕西	100.0	78.3	50.1	26.2	6.0
甘肃	100.0	69.8	49.5	18.8	7.1
青海	100.0	71.5	32.8	38.1	2.8
宁夏	100.0	82.3	48.8	32.5	2.7
新疆	100.0	90.5	71.4	17.6	0.6

4—72 续表

单位：%

地　　区	1.工业加工费收入	2.建筑业收入	三、第三产业收入	1. 交通运输业、邮电业收入	2.批发和零售贸易、餐饮业收入	3.社会服务业收入	4.其他家庭经营收入
全国合计	**1.6**	**3.5**	**15.2**	**4.3**	**3.9**	**1.8**	**5.2**
北　京	2.6	0.5	26.3	18.6	1.9	1.1	4.7
天　津	2.7	2.6	12.2	2.7	4.1	2.6	2.8
河　北	2.8	2.4	19.4	5.7	7.8	1.6	4.3
山　西	1.7	3.8	26.8	12.6	4.5	2.9	6.7
内蒙古	1.3	0.3	6.3	1.3	1.3	0.5	3.1
辽　宁	1.2	1.5	11.3	3.3	3.9	1.0	3.1
吉　林	0.8	0.9	4.5	1.3	1.1	0.2	1.9
黑龙江	0.5	0.7	6.6	2.4	0.6	0.7	2.9
上　海	0.6	1.2	14.2	3.8	0.6	2.4	7.4
江　苏	1.2	7.3	15.4	4.4	4.5	1.9	4.5
浙　江	5.7	4.4	27.4	7.3	7.0	3.3	9.8
安　徽	0.6	2.3	11.3	2.4	2.6	1.4	4.9
福　建	1.2	5.7	21.7	5.4	4.3	3.1	8.9
江　西	1.1	1.2	10.8	2.7	2.5	1.9	3.7
山　东	1.2	3.2	10.8	2.2	2.3	1.0	5.3
河　南	0.8	3.6	14.5	4.7	3.1	1.6	5.0
湖　北	0.8	1.9	10.8	1.9	4.0	1.4	3.4
湖　南	2.3	5.5	14.1	3.2	4.3	1.8	4.8
广　东	1.5	8.1	23.2	5.8	7.3	2.8	7.3
广　西	0.9	4.1	12.1	3.9	4.3	1.2	2.8
海　南	0.3	2.6	18.8	2.8	1.7	2.0	12.3
四　川	1.0	4.2	10.5	2.7	2.5	2.6	2.7
贵　州	1.8	2.5	16.0	2.7	5.4	3.2	4.8
云　南	1.3	2.1	15.5	5.6	2.5	0.8	6.6
西　藏	1.5	3.4	41.0	14.2	9.6	2.2	15.0
陕　西	2.6	3.4	15.7	6.0	4.5	1.4	3.8
甘　肃	1.3	5.8	23.1	4.2	3.8	2.9	12.2
青　海	1.2	1.5	25.7	8.1	6.2	1.7	9.8
宁　夏	2.3	0.4	15.0	8.9	4.4	0.7	1.1
新　疆	0.3	0.3	8.8	2.3	1.8	1.6	3.2

4—73 1995年农村居民纯收入

单位：元/人

地区	纯收入	一、工资性收入	二、家庭经营纯收入	三、财产性收入	四、转移性收入
全国合计	**1577.7**	**353.7**	**1125.8**	**41.0**	**57.3**
北京	3223.7	1715.0	1220.9	116.6	171.2
天津	2406.4	1012.2	1297.7	55.3	41.2
河北	1668.7	441.2	1149.8	40.9	36.8
山西	1208.3	367.2	780.8	22.9	37.4
内蒙古	1208.4	98.6	1036.0	54.8	19.0
辽宁	1756.5	486.2	1161.6	70.6	38.2
吉林	1609.6	165.6	1277.5	145.4	21.2
黑龙江	1766.3	130.3	1534.1	80.5	21.4
上海	4245.6	2734.0	1183.4	154.8	173.4
江苏	2456.9	821.9	1544.4	25.6	65.0
浙江	2966.2	1109.8	1696.6	62.5	97.4
安徽	1302.8	234.2	980.7	35.4	52.5
福建	2048.6	520.5	1296.0	118.9	113.2
江西	1537.4	319.7	1161.5	14.5	41.7
山东	1715.1	409.0	1230.6	28.8	46.8
河南	1232.0	163.5	1004.2	28.5	35.8
湖北	1511.2	192.4	1237.9	33.5	47.5
湖南	1425.2	268.0	1095.9	15.1	46.2
广东	2699.2	712.3	1756.6	50.1	180.3
广西	1446.1	202.1	1158.1	11.4	74.5
海南	1519.7	53.6	1307.9	74.3	84.0
四川	1158.3	208.6	860.4	21.4	67.9
贵州	1086.6	146.3	871.4	16.3	52.6
云南	1011.0	120.8	792.0	57.0	41.1
西藏	1200.3	79.2	1022.2	46.0	53.0
陕西	962.9	186.0	723.2	17.3	36.4
甘肃	880.3	91.7	734.0	18.3	36.4
青海	1029.8	96.7	908.2	3.0	21.9
宁夏	998.8	188.8	767.2	22.5	20.2
新疆	1136.5	64.5	967.6	65.3	39.1

4—74 1995年农村居民纯收入构成

单位:%

地 区	纯收入	一、工资性收入	二、家庭经营纯收入	三、财产性收入	四、转移性收入
全国合计	**100.0**	**22.4**	**71.4**	**2.6**	**3.6**
北 京	100.0	53.2	37.9	3.6	5.3
天 津	100.0	42.1	53.9	2.3	1.7
河 北	100.0	26.4	68.9	2.5	2.2
山 西	100.0	30.4	64.6	1.9	3.1
内蒙古	100.0	8.2	85.7	4.5	1.6
辽 宁	100.0	27.7	66.1	4.0	2.2
吉 林	100.0	10.3	79.4	9.0	1.3
黑龙江	100.0	7.4	86.9	4.6	1.2
上 海	100.0	64.4	27.9	3.6	4.1
江 苏	100.0	33.5	62.9	1.0	2.6
浙 江	100.0	37.4	57.2	2.1	3.3
安 徽	100.0	18.0	75.3	2.7	4.0
福 建	100.0	25.4	63.3	5.8	5.5
江 西	100.0	20.8	75.5	0.9	2.7
山 东	100.0	23.8	71.7	1.7	2.7
河 南	100.0	13.3	81.5	2.3	2.9
湖 北	100.0	12.7	81.9	2.2	3.1
湖 南	100.0	18.8	76.9	1.1	3.2
广 东	100.0	26.4	65.1	1.9	6.7
广 西	100.0	14.0	80.1	0.8	5.2
海 南	100.0	3.5	86.1	4.9	5.5
四 川	100.0	18.0	74.3	1.8	5.9
贵 州	100.0	13.5	80.2	1.5	4.8
云 南	100.0	12.0	78.3	5.6	4.1
西 藏	100.0	6.6	85.2	3.8	4.4
陕 西	100.0	19.3	75.1	1.8	3.8
甘 肃	100.0	10.4	83.4	2.1	4.1
青 海	100.0	9.4	88.2	0.3	2.1
宁 夏	100.0	18.9	76.8	2.3	2.0
新 疆	100.0	5.7	85.1	5.7	3.4

4—75 1995年农村居民总支出

单位：元/人

地　区	总支出	一、家庭经营费用支出	二、购买生产性固定资产支出	三、税费支出	四、生活消费支出	五、财产性和转移性支出
全国合计	**2138.3**	**621.7**	**62.3**	**88.7**	**1310.4**	**55.3**
北　京	3103.2	547.1	48.7	64.5	2335.6	107.3
天　津	2597.3	825.9	48.8	84.8	1548.4	89.4
河　北	1882.7	574.8	68.9	84.2	1104.3	50.4
山　西	1298.1	278.9	30.6	45.1	928.0	15.6
内蒙古	2098.1	664.0	101.2	105.3	1180.5	47.2
辽　宁	2804.6	982.8	46.8	162.7	1471.9	140.3
吉　林	2864.2	975.8	156.5	153.1	1494.6	84.3
黑龙江	3073.7	1002.0	180.9	294.6	1479.8	116.5
上　海	4060.5	497.9	41.3	65.7	3387.0	68.5
江　苏	2861.6	675.2	51.5	117.7	1938.0	79.1
浙　江	3535.8	855.4	169.7	53.9	2378.4	78.3
安　徽	1855.8	569.0	66.1	97.1	1070.6	53.1
福　建	2660.0	599.2	41.9	51.6	1793.7	173.5
江　西	2083.9	678.7	36.2	73.8	1256.1	39.2
山　东	2301.3	722.8	56.7	146.0	1338.5	37.4
河　南	1604.8	505.6	55.7	80.1	929.4	33.9
湖　北	1971.6	510.2	26.4	132.2	1245.1	57.6
湖　南	2203.4	669.3	35.7	105.3	1367.3	25.8
广　东	3151.3	714.5	25.4	73.8	2255.0	82.6
广　西	1890.0	589.8	43.7	29.9	1202.9	23.6
海　南	1558.1	332.4	19.2	35.4	1080.5	90.7
四　川	1828.2	599.8	33.5	66.4	1092.9	35.7
贵　州	1438.6	422.7	28.6	27.9	930.6	28.8
云　南	1733.8	609.3	60.6	34.5	981.1	48.3
西　藏	1211.0	180.1	114.7	2.6	896.8	16.8
陕　西	1423.5	385.5	42.2	58.0	913.7	24.1
甘　肃	1469.8	423.3	65.1	30.9	915.3	35.3
青　海	1306.4	258.3	69.5	39.2	913.8	25.6
宁　夏	1990.6	704.2	141.5	46.0	1063.2	35.8
新　疆	2363.5	1035.1	144.3	173.4	941.6	69.1

4—76 1995年农村居民总支出构成

单位:%

地 区	总 支 出	一、家庭经营费用支出	二、购置生产性固定资产支出	三、税费支出	四、生活消费支出	五、财产性和转移性支出
全国合计	**100.0**	**29.1**	**2.9**	**4.1**	**61.3**	**2.6**
北 京	100.0	17.6	1.6	2.1	75.3	3.5
天 津	100.0	31.8	1.9	3.3	59.6	3.4
河 北	100.0	30.5	3.7	4.5	58.7	2.7
山 西	100.0	21.5	2.4	3.5	71.5	1.2
内蒙古	100.0	31.6	4.8	5.0	56.3	2.3
辽 宁	100.0	35.0	1.7	5.8	52.5	5.0
吉 林	100.0	34.1	5.5	5.3	52.2	2.9
黑龙江	100.0	32.6	5.9	9.6	48.1	3.8
上 海	100.0	12.3	1.0	1.6	83.4	1.7
江 苏	100.0	23.6	1.8	4.1	67.7	2.8
浙 江	100.0	24.2	4.8	1.5	67.3	2.2
安 徽	100.0	30.7	3.6	5.2	57.7	2.9
福 建	100.0	22.5	1.6	1.9	67.4	6.5
江 西	100.0	32.6	1.7	3.5	60.3	1.9
山 东	100.0	31.4	2.5	6.3	58.2	1.6
河 南	100.0	31.5	3.5	5.0	57.9	2.1
湖 北	100.0	25.9	1.3	6.7	63.2	2.9
湖 南	100.0	30.4	1.6	4.8	62.1	1.2
广 东	100.0	22.7	0.8	2.3	71.6	2.6
广 西	100.0	31.2	2.3	1.6	63.6	1.2
海 南	100.0	21.3	1.2	2.3	69.3	5.8
四 川	100.0	32.8	1.8	3.6	59.8	2.0
贵 州	100.0	29.4	2.0	1.9	64.7	2.0
云 南	100.0	35.1	3.5	2.0	56.6	2.8
西 藏	100.0	14.9	9.5	0.2	74.1	1.4
陕 西	100.0	27.1	3.0	4.1	64.2	1.7
甘 肃	100.0	28.8	4.4	2.1	62.3	2.4
青 海	100.0	19.8	5.3	3.0	69.9	2.0
宁 夏	100.0	35.4	7.1	2.3	53.4	1.8
新 疆	100.0	43.8	6.1	7.3	39.8	2.9

4—77 1995年农村居民家庭经营费用支出

单位：元/人

地 区	家庭经营费用支出	一、第一产业支出	1.农 业 支 出	2.林 业 支 出	3.牧 业 支 出	4.渔 业 支 出	二、第二产业支出
全国合计	**621.7**	**575.6**	**321.5**	**2.5**	**242.4**	**9.2**	**14.3**
北 京	547.1	378.4	218.6	2.7	127.3	29.8	32.3
天 津	825.9	783.6	417.9	4.0	360.9	0.7	24.7
河 北	574.8	530.4	355.1	1.6	173.1	0.6	13.1
山 西	278.9	240.2	182.8	1.8	55.4	0.2	10.0
内蒙古	664.0	644.1	448.9	0.9	194.2	0.1	8.8
辽 宁	982.8	943.9	534.5	2.6	388.8	18.0	5.3
吉 林	975.8	950.3	729.7	1.7	217.9	1.0	7.5
黑龙江	1002.0	969.1	771.5	1.1	182.6	13.8	4.0
上 海	497.9	472.1	221.3	2.0	244.5	4.2	8.8
江 苏	675.2	621.1	310.4	1.3	296.7	12.7	14.5
浙 江	855.4	646.6	273.7	3.6	326.8	42.5	108.7
安 徽	569.0	541.6	343.2	2.1	187.4	8.9	5.9
福 建	599.2	529.4	253.8	10.7	249.3	15.7	20.4
江 西	678.7	649.5	297.7	2.5	336.4	13.0	10.0
山 东	722.8	696.9	423.2	3.0	270.3	0.5	6.4
河 南	505.6	472.4	329.0	2.7	137.4	3.4	5.7
湖 北	510.2	482.6	287.7	2.1	186.3	6.5	9.6
湖 南	669.3	611.7	217.9	0.8	380.5	12.4	30.6
广 东	714.5	646.4	239.1	1.7	354.9	50.7	12.9
广 西	589.8	544.1	201.6	1.8	334.9	5.9	19.7
海 南	332.4	317.4	183.6	14.1	106.9	12.8	1.7
四 川	599.7	577.0	200.3	1.0	371.9	3.8	6.9
贵 州	422.7	386.5	159.0	1.9	225.2	0.3	8.6
云 南	609.3	550.4	261.8	4.3	277.7	6.5	15.2
西 藏	180.1	123.7	85.8	0.4	37.5	0.0	1.8
陕 西	385.5	357.8	230.6	2.2	124.9	0.1	10.5
甘 肃	423.3	389.6	301.3	3.0	85.3	0.0	3.3
青 海	258.3	230.9	161.4	0.5	69.0	0.0	1.2
宁 夏	704.2	649.3	359.6	0.3	286.7	2.7	8.0
新 疆	1035.1	986.2	768.2	3.8	208.4	5.7	4.8

4—77 续表

单位:元/人

地　　区	1.工　业支　出	2.建筑业支　出	三、第三产业支出	1.交通运输业、邮电业支出	2.批发和零售贸易、餐饮业支出	3.社会服务业支出	4.其他家庭经营支出
全国合计	**11.0**	**3.3**	**31.8**	**16.4**	**7.8**	**2.6**	**5.0**
北　　京	22.8	9.5	136.4	127.1	1.0	6.6	1.6
天　　津	19.4	5.3	17.6	10.5	3.5	1.6	2.0
河　　北	12.0	1.2	31.3	14.4	13.8	1.8	1.3
山　　西	7.8	2.2	28.7	23.3	1.8	1.7	1.9
内 蒙 古	8.3	0.5	11.2	3.2	1.3	0.6	6.0
辽　　宁	3.6	1.7	33.6	20.5	9.7	0.8	2.6
吉　　林	4.6	3.0	18.0	7.9	5.6	1.4	3.1
黑 龙 江	2.3	1.7	29.0	17.1	3.3	2.4	6.2
上　　海	0.4	8.4	17.1	10.9	0.8	4.6	0.9
江　　苏	12.8	1.7	39.6	16.2	18.6	2.2	2.7
浙　　江	97.3	11.3	100.1	46.2	29.0	12.2	12.6
安　　徽	1.8	4.0	21.5	8.2	3.3	1.4	8.5
福　　建	4.2	16.3	49.4	26.9	10.2	4.8	7.4
江　　西	9.2	0.8	19.1	10.7	2.8	3.0	2.6
山　　东	2.5	3.9	19.4	9.3	5.3	1.5	3.4
河　　南	4.1	1.6	27.5	16.0	5.4	1.6	4.5
湖　　北	7.4	2.2	18.0	5.5	8.5	1.7	2.3
湖　　南	27.1	3.5	27.0	11.1	8.8	2.6	4.5
广　　东	3.9	9.1	55.1	24.7	15.9	5.9	8.6
广　　西	18.4	1.3	26.0	17.4	5.6	2.0	1.1
海　　南	1.1	0.6	13.3	5.8	1.6	0.8	5.1
四　　川	4.0	2.9	15.8	7.6	2.5	2.6	3.1
贵　　州	6.5	2.1	27.7	5.9	12.3	4.2	5.3
云　　南	11.0	4.2	43.7	26.0	5.8	2.7	9.3
西　　藏	0.1	1.7	54.5	44.7	0.7	0.8	8.4
陕　　西	9.3	1.2	17.2	10.2	5.2	1.1	0.7
甘　　肃	1.6	1.6	30.5	7.8	1.9	0.8	19.9
青　　海	1.1	0.2	26.1	17.9	5.1	2.2	0.9
宁　　夏	7.9	0.0	46.8	39.1	4.4	1.4	1.9
新　　疆	3.8	1.0	44.1	22.3	12.9	0.7	8.3

4—78 1995年农村居民家庭经营费用支出构成

单位：%

地区	家庭经营费用支出	一、第一产业支出	1.农业支出	2.林业支出	3.牧业支出	4.渔业支出	二、第二产业支出
全国合计	**100.0**	**92.6**	**51.7**	**0.4**	**39.0**	**1.5**	**2.3**
北京	100.0	69.2	39.9	0.5	23.3	5.5	5.9
天津	100.0	94.9	50.6	0.5	43.7	0.1	3.0
河北	100.0	92.3	61.8	0.3	30.1	0.1	2.3
山西	100.0	86.1	65.6	0.7	19.9	0.1	3.6
内蒙古	100.0	97.0	67.6	0.1	29.3	0.0	1.3
辽宁	100.0	96.0	54.4	0.3	39.6	1.8	0.5
吉林	100.0	97.4	74.8	0.2	22.3	0.1	0.8
黑龙江	100.0	96.7	77.0	0.1	18.2	1.4	0.4
上海	100.0	94.8	44.5	0.4	49.1	0.8	1.8
江苏	100.0	92.0	46.0	0.2	43.9	1.9	2.1
浙江	100.0	75.6	32.0	0.4	38.2	5.0	12.7
安徽	100.0	95.2	60.3	0.4	32.9	1.6	1.0
福建	100.0	88.4	42.3	1.8	41.6	2.6	3.4
江西	100.0	95.7	43.9	0.4	49.6	1.9	1.5
山东	100.0	96.4	58.5	0.4	37.4	0.1	0.9
河南	100.0	93.4	65.1	0.5	27.2	0.7	1.1
湖北	100.0	94.6	56.4	0.4	36.5	1.3	1.9
湖南	100.0	91.4	32.6	0.1	56.9	1.8	4.6
广东	100.0	90.5	33.5	0.2	49.7	7.1	1.8
广西	100.0	92.3	34.2	0.3	56.8	1.0	3.3
海南	100.0	95.5	55.2	4.2	32.2	3.9	0.5
四川	100.0	96.2	33.4	0.2	62.0	0.6	1.2
贵州	100.0	91.4	37.6	0.5	53.3	0.1	2.0
云南	100.0	90.3	43.0	0.7	45.6	1.1	2.5
西藏	100.0	68.7	47.6	0.2	20.8	0.0	1.0
陕西	100.0	92.8	59.8	0.6	32.4	0.0	2.7
甘肃	100.0	92.0	71.2	0.7	20.2	0.0	0.8
青海	100.0	89.4	62.5	0.2	26.7	0.0	0.5
宁夏	100.0	92.2	51.1	0.0	40.7	0.4	1.1
新疆	100.0	95.3	74.2	0.4	20.1	0.6	0.5

4—78续表

单位:%

地　　区	1.工业支出	2.建筑业支出	三、第三产业支出	1.交通运输业、邮电业支出	2.批发和零售贸易、餐饮业支出	3.社会服务业支出	4.其他家庭经营支出
全国合计	**1.8**	**0.5**	**5.1**	**2.6**	**1.3**	**0.4**	**0.8**
北　京	4.2	1.7	24.9	23.2	0.2	1.2	0.3
天　津	2.3	0.6	2.1	1.3	0.4	0.2	0.2
河　北	2.1	0.2	5.4	2.5	2.4	0.3	0.2
山　西	2.8	0.8	10.3	8.4	0.6	0.6	0.7
内蒙古	1.2	0.1	1.7	0.5	0.2	0.1	0.9
辽　宁	0.4	0.2	3.4	2.1	1.0	0.1	0.3
吉　林	0.5	0.3	1.8	0.8	0.6	0.1	0.3
黑龙江	0.2	0.2	2.9	1.7	0.3	0.2	0.6
上　海	0.1	1.7	3.4	2.2	0.2	0.9	0.2
江　苏	1.9	0.2	5.9	2.4	2.7	0.3	0.4
浙　江	11.4	1.3	11.7	5.4	3.4	1.4	1.5
安　徽	0.3	0.7	3.8	1.4	0.6	0.3	1.5
福　建	0.7	2.7	8.2	4.5	1.7	0.8	1.2
江　西	1.4	0.1	2.8	1.6	0.4	0.4	0.4
山　东	0.4	0.5	2.7	1.3	0.7	0.2	0.5
河　南	0.8	0.3	5.4	3.2	1.1	0.3	0.9
湖　北	1.5	0.4	3.5	1.1	1.7	0.3	0.4
湖　南	4.1	0.5	4.0	1.7	1.3	0.4	0.7
广　东	0.5	1.3	7.7	3.5	2.2	0.8	1.2
广　西	3.1	0.2	4.4	2.9	0.9	0.3	0.2
海　南	0.3	0.2	4.0	1.8	0.5	0.2	1.5
四　川	0.7	0.5	2.6	1.3	0.4	0.4	0.5
贵　州	1.5	0.5	6.5	1.4	2.9	1.0	1.2
云　南	1.8	0.7	7.2	4.3	1.0	0.4	1.5
西　藏	0.0	1.0	30.3	24.8	0.4	0.5	4.7
陕　西	2.4	0.3	4.5	2.6	1.3	0.3	0.2
甘　肃	0.4	0.4	7.2	1.8	0.4	0.2	4.7
青　海	0.4	0.1	10.1	6.9	2.0	0.9	0.4
宁　夏	1.1	0.0	6.7	5.6	0.6	0.2	0.3
新　疆	0.4	0.1	4.3	2.2	1.2	0.1	0.8

4—79　1995年农村居民生活消费支出

单位:元/人

地　区	生活消费支出	一、食品支出	二、衣着支出	三、居住支出
全国合计	**1310.4**	**768.2**	**89.8**	**182.2**
北　京	2335.6	1183.4	229.5	225.0
天　津	1548.4	911.4	129.5	212.5
河　北	1104.3	627.4	89.6	165.4
山　西	928.0	586.0	103.0	77.6
内蒙古	1180.5	704.7	86.2	157.0
辽　宁	1471.9	887.1	138.4	169.9
吉　林	1494.6	841.9	134.0	189.8
黑龙江	1479.8	813.4	139.6	229.0
上　海	3387.0	1491.4	252.3	761.1
江　苏	1938.0	1061.4	126.8	344.6
浙　江	2378.4	1198.0	157.1	442.3
安　徽	1070.6	625.4	70.6	165.6
福　建	1793.7	1093.5	99.2	212.5
江　西	1256.1	774.6	70.3	167.6
山　东	1338.5	748.7	102.0	208.6
河　南	929.4	544.3	77.1	131.9
湖　北	1245.1	753.9	81.1	147.1
湖　南	1367.3	823.9	73.5	192.4
广　东	2255.0	1228.0	91.3	345.7
广　西	1202.9	760.3	49.2	139.5
海　南	1080.5	737.2	48.1	92.2
四　川	1092.9	718.3	63.5	127.3
贵　州	930.6	661.9	55.6	78.7
云　南	981.1	602.9	60.8	133.9
西　藏	896.8	667.1	92.7	45.0
陕　西	913.7	542.0	61.8	136.9
甘　肃	915.3	649.3	45.5	93.4
青　海	913.8	593.9	85.5	88.8
宁　夏	1063.2	617.7	84.4	144.9
新　疆	941.6	471.5	119.9	121.2

4—79 续表

单位:元/人

地　区	四、家庭设备用品及服务支出	五、交通和通讯支出	六、文化教育用品及服务支出	七、医疗保健支出	八、其他商品及服务支出
全国合计	**68.5**	**33.8**	**102.4**	**42.5**	**23.1**
北　京	196.2	91.7	246.3	107.3	56.3
天　津	66.5	37.3	97.8	62.1	31.3
河　北	58.2	33.5	73.0	40.9	16.3
山　西	43.0	14.1	62.8	31.1	10.4
内蒙古	50.0	22.4	97.5	48.5	14.2
辽　宁	60.1	35.6	107.2	48.6	25.1
吉　林	64.9	33.1	138.3	57.8	34.8
黑龙江	56.4	34.2	113.7	74.8	18.7
上　海	284.4	159.0	256.0	72.6	110.3
江　苏	133.0	52.3	139.2	49.1	31.7
浙　江	147.8	76.5	163.9	103.2	89.6
安　徽	57.2	21.3	79.5	34.1	17.0
福　建	83.1	70.6	148.7	44.4	41.8
江　西	57.9	32.3	93.5	39.5	20.5
山　东	73.7	43.1	106.1	40.3	16.1
河　南	43.8	17.4	63.5	34.4	17.0
湖　北	55.3	30.5	128.3	34.9	14.0
湖　南	68.8	26.3	128.8	35.8	17.8
广　东	140.5	82.1	245.2	67.5	54.8
广　西	52.0	27.3	127.7	29.0	18.0
海　南	49.2	17.0	92.5	24.6	19.7
四　川	50.7	18.4	75.4	29.4	10.0
贵　州	42.6	14.0	49.3	16.3	12.3
云　南	54.3	21.5	58.1	32.0	17.6
西　藏	61.6	8.5	6.4	6.4	9.1
陕　西	41.6	15.1	65.1	41.3	9.8
甘　肃	30.9	13.5	45.9	29.2	7.5
青　海	34.3	22.5	33.7	34.7	20.5
宁　夏	59.8	28.4	72.4	41.5	14.2
新　疆	56.3	35.7	64.9	48.0	24.1

4—80 1995 年农村居民生活消费支出构成

单位:%

地 区	生活消费支出	一、食品支出	二、衣着支出	三、居住支出
全国合计	**100.0**	**58.6**	**6.9**	**13.9**
北 京	100.0	50.7	9.8	9.6
天 津	100.0	58.9	8.4	13.7
河 北	100.0	56.8	8.1	15.0
山 西	100.0	63.2	11.1	8.4
内蒙古	100.0	59.7	7.3	13.3
辽 宁	100.0	60.3	9.4	11.5
吉 林	100.0	56.3	9.0	12.7
黑龙江	100.0	55.0	9.4	15.5
上 海	100.0	44.0	7.4	22.5
江 苏	100.0	54.8	6.5	17.8
浙 江	100.0	50.4	6.6	18.6
安 徽	100.0	58.4	6.6	15.5
福 建	100.0	61.0	5.5	11.8
江 西	100.0	61.7	5.6	13.3
山 东	100.0	55.9	7.6	15.6
河 南	100.0	58.6	8.3	14.2
湖 北	100.0	60.6	6.5	11.8
湖 南	100.0	60.3	5.4	14.1
广 东	100.0	54.5	4.0	15.3
广 西	100.0	63.2	4.1	11.6
海 南	100.0	68.2	4.4	8.5
四 川	100.0	65.7	5.8	11.6
贵 州	100.0	71.1	6.0	8.5
云 南	100.0	61.5	6.2	13.7
西 藏	100.0	74.4	10.3	5.0
陕 西	100.0	59.3	6.8	15.0
甘 肃	100.0	70.9	5.0	10.2
青 海	100.0	65.0	9.4	9.7
宁 夏	100.0	58.1	7.9	13.6
新 疆	100.0	50.1	12.7	12.9

4—80 续表

单位:%

地　　区	四、家庭设备用品及服务支出	五、交　通　和通讯支出	六、文化教育用品及服务支出	七、医疗保健支出	八、其他商品及服务支出
全国合计	**5.2**	**2.6**	**7.8**	**3.2**	**1.8**
北　　京	8.4	3.9	10.5	4.6	2.4
天　　津	4.3	2.4	6.3	4.0	2.0
河　　北	5.3	3.0	6.6	3.7	1.5
山　　西	4.6	1.5	6.8	3.4	1.1
内 蒙 古	4.2	1.9	8.3	4.1	1.2
辽　　宁	4.1	2.4	7.3	3.3	1.7
吉　　林	4.3	2.2	9.3	3.9	2.3
黑 龙 江	3.8	2.3	7.7	5.1	1.3
上　　海	8.4	4.7	7.6	2.1	3.3
江　　苏	6.9	2.7	7.2	2.5	1.6
浙　　江	6.2	3.2	6.9	4.3	3.8
安　　徽	5.3	2.0	7.4	3.2	1.6
福　　建	4.6	3.9	8.3	2.5	2.3
江　　西	4.6	2.6	7.4	3.1	1.6
山　　东	5.5	3.2	7.9	3.0	1.2
河　　南	4.7	1.9	6.8	3.7	1.8
湖　　北	4.4	2.5	10.3	2.8	1.1
湖　　南	5.0	1.9	9.4	2.6	1.3
广　　东	6.2	3.6	10.9	3.0	2.4
广　　西	4.3	2.3	10.6	2.4	1.5
海　　南	4.5	1.6	8.6	2.3	1.8
四　　川	4.6	1.7	6.9	2.7	0.9
贵　　州	4.6	1.5	5.3	1.7	1.3
云　　南	5.5	2.2	5.9	3.3	1.8
西　　藏	6.9	0.9	0.7	0.7	1.0
陕　　西	4.6	1.7	7.1	4.5	1.1
甘　　肃	3.4	1.5	5.0	3.2	0.8
青　　海	3.8	2.5	3.7	3.8	2.2
宁　　夏	5.6	2.7	6.8	3.9	1.3
新　　疆	6.0	3.8	6.9	5.1	2.6

4—81 1995年农村居民现金支出

单位:元/人

地 区	现金支出	一、家庭经营费用现金支出	二、购买生产性固定资产支出	三、税费支出	四、生活消费支出	五、财产性和转移性支出
全国合计	**1545.8**	**454.7**	**62.3**	**77.0**	**859.4**	**92.4**
北 京	2917.3	543.7	48.7	63.4	2073.6	188.0
天 津	2041.1	732.3	48.8	47.2	1098.0	114.9
河 北	1263.8	387.5	68.9	65.8	690.0	51.7
山 西	896.3	206.7	30.6	42.2	564.0	52.8
内蒙古	1404.2	434.4	101.2	104.2	689.2	75.3
辽 宁	1935.7	638.3	46.8	149.3	942.6	158.7
吉 林	2310.6	779.6	156.5	150.3	1092.9	131.3
黑龙江	2561.7	861.8	180.9	294.6	1058.0	166.5
上 海	3891.3	496.3	41.3	65.7	2933.5	354.5
江 苏	2108.3	528.3	51.5	83.9	1285.8	158.8
浙 江	3201.3	782.3	169.7	46.6	1986.8	215.9
安 徽	1321.7	399.3	66.1	94.1	682.5	79.8
福 建	2100.3	525.1	41.9	39.5	1311.0	182.8
江 西	1470.2	504.4	36.2	59.8	776.1	93.6
山 东	1514.6	422.8	56.7	117.8	851.9	65.5
河 南	1043.0	336.9	55.7	68.9	533.8	47.7
湖 北	1341.2	376.3	26.4	129.9	700.2	108.5
湖 南	1593.0	462.9	35.7	97.7	875.1	121.6
广 东	2609.0	630.2	25.4	38.0	1790.3	125.0
广 西	1389.5	490.3	43.7	19.3	784.2	52.0
海 南	976.6	239.3	19.2	7.5	654.6	56.1
四 川	1111.9	352.9	33.5	57.1	605.1	63.3
贵 州	815.9	237.6	28.6	24.1	456.4	69.2
云 南	1144.2	376.0	60.6	17.2	630.0	60.4
西 藏	652.0	108.6	114.7	2.6	413.4	12.8
陕 西	922.7	255.1	42.2	58.0	527.7	39.8
甘 肃	720.2	248.5	65.1	23.5	355.0	28.1
青 海	779.8	165.6	69.5	38.8	458.7	47.2
宁 夏	1394.0	472.0	141.5	44.6	662.2	73.8
新 疆	2009.2	940.4	144.3	172.6	682.1	69.7

4—82 1995年农村居民现金支出构成

单位：%

地区	现金支出	一、家庭经营费用现金支出	二、购买生产性固定资产支出	三、税费支出	四、生活消费支出	五、财产性和转移性支出
全国合计	**100.0**	**29.4**	**4.0**	**5.0**	**55.6**	**6.0**
北京	100.0	18.6	1.7	2.2	71.1	6.4
天津	100.0	35.9	2.4	2.3	53.8	5.6
河北	100.0	30.7	5.5	5.2	54.6	4.1
山西	100.0	23.1	3.4	4.7	62.9	5.9
内蒙古	100.0	30.9	7.2	7.4	49.1	5.4
辽宁	100.0	33.0	2.4	7.7	48.7	8.2
吉林	100.0	33.7	6.8	6.5	47.3	5.7
黑龙江	100.0	33.6	7.1	11.5	41.3	6.5
上海	100.0	12.8	1.1	1.7	75.4	9.1
江苏	100.0	25.1	2.4	4.0	61.0	7.5
浙江	100.0	24.4	5.3	1.5	62.1	6.7
安徽	100.0	30.2	5.0	7.1	51.6	6.0
福建	100.0	25.0	2.0	1.9	62.4	8.7
江西	100.0	34.3	2.5	4.1	52.8	6.4
山东	100.0	27.9	3.7	7.8	56.2	4.3
河南	100.0	32.3	5.3	6.6	51.2	4.6
湖北	100.0	28.1	2.0	9.7	52.2	8.1
湖南	100.0	29.1	2.2	6.1	54.9	7.6
广东	100.0	24.2	1.0	1.5	68.6	4.8
广西	100.0	35.3	3.1	1.4	56.4	3.7
海南	100.0	24.5	2.0	0.8	67.0	5.7
四川	100.0	31.7	3.0	5.1	54.4	5.7
贵州	100.0	29.1	3.5	3.0	55.9	8.5
云南	100.0	32.9	5.3	1.5	55.1	5.3
西藏	100.0	16.7	17.6	0.4	63.4	2.0
陕西	100.0	27.6	4.6	6.3	57.2	4.3
甘肃	100.0	34.5	9.0	3.3	49.3	3.9
青海	100.0	21.2	8.9	5.0	58.8	6.1
宁夏	100.0	33.9	10.1	3.2	47.5	5.3
新疆	100.0	46.8	7.2	8.6	34.0	3.5

4—83 1995年农村居民家庭经营费用现金支出

单位:元/人

地区	家庭经营费用现金支出	一、第一产业支出	1.农业支出	2.林业支出	3.牧业支出	4.渔业支出	二、第二产业支出
全国合计	**454.7**	**410.7**	**261.4**	**2.1**	**138.3**	**8.8**	**13.8**
北京	543.7	375.0	216.9	2.7	125.5	29.8	32.3
天津	732.3	690.0	363.3	3.6	322.3	0.7	24.7
河北	387.5	345.8	262.3	1.5	81.4	0.6	11.9
山西	206.7	168.0	139.0	1.8	27.1	0.2	10.0
内蒙古	434.4	416.7	351.7	0.8	64.2	0.1	6.5
辽宁	638.3	601.3	383.3	0.5	199.5	18.0	4.6
吉林	779.6	754.1	650.4	1.7	101.3	0.7	7.5
黑龙江	861.8	828.9	689.9	1.1	125.3	12.6	3.9
上海	496.3	470.5	220.2	2.0	244.1	4.2	8.8
江苏	528.3	476.2	283.2	1.3	179.9	11.9	14.5
浙江	782.3	575.7	267.9	3.6	261.9	42.3	108.7
安徽	399.3	375.4	262.6	1.9	102.1	8.8	5.8
福建	525.1	455.3	231.1	10.6	197.9	15.7	20.4
江西	504.4	475.6	268.6	1.7	193.1	12.2	10.0
山东	422.8	403.2	278.5	2.9	121.5	0.4	5.6
河南	336.9	305.4	237.5	2.2	62.6	3.2	5.3
湖北	376.3	350.9	237.9	1.4	105.3	6.3	9.4
湖南	462.9	406.6	194.9	0.8	198.8	12.1	29.7
广东	630.2	563.1	220.1	1.6	294.8	46.6	12.6
广西	490.3	444.6	194.6	1.8	242.4	5.9	19.7
海南	239.3	225.6	163.3	8.0	41.5	12.8	1.7
四川	352.9	332.5	154.4	0.8	174.0	3.3	6.7
贵州	237.6	204.6	115.5	1.6	87.3	0.3	8.5
云南	376.0	322.8	184.2	3.6	129.4	5.6	14.8
西藏	108.6	52.4	46.2	0.4	5.8	0.0	1.8
陕西	255.1	230.7	181.0	2.2	47.4	0.1	7.3
甘肃	248.5	217.9	186.0	1.2	30.6	0.0	2.2
青海	165.6	138.4	103.6	0.5	34.3	0.0	1.2
宁夏	472.0	417.2	253.8	0.3	160.5	2.6	8.0
新疆	940.4	891.7	723.3	3.7	159.0	5.7	4.8

4—83 续表

单位:元/人

地　区	1.工　业支　出	2.建筑业支　出	三、第三产业支出	1.交通运输业、邮电业支出	2.批发和零售贸易、餐饮业支出	3.社会服务业支出	4.其他家庭经营支出
全国合计	**10.6**	**3.2**	**30.3**	**16.3**	**7.4**	**2.5**	**4.2**
北　京	22.8	9.5	136.4	127.1	1.0	6.6	1.6
天　津	19.4	5.3	17.6	10.5	3.5	1.6	2.0
河　北	10.7	1.2	29.9	14.2	13.4	1.7	0.6
山　西	7.8	2.2	28.6	23.3	1.8	1.7	1.9
内蒙古	6.1	0.5	11.2	3.2	1.3	0.6	6.0
辽　宁	3.4	1.2	32.4	19.7	9.7	0.7	2.3
吉　林	4.6	3.0	18.0	7.9	5.6	1.4	3.1
黑龙江	2.2	1.7	28.9	17.1	3.3	2.4	6.2
上　海	0.4	8.4	17.0	10.9	0.8	4.5	0.9
江　苏	12.8	1.7	37.6	16.2	16.8	2.2	2.5
浙　江	97.3	11.3	97.9	46.1	28.3	12.2	11.3
安　徽	1.8	4.0	18.2	8.2	3.3	1.4	5.3
福　建	4.2	16.3	49.3	26.9	10.2	4.8	7.4
江　西	9.2	0.8	18.8	10.7	2.8	3.0	2.3
山　东	2.2	3.3	14.0	8.7	3.3	0.9	1.1
河　南	3.7	1.6	26.2	15.8	4.3	1.6	4.5
湖　北	7.3	2.1	15.9	5.5	7.8	1.5	1.0
湖　南	26.2	3.5	26.6	10.8	8.8	2.6	4.5
广　东	3.9	8.7	54.6	24.6	15.9	5.9	8.2
广　西	18.4	1.2	26.0	17.4	5.6	2.0	1.1
海　南	1.1	0.6	12.0	5.8	1.6	0.8	3.8
四　川	3.9	2.8	13.7	7.5	1.9	2.1	2.2
贵　州	6.4	2.1	24.5	5.5	11.7	4.0	3.2
云　南	10.6	4.2	38.3	25.3	5.6	2.6	4.8
西　藏	0.1	1.7	54.3	44.4	0.7	0.8	8.4
陕　西	6.2	1.2	17.1	10.2	5.1	1.1	0.7
甘　肃	1.5	0.7	28.3	7.4	1.3	0.7	18.9
青　海	1.1	0.2	26.0	17.8	5.1	2.2	0.9
宁　夏	7.9	0.0	46.8	39.1	4.4	1.4	1.9
新　疆	3.8	1.0	43.9	22.3	12.9	0.7	8.0

4—84 1995年农村居民家庭经营费用现金支出构成

单位:%

地区	家庭经营费用现金支出	一、第一产业支出	1.农业支出	2.林业支出	3.牧业支出	4.渔业支出	二、第二产业支出
全国合计	**100.0**	**90.3**	**57.5**	**0.5**	**30.4**	**1.9**	**3.0**
北京	100.0	69.0	39.9	0.5	23.1	5.5	5.9
天津	100.0	94.2	49.6	0.5	44.0	0.1	3.4
河北	100.0	89.2	67.7	0.4	21.0	0.2	3.1
山西	100.0	81.3	67.2	0.9	13.1	0.1	4.8
内蒙古	100.0	95.9	81.0	0.2	14.8	0.0	1.5
辽宁	100.0	94.2	60.1	0.1	31.3	2.8	0.7
吉林	100.0	96.7	83.4	0.2	13.0	0.1	1.0
黑龙江	100.0	96.2	80.1	0.1	14.5	1.5	0.5
上海	100.0	94.8	44.4	0.4	49.2	0.9	1.8
江苏	100.0	90.1	53.6	0.2	34.1	2.2	2.7
浙江	100.0	73.6	34.2	0.5	33.5	5.4	13.9
安徽	100.0	94.0	65.8	0.5	25.6	2.2	1.4
福建	100.0	86.7	44.0	2.0	37.7	3.0	3.9
江西	100.0	94.3	53.2	0.3	38.3	2.4	2.0
山东	100.0	95.4	65.9	0.7	28.7	0.1	1.3
河南	100.0	90.7	70.5	0.6	18.6	1.0	1.6
湖北	100.0	93.3	63.2	0.4	28.0	1.7	2.5
湖南	100.0	87.8	42.1	0.2	43.0	2.6	6.4
广东	100.0	89.3	34.9	0.2	46.8	7.4	2.0
广西	100.0	90.7	39.7	0.4	49.4	1.2	4.0
海南	100.0	94.3	68.2	3.3	17.3	5.4	0.7
四川	100.0	94.2	43.8	0.2	49.3	0.9	1.9
贵州	100.0	86.1	48.6	0.7	36.7	0.1	3.6
云南	100.0	85.9	49.0	0.9	34.4	1.5	3.9
西藏	100.0	48.3	42.6	0.4	5.3	0.0	1.7
陕西	100.0	90.4	70.9	0.8	18.6	0.0	2.9
甘肃	100.0	87.7	74.9	0.5	12.3	0.0	0.9
青海	100.0	83.6	62.6	0.3	20.7	0.0	0.7
宁夏	100.0	88.4	53.8	0.1	34.0	0.6	1.7
新疆	100.0	94.8	76.9	0.4	16.9	0.6	0.5

4—84 续表

单位:%

地　　区	1. 工　业收　入	2. 建筑业支　出	三、第三产业支出	1. 交通运输业、邮电业支出	2. 批发和零售贸易、餐饮业支出	3. 社会服务业支出	4. 其他家庭经营支出
全国合计	**2.3**	**0.7**	**6.7**	**3.6**	**1.6**	**0.5**	**0.9**
北　京	4.2	1.8	25.1	23.4	0.2	1.2	0.3
天　津	2.6	0.7	2.4	1.4	0.5	0.2	0.3
河　北	2.8	0.3	7.7	3.7	3.5	0.4	0.2
山　西	3.8	1.1	13.9	11.3	0.8	0.8	0.9
内蒙古	1.4	0.1	2.6	0.7	0.3	0.1	1.4
辽　宁	0.5	0.2	5.1	3.1	1.5	0.1	0.4
吉　林	0.6	0.4	2.3	1.0	0.7	0.2	0.4
黑龙江	0.3	0.2	3.4	2.0	0.4	0.3	0.7
上　海	0.1	1.7	3.4	2.2	0.2	0.9	0.2
江　苏	2.4	0.3	7.1	3.1	3.2	0.4	0.5
浙　江	12.4	1.5	12.5	5.9	3.6	1.6	1.4
安　徽	0.4	1.0	4.5	2.1	0.8	0.3	1.3
福　建	0.8	3.1	9.4	5.1	1.9	0.9	1.4
江　西	1.8	0.2	3.7	2.1	0.6	0.6	0.4
山　东	0.5	0.8	3.3	2.1	0.8	0.2	0.3
河　南	1.1	0.5	7.8	4.7	1.3	0.5	1.3
湖　北	1.9	0.6	4.2	1.5	2.1	0.4	0.3
湖　南	5.7	0.7	5.7	2.3	1.9	0.6	1.0
广　东	0.6	1.4	8.7	3.9	2.5	0.9	1.3
广　西	3.8	0.3	5.3	3.5	1.1	0.4	0.2
海　南	0.5	0.2	5.0	2.4	0.7	0.3	1.6
四　川	1.1	0.8	3.9	2.1	0.5	0.6	0.6
贵　州	2.7	0.9	10.3	2.3	4.9	1.7	1.4
云　南	2.8	1.1	10.2	6.7	1.5	0.7	1.3
西　藏	0.1	1.6	50.0	40.9	0.6	0.8	7.7
陕　西	2.4	0.5	6.7	4.0	2.0	0.4	0.3
甘　肃	0.6	0.3	11.4	3.0	0.5	0.3	7.6
青　海	0.6	0.1	15.7	10.7	3.1	1.3	0.6
宁　夏	1.7	0.0	9.9	8.3	0.9	0.3	0.4
新　疆	0.4	0.1	4.7	2.4	1.4	0.1	0.9

4—85 1995年农村居民生活消费现金支出

单位:元/人

地 区	生活消费现金支出	一、食品支出	二、衣着支出	三、居住支出
全国合计	**859.4**	**353.2**	**88.7**	**147.9**
北 京	2073.6	922.4	229.2	224.8
天 津	1098.0	486.4	129.4	187.3
河 北	690.0	252.6	87.7	127.8
山 西	564.0	228.8	102.5	71.5
内蒙古	689.2	232.9	85.7	137.9
辽 宁	942.6	407.9	138.0	120.7
吉 林	1092.9	482.4	134.0	147.6
黑龙江	1058.0	464.2	139.6	156.3
上 海	2933.5	1065.1	232.9	754.1
江 苏	1285.7	478.8	123.4	282.4
浙 江	1986.8	821.2	156.9	427.8
安 徽	682.5	285.1	69.9	118.5
福 建	1311.0	652.7	99.0	170.8
江 西	776.1	324.4	69.9	138.3
山 东	851.9	330.2	99.5	144.7
河 南	533.8	190.4	75.2	93.3
湖 北	700.2	258.7	79.5	99.0
湖 南	875.1	346.5	73.0	178.2
广 东	1790.3	794.0	89.7	317.3
广 西	784.2	369.1	49.2	112.2
海 南	654.6	357.4	48.1	46.2
四 川	605.1	266.5	63.1	91.9
贵 州	456.4	198.1	55.6	68.2
云 南	630.0	271.3	59.9	115.4
西 藏	413.4	204.0	92.1	25.9
陕 西	527.6	185.4	61.0	108.2
甘 肃	355.0	129.7	45.3	53.1
青 海	458.7	173.9	84.7	54.4
宁 夏	662.2	225.3	84.3	136.4
新 疆	682.1	233.4	116.8	103.5

4—85 续表

单位:元/人

地　　区	四、家庭设备用品及服务支出	五、交通和通讯支出	六、文化教育用品及服务支出	七、医疗保健支出	八、其他商品及服务支出
全国合计	**68.1**	**33.7**	**102.3**	**42.5**	**23.1**
北　京	195.6	91.6	246.3	107.3	56.3
天　津	66.3	37.3	97.8	62.1	31.3
河　北	58.1	33.5	73.0	40.9	16.3
山　西	42.7	14.0	62.8	31.1	10.4
内蒙古	50.0	22.4	97.5	48.5	14.2
辽　宁	59.5	35.6	107.3	48.6	25.0
吉　林	64.8	33.1	138.3	57.8	34.8
黑龙江	56.4	34.1	113.7	74.8	18.7
上　海	283.6	159.0	256.0	72.6	110.3
江　苏	128.8	52.3	139.2	49.1	31.7
浙　江	147.7	76.5	163.9	103.2	89.6
安　徽	57.2	21.3	79.4	34.1	17.0
福　建	82.9	70.6	148.7	44.4	41.8
江　西	57.8	32.3	93.5	39.5	20.5
山　东	73.6	42.4	105.2	40.1	16.0
河　南	42.6	17.4	63.5	34.4	17.0
湖　北	55.3	30.5	128.3	34.9	14.0
湖　南	68.8	26.3	128.8	35.8	17.8
广　东	139.8	82.1	245.2	67.5	54.8
广　西	51.7	27.3	127.7	29.0	17.9
海　南	49.1	17.0	92.5	24.6	19.7
四　川	50.5	18.4	75.4	29.3	10.0
贵　州	42.6	14.0	49.3	16.3	12.3
云　南	54.2	21.5	58.1	32.0	17.6
西　藏	61.0	8.5	6.4	6.4	9.1
陕　西	41.6	15.1	65.1	41.3	9.8
甘　肃	30.8	13.5	45.9	29.2	7.5
青　海	34.3	22.5	33.7	34.7	20.5
宁　夏	59.8	28.4	72.4	41.5	14.2
新　疆	55.8	35.7	64.9	48.0	24.1

4—86 1995年农村居民生活消费现金支出构成

单位:%

地 区	生活消费现金支出	一、食品支出	二、衣着支出	三、居住支出
全国合计	**100.0**	**41.1**	**10.3**	**17.2**
北 京	100.0	44.5	11.1	10.8
天 津	100.0	44.3	11.8	17.1
河 北	100.0	36.6	12.7	18.5
山 西	100.0	40.6	18.2	12.7
内蒙古	100.0	33.8	12.4	20.0
辽 宁	100.0	43.3	14.6	12.8
吉 林	100.0	44.1	12.3	13.5
黑龙江	100.0	43.9	13.2	14.8
上 海	100.0	36.3	7.9	25.7
江 苏	100.0	37.2	9.6	22.0
浙 江	100.0	41.3	7.9	21.5
安 徽	100.0	41.8	10.2	17.4
福 建	100.0	49.8	7.6	13.0
江 西	100.0	41.8	9.0	17.8
山 东	100.0	38.8	11.7	17.0
河 南	100.0	35.7	14.1	17.5
湖 北	100.0	36.9	11.3	14.1
湖 南	100.0	39.6	8.3	20.4
广 东	100.0	44.4	5.0	17.7
广 西	100.0	47.1	6.3	14.3
海 南	100.0	54.6	7.3	7.1
四 川	100.0	44.0	10.4	15.2
贵 州	100.0	43.4	12.2	15.0
云 南	100.0	43.1	9.5	18.3
西 藏	100.0	49.4	22.3	6.3
陕 西	100.0	35.1	11.6	20.5
甘 肃	100.0	36.5	12.8	15.0
青 海	100.0	37.9	18.5	11.9
宁 夏	100.0	34.0	12.7	20.6
新 疆	100.0	34.2	17.1	15.2

4—86续表

单位：%

地　区	四、家庭设备用品及服务支出	五、交通和通讯支出	六、文化教育用品及服务支出	七、医疗保健支出	八、其他商品及服务支出
全国合计	**7.9**	**3.9**	**11.9**	**4.9**	**2.7**
北　京	9.4	4.4	11.9	5.2	2.7
天　津	6.0	3.4	8.9	5.7	2.9
河　北	8.4	4.9	10.6	5.9	2.4
山　西	7.6	2.5	11.1	5.5	1.8
内蒙古	7.3	3.2	14.1	7.0	2.1
辽　宁	6.3	3.8	11.4	5.2	2.7
吉　林	5.9	3.0	12.7	5.3	3.2
黑龙江	5.3	3.2	10.7	7.1	1.8
上　海	9.7	5.4	8.7	2.5	3.8
江　苏	10.0	4.1	10.8	3.8	2.5
浙　江	7.4	3.9	8.2	5.2	4.5
安　徽	8.4	3.1	11.6	5.0	2.5
福　建	6.3	5.4	11.3	3.4	3.2
江　西	7.4	4.2	12.0	5.1	2.6
山　东	8.6	5.0	12.4	4.7	1.9
河　南	8.0	3.3	11.9	6.5	3.2
湖　北	7.9	4.4	18.3	5.0	2.0
湖　南	7.9	3.0	14.7	4.1	2.0
广　东	7.8	4.6	13.7	3.8	3.1
广　西	6.6	3.5	16.3	3.7	2.3
海　南	7.5	2.6	14.1	3.8	3.0
四　川	8.4	3.0	12.5	4.8	1.7
贵　州	9.3	3.1	10.8	3.6	2.7
云　南	8.6	3.4	9.2	5.1	2.8
西　藏	14.8	2.1	1.5	1.5	2.2
陕　西	7.9	2.9	12.3	7.8	1.9
甘　肃	8.7	3.8	12.9	8.2	2.1
青　海	7.5	4.9	7.4	7.6	4.5
宁　夏	9.0	4.3	10.9	6.3	2.1
新　疆	8.2	5.2	9.5	7.0	3.5

4—87 2000年农村居民总收入

单位:元/人

地区	总收入	一、工资性收入	二、家庭经营收入	三、财产性收入	四、转移性收入
全国合计	**3146.2**	**702.3**	**2251.3**	**45.0**	**147.6**
北京	5515.6	2819.1	2238.9	158.3	299.4
天津	4649.1	1638.3	2825.5	42.9	142.5
河北	3307.5	949.3	2217.1	62.7	78.6
山西	2423.9	726.1	1579.2	19.7	98.9
内蒙古	3440.3	287.6	3049.5	35.2	68.0
辽宁	3704.3	883.0	2577.9	58.2	185.3
吉林	3259.1	343.9	2775.0	31.3	108.9
黑龙江	3712.6	338.0	3195.0	60.6	119.1
上海	6399.5	4309.9	1547.5	142.8	399.3
江苏	4542.0	1663.1	2636.1	48.1	194.7
浙江	5325.2	2000.5	2844.9	181.0	298.7
安徽	2585.6	547.8	1910.3	24.7	102.7
福建	4103.5	1069.0	2556.7	77.0	400.9
江西	2833.8	744.5	1959.5	18.8	111.1
山东	3881.0	850.6	2809.4	57.8	163.2
河南	2726.1	473.7	2134.3	29.2	88.9
湖北	3008.1	547.7	2277.5	19.5	163.4
湖南	3195.1	789.7	2130.1	20.7	254.6
广东	4590.5	1362.2	2869.4	73.7	285.3
广西	2649.2	483.8	2042.4	7.5	115.6
海南	2840.7	151.4	2520.6	38.1	130.6
重庆	2594.9	623.3	1793.4	8.5	169.7
四川	2829.9	606.9	2059.2	30.0	133.9
贵州	1947.5	274.9	1556.4	7.0	109.2
云南	2246.9	263.6	1844.7	47.9	90.7
西藏	1732.3	227.6	1325.2	106.5	72.9
陕西	2032.8	446.0	1457.1	47.0	82.7
甘肃	1958.0	355.0	1524.9	16.1	61.9
青海	2000.3	312.3	1597.0	24.7	66.3
宁夏	2819.8	484.0	2170.0	80.8	85.0
新疆	3129.4	104.6	2926.7	40.4	57.6

4—88 2000年农村居民总收入构成

单位：%

地　　区	总 收 入	一、工资性收入	二、家庭经营收入	三、财产性收入	四、转移性收入
全国合计	**100.0**	**22.3**	**71.6**	**1.4**	**4.7**
北　　京	100.0	51.1	40.6	2.9	5.4
天　　津	100.0	35.2	60.8	0.9	3.1
河　　北	100.0	28.7	67.0	1.9	2.4
山　　西	100.0	30.0	65.2	0.8	4.1
内 蒙 古	100.0	8.4	88.6	1.0	2.0
辽　　宁	100.0	23.8	69.6	1.6	5.0
吉　　林	100.0	10.6	85.1	1.0	3.3
黑 龙 江	100.0	9.1	86.1	1.6	3.2
上　　海	100.0	67.3	24.2	2.2	6.2
江　　苏	100.0	36.6	58.0	1.1	4.3
浙　　江	100.0	37.6	53.4	3.4	5.6
安　　徽	100.0	21.2	73.9	1.0	4.0
福　　建	100.0	26.1	62.3	1.9	9.8
江　　西	100.0	26.3	69.1	0.7	3.9
山　　东	100.0	21.9	72.4	1.5	4.2
河　　南	100.0	17.4	78.3	1.1	3.3
湖　　北	100.0	18.2	75.7	0.6	5.4
湖　　南	100.0	24.7	66.7	0.6	8.0
广　　东	100.0	29.7	62.5	1.6	6.2
广　　西	100.0	18.3	77.1	0.3	4.4
海　　南	100.0	5.3	88.7	1.3	4.6
重　　庆	100.0	24.0	69.1	0.3	6.5
四　　川	100.0	21.4	72.8	1.1	4.7
贵　　州	100.0	14.1	79.9	0.4	5.6
云　　南	100.0	11.7	82.1	2.1	4.0
西　　藏	100.0	13.1	76.5	6.1	4.2
陕　　西	100.0	21.9	71.7	2.3	4.1
甘　　肃	100.0	18.1	77.9	0.8	3.2
青　　海	100.0	15.6	79.8	1.2	3.3
宁　　夏	100.0	17.2	77.0	2.9	3.0
新　　疆	100.0	3.3	93.5	1.3	1.8

4—89 2000年农村居民家庭经营收入

单位:元/人

地区	家庭经营收入	一、第一产业收入	1.农业收入	2.林业收入	3.牧业收入	4.渔业收入	二、第二产业收入
全国合计	**2251.3**	**1810.7**	**1231.7**	**27.9**	**502.8**	**48.3**	**133.7**
北京	2238.9	1276.3	911.1	32.8	258.7	73.7	194.6
天津	2825.5	2110.3	1334.0	2.0	724.4	49.9	121.9
河北	2217.1	1595.7	1214.8	8.2	361.3	11.5	154.4
山西	1579.2	1119.7	889.4	14.5	215.8	0.0	70.0
内蒙古	3049.5	2864.8	1667.2	15.5	1182.1	0.0	35.0
辽宁	2577.9	2189.0	1463.2	7.9	641.4	76.6	93.4
吉林	2775.0	2623.9	2192.5	7.2	421.4	2.8	25.4
黑龙江	3195.0	3034.0	2658.5	0.9	371.6	3.1	30.9
上海	1547.5	1267.2	996.8	0.5	234.7	35.3	51.6
江苏	2636.1	1916.0	1214.8	33.3	532.9	135.1	295.8
浙江	2844.9	1570.7	972.4	33.2	500.1	65.0	569.5
安徽	1910.3	1610.1	1160.4	22.3	403.9	23.5	93.5
福建	2556.7	1704.5	1053.0	75.1	440.0	136.5	293.9
江西	1959.5	1651.1	1084.9	27.7	483.1	55.4	88.3
山东	2809.4	2260.2	1662.2	46.3	536.6	15.1	162.4
河南	2134.3	1767.2	1309.7	25.0	412.3	20.3	95.8
湖北	2277.5	1958.7	1357.0	37.6	478.7	85.4	103.5
湖南	2130.1	1618.7	933.7	18.9	616.8	49.2	222.3
广东	2869.4	2118.6	1217.8	44.4	564.0	292.5	218.6
广西	2042.4	1744.8	943.6	49.9	701.7	49.6	105.2
海南	2520.6	2083.5	1241.8	199.8	446.6	195.3	50.1
重庆	1793.4	1561.6	832.5	13.7	685.4	30.0	49.4
四川	2059.2	1768.1	992.6	22.5	736.3	16.6	91.3
贵州	1556.4	1361.7	877.7	18.8	462.4	2.7	55.1
云南	1844.7	1585.0	1048.7	42.2	488.7	5.4	76.3
西藏	1325.2	797.9	517.2	9.1	271.6	0.0	177.8
陕西	1457.1	1105.9	842.2	10.3	252.1	1.3	82.8
甘肃	1524.9	1185.7	945.1	11.0	229.6	0.0	88.9
青海	1597.0	1366.9	610.5	6.1	730.0	20.3	28.0
宁夏	2170.0	1721.3	1097.6	6.9	581.4	35.5	66.3
新疆	2926.7	2726.5	2260.6	31.5	434.3	0.0	17.6

4—89 续表 单位:元/人

地　　区	1.工　业收　入	2.建筑业收　入	三、第三产业收入	1.交通运输业、邮电业收入	2.批发和零售贸易、餐饮业收入	3.社会服务业收入	4.文教卫生业收入	5.其他家庭经营收入
全国合计	**79.6**	**54.1**	**306.9**	**96.6**	**96.2**	**32.9**	**8.3**	**72.9**
北　京	93.3	101.2	768.0	385.0	234.7	59.9	33.9	54.5
天　津	98.6	23.4	593.3	207.0	229.3	34.0	25.5	97.6
河　北	131.8	22.6	467.0	148.6	197.4	33.4	18.0	69.7
山　西	31.6	38.4	389.5	159.5	67.4	31.7	5.0	126.0
内蒙古	29.0	6.1	149.6	28.0	41.0	11.8	7.4	61.4
辽　宁	65.9	27.5	295.4	82.6	103.6	27.6	9.5	72.1
吉　林	19.2	6.2	125.7	31.3	16.0	5.0	1.5	71.9
黑龙江	18.4	12.5	130.1	40.9	17.1	9.3	8.9	54.0
上　海	38.7	12.9	228.7	96.1	38.0	28.7	0.3	65.6
江　苏	206.4	89.4	424.3	134.9	145.6	51.7	5.8	86.3
浙　江	414.0	155.6	704.7	216.2	232.3	142.7	11.9	101.5
安　徽	42.7	50.8	206.7	52.8	56.3	32.3	6.0	59.3
福　建	120.3	173.5	558.3	141.1	173.9	73.7	22.8	146.8
江　西	46.6	41.6	220.1	57.0	65.7	40.0	6.9	50.5
山　东	115.2	47.2	386.8	120.7	123.0	39.2	4.5	99.3
河　南	65.6	30.3	271.2	67.1	79.5	26.8	9.4	88.5
湖　北	61.0	42.5	215.2	65.9	72.0	20.3	5.3	51.7
湖　南	93.0	129.4	289.1	93.2	119.6	36.9	4.3	35.1
广　东	68.8	149.7	532.1	160.2	187.2	60.1	19.2	105.6
广　西	57.7	47.5	192.4	43.9	94.1	17.9	6.4	30.1
海　南	30.4	19.7	387.0	83.0	69.1	37.8	5.6	191.6
重　庆	31.7	17.7	182.4	83.0	29.7	20.5	7.2	42.0
四　川	48.2	43.1	199.8	71.7	64.7	27.6	6.8	29.0
贵　州	29.3	25.7	139.6	40.6	42.5	10.9	3.6	42.0
云　南	65.2	11.2	183.4	44.0	37.9	5.9	1.4	94.2
西　藏	34.4	143.4	349.5	167.6	47.4	14.9	2.9	116.7
陕　西	52.7	30.0	268.5	119.2	87.5	16.1	6.8	38.9
甘　肃	32.4	56.5	250.3	70.2	54.8	18.1	10.0	97.2
青　海	16.0	11.9	202.2	103.7	28.2	3.7	12.3	54.3
宁　夏	51.7	14.6	382.4	191.8	123.5	25.5	3.7	38.0
新　疆	10.6	7.0	182.7	45.2	29.0	19.4	0.0	89.1

4—90 2000年农村居民家庭经营收入构成

单位:%

地区	家庭经营收入	一、第一产业收入	1.农业收入	2.林业收入	3.牧业收入	4.渔业收入	二、第二产业收入
全国合计	**100.0**	**80.4**	**54.7**	**1.2**	**22.3**	**2.1**	**5.9**
北京	100.0	57.0	40.7	1.5	11.6	3.3	8.7
天津	100.0	74.7	47.2	0.1	25.6	1.8	4.3
河北	100.0	72.0	54.8	0.4	16.3	0.5	7.0
山西	100.0	70.9	56.3	0.9	13.7		4.4
内蒙古	100.0	93.9	54.7	0.5	38.8		1.1
辽宁	100.0	84.9	56.8	0.3	24.9	3.0	3.6
吉林	100.0	94.6	79.0	0.3	15.2	0.1	0.9
黑龙江	100.0	95.0	83.2	0.0	11.6	0.1	1.0
上海	100.0	81.9	64.4	0.0	15.2	2.3	3.3
江苏	100.0	72.7	46.1	1.3	20.2	5.1	11.2
浙江	100.0	55.2	34.2	1.2	17.6	2.3	20.0
安徽	100.0	84.3	60.7	1.2	21.1	1.2	4.9
福建	100.0	66.7	41.2	2.9	17.2	5.3	11.5
江西	100.0	84.3	55.4	1.4	24.7	2.8	4.5
山东	100.0	80.5	59.2	1.6	19.1	0.5	5.8
河南	100.0	82.8	61.4	1.2	19.3	1.0	4.5
湖北	100.0	86.0	59.6	1.7	21.0	3.8	4.5
湖南	100.0	76.0	43.8	0.9	29.0	2.3	10.4
广东	100.0	73.8	42.4	1.5	19.7	10.2	7.6
广西	100.0	85.4	46.2	2.4	34.4	2.4	5.2
海南	100.0	82.7	49.3	7.9	17.7	7.7	2.0
重庆	100.0	87.1	46.4	0.8	38.2	1.7	2.8
四川	100.0	85.9	48.2	1.1	35.8	0.8	4.4
贵州	100.0	87.5	56.4	1.2	29.7	0.2	3.5
云南	100.0	85.9	56.8	2.3	26.5	0.3	4.1
西藏	100.0	60.2	39.0	0.7	20.5		13.4
陕西	100.0	75.9	57.8	0.7	17.3	0.1	5.7
甘肃	100.0	77.8	62.0	0.7	15.1		5.8
青海	100.0	85.6	38.2	0.4	45.7	1.3	1.8
宁夏	100.0	79.3	50.6	0.3	26.8	1.6	3.1
新疆	100.0	93.2	77.2	1.1	14.8		0.6

4—90续表　　　　单位：%

地　　区	1. 工　业收　入	2. 建筑业收　入	三、第三产业收入	1. 交通运输业、邮电业收入	2. 批发和零售贸易、餐饮业收入	3. 社会服务业收入	4. 文教卫生业收入	5. 其他家庭经营收入
全国合计	**3.5**	**2.4**	**13.6**	**4.3**	**4.3**	**1.5**	**0.4**	**3.2**
北　京	4.2	4.5	34.3	17.2	10.5	2.7	1.5	2.4
天　津	3.5	0.8	21.0	7.3	8.1	1.2	0.9	3.5
河　北	5.9	1.0	21.1	6.7	8.9	1.5	0.8	3.1
山　西	2.0	2.4	24.7	10.1	4.3	2.0	0.3	8.0
内蒙古	1.0	0.2	4.9	0.9	1.3	0.4	0.2	2.0
辽　宁	2.6	1.1	11.5	3.2	4.0	1.1	0.4	2.8
吉　林	0.7	0.2	4.5	1.1	0.6	0.2	0.1	2.6
黑龙江	0.6	0.4	4.1	1.3	0.5	0.3	0.3	1.7
上　海	2.5	0.8	14.8	6.2	2.5	1.9	0.0	4.2
江　苏	7.8	3.4	16.1	5.1	5.5	2.0	0.2	3.3
浙　江	14.6	5.5	24.8	7.6	8.2	5.0	0.4	3.6
安　徽	2.2	2.7	10.8	2.8	2.9	1.7	0.3	3.1
福　建	4.7	6.8	21.8	5.5	6.8	2.9	0.9	5.7
江　西	2.4	2.1	11.2	2.9	3.4	2.0	0.4	2.6
山　东	4.1	1.7	13.8	4.3	4.4	1.4	0.2	3.5
河　南	3.1	1.4	12.7	3.1	3.7	1.3	0.4	4.1
湖　北	2.7	1.9	9.4	2.9	3.2	0.9	0.2	2.3
湖　南	4.4	6.1	13.6	4.4	5.6	1.7	0.2	1.6
广　东	2.4	5.2	18.5	5.6	6.5	2.1	0.7	3.7
广　西	2.8	2.3	9.4	2.1	4.6	0.9	0.3	1.5
海　南	1.2	0.8	15.4	3.3	2.7	1.5	0.2	7.6
重　庆	1.8	1.0	10.2	4.6	1.7	1.1	0.4	2.3
四　川	2.3	2.1	9.7	3.5	3.1	1.3	0.3	1.4
贵　州	1.9	1.7	9.0	2.6	2.7	0.7	0.2	2.7
云　南	3.5	0.6	9.9	2.4	2.1	0.3	0.1	5.1
西　藏	2.6	10.8	26.4	12.7	3.6	1.1	0.2	8.8
陕　西	3.6	2.1	18.4	8.2	6.0	1.1	0.5	2.7
甘　肃	2.1	3.7	16.4	4.6	3.6	1.2	0.7	6.4
青　海	1.0	0.7	12.7	6.5	1.8	0.2	0.8	3.4
宁　夏	2.4	0.7	17.6	8.8	5.7	1.2	0.2	1.7
新　疆	0.4	0.2	6.2	1.5	1.0	0.7		3.0

4—91 2000年农村居民现金收入

单位:元/人

地区	现金收入	一、工资性收入	二、家庭经营收入	三、财产性收入	四、转移性收入
全国合计	**2381.6**	**700.4**	**1498.8**	**38.9**	**143.5**
北京	5092.6	2809.4	1844.6	152.4	286.1
天津	3938.5	1636.5	2118.5	41.3	142.1
河北	2607.2	949.1	1522.8	57.3	78.0
山西	1836.3	725.5	996.2	17.3	97.2
内蒙古	2448.9	287.6	2073.9	19.5	67.9
辽宁	3050.7	881.3	1956.6	33.6	179.4
吉林	2296.1	343.7	1829.5	15.1	107.8
黑龙江	2654.6	337.3	2175.0	24.6	117.7
上海	5914.9	4305.2	1073.3	141.8	394.6
江苏	3673.6	1648.2	1793.8	47.3	184.3
浙江	4863.4	1991.9	2410.7	167.5	293.3
安徽	1901.6	547.2	1230.5	23.1	100.7
福建	3617.2	1066.2	2098.6	63.5	389.0
江西	2004.9	744.3	1134.5	18.4	107.7
山东	3090.7	848.7	2029.6	54.0	158.4
河南	1854.4	473.4	1268.0	27.7	85.3
湖北	2098.2	543.7	1388.6	8.8	157.1
湖南	2440.7	789.5	1377.8	20.5	252.9
广东	3759.5	1360.8	2051.2	73.7	273.9
广西	1975.7	483.7	1369.0	7.4	115.5
海南	2208.7	151.2	1904.2	27.6	125.7
重庆	1627.8	623.3	827.7	8.4	168.4
四川	1841.7	606.3	1078.5	29.9	127.0
贵州	1136.4	273.6	748.5	7.0	107.3
云南	1430.0	263.2	1038.2	41.7	87.0
西藏	1174.8	225.6	842.8	39.3	67.1
陕西	1559.0	445.6	988.0	43.5	81.9
甘肃	1309.0	353.1	879.6	16.1	60.3
青海	1365.7	311.0	974.1	24.7	55.9
宁夏	2169.2	484.0	1535.1	73.0	77.1
新疆	2444.3	104.5	2245.3	37.9	56.7

4—92　2000年农村居民现金收入构成

单位：%

地　区	现金收入	一、工资性收入	二、家庭经营收入	三、财产性收入	四、转移性收入
全国合计	**100.0**	**29.4**	**62.9**	**1.6**	**6.0**
北　京	100.0	55.2	36.2	3.0	5.6
天　津	100.0	41.6	53.8	1.0	3.6
河　北	100.0	36.4	58.4	2.2	3.0
山　西	100.0	39.5	54.3	0.9	5.3
内蒙古	100.0	11.7	84.7	0.8	2.8
辽　宁	100.0	28.9	64.1	1.1	5.9
吉　林	100.0	15.0	79.7	0.7	4.7
黑龙江	100.0	12.7	81.9	0.9	4.4
上　海	100.0	72.8	18.1	2.4	6.7
江　苏	100.0	44.9	48.8	1.3	5.0
浙　江	100.0	41.0	49.6	3.4	6.0
安　徽	100.0	28.8	64.7	1.2	5.3
福　建	100.0	29.5	58.0	1.8	10.8
江　西	100.0	37.1	56.6	0.9	5.4
山　东	100.0	27.5	65.7	1.7	5.1
河　南	100.0	25.5	68.4	1.5	4.6
湖　北	100.0	25.9	66.2	0.4	7.5
湖　南	100.0	32.3	56.4	0.8	10.4
广　东	100.0	36.2	54.6	2.0	7.3
广　西	100.0	24.5	69.3	0.4	5.8
海　南	100.0	6.8	86.2	1.3	5.7
重　庆	100.0	38.3	50.9	0.5	10.3
四　川	100.0	32.9	58.6	1.6	6.9
贵　州	100.0	24.1	65.9	0.6	9.4
云　南	100.0	18.4	72.6	2.9	6.1
西　藏	100.0	19.2	71.7	3.3	5.7
陕　西	100.0	28.6	63.4	2.8	5.3
甘　肃	100.0	27.0	67.2	1.2	4.6
青　海	100.0	22.8	71.3	1.8	4.1
宁　夏	100.0	22.3	70.8	3.4	3.6
新　疆	100.0	4.3	91.9	1.5	2.3

4—93 2000年农村居民家庭经营现金收入

单位:元/人

地 区	家庭经营现金收入	一、第一产业收入	农业产品	牧业产品	二、第二产业收入	1.工业加工费收入
全国合计	**1498.8**	**1066.6**	**600.6**	**383.5**	**119.6**	**65.5**
北 京	1844.6	836.9	481.7	250.2	194.5	93.3
天 津	2118.5	1328.5	661.3	632.2	121.3	97.9
河 北	1522.8	898.0	561.8	309.8	147.0	124.4
山 西	996.2	541.4	335.8	188.1	66.1	27.7
内蒙古	2073.9	1881.8	1012.7	848.4	32.5	26.4
辽 宁	1956.6	1559.8	945.8	514.4	75.9	48.3
吉 林	1829.5	1674.8	1362.5	297.7	22.8	16.6
黑龙江	2175.0	2022.0	1717.0	288.5	29.1	16.6
上 海	1073.3	789.7	581.8	170.3	50.3	37.4
江 苏	1793.8	1153.6	508.9	416.1	227.2	137.9
浙 江	2410.7	1204.5	569.5	463.6	507.7	352.2
安 徽	1230.5	931.5	568.3	308.1	86.4	35.6
福 建	2098.6	1210.0	616.6	447.1	284.3	110.8
江 西	1134.5	837.4	369.2	394.7	76.5	34.9
山 东	2029.6	1481.6	910.1	490.3	147.9	100.7
河 南	1268.0	907.9	546.0	316.1	90.9	60.6
湖 北	1388.6	1089.7	685.4	298.9	86.3	43.8
湖 南	1377.8	898.9	319.7	490.9	187.6	58.3
广 东	2051.2	1268.3	527.3	446.2	216.3	66.5
广 西	1369.0	1101.9	406.1	580.7	78.6	31.1
海 南	1904.2	1475.1	766.2	339.9	49.4	29.7
重 庆	827.7	617.1	157.7	398.0	41.4	23.7
四 川	1078.5	806.0	263.3	496.3	72.7	29.6
贵 州	748.5	568.4	254.8	280.9	45.6	19.8
云 南	1038.2	796.3	455.3	290.6	71.0	59.8
西 藏	842.8	355.9	187.0	110.9	177.7	34.3
陕 西	988.0	623.1	410.1	198.1	80.6	50.6
甘 肃	879.6	525.7	389.8	124.5	86.5	30.0
青 海	974.1	737.5	254.4	470.0	27.8	15.8
宁 夏	1535.1	1080.9	552.0	482.9	65.7	51.1
新 疆	2245.3	2021.3	1647.3	344.6	17.6	10.6

4—93 续表 单位：元/人

地　区	2. 建筑业收　入	三、第三产业收入	1. 交通运输业、邮电业收入	2. 批发和零售贸易、餐饮业收入	3. 社会服务业收入	4. 文教卫生业 收 入	5. 其他家庭经营收入
全国合计	**54.1**	**312.6**	**96.6**	**96.2**	**32.9**	**8.3**	**78.6**
北　京	101.2	813.1	385.0	234.7	59.9	33.9	99.6
天　津	23.4	668.7	207.0	229.3	34.0	25.5	173.0
河　北	22.6	477.8	148.6	197.4	33.4	18.0	80.5
山　西	38.4	388.7	159.5	67.4	31.7	5.0	125.2
内 蒙 古	6.1	159.6	28.0	41.0	11.8	7.4	71.4
辽　宁	27.5	320.9	82.6	103.6	27.6	9.5	97.5
吉　林	6.2	131.8	31.3	16.0	5.0	1.5	78.0
黑 龙 江	12.5	123.9	40.9	17.1	9.3	8.9	47.8
上　海	12.9	233.3	96.1	38.0	28.7	0.3	70.2
江　苏	89.4	413.0	134.9	145.6	51.7	5.8	75.0
浙　江	155.6	698.5	216.2	232.3	142.7	11.9	95.3
安　徽	50.8	212.6	52.8	56.3	32.3	6.0	65.2
福　建	173.5	604.3	141.1	173.9	73.7	22.8	192.8
江　西	41.6	220.6	57.0	65.7	40.0	6.9	50.9
山　东	47.2	400.1	120.7	123.0	39.2	4.5	112.7
河　南	30.3	269.2	67.1	79.5	26.8	9.4	86.4
湖　北	42.5	212.5	65.9	72.0	20.3	5.3	49.0
湖　南	129.4	291.2	93.2	119.6	36.9	4.3	37.2
广　东	149.7	566.6	160.2	187.2	60.1	19.2	140.0
广　西	47.5	188.5	43.9	94.1	17.9	6.4	26.1
海　南	19.7	379.7	83.0	69.1	37.8	5.6	184.3
重　庆	17.7	169.3	83.0	29.7	20.5	7.2	28.9
四　川	43.1	199.9	71.7	64.7	27.6	6.8	29.0
贵　州	25.7	134.5	40.6	42.5	10.9	3.6	36.9
云　南	11.2	170.9	44.0	37.9	5.9	1.4	81.7
西　藏	143.4	309.1	167.6	47.4	14.9	2.9	76.3
陕　西	30.0	284.3	119.2	87.5	16.1	6.8	54.7
甘　肃	56.5	267.3	70.2	54.8	18.1	10.0	114.2
青　海	11.9	208.9	103.7	28.2	3.7	12.3	61.1
宁　夏	14.6	388.5	191.8	123.5	25.5	3.7	44.0
新　疆	7.0	206.4	45.2	29.0	19.4	0.0	112.8

4—94　2000年农村居民家庭经营现金收入构成

单位:%

地　　区	家庭经营现金收入	一、第一产业收　　入	农业产品	牧业产品	二、第二产业收　　入	1.工业加工费收入
全国合计	**100.0**	**71.2**	**40.1**	**25.6**	**8.0**	**4.4**
北　　京	100.0	45.4	26.1	13.6	10.5	5.1
天　　津	100.0	62.7	31.2	29.8	5.7	4.6
河　　北	100.0	59.0	36.9	20.3	9.7	8.2
山　　西	100.0	54.3	33.7	18.9	6.6	2.8
内 蒙 古	100.0	90.7	48.8	40.9	1.6	1.3
辽　　宁	100.0	79.7	48.3	26.3	3.9	2.5
吉　　林	100.0	91.5	74.5	16.3	1.2	0.9
黑 龙 江	100.0	93.0	78.9	13.3	1.3	0.8
上　　海	100.0	73.6	54.2	15.9	4.7	3.5
江　　苏	100.0	64.3	28.4	23.2	12.7	7.7
浙　　江	100.0	50.0	23.6	19.2	21.1	14.6
安　　徽	100.0	75.7	46.2	25.0	7.0	2.9
福　　建	100.0	57.7	29.4	21.3	13.5	5.3
江　　西	100.0	73.8	32.5	34.8	6.7	3.1
山　　东	100.0	73.0	44.8	24.2	7.3	5.0
河　　南	100.0	71.6	43.1	24.9	7.2	4.8
湖　　北	100.0	78.5	49.4	21.5	6.2	3.2
湖　　南	100.0	65.2	23.2	35.6	13.6	4.2
广　　东	100.0	61.8	25.7	21.8	10.5	3.2
广　　西	100.0	80.5	29.7	42.4	5.7	2.3
海　　南	100.0	77.5	40.2	17.9	2.6	1.6
重　　庆	100.0	74.5	19.1	48.1	5.0	2.9
四　　川	100.0	74.7	24.4	46.0	6.7	2.7
贵　　州	100.0	75.9	34.0	37.5	6.1	2.6
云　　南	100.0	76.7	43.9	28.0	6.8	5.8
西　　藏	100.0	42.2	22.2	13.2	21.1	4.1
陕　　西	100.0	63.1	41.5	20.1	8.2	5.1
甘　　肃	100.0	59.8	44.3	14.2	9.8	3.4
青　　海	100.0	75.7	26.1	48.2	2.8	1.6
宁　　夏	100.0	70.4	36.0	31.5	4.3	3.3
新　　疆	100.0	90.0	73.4	15.3	0.8	0.5

4—94 续表 单位：%

地　区	2.建筑业收入	三、第三产业收入	1.交通运输业、邮电业收入	2.批发和零售贸易、餐饮业收入	3.社会服务业收入	4.文教卫生业收入	5.其他家庭经营收入
全国合计	**3.6**	**20.9**	**6.4**	**6.4**	**2.2**	**0.6**	**5.2**
北　京	5.5	44.1	20.9	12.7	3.2	1.8	5.4
天　津	1.1	31.6	9.8	10.8	1.6	1.2	8.2
河　北	1.5	31.4	9.8	13.0	2.2	1.2	5.3
山　西	3.9	39.0	16.0	6.8	3.2	0.5	12.6
内蒙古	0.3	7.7	1.3	2.0	0.6	0.4	3.4
辽　宁	1.4	16.4	4.2	5.3	1.4	0.5	5.0
吉　林	0.3	7.2	1.7	0.9	0.3	0.1	4.3
黑龙江	0.6	5.7	1.9	0.8	0.4	0.4	2.2
上　海	1.2	21.7	9.0	3.5	2.7	0.0	6.5
江　苏	5.0	23.0	7.5	8.1	2.9	0.3	4.2
浙　江	6.5	29.0	9.0	9.6	5.9	0.5	4.0
安　徽	4.1	17.3	4.3	4.6	2.6	0.5	5.3
福　建	8.3	28.8	6.7	8.3	3.5	1.1	9.2
江　西	3.7	19.4	5.0	5.8	3.5	0.6	4.5
山　东	2.3	19.7	5.9	6.1	1.9	0.2	5.6
河　南	2.4	21.2	5.3	6.3	2.1	0.7	6.8
湖　北	3.1	15.3	4.7	5.2	1.5	0.4	3.5
湖　南	9.4	21.1	6.8	8.7	2.7	0.3	2.7
广　东	7.3	27.6	7.8	9.1	2.9	0.9	6.8
广　西	3.5	13.8	3.2	6.9	1.3	0.5	1.9
海　南	1.0	19.9	4.4	3.6	2.0	0.3	9.7
重　庆	2.1	20.5	10.0	3.6	2.5	0.9	3.5
四　川	4.0	18.5	6.7	6.0	2.6	0.6	2.7
贵　州	3.4	18.0	5.4	5.7	1.5	0.5	4.9
云　南	1.1	16.5	4.2	3.7	0.6	0.1	7.9
西　藏	17.0	36.7	19.9	5.6	1.8	0.3	9.1
陕　西	3.0	28.8	12.1	8.9	1.6	0.7	5.5
甘　肃	6.4	30.4	8.0	6.2	2.1	1.1	13.0
青　海	1.2	21.4	10.6	2.9	0.4	1.3	6.3
宁　夏	1.0	25.3	12.5	8.0	1.7	0.2	2.9
新　疆	0.3	9.2	2.0	1.3	0.9	0.0	5.0

4—95　2000 年农村居民纯收入

单位:元/人

地　　区	纯收入	一、工资性收入	二、家庭经营纯收入	三、财产性收入	四、转移性收入
全国合计	**2253.4**	**702.3**	**1427.3**	**45.0**	**78.8**
北　京	4604.5	2819.1	1437.6	158.3	189.6
天　津	3622.4	1638.3	1857.4	42.9	83.9
河　北	2478.9	949.3	1418.0	62.7	49.0
山　西	1905.6	726.1	1113.6	19.7	46.3
内蒙古	2038.2	287.6	1690.8	35.2	24.6
辽　宁	2355.6	883.0	1353.4	58.2	61.1
吉　林	2022.5	343.9	1611.2	31.3	36.2
黑龙江	2148.2	338.0	1699.4	60.6	50.3
上　海	5596.4	4309.9	933.7	142.8	209.9
江　苏	3595.1	1663.1	1770.9	48.1	113.0
浙　江	4253.7	2000.5	1917.9	181.0	154.2
安　徽	1934.6	547.8	1298.4	24.7	63.6
福　建	3230.5	1069.0	1844.3	77.0	240.2
江　西	2135.3	744.5	1319.9	18.8	52.1
山　东	2659.2	850.6	1676.9	57.8	73.9
河　南	1985.8	473.7	1427.2	29.2	55.7
湖　北	2268.6	547.7	1617.8	19.5	83.5
湖　南	2197.2	789.7	1329.1	20.7	57.6
广　东	3654.5	1362.2	2002.9	73.7	215.7
广　西	1864.5	483.8	1297.2	7.5	76.1
海　南	2182.3	151.4	1897.7	38.1	95.0
重　庆	1892.4	623.3	1155.6	8.5	105.0
四　川	1903.6	606.9	1194.2	30.0	72.5
贵　州	1374.2	274.9	1029.5	7.0	62.8
云　南	1478.6	263.6	1115.7	47.9	51.4
西　藏	1330.8	227.6	934.5	106.5	62.2
陕　西	1443.9	446.0	901.1	47.0	49.7
甘　肃	1428.7	355.0	1011.8	16.1	45.7
青　海	1490.5	312.3	1119.8	24.7	33.7
宁　夏	1724.3	484.0	1121.4	80.8	38.1
新　疆	1618.1	104.6	1451.3	40.4	21.7

4—96 2000年农村居民纯收入构成

单位：%

地区	纯收入	一、工资性收入	二、家庭经营纯收入	三、财产性收入	四、转移性收入
全国合计	**100.0**	**31.2**	**63.3**	**2.0**	**3.5**
北京	100.0	61.2	31.2	3.4	4.1
天津	100.0	45.2	51.3	1.2	2.3
河北	100.0	38.3	57.2	2.5	2.0
山西	100.0	38.1	58.4	1.0	2.4
内蒙古	100.0	14.1	83.0	1.7	1.2
辽宁	100.0	37.5	57.5	2.5	2.6
吉林	100.0	17.0	79.7	1.5	1.8
黑龙江	100.0	15.7	79.1	2.8	2.3
上海	100.0	77.0	16.7	2.6	3.8
江苏	100.0	46.3	49.3	1.3	3.1
浙江	100.0	47.0	45.1	4.3	3.6
安徽	100.0	28.3	67.1	1.3	3.3
福建	100.0	33.1	57.1	2.4	7.4
江西	100.0	34.9	61.8	0.9	2.4
山东	100.0	32.0	63.1	2.2	2.8
河南	100.0	23.9	71.9	1.5	2.8
湖北	100.0	24.1	71.3	0.9	3.7
湖南	100.0	35.9	60.5	0.9	2.6
广东	100.0	37.3	54.8	2.0	5.9
广西	100.0	25.9	69.6	0.4	4.1
海南	100.0	6.9	87.0	1.7	4.4
重庆	100.0	32.9	61.1	0.5	5.5
四川	100.0	31.9	62.7	1.6	3.8
贵州	100.0	20.0	74.9	0.5	4.6
云南	100.0	17.8	75.5	3.2	3.5
西藏	100.0	17.1	70.2	8.0	4.7
陕西	100.0	30.9	62.4	3.3	3.4
甘肃	100.0	24.9	70.8	1.1	3.2
青海	100.0	21.0	75.1	1.7	2.3
宁夏	100.0	28.1	65.0	4.7	2.2
新疆	100.0	6.5	89.7	2.5	1.3

4—97　2000 年农村居民总支出

单位:元/人

地　　区	总支出	一、家庭经营费用支出	二、购置生产性固定资产支出	三、税费支出	四、生活消费支出	五、财产性支出	六、转移性支出
全国合计	**2652.4**	**654.3**	**63.9**	**95.5**	**1670.1**	**19.7**	**148.9**
北　京	4498.1	634.7	59.9	35.2	3425.7	57.8	284.8
天　津	3127.3	797.4	33.8	67.6	1995.6	7.3	225.7
河　北	2264.8	627.3	102.5	69.1	1365.2	16.2	84.4
山　西	1711.7	353.1	50.0	44.9	1149.0	10.4	104.3
内蒙古	3123.3	1009.6	119.7	220.4	1614.9	36.5	122.2
辽　宁	3385.4	1006.0	107.7	136.5	1753.5	58.3	323.5
吉　林	3016.7	867.3	101.3	201.2	1553.4	79.3	214.3
黑龙江	3390.1	1077.8	103.5	315.8	1540.3	101.4	251.1
上　海	5577.5	489.6	17.7	53.7	4137.6	26.7	852.3
江　苏	3434.3	678.0	28.8	103.3	2337.5	14.7	272.0
浙　江	4527.2	737.2	104.7	60.9	3230.9	34.3	359.3
安　徽	2045.6	452.2	53.7	93.3	1321.5	12.3	112.6
福　建	3412.0	596.7	38.9	46.1	2409.7	53.4	267.1
江　西	2447.2	518.6	47.4	80.5	1642.7	10.7	147.4
山　东	3036.2	905.6	107.9	134.5	1770.8	10.1	107.4
河　南	2119.5	540.2	66.1	97.4	1315.8	13.3	86.6
湖　北	2404.7	474.1	27.6	145.3	1555.6	16.9	185.2
湖　南	2964.8	642.2	40.5	108.3	1942.9	11.1	219.8
广　东	3613.1	753.1	30.6	55.1	2646.0	4.4	123.9
广　西	2317.1	662.2	50.9	41.5	1488.0	6.4	68.2
海　南	2145.3	530.3	27.2	33.8	1483.9	6.0	64.1
重　庆	2165.6	543.5	34.2	58.0	1395.5	7.3	127.0
四　川	2431.9	708.9	24.7	96.3	1484.6	6.7	110.7
贵　州	1717.5	447.1	45.1	36.1	1096.6	3.6	89.0
云　南	2066.4	625.7	50.5	35.5	1270.8	10.8	73.0
西　藏	1477.5	227.9	94.2	4.9	1116.6	19.9	14.1
陕　西	1917.8	431.5	70.1	68.8	1251.2	25.2	70.9
甘　肃	1639.0	402.3	46.4	49.4	1084.0	4.1	52.8
青　海	1845.8	348.1	136.4	46.9	1218.2	8.0	88.2
宁　夏	2582.6	837.9	118.9	68.0	1417.1	17.1	123.6
新　疆	2819.8	1198.2	115.2	177.2	1236.4	11.1	81.5

4—98 2000年农村居民总支出构成

单位：%

地 区	总 支 出	一、家庭经营费用支出	二、购置生产性固定资产支出	三、税费支出	四、生活消费支出	五、财产性支 出	六、转移性支 出
全国合计	**100.0**	**24.7**	**2.4**	**3.6**	**63.0**	**0.7**	**5.6**
北 京	100.0	14.1	1.3	0.8	76.2	1.3	6.3
天 津	100.0	25.5	1.1	2.2	63.8	0.2	7.2
河 北	100.0	27.7	4.5	3.1	60.3	0.7	3.7
山 西	100.0	20.6	2.9	2.6	67.1	0.6	6.1
内蒙古	100.0	32.3	3.8	7.1	51.7	1.2	3.9
辽 宁	100.0	29.7	3.2	4.0	51.8	1.7	9.6
吉 林	100.0	28.7	3.4	6.7	51.5	2.6	7.1
黑龙江	100.0	31.8	3.1	9.3	45.4	3.0	7.4
上 海	100.0	8.8	0.3	1.0	74.2	0.5	15.3
江 苏	100.0	19.7	0.8	3.0	68.1	0.4	7.9
浙 江	100.0	16.3	2.3	1.3	71.4	0.8	7.9
安 徽	100.0	22.1	2.6	4.6	64.6	0.6	5.5
福 建	100.0	17.5	1.1	1.4	70.6	1.6	7.8
江 西	100.0	21.2	1.9	3.3	67.1	0.4	6.0
山 东	100.0	29.8	3.6	4.4	58.3	0.3	3.5
河 南	100.0	25.5	3.1	4.6	62.1	0.6	4.1
湖 北	100.0	19.7	1.1	6.0	64.7	0.7	7.7
湖 南	100.0	21.7	1.4	3.7	65.5	0.4	7.4
广 东	100.0	20.8	0.8	1.5	73.2	0.1	3.4
广 西	100.0	28.6	2.2	1.8	64.2	0.3	2.9
海 南	100.0	24.7	1.3	1.6	69.2	0.3	3.0
重 庆	100.0	25.1	1.6	2.7	64.4	0.3	5.9
四 川	100.0	29.2	1.0	4.0	61.0	0.3	4.6
贵 州	100.0	26.0	2.6	2.1	63.9	0.2	5.2
云 南	100.0	30.3	2.4	1.7	61.5	0.5	3.5
西 藏	100.0	15.4	6.4	0.3	75.6	1.3	1.0
陕 西	100.0	22.5	3.7	3.6	65.2	1.3	3.7
甘 肃	100.0	24.5	2.8	3.0	66.1	0.2	3.2
青 海	100.0	18.9	7.4	2.5	66.0	0.4	4.8
宁 夏	100.0	32.4	4.6	2.6	54.9	0.7	4.8
新 疆	100.0	42.5	4.1	6.3	43.8	0.4	2.9

4—99 2000年农村居民家庭经营费用支出

单位:元/人

地区	家庭经营费用支出	一、第一产业支出	1.农业支出	2.林业支出	3.牧业支出	4.渔业支出	二、第二产业支出
全国合计	**654.3**	**571.7**	**315.8**	**4.3**	**234.6**	**16.9**	**27.2**
北京	634.7	338.9	173.4	31.1	84.4	50.0	121.4
天津	797.4	725.2	279.4	4.9	411.7	29.1	8.4
河北	627.3	536.6	359.7	2.4	169.7	4.9	31.0
山西	353.1	272.5	187.7	1.5	83.3	0.0	14.3
内蒙古	1009.6	964.6	504.0	3.3	457.3	0.0	12.3
辽宁	1006.0	915.9	510.3	3.8	362.3	39.4	25.2
吉林	867.3	827.7	612.1	2.6	212.3	0.7	7.0
黑龙江	1077.8	1039.2	826.2	2.3	204.0	6.8	9.5
上海	489.6	374.9	227.8	2.0	133.9	11.1	32.4
江苏	678.0	534.6	283.1	5.5	205.7	40.3	69.0
浙江	737.2	536.4	244.0	14.7	252.3	25.5	108.0
安徽	452.2	407.4	256.9	2.9	140.3	7.1	13.2
福建	596.7	496.7	237.3	5.0	211.2	43.3	35.3
江西	518.6	452.7	219.3	2.4	220.7	10.3	16.3
山东	905.6	795.4	474.9	8.1	310.8	1.7	40.5
河南	540.2	470.4	287.7	1.3	175.2	6.1	21.4
湖北	474.1	417.4	239.3	2.0	154.3	21.8	20.3
湖南	642.2	545.2	206.4	2.1	323.4	13.3	32.7
广东	753.1	647.8	240.9	9.0	262.7	135.3	25.1
广西	662.2	596.7	236.2	3.1	345.9	11.4	24.4
海南	530.3	494.2	301.3	8.2	147.3	37.4	5.6
重庆	543.5	468.4	154.2	1.6	303.9	8.7	14.1
四川	708.9	639.9	204.9	2.6	427.8	4.7	21.6
贵州	447.1	409.7	172.4	3.8	232.6	0.9	11.5
云南	625.7	527.7	268.1	4.8	253.8	1.0	36.6
西藏	227.9	160.8	106.5	0.3	54.0	0.0	2.9
陕西	431.5	349.3	228.7	3.4	115.8	1.5	17.7
甘肃	402.3	353.0	265.2	2.6	85.1	0.0	13.1
青海	348.1	296.9	169.7	1.7	124.1	1.4	5.5
宁夏	837.9	727.2	380.1	7.9	319.7	19.4	19.0
新疆	1198.2	1155.0	934.1	7.3	213.5	0.0	5.6

4—99 续表 单位:元/人

地区	1.工业支出	2.建筑业支出	三、第三产业支出	1.交通运输业、邮电业支出	2.批发和零售贸易、餐饮业支出	3.社会服务业支出	4.文教卫生业支出	5.其他家庭经营支出
全国合计	**21.4**	**5.9**	**55.4**	**26.2**	**14.0**	**3.8**	**1.1**	**10.1**
北京	39.6	81.8	174.4	45.0	99.8	9.4	9.2	11.0
天津	2.3	6.0	63.8	35.1	17.0	2.3	0.3	9.2
河北	29.7	1.3	59.7	33.0	16.4	4.7	0.9	4.6
山西	6.3	8.0	66.2	43.6	7.1	7.3	0.7	7.5
内蒙古	10.2	2.2	32.6	8.9	2.8	2.8	2.1	16.0
辽宁	23.6	1.6	64.9	26.6	18.5	3.1	2.9	13.7
吉林	3.5	3.5	32.5	11.2	1.0	1.5	0.1	18.8
黑龙江	2.7	6.9	29.0	15.1	3.1	1.6	0.8	8.3
上海	23.1	9.3	82.2	52.3	1.5	9.8	1.2	17.4
江苏	58.1	10.8	74.4	27.2	28.6	7.7	0.9	10.0
浙江	98.5	9.5	92.9	52.1	15.2	14.9	0.6	10.1
安徽	8.0	5.2	31.7	13.5	7.5	3.4	0.6	6.6
福建	16.6	18.8	64.7	27.1	11.5	6.9	1.4	17.8
江西	12.5	3.8	49.5	17.8	10.4	4.3	1.9	15.1
山东	31.4	9.1	69.7	22.9	31.9	4.4	1.4	9.1
河南	15.0	6.4	48.4	20.8	16.9	2.1	1.0	7.5
湖北	16.7	3.5	36.4	17.7	10.9	1.9	0.9	5.0
湖南	30.0	2.7	64.3	31.7	17.9	4.2	0.3	10.2
广东	17.3	7.8	80.2	34.6	23.9	3.4	2.6	15.8
广西	22.4	2.0	41.1	17.5	16.0	1.9	0.7	5.0
海南	2.4	3.2	30.5	17.2	2.0	1.6	0.4	9.4
重庆	9.8	4.4	61.0	36.4	5.5	4.0	0.8	14.2
四川	19.3	2.4	47.4	27.6	9.3	2.8	1.5	6.2
贵州	6.2	5.3	25.9	11.8	6.2	1.9	0.4	5.7
云南	34.4	2.2	61.4	20.7	14.9	1.7	0.6	23.5
西藏	2.8	0.1	64.2	49.3	1.5	0.6	0.0	12.7
陕西	16.4	1.3	64.5	46.0	10.1	1.8	1.9	4.9
甘肃	4.7	8.4	36.1	21.2	6.3	1.8	1.8	5.0
青海	2.5	3.0	45.8	30.4	0.5	0.8	0.7	13.3
宁夏	18.6	0.5	91.6	55.4	15.2	2.8	0.0	18.3
新疆	3.4	2.2	37.6	15.6	4.4	3.6		14.0

4—100 2000年农村居民家庭经营费用支出构成

单位：%

地 区	家庭经营费用支出	一、第一产业支出	1.农业支出	2.林业支出	3.牧业支出	4.渔业支出	二、第二产业支出
全国合计	**100.0**	**87.4**	**48.3**	**0.7**	**35.9**	**2.6**	**4.2**
北 京	100.0	53.4	27.3	4.9	13.3	7.9	19.1
天 津	100.0	90.9	35.0	0.6	51.6	3.7	1.0
河 北	100.0	85.5	57.3	0.4	27.1	0.8	4.9
山 西	100.0	77.2	53.2	0.4	23.6	0.0	4.1
内蒙古	100.0	95.5	49.9	0.3	45.3	0.0	1.2
辽 宁	100.0	91.0	50.7	0.4	36.0	3.9	2.5
吉 林	100.0	95.4	70.6	0.3	24.5	0.1	0.8
黑龙江	100.0	96.4	76.7	0.2	18.9	0.6	0.9
上 海	100.0	76.6	46.5	0.4	27.4	2.3	6.6
江 苏	100.0	78.9	41.8	0.8	30.3	5.9	10.2
浙 江	100.0	72.8	33.1	2.0	34.2	3.5	14.6
安 徽	100.0	90.1	56.8	0.6	31.0	1.6	2.9
福 建	100.0	83.2	39.8	0.8	35.4	7.2	5.9
江 西	100.0	87.3	42.3	0.5	42.6	2.0	3.1
山 东	100.0	87.8	52.4	0.9	34.3	0.2	4.5
河 南	100.0	87.1	53.3	0.2	32.4	1.1	4.0
湖 北	100.0	88.0	50.5	0.4	32.5	4.6	4.3
湖 南	100.0	84.9	32.1	0.3	50.4	2.1	5.1
广 东	100.0	86.0	32.0	1.2	34.9	18.0	3.3
广 西	100.0	90.1	35.7	0.5	52.2	1.7	3.7
海 南	100.0	93.2	56.8	1.5	27.8	7.0	1.1
重 庆	100.0	86.2	28.4	0.3	55.9	1.6	2.6
四 川	100.0	90.3	28.9	0.4	60.3	0.7	3.1
贵 州	100.0	91.6	38.6	0.8	52.0	0.2	2.6
云 南	100.0	84.3	42.8	0.8	40.6	0.2	5.9
西 藏	100.0	70.6	46.7	0.2	23.7	0.0	1.3
陕 西	100.0	81.0	53.0	0.8	26.8	0.3	4.1
甘 肃	100.0	87.7	65.9	0.6	21.2	0.0	3.3
青 海	100.0	85.3	48.7	0.5	35.7	0.4	1.6
宁 夏	100.0	86.8	45.4	0.9	38.2	2.3	2.3
新 疆	100.0	96.4	78.0	0.6	17.8	0.0	0.5

4—100 续表　　　　单位：%

地　区	1.工　业支　出	2.建筑业支　出	三、第三产业支出	1.交通运输业、邮电业支出	2.批发和零售贸易、餐饮业支出	3.社会服务业支出	4.文教卫生业支出	5.其他家庭经营支出
全国合计	**3.3**	**0.9**	**8.5**	**4.0**	**2.1**	**0.6**	**0.2**	**1.6**
北　京	6.2	12.9	27.5	7.1	15.7	1.5	1.5	1.7
天　津	0.3	0.8	8.0	4.4	2.1	0.3	0.0	1.2
河　北	4.7	0.2	9.5	5.3	2.6	0.7	0.1	0.7
山　西	1.8	2.3	18.8	12.3	2.0	2.1	0.2	2.1
内蒙古	1.0	0.2	3.2	0.9	0.3	0.3	0.2	1.6
辽　宁	2.3	0.2	6.5	2.6	1.8	0.3	0.3	1.4
吉　林	0.4	0.4	3.8	1.3	0.1	0.2	0.0	2.2
黑龙江	0.2	0.6	2.7	1.4	0.3	0.2	0.1	0.8
上　海	4.7	1.9	16.8	10.7	0.3	2.0	0.3	3.6
江　苏	8.6	1.6	11.0	4.0	4.2	1.1	0.1	1.5
浙　江	13.4	1.3	12.6	7.1	2.1	2.0	0.1	1.4
安　徽	1.8	1.1	7.0	3.0	1.7	0.8	0.1	1.5
福　建	2.8	3.1	10.8	4.5	1.9	1.2	0.2	3.0
江　西	2.4	0.7	9.6	3.4	2.0	0.8	0.4	2.9
山　东	3.5	1.0	7.7	2.5	3.5	0.5	0.2	1.0
河　南	2.8	1.2	9.0	3.9	3.1	0.4	0.2	1.4
湖　北	3.5	0.7	7.7	3.7	2.3	0.4	0.2	1.1
湖　南	4.7	0.4	10.0	4.9	2.8	0.7	0.0	1.6
广　东	2.3	1.0	10.6	4.6	3.2	0.4	0.3	2.1
广　西	3.4	0.3	6.2	2.6	2.4	0.3	0.1	0.8
海　南	0.4	0.6	5.8	3.2	0.4	0.3	0.1	1.8
重　庆	1.8	0.8	11.2	6.7	1.0	0.7	0.1	2.6
四　川	2.7	0.3	6.7	3.9	1.3	0.4	0.2	0.9
贵　州	1.4	1.2	5.8	2.6	1.4	0.4	0.1	1.3
云　南	5.5	0.4	9.8	3.3	2.4	0.3	0.1	3.8
西　藏	1.3	0.0	28.2	21.6	0.7	0.3	0.0	5.6
陕　西	3.8	0.3	15.0	10.6	2.3	0.4	0.4	1.1
甘　肃	1.2	2.1	9.0	5.3	1.6	0.4	0.4	1.3
青　海	0.7	0.9	13.1	8.7	0.1	0.2	0.2	3.8
宁　夏	2.2	0.1	10.9	6.6	1.8	0.3	0.0	2.2
新　疆	0.3	0.2	3.1	1.3	0.4	0.3	0.0	1.2

4—101　2000年农村居民生活消费支出

单位:元/人

地　区	生活消费支出	一、食品支出	二、衣着支出	三、居住支出
全国合计	**1670.1**	**820.5**	**96.0**	**258.3**
北　京	3425.7	1304.7	245.9	539.6
天　津	1995.6	800.0	162.1	282.5
河　北	1365.2	539.3	104.8	322.0
山　西	1149.0	558.9	113.4	143.9
内蒙古	1614.9	723.4	110.9	249.4
辽　宁	1753.5	815.7	152.7	243.1
吉　林	1553.4	705.4	103.2	273.4
黑龙江	1540.3	682.8	105.3	304.2
上　海	4137.6	1822.5	201.2	723.6
江　苏	2337.5	1017.6	126.7	441.6
浙　江	3230.9	1406.4	167.4	580.5
安　徽	1321.5	693.1	71.2	196.9
福　建	2409.7	1172.3	117.0	350.7
江　西	1642.7	894.5	84.4	223.9
山　东	1770.8	781.9	117.5	299.8
河　南	1315.8	654.1	86.9	206.1
湖　北	1555.6	827.3	75.2	179.4
湖　南	1942.9	1053.4	89.8	251.9
广　东	2646.0	1317.5	104.2	378.9
广　西	1488.0	825.0	51.6	201.1
海　南	1483.9	844.3	59.1	180.3
重　庆	1395.5	747.5	62.0	199.1
四　川	1484.6	810.8	72.3	212.8
贵　州	1096.6	687.4	53.0	138.9
云　南	1270.8	749.2	55.3	177.1
西　藏	1116.6	885.6	87.1	47.2
陕　西	1251.2	543.8	82.3	199.9
甘　肃	1084.0	525.2	60.5	171.1
青　海	1218.2	705.2	93.4	126.2
宁　夏	1417.1	691.3	96.7	227.4
新　疆	1236.4	618.2	114.3	170.9

4—101续表　　　　单位:元/人

地　　区	四、家庭设备用品及服务支出	五、交通和通讯支出	六、文化教育用品及服务支出	七、医疗保健支出	八、其他商品及服务支出
全国合计	**75.4**	**93.1**	**186.7**	**87.6**	**52.5**
北　京	235.3	236.0	484.9	249.0	130.3
天　津	95.0	87.4	235.2	270.9	62.5
河　北	65.4	84.6	130.7	78.3	40.1
山　西	48.8	48.8	135.4	60.3	39.5
内蒙古	61.0	93.4	232.6	104.5	39.9
辽　宁	70.6	112.8	195.3	109.5	53.9
吉　林	63.6	85.1	171.8	102.7	48.2
黑龙江	50.9	84.2	150.7	117.2	45.2
上　海	225.2	278.6	559.1	208.9	118.3
江　苏	115.0	155.5	269.0	129.5	82.7
浙　江	145.9	275.5	328.0	200.1	127.2
安　徽	57.6	58.4	145.5	58.0	40.8
福　建	110.2	206.1	254.3	87.4	111.6
江　西	55.5	95.6	184.2	63.5	41.0
山　东	114.9	101.6	207.9	118.7	28.5
河　南	69.4	56.4	133.1	63.5	46.3
湖　北	69.4	72.7	209.9	69.7	52.1
湖　南	78.1	99.4	222.5	82.2	65.7
广　东	125.7	205.5	313.5	100.3	100.5
广　西	62.9	64.8	186.8	52.4	43.4
海　南	63.6	61.3	174.4	44.1	56.8
重　庆	66.8	61.3	154.5	68.9	35.5
四　川	62.6	54.4	159.5	72.8	39.2
贵　州	38.2	26.9	97.3	27.7	27.3
云　南	47.5	32.0	106.1	64.3	39.2
西　藏	39.8	15.4	11.1	16.1	14.4
陕　西	57.8	58.5	181.8	91.4	35.6
甘　肃	42.2	43.8	143.9	70.6	26.7
青　海	44.8	53.1	79.4	78.2	37.9
宁　夏	62.1	79.8	145.0	88.5	26.4
新　疆	45.7	61.0	106.0	73.7	46.7

4—102 2000年农村居民生活消费支出构成

单位：%

地区	生活消费支出	一、食品支出	二、衣着支出	三、居住支出
全国合计	**100.0**	**49.1**	**5.7**	**15.5**
北京	100.0	38.1	7.2	15.8
天津	100.0	40.1	8.1	14.2
河北	100.0	39.5	7.7	23.6
山西	100.0	48.6	9.9	12.5
内蒙古	100.0	44.8	6.9	15.4
辽宁	100.0	46.5	8.7	13.9
吉林	100.0	45.4	6.6	17.6
黑龙江	100.0	44.3	6.8	19.7
上海	100.0	44.0	4.9	17.5
江苏	100.0	43.5	5.4	18.9
浙江	100.0	43.5	5.2	18.0
安徽	100.0	52.5	5.4	14.9
福建	100.0	48.7	4.9	14.6
江西	100.0	54.5	5.1	13.6
山东	100.0	44.2	6.6	16.9
河南	100.0	49.7	6.6	15.7
湖北	100.0	53.2	4.8	11.5
湖南	100.0	54.2	4.6	13.0
广东	100.0	49.8	3.9	14.3
广西	100.0	55.4	3.5	13.5
海南	100.0	56.9	4.0	12.2
重庆	100.0	53.6	4.4	14.3
四川	100.0	54.6	4.9	14.3
贵州	100.0	62.7	4.8	12.7
云南	100.0	59.0	4.4	13.9
西藏	100.0	79.3	7.8	4.2
陕西	100.0	43.5	6.6	16.0
甘肃	100.0	48.4	5.6	15.8
青海	100.0	57.9	7.7	10.4
宁夏	100.0	48.8	6.8	16.0
新疆	100.0	50.0	9.2	13.8

4—102续表 单位：%

地　　区	四、家庭设备用品及服务支出	五、交通和通讯支出	六、文化教育用品及服务支出	七、医疗保健支出	八、其他商品及服务支出
全国合计	**4.5**	**5.6**	**11.2**	**5.2**	**3.1**
北　京	6.9	6.9	14.2	7.3	3.8
天　津	4.8	4.4	11.8	13.6	3.1
河　北	4.8	6.2	9.6	5.7	2.9
山　西	4.2	4.2	11.8	5.3	3.4
内蒙古	3.8	5.8	14.4	6.5	2.5
辽　宁	4.0	6.4	11.1	6.2	3.1
吉　林	4.1	5.5	11.1	6.6	3.1
黑龙江	3.3	5.5	9.8	7.6	2.9
上　海	5.4	6.7	13.5	5.0	2.9
江　苏	4.9	6.7	11.5	5.5	3.5
浙　江	4.5	8.5	10.2	6.2	3.9
安　徽	4.4	4.4	11.0	4.4	3.1
福　建	4.6	8.6	10.6	3.6	4.6
江　西	3.4	5.8	11.2	3.9	2.5
山　东	6.5	5.7	11.7	6.7	1.6
河　南	5.3	4.3	10.1	4.8	3.5
湖　北	4.5	4.7	13.5	4.5	3.4
湖　南	4.0	5.1	11.5	4.2	3.4
广　东	4.7	7.8	11.8	3.8	3.8
广　西	4.2	4.4	12.6	3.5	2.9
海　南	4.3	4.1	11.8	3.0	3.8
重　庆	4.8	4.4	11.1	4.9	2.5
四　川	4.2	3.7	10.7	4.9	2.6
贵　州	3.5	2.5	8.9	2.5	2.5
云　南	3.7	2.5	8.4	5.1	3.1
西　藏	3.6	1.4	1.0	1.4	1.3
陕　西	4.6	4.7	14.5	7.3	2.8
甘　肃	3.9	4.0	13.3	6.5	2.5
青　海	3.7	4.4	6.5	6.4	3.1
宁　夏	4.4	5.6	10.2	6.2	1.9
新　疆	3.7	4.9	8.6	6.0	3.8

4—103　2000年农村居民现金支出

单位:元/人

地　　区	现金支出	一、家庭经营费用支出	二、购置生产性固定资产支出	三、税费支出	四、生活消费支出	五、财产性支　出	六、转移性支　出
全国合计	**2140.4**	**544.5**	**63.9**	**89.8**	**1284.7**	**9.8**	**147.6**
北　　京	4374.6	629.3	59.9	34.4	3336.5	35.3	279.2
天　　津	2940.3	775.0	33.8	67.5	1833.6	4.8	225.7
河　　北	1977.4	559.1	102.5	65.7	1156.2	9.8	84.2
山　　西	1425.9	319.9	50.0	43.4	901.6	7.0	103.9
内 蒙 古	2355.7	713.7	119.7	219.1	1171.0	10.2	122.0
辽　　宁	2783.1	823.9	107.7	136.5	1386.0	5.5	323.5
吉　　林	2495.4	747.9	101.3	201.2	1204.5	26.2	214.3
黑 龙 江	2821.1	941.9	103.5	315.5	1187.6	21.8	250.9
上　　海	5200.0	487.0	17.7	52.8	3763.5	26.7	852.3
江　　苏	2970.2	638.4	28.8	97.0	1922.1	13.2	270.8
浙　　江	4160.2	710.7	104.7	57.1	2911.8	16.9	358.9
安　　徽	1614.7	395.4	53.7	91.7	954.9	6.7	112.3
福　　建	3017.5	570.1	38.9	41.4	2074.6	26.6	265.9
江　　西	1861.3	412.0	47.4	75.5	1170.7	10.4	145.2
山　　东	2575.0	742.9	107.9	126.6	1482.4	9.4	105.8
河　　南	1578.1	440.4	66.1	90.3	889.7	5.1	86.5
湖　　北	1808.6	393.0	27.6	138.7	1058.3	10.0	180.9
湖　　南	2363.3	523.3	40.5	102.8	1467.9	10.4	218.4
广　　东	3090.9	710.1	30.6	29.4	2197.6	4.4	118.7
广　　西	1809.4	567.3	50.9	30.3	1087.2	6.4	67.2
海　　南	1643.6	451.6	27.2	15.7	1083.2	1.9	64.0
重　　庆	1516.8	367.4	34.2	54.1	927.2	6.9	126.9
四　　川	1709.6	457.8	24.7	89.7	1021.3	6.6	109.4
贵　　州	1063.3	272.3	45.1	31.3	622.5	3.6	88.5
云　　南	1360.6	401.3	50.5	22.1	808.3	6.9	71.4
西　　藏	719.6	134.2	94.2	4.9	476.6	2.3	7.4
陕　　西	1599.5	372.7	70.1	68.0	1007.6	11.0	70.1
甘　　肃	1226.3	329.0	46.4	46.5	747.6	4.1	52.7
青　　海	1327.2	285.2	136.4	46.9	765.5	8.0	85.3
宁　　夏	2032.2	694.4	118.9	65.8	1017.4	14.3	121.4
新　　疆	2353.4	1100.4	115.2	177.2	871.4	7.7	81.5

4—104 2000年农村居民现金支出构成

单位:%

地　区	现金支出	一、家庭经营费用支出	二、购买生产性固定资产支出	三、税费支出	四、生活消费支出	五、财产性支出	六、转移性支出
全国合计	**100.0**	**25.4**	**3.0**	**4.2**	**60.0**	**0.5**	**6.9**
北　京	100.0	14.4	1.4	0.8	76.3	0.8	6.4
天　津	100.0	26.4	1.1	2.3	62.4	0.2	7.7
河　北	100.0	28.3	5.2	3.3	58.5	0.5	4.3
山　西	100.0	22.4	3.5	3.0	63.2	0.5	7.3
内蒙古	100.0	30.3	5.1	9.3	49.7	0.4	5.2
辽　宁	100.0	29.6	3.9	4.9	49.8	0.2	11.6
吉　林	100.0	30.0	4.1	8.1	48.3	1.0	8.6
黑龙江	100.0	33.4	3.7	11.2	42.1	0.8	8.9
上　海	100.0	9.4	0.3	1.0	72.4	0.5	16.4
江　苏	100.0	21.5	1.0	3.3	64.7	0.4	9.1
浙　江	100.0	17.1	2.5	1.4	70.0	0.4	8.6
安　徽	100.0	24.5	3.3	5.7	59.1	0.4	7.0
福　建	100.0	18.9	1.3	1.4	68.8	0.9	8.8
江　西	100.0	22.1	2.5	4.1	62.9	0.6	7.8
山　东	100.0	28.9	4.2	4.9	57.6	0.4	4.1
河　南	100.0	27.9	4.2	5.7	56.4	0.3	5.5
湖　北	100.0	21.7	1.5	7.7	58.5	0.6	10.0
湖　南	100.0	22.1	1.7	4.3	62.1	0.4	9.2
广　东	100.0	23.0	1.0	1.0	71.1	0.1	3.8
广　西	100.0	31.4	2.8	1.7	60.1	0.4	3.7
海　南	100.0	27.5	1.7	1.0	65.9	0.1	3.9
重　庆	100.0	24.2	2.3	3.6	61.1	0.5	8.4
四　川	100.0	26.8	1.4	5.2	59.7	0.4	6.4
贵　州	100.0	25.6	4.2	2.9	58.5	0.3	8.3
云　南	100.0	29.5	3.7	1.6	59.4	0.5	5.2
西　藏	100.0	18.7	13.1	0.7	66.2	0.3	1.0
陕　西	100.0	23.3	4.4	4.3	63.0	0.7	4.4
甘　肃	100.0	26.8	3.8	3.8	61.0	0.3	4.3
青　海	100.0	21.5	10.3	3.5	57.7	0.6	6.4
宁　夏	100.0	34.2	5.8	3.2	50.1	0.7	6.0
新　疆	100.0	46.8	4.9	7.5	37.0	0.3	3.5

4—105 2000年农村居民家庭经营费用现金支出

单位:元/人

地 区	家庭经营费用现金支出	一、第一产业支出	1.农 业支 出	2.林 业支 出	3.牧 业支 出	4.渔 业支 出	二、第二产业支出
全国合计	**544.5**	**462.9**	**286.5**	**4.2**	**155.7**	**16.5**	**27.0**
北 京	629.3	333.6	172.9	31.1	79.5	50.0	121.4
天 津	775.0	702.8	275.8	4.9	392.9	29.1	8.4
河 北	559.1	468.5	336.6	2.4	124.7	4.9	31.0
山 西	319.9	239.4	172.8	1.5	65.1	0.0	14.3
内蒙古	713.7	668.7	429.8	3.3	235.6	0.0	12.3
辽 宁	823.9	736.8	451.6	3.8	242.2	39.2	25.2
吉 林	747.9	708.6	576.6	2.6	128.7	0.6	7.0
黑龙江	941.9	903.3	757.9	2.3	136.4	6.7	9.5
上 海	487.0	372.5	227.4	2.0	131.9	11.1	32.4
江 苏	638.4	496.5	264.7	5.0	187.0	39.8	67.6
浙 江	710.7	510.0	241.6	14.5	228.9	24.9	107.9
安 徽	395.4	350.8	245.8	2.9	94.9	7.1	13.2
福 建	570.1	470.8	232.4	5.0	190.2	43.2	35.3
江 西	412.0	347.3	205.5	2.4	129.5	9.9	16.3
山 东	742.9	634.1	422.8	8.1	201.5	1.7	39.3
河 南	440.4	371.5	251.0	1.2	113.2	6.0	21.1
湖 北	393.0	336.4	212.1	1.9	103.6	18.7	20.3
湖 南	523.3	426.7	194.0	2.0	217.8	12.8	32.4
广 东	710.1	606.6	231.1	8.7	233.4	133.3	24.7
广 西	567.3	501.9	232.1	3.1	255.3	11.4	24.3
海 南	451.6	418.0	289.8	8.2	83.5	36.5	5.6
重 庆	367.4	292.6	141.7	1.6	141.1	8.2	14.1
四 川	457.8	389.1	165.5	2.4	216.6	4.5	21.5
贵 州	272.3	235.1	137.1	3.6	93.7	0.6	11.3
云 南	401.3	311.7	201.7	2.7	106.5	0.8	36.6
西 藏	134.2	73.1	44.3	0.3	28.5	0.0	2.9
陕 西	372.7	290.8	209.1	3.4	76.8	1.5	17.5
甘 肃	329.0	279.8	224.5	2.6	52.7	0.0	13.1
青 海	285.2	234.0	134.8	1.7	96.1	1.4	5.5
宁 夏	694.4	583.8	307.7	7.9	248.9	19.3	19.0
新 疆	1100.4	1059.9	893.4	6.7	159.8	0.0	5.6

4—105 续表　　　　　　　　　　　　　　　　　　　　　　　　　　　　单位:元/人

地　区	1.工　业支　出	2.建筑业支　出	三、第三产业支出	1.交通运输业、邮电业支出	2.批发和零售贸易、餐饮业支出	3.社会服务业支出	4.文教卫生业支出	5.其他家庭经营支出
全国合计	**21.3**	**5.8**	**54.6**	**26.2**	**13.9**	**3.8**	**1.1**	**9.5**
北　京	39.6	81.8	174.4	45.0	99.8	9.4	9.2	11.0
天　津	2.3	6.0	63.8	35.1	17.0	2.3	0.3	9.2
河　北	29.7	1.3	59.6	33.0	16.4	4.6	0.9	4.6
山　西	6.3	8.0	66.2	43.6	7.1	7.3	0.7	7.5
内蒙古	10.2	2.2	32.6	8.9	2.8	2.8	2.1	16.0
辽　宁	23.6	1.6	61.9	26.6	18.5	3.1	2.9	10.7
吉　林	3.5	3.5	32.3	11.2	1.0	1.5	0.1	18.5
黑龙江	2.7	6.9	29.0	15.1	3.1	1.6	0.8	8.3
上　海	23.1	9.3	82.1	52.2	1.5	9.8	1.2	17.4
江　苏	58.1	9.4	74.4	27.2	28.6	7.7	0.9	10.0
浙　江	98.5	9.4	92.8	52.0	15.2	14.9	0.6	10.1
安　徽	8.0	5.2	31.5	13.5	7.5	3.4	0.6	6.4
福　建	16.6	18.8	64.0	27.1	11.2	6.9	1.4	17.4
江　西	12.5	3.8	48.4	17.8	10.4	4.3	1.9	14.0
山　东	30.4	8.9	69.5	22.8	31.9	4.4	1.4	8.9
河　南	14.8	6.3	47.8	20.7	16.7	2.1	1.0	7.2
湖　北	16.7	3.5	36.4	17.6	10.9	1.9	0.9	5.0
湖　南	29.7	2.7	64.2	31.7	17.9	4.2	0.3	10.2
广　东	17.2	7.5	78.9	34.4	22.9	3.3	2.6	15.8
广　西	22.4	2.0	41.1	17.5	16.0	1.9	0.7	5.0
海　南	2.4	3.2	28.0	17.2	2.0	1.6	0.4	6.8
重　庆	9.8	4.4	60.7	36.4	5.5	4.0	0.8	14.0
四　川	19.1	2.4	47.2	27.5	9.2	2.8	1.5	6.2
贵　州	6.1	5.3	25.9	11.8	6.2	1.9	0.4	5.7
云　南	34.4	2.2	53.0	20.6	14.6	1.5	0.6	15.7
西　藏	2.8	0.1	58.2	49.1	1.0	0.6	0.0	7.5
陕　西	16.2	1.3	64.3	46.0	10.1	1.8	1.9	4.7
甘　肃	4.7	8.4	36.1	21.2	6.3	1.8	1.8	5.0
青　海	2.5	3.0	45.8	30.4	0.5	0.8	0.7	13.3
宁　夏	18.6	0.5	91.6	55.4	15.2	2.8	0.0	18.3
新　疆	3.4	2.2	34.9	15.6	4.4	3.6	0.0	11.3

4—106　2000年农村居民家庭经营费用现金支出构成

单位：%

地　　区	家庭经营费用现金支出	一、第一产业支出	1.农　业支　出	2.林　业支　出	3.牧　业支　出	4.渔　业支　出	二、第二产业支出
全国合计	**100.0**	**85.0**	**52.6**	**0.8**	**28.6**	**3.0**	**5.0**
北　　京	100.0	53.0	27.5	4.9	12.6	7.9	19.3
天　　津	100.0	90.7	35.6	0.6	50.7	3.8	1.1
河　　北	100.0	83.8	60.2	0.4	22.3	0.9	5.5
山　　西	100.0	74.8	54.0	0.5	20.4	0.0	4.5
内 蒙 古	100.0	93.7	60.2	0.5	33.0	0.0	1.7
辽　　宁	100.0	89.4	54.8	0.5	29.4	4.8	3.1
吉　　林	100.0	94.7	77.1	0.3	17.2	0.1	0.9
黑 龙 江	100.0	95.9	80.5	0.2	14.5	0.7	1.0
上　　海	100.0	76.5	46.7	0.4	27.1	2.3	6.7
江　　苏	100.0	77.8	41.5	0.8	29.3	6.2	10.6
浙　　江	100.0	71.8	34.0	2.0	32.2	3.5	15.2
安　　徽	100.0	88.7	62.2	0.7	24.0	1.8	3.3
福　　建	100.0	82.6	40.8	0.9	33.4	7.6	6.2
江　　西	100.0	84.3	49.9	0.6	31.4	2.4	4.0
山　　东	100.0	85.3	56.9	1.1	27.1	0.2	5.3
河　　南	100.0	84.4	57.0	0.3	25.7	1.4	4.8
湖　　北	100.0	85.6	54.0	0.5	26.4	4.8	5.2
湖　　南	100.0	81.5	37.1	0.4	41.6	2.5	6.2
广　　东	100.0	85.4	32.5	1.2	32.9	18.8	3.5
广　　西	100.0	88.5	40.9	0.6	45.0	2.0	4.3
海　　南	100.0	92.6	64.2	1.8	18.5	8.1	1.2
重　　庆	100.0	79.6	38.6	0.4	38.4	2.2	3.8
四　　川	100.0	85.0	36.2	0.5	47.3	1.0	4.7
贵　　州	100.0	86.3	50.4	1.3	34.4	0.2	4.2
云　　南	100.0	77.7	50.3	0.7	26.5	0.2	9.1
西　　藏	100.0	54.5	33.0	0.3	21.2	0.0	2.2
陕　　西	100.0	78.0	56.1	0.9	20.6	0.4	4.7
甘　　肃	100.0	85.0	68.2	0.8	16.0	0.0	4.0
青　　海	100.0	82.0	47.3	0.6	33.7	0.5	1.9
宁　　夏	100.0	84.1	44.3	1.1	35.8	2.8	2.7
新　　疆	100.0	96.3	81.2	0.6	14.5	0.0	0.5

4—106续表 单位：%

地区	1.工业支出	2.建筑业支出	三、第三产业支出	1.交通运输业、邮电业支出	2.批发和零售贸易、餐饮业支出	3.社会服务业支出	4.文教卫生业支出	5.其他家庭经营支出
全国合计	**3.9**	**1.1**	**10.0**	**4.8**	**2.6**	**0.7**	**0.2**	**1.7**
北京	6.3	13.0	27.7	7.1	15.9	1.5	1.5	1.8
天津	0.3	0.8	8.2	4.5	2.2	0.3	0.0	1.2
河北	5.3	0.2	10.7	5.9	2.9	0.8	0.2	0.8
山西	2.0	2.5	20.7	13.6	2.2	2.3	0.2	2.4
内蒙古	1.4	0.3	4.6	1.2	0.4	0.4	0.3	2.2
辽宁	2.9	0.2	7.5	3.2	2.2	0.4	0.4	1.3
吉林	0.5	0.5	4.3	1.5	0.1	0.2	0.0	2.5
黑龙江	0.3	0.7	3.1	1.6	0.3	0.2	0.1	0.9
上海	4.7	1.9	16.9	10.7	0.3	2.0	0.3	3.6
江苏	9.1	1.5	11.7	4.3	4.5	1.2	0.1	1.6
浙江	13.9	1.3	13.1	7.3	2.1	2.1	0.1	1.4
安徽	2.0	1.3	8.0	3.4	1.9	0.9	0.2	1.6
福建	2.9	3.3	11.2	4.8	2.0	1.2	0.2	3.1
江西	3.0	0.9	11.7	4.3	2.5	1.0	0.4	3.4
山东	4.1	1.2	9.4	3.1	4.3	0.6	0.2	1.2
河南	3.4	1.4	10.8	4.7	3.8	0.5	0.2	1.6
湖北	4.3	0.9	9.3	4.5	2.8	0.5	0.2	1.3
湖南	5.7	0.5	12.3	6.1	3.4	0.8	0.1	1.9
广东	2.4	1.1	11.1	4.8	3.2	0.5	0.4	2.2
广西	3.9	0.3	7.2	3.1	2.8	0.3	0.1	0.9
海南	0.5	0.7	6.2	3.8	0.5	0.4	0.1	1.5
重庆	2.7	1.2	16.5	9.9	1.5	1.1	0.2	3.8
四川	4.2	0.5	10.3	6.0	2.0	0.6	0.3	1.3
贵州	2.2	1.9	9.5	4.3	2.3	0.7	0.1	2.1
云南	8.6	0.6	13.2	5.1	3.7	0.4	0.1	3.9
西藏	2.1	0.0	43.4	36.6	0.7	0.5	0.0	5.6
陕西	4.4	0.3	17.3	12.3	2.7	0.5	0.5	1.3
甘肃	1.4	2.6	11.0	6.5	1.9	0.5	0.5	1.5
青海	0.9	1.0	16.0	10.7	0.2	0.3	0.2	4.7
宁夏	2.7	0.1	13.2	8.0	2.2	0.4	0.0	2.6
新疆	0.3	0.2	3.2	1.4	0.4	0.3	0.0	1.0

4—107　2000年农村居民生活消费现金支出

单位:元/人

地　　区	生活消费现金支出	一、食品支出	二、衣着支出	三、居住支出
全国合计	**1284.7**	**464.3**	**95.2**	**231.1**
北　　京	3336.5	1216.7	245.8	538.6
天　　津	1833.6	650.3	162.1	270.2
河　　北	1156.2	330.9	104.2	322.0
山　　西	901.6	313.6	113.3	141.8
内 蒙 古	1171.0	337.9	110.9	191.0
辽　　宁	1386.0	483.8	152.7	208.2
吉　　林	1204.5	446.3	103.2	183.6
黑 龙 江	1187.6	454.8	105.3	179.4
上　　海	3763.5	1451.2	201.2	720.9
江　　苏	1922.1	636.0	123.3	412.1
浙　　江	2911.8	1098.3	167.4	569.8
安　　徽	954.9	362.3	70.8	161.6
福　　建	2074.6	854.5	117.0	336.9
江　　西	1170.7	466.2	83.4	181.3
山　　东	1482.4	506.7	116.2	288.1
河　　南	889.7	286.5	85.6	161.4
湖　　北	1058.3	358.3	72.2	154.9
湖　　南	1467.9	590.2	89.6	240.3
广　　东	2197.6	908.5	101.8	343.9
广　　西	1087.2	437.0	51.6	188.4
海　　南	1083.2	495.6	59.1	128.3
重　　庆	927.2	299.8	62.0	178.5
四　　川	1021.3	376.1	72.2	184.6
贵　　州	622.5	224.9	53.0	127.2
云　　南	808.3	305.8	55.3	158.1
西　　藏	476.6	256.6	87.0	36.3
陕　　西	1007.6	327.7	82.0	172.7
甘　　肃	747.6	213.8	60.5	146.1
青　　海	765.5	262.7	93.3	116.2
宁　　夏	1017.4	302.7	96.7	216.2
新　　疆	871.4	270.5	110.9	156.9

4—107 续表　　　　单位:元/人

地　　区	四、家庭设备用品及服务支出	五、交 通 和通讯支出	六、文化教育用品及服务支出	七、医疗保健支出	八、其他商品及服务支出
全国合计	**74.4**	**93.1**	**186.7**	**87.6**	**52.5**
北　京	235.3	236.0	484.9	249.0	130.3
天　津	95.0	87.4	235.2	270.9	62.5
河　北	65.4	84.6	130.7	78.3	40.1
山　西	48.7	48.8	135.4	60.3	39.5
内 蒙 古	61.0	93.4	232.6	104.5	39.9
辽　宁	69.9	112.8	195.3	109.5	53.9
吉　林	63.6	85.1	171.8	102.7	48.2
黑 龙 江	50.8	84.2	150.7	117.2	45.2
上　海	225.2	278.6	559.1	208.9	118.3
江　苏	114.1	155.5	269.0	129.5	82.7
浙　江	145.6	275.5	328.0	200.1	127.2
安　徽	57.6	58.4	145.5	58.0	40.8
福　建	106.8	206.1	254.3	87.4	111.6
江　西	55.4	95.6	184.2	63.5	41.0
山　东	114.8	101.6	207.9	118.7	28.5
河　南	56.8	56.4	133.1	63.5	46.3
湖　北	68.5	72.7	209.9	69.7	52.1
湖　南	78.0	99.4	222.5	82.2	65.7
广　东	123.7	205.5	313.5	100.3	100.5
广　西	62.9	64.8	186.8	52.4	43.4
海　南	63.6	61.3	174.4	44.1	56.8
重　庆	66.7	61.3	154.5	68.9	35.5
四　川	62.4	54.4	159.5	72.8	39.2
贵　州	38.2	26.9	97.3	27.7	27.3
云　南	47.5	32.0	106.1	64.3	39.2
西　藏	39.8	15.4	11.1	16.1	14.4
陕　西	57.8	58.5	181.8	91.4	35.6
甘　肃	42.2	43.8	143.9	70.6	26.7
青　海	44.7	53.1	79.4	78.2	37.9
宁　夏	62.1	79.8	145.0	88.5	26.4
新　疆	45.7	61.0	106.0	73.7	46.7

4—108 2000年农村居民生活消费现金支出构成

单位:%

地区	生活消费现金支出	一、食品支出	二、衣着支出	三、居住支出
全国合计	**100.0**	**36.1**	**7.4**	**18.0**
北京	100.0	36.5	7.4	16.1
天津	100.0	35.5	8.8	14.7
河北	100.0	28.6	9.0	27.9
山西	100.0	34.8	12.6	15.7
内蒙古	100.0	28.9	9.5	16.3
辽宁	100.0	34.9	11.0	15.0
吉林	100.0	37.1	8.6	15.2
黑龙江	100.0	38.3	8.9	15.1
上海	100.0	38.6	5.3	19.2
江苏	100.0	33.1	6.4	21.4
浙江	100.0	37.7	5.7	19.6
安徽	100.0	37.9	7.4	16.9
福建	100.0	41.2	5.6	16.2
江西	100.0	39.8	7.1	15.5
山东	100.0	34.2	7.8	19.4
河南	100.0	32.2	9.6	18.1
湖北	100.0	33.9	6.8	14.6
湖南	100.0	40.2	6.1	16.4
广东	100.0	41.3	4.6	15.6
广西	100.0	40.2	4.7	17.3
海南	100.0	45.8	5.5	11.8
重庆	100.0	32.3	6.7	19.2
四川	100.0	36.8	7.1	18.1
贵州	100.0	36.1	8.5	20.4
云南	100.0	37.8	6.8	19.6
西藏	100.0	53.8	18.3	7.6
陕西	100.0	32.5	8.1	17.1
甘肃	100.0	28.6	8.1	19.5
青海	100.0	34.3	12.2	15.2
宁夏	100.0	29.8	9.5	21.2
新疆	100.0	31.0	12.7	18.0

4—108 续表

单位:%

地　区	四、家庭设备用品及服务支出	五、交通和通讯支出	六、文化教育用品及服务支出	七、医疗保健支出	八、其他商品及服务支出
全国合计	**5.8**	**7.2**	**14.5**	**6.8**	**4.1**
北　京	7.1	7.1	14.5	7.5	3.9
天　津	5.2	4.8	12.8	14.8	3.4
河　北	5.7	7.3	11.3	6.8	3.5
山　西	5.4	5.4	15.0	6.7	4.4
内蒙古	5.2	8.0	19.9	8.9	3.4
辽　宁	5.0	8.1	14.1	7.9	3.9
吉　林	5.3	7.1	14.3	8.5	4.0
黑龙江	4.3	7.1	12.7	9.9	3.8
上　海	6.0	7.4	14.9	5.6	3.1
江　苏	5.9	8.1	14.0	6.7	4.3
浙　江	5.0	9.5	11.3	6.9	4.4
安　徽	6.0	6.1	15.2	6.1	4.3
福　建	5.1	9.9	12.3	4.2	5.4
江　西	4.7	8.2	15.7	5.4	3.5
山　东	7.7	6.9	14.0	8.0	1.9
河　南	6.4	6.3	15.0	7.1	5.2
湖　北	6.5	6.9	19.8	6.6	4.9
湖　南	5.3	6.8	15.2	5.6	4.5
广　东	5.6	9.4	14.3	4.6	4.6
广　西	5.8	6.0	17.2	4.8	4.0
海　南	5.9	5.7	16.1	4.1	5.2
重　庆	7.2	6.6	16.7	7.4	3.8
四　川	6.1	5.3	15.6	7.1	3.8
贵　州	6.1	4.3	15.6	4.4	4.4
云　南	5.9	4.0	13.1	8.0	4.8
西　藏	8.4	3.2	2.3	3.4	3.0
陕　西	5.7	5.8	18.0	9.1	3.5
甘　肃	5.6	5.9	19.2	9.4	3.6
青　海	5.8	6.9	10.4	10.2	5.0
宁　夏	6.1	7.8	14.3	8.7	2.6
新　疆	5.2	7.0	12.2	8.5	5.4

5

2005年各地区农村住户主要情况

5—1 各地区农村居民家庭基本情况

地区	常住人口（人/户）	整半劳动力（人/户）	整半劳动力占常住人口比重（%）	劳动力负担人口（人/劳动力）	在校学生人数（人/户）	#7—15岁在校学生人数（人/户）
全国合计	**4.1**	**2.8**	**69.2**	**1.4**	**0.8**	**0.5**
北京	3.4	2.3	68.0	1.5	0.7	0.4
天津	3.5	2.5	70.2	1.4	0.7	0.5
河北	3.9	2.8	71.7	1.4	0.7	0.4
山西	4.1	2.7	67.2	1.5	1.0	0.7
内蒙古	3.8	2.7	70.6	1.4	0.7	0.4
辽宁	3.4	2.5	74.9	1.3	0.5	0.3
吉林	3.7	2.7	74.1	1.3	0.5	0.3
黑龙江	3.7	2.7	73.7	1.4	0.5	0.4
上海	3.2	2.2	68.3	1.5	0.4	0.2
江苏	3.7	2.7	71.1	1.4	0.7	0.4
浙江	3.6	2.6	72.6	1.4	0.6	0.4
安徽	4.1	2.8	69.5	1.4	0.8	0.6
福建	4.1	2.8	68.2	1.5	0.8	0.5
江西	4.3	3.1	72.4	1.4	0.7	0.5
山东	3.7	2.7	73.4	1.4	0.7	0.4
河南	4.2	2.9	68.4	1.5	0.9	0.6
湖北	4.0	3.0	74.5	1.3	0.7	0.5
湖南	3.9	2.8	71.5	1.4	0.7	0.4
广东	5.0	3.2	64.7	1.5	1.2	0.9
广西	4.7	3.3	70.1	1.4	0.8	0.6
海南	5.1	3.2	63.1	1.6	1.3	0.9
重庆	3.7	2.8	75.6	1.3	0.6	0.5
四川	3.9	2.7	70.5	1.4	0.7	0.5
贵州	4.4	2.8	63.9	1.6	1.0	0.8
云南	4.3	2.8	64.3	1.6	0.8	0.6
西藏	6.3	3.6	57.3	1.7	1.2	1.0
陕西	4.4	2.8	63.8	1.6	1.1	0.7
甘肃	4.6	2.8	59.8	1.7	1.2	0.8
青海	5.2	3.1	59.8	1.7	1.0	0.8
宁夏	4.5	2.8	61.4	1.6	1.1	0.7
新疆	4.7	2.9	61.9	1.6	1.2	0.9

5－2 各地区农村居民家庭劳动力文化状况

单位：%

地 区	不识字或识字很少	小学程度	初中程度	高中程度	中专程度	大专及大专以上
全国合计	**6.9**	**27.2**	**52.2**	**10.2**	**2.4**	**1.1**
北 京	0.7	6.7	57.9	19.1	8.5	7.1
天 津	2.1	18.1	59.7	13.4	4.9	1.8
河 北	2.8	19.2	59.7	15.0	2.1	1.1
山 西	3.2	21.3	62.5	10.7	1.6	0.8
内 蒙 古	5.5	31.0	50.1	11.1	1.6	0.7
辽 宁	1.0	22.5	62.5	8.6	3.0	2.4
吉 林	3.6	31.2	55.1	8.0	1.4	0.8
黑 龙 江	2.4	26.5	61.1	6.9	2.0	0.9
上 海	2.5	16.6	49.4	15.3	8.6	7.5
江 苏	7.0	22.2	53.9	12.7	2.2	2.1
浙 江	5.5	32.3	45.9	12.4	2.2	1.6
安 徽	11.7	24.2	54.3	6.9	2.2	0.7
福 建	7.6	31.6	46.2	10.4	3.3	1.0
江 西	5.9	31.3	50.3	9.5	2.2	0.7
山 东	5.4	18.2	56.1	15.1	3.9	1.2
河 南	6.6	18.5	61.2	10.5	2.1	1.0
湖 北	5.3	27.0	54.4	10.4	2.4	0.5
湖 南	3.9	29.9	50.8	12.3	2.2	0.8
广 东	3.8	25.5	53.9	11.8	3.5	1.5
广 西	2.2	25.1	58.3	10.6	3.0	0.9
海 南	6.7	23.1	51.4	15.7	2.3	0.8
重 庆	6.1	37.2	47.6	6.4	2.0	0.7
四 川	7.1	32.6	50.3	7.3	2.2	0.5
贵 州	14.5	38.3	41.1	3.9	1.7	0.5
云 南	14.0	42.0	38.0	4.6	1.1	0.3
西 藏	52.6	43.4	3.5	0.3		0.1
陕 西	7.1	22.8	55.8	11.7	1.8	0.9
甘 肃	16.3	31.2	39.2	10.9	1.5	0.9
青 海	24.1	39.8	28.5	6.2	1.1	0.4
宁 夏	21.1	31.9	40.0	5.6	0.7	0.6
新 疆	4.6	40.1	45.0	7.3	2.1	0.9

5—3 各地区农村居民家庭经营土地情况

单位:亩/人

地区	耕地面积	#有效灌溉面积	山地面积	园地面积	牧草地面积	养殖水面面积
全国合计	**2.08**	**0.99**	**0.32**	**0.08**	**3.74**	**0.03**
北京	0.69	0.55	0.10	0.13	0.01	0.04
天津	1.33	1.18	0.02	0.02		0.04
河北	1.89	1.31	0.09	0.07		
山西	2.20	0.72	0.03	0.16	0.01	
内蒙古	8.29	2.36	0.52	0.08	121.91	
辽宁	3.33	0.90	0.12	0.06		0.02
吉林	6.24	1.34	0.01	0.04		
黑龙江	10.42	1.41	0.02	0.01		0.01
上海	0.43	0.42		0.04		0.09
江苏	1.12	0.85	0.01	0.02		0.11
浙江	0.70	0.63	0.92	0.13		0.07
安徽	1.68	1.28	0.32	0.04		0.05
福建	0.80	0.66	0.76	0.26		0.09
江西	1.47	1.21	0.75	0.06		0.04
山东	1.38	1.14	0.04	0.07		0.01
河南	1.53	1.11	0.02	0.04		
湖北	1.53	1.03	0.50	0.04		0.09
湖南	1.17	0.95	0.56	0.06	0.02	0.05
广东	0.66	0.52	0.37	0.10		0.10
广西	1.31	0.59	0.63	0.14	0.03	0.03
海南	0.98	0.54	0.88	0.39		0.02
重庆	0.96	0.36	0.31	0.05	0.02	0.02
四川	0.96	0.49	0.23	0.05		0.02
贵州	1.02	0.27	0.29	0.03	0.02	
云南	1.40	0.45	0.62	0.11	0.01	
西藏	1.98	1.78	0.01		0.11	
陕西	1.84	0.54	0.32	0.25	0.11	
甘肃	2.65	0.72	0.68	0.09	0.15	
青海	1.95	0.77	0.07	0.02	19.85	
宁夏	4.13	1.28		0.05	0.54	0.03
新疆	4.11	4.06	0.01	0.20	3.26	

5—4 各地区农村居民家庭年末拥有主要生产性固定资产原值

单位:元/户

地区	生产性固定资产原值	一、农业	二、林业	三、牧业	四、渔业
全国合计	**7155.5**	**3610.4**	**13.1**	**1427.8**	**128.1**
北京	7727.0	1776.2	3.2	1375.7	160.0
天津	10149.9	2977.3		1953.0	75.7
河北	9335.5	4646.3	9.0	1449.1	
山西	4329.3	2003.1	2.1	391.8	
内蒙古	13603.2	7626.2		5482.2	
辽宁	7514.7	3645.2	9.6	2174.7	66.1
吉林	11322.8	7988.9		1887.1	4.1
黑龙江	10358.8	8257.1	4.5	1729.6	1.6
上海	1887.0	515.2	1.5	155.0	170.6
江苏	7134.6	2328.5	10.3	670.5	172.3
浙江	12428.1	1709.6	27.1	1288.2	1296.1
安徽	5857.1	4171.6	2.1	588.1	37.5
福建	6465.0	2682.1	59.2	1321.7	345.3
江西	4613.5	2471.2	6.8	960.1	5.1
山东	9262.7	4583.4	5.0	1108.5	86.2
河南	6547.3	4353.5	7.8	534.4	15.1
湖北	4121.2	2154.9	11.3	955.2	61.9
湖南	3718.3	1553.9	0.0	1306.7	32.4
广东	3842.3	1447.1	0.5	479.2	342.7
广西	4483.3	2729.7	4.8	863.7	74.5
海南	7492.2	2810.4	352.6	449.2	2077.1
重庆	3103.7	1142.3	12.3	1369.1	19.3
四川	5119.0	1992.9	6.5	2149.9	28.7
贵州	4175.4	2118.0	0.0	1427.9	1.2
云南	6605.7	3707.8	15.6	2047.2	5.8
西藏	31409.4	21737.8	165.3	5693.1	
陕西	5664.8	2304.2	0.9	920.8	1.4
甘肃	7025.9	5234.8	26.7	690.9	0.6
青海	9440.8	4373.4	0.0	3391.6	
宁夏	14811.2	7296.9	0.0	2387.2	48.2
新疆	11978.3	6896.4	6.6	4145.9	

5—4 续表 1

单位:元/户

地区	五、采矿业	六、制造业	七、电力煤气与水的生产及供应	八、建筑业	九、交通运输仓储和邮政业	十、批发和零售贸易业
全国合计	**24.5**	**511.0**	**2.0**	**62.0**	**863.4**	**249.5**
北京	0.0	740.0	0.0	578.8	1802.0	399.5
天津	0.0	1150.8	0.0	666.7	2340.2	447.5
河北	14.9	1070.9	0.0	38.3	1356.4	457.8
山西	7.0	96.3	0.0	118.5	1078.3	234.1
内蒙古	0.0	41.2	0.0	73.8	213.6	64.5
辽宁	0.0	91.8	0.0	15.3	802.8	465.8
吉林	0.0	572.3	0.0	100.6	587.6	143.9
黑龙江	0.0	5.4	0.0	1.3	242.9	67.0
上海	0.0	83.3	0.0	0.0	688.9	4.2
江苏	0.0	1298.7	2.6	246.3	1701.7	356.9
浙江	122.2	4916.8	0.0	134.1	1966.5	591.7
安徽	8.8	124.4	3.9	19.2	453.2	180.1
福建	90.7	146.1	2.0	63.7	899.5	673.6
江西	10.2	185.6	35.8	19.9	643.4	188.3
山东	69.0	906.6	0.0	83.5	1421.3	547.1
河南	138.1	301.2	0.0	60.1	693.0	169.6
湖北	0.1	232.1	0.0	26.9	544.4	76.2
湖南	13.6	221.0	2.2	18.2	392.7	108.4
广东	0.1	196.0	0.0	50.3	488.6	287.7
广西	12.0	154.8	0.0	0.0	507.2	77.9
海南	0.0	53.8	4.9	17.5	496.2	1104.5
重庆	3.3	54.8	0.0	4.5	289.9	117.3
四川	7.5	65.7	0.0	17.7	456.4	180.2
贵州	27.9	56.7	0.0	17.9	394.4	71.5
云南		6.3	0.0	0.2	748.9	40.8
西藏		34.8	0.0	142.3	3435.1	61.9
陕西		67.5	0.0	50.0	889.4	148.1
甘肃		87.6	5.6	2.9	718.1	113.1
青海		111.2			1288.8	100.5
宁夏		604.7		21.1	3527.3	393.5
新疆		34.9			544.9	102.2

5—4 续表 2

单位：元/户

地　　区	十一、住宿和餐饮业	十二、居民服务与其他服务业	十三、教育	十四、卫生、社会保障和福利业	十五、文化体育和娱乐业	十六、其他
全国合计	**61.2**	**107.4**	**6.0**	**25.1**	**11.9**	**52.1**
北　京	500.0	348.9	0.0	29.3	0.0	13.3
天　津	33.3	455.4	0.0	6.7	0.0	43.3
河　北	70.2	123.4	8.3	68.6	2.9	19.2
山　西	70.5	266.4	0.0	6.7	0.0	54.5
内蒙古	4.9	15.4	0.0	7.2	0.0	74.2
辽　宁	49.2	48.9	0.0	101.7	0.7	42.7
吉　林	0.0	14.2	0.0	2.5	0.0	21.6
黑龙江	5.4	0.0	0.0	8.9	0.0	35.3
上　海	0.0	258.3	0.0	0.0	0.0	10.0
江　苏	42.9	110.5	0.0	41.4	68.8	83.1
浙　江	44.0	96.6	0.0	28.6	57.9	148.8
安　徽	123.2	50.4	9.1	44.5	0.0	41.0
福　建	5.4	70.2	0.3	45.2	4.2	55.9
江　西	17.6	46.7	4.1	6.9	0.4	11.4
山　东	151.3	137.8	16.8	23.3	24.3	98.7
河　南	84.5	70.6	21.9	20.4	43.1	34.2
湖　北	5.9	26.4	0.0	5.6	0.0	20.1
湖　南	15.2	24.7	11.4	5.4	0.5	12.2
广　东	382.4	96.9	3.3	43.2	15.6	8.5
广　西	0.0	16.5	0.0	3.2	5.6	33.5
海　南	16.7	23.8	1.9	2.8	27.8	53.2
重　庆	11.7	6.1		52.1	1.7	19.4
四　川	69.5	27.3	10.6	24.7	7.1	74.6
贵　州	3.0	23.4		6.1	0.9	26.6
云　南		13.8		0.2		19.1
西　藏	41.7	54.6	1.6			41.3
陕　西	30.3	1157.2	15.3	16.5	3.2	59.9
甘　肃	13.0	32.0		45.8		54.8
青　海	30.0	32.3		8.7		104.4
宁　夏	28.8	94.5				409.0
新　疆	6.8	53.6	28.3	16.8		141.9

5—5 各地区农村居民家庭年末拥有主要生产性固定资产数量

地区	房屋及建筑物（平方米/户）	汽车（辆/百户）	大中型拖拉机（台/百户）	小型和手扶拖拉机（台/百户）	机动脱粒机（台/百户）	收割机（台/百户）
全国合计	**25.5**	**1.8**	**2.1**	**20.2**	**8.7**	**1.0**
北京	27.4	7.5	1.7	7.2	0.1	0.0
天津	22.2	6.7	1.7	18.0	0.7	0.3
河北	19.7	3.3	2.5	36.4	2.2	2.1
山西	11.1	3.0	2.3	19.0	1.6	0.0
内蒙古	57.8	1.7	3.1	49.0	3.7	3.8
辽宁	30.1	2.0	3.2	14.4	1.6	0.1
吉林	30.2	1.3	3.7	42.0	4.3	0.1
黑龙江	23.3	1.5	9.9	49.2	3.5	1.9
上海	7.0	0.7	0.5	0.5	2.7	0.3
江苏	17.4	2.0	1.0	17.0	12.3	0.8
浙江	25.1	2.4	1.6	2.8	15.8	0.6
安徽	16.7	1.0	2.1	40.2	14.3	3.7
福建	28.1	1.7	0.8	3.1	5.0	0.2
江西	30.7	1.0	0.1	2.4	21.2	1.2
山东	27.5	2.9	3.3	29.7	1.9	1.6
河南	12.1	1.4	5.6	44.2	6.5	1.8
湖北	23.3	1.0	0.9	13.1	1.6	0.2
湖南	25.1	0.8	0.2	2.2	21.1	0.9
广东	12.3	1.0	0.2	6.1	14.0	0.6
广西	23.5	0.7	1.4	14.2	20.6	0.0
海南	10.6	0.5	0.8	9.0	13.7	0.3
重庆	36.8	0.4	0.1	0.1	13.1	0.3
四川	38.0	1.2	0.2	2.0	21.0	0.5
贵州	26.4	1.4	0.3	0.7	5.3	
云南	32.4	1.8	0.6	8.0	4.7	0.4
西藏	76.4	5.6	7.1	31.8	5.0	2.3
陕西	13.0	1.5	2.8	17.3	3.1	0.6
甘肃	29.5	0.8	2.3	33.1	2.8	0.2
青海	43.7	3.8	1.0	53.8	3.5	0.5
宁夏	55.2	2.5	2.7	49.9	3.1	0.8
新疆	31.8	1.5	4.3	27.6	1.7	0.2

5—5续表

地　　区	农用动力机械（台/百户）	胶轮大车（辆/百户）	水泵（台/百户）	役畜（头/百户）	产品畜（头/百户）
全国合计	**14.7**	**9.9**	**21.0**	**29.3**	**60.3**
北　京	3.1	0.4	1.3	1.1	36.5
天　津	20.2	4.7	19.0	5.5	26.0
河　北	32.0	7.1	23.0	12.0	61.0
山　西	13.1	6.9	3.6	18.5	49.1
内蒙古	14.8	29.7	31.5	65.5	272.2
辽　宁	7.1	18.0	33.1	33.1	68.7
吉　林	12.0	22.2	19.9	53.5	70.0
黑龙江	8.0	4.1	22.4	19.0	67.1
上　海	2.3	0.0	6.8	0.0	2.3
江　苏	10.2	18.0	17.4	3.7	16.6
浙　江	13.1	3.4	21.6	2.4	24.3
安　徽	14.7	5.7	53.1	9.2	27.9
福　建	17.2	6.3	11.5	10.2	30.8
江　西	13.9	8.1	16.2	41.3	18.8
山　东	28.5	17.0	41.9	12.0	31.9
河　南	14.7	10.9	32.0	12.9	31.7
湖　北	7.6	11.2	21.9	26.7	22.3
湖　南	26.4	3.6	24.5	18.7	25.6
广　东	11.3	4.6	17.2	26.9	18.0
广　西	17.0	4.3	15.5	54.1	39.0
海　南	18.6	1.4	24.3	59.2	49.9
重　庆	7.9	0.2	9.8	20.9	33.3
四　川	13.6	1.1	25.2	23.8	52.1
贵　州	6.2	1.0	4.0	68.9	33.8
云　南	14.5	4.6	6.9	65.9	61.5
西　藏	6.0	11.9		253.5	754.4
陕　西	7.0	18.5	11.6	19.6	49.5
甘　肃	8.8	18.2	7.3	75.5	51.6
青　海	11.2	3.5	0.2	52.7	111.7
宁　夏	9.0	3.8	8.3	48.3	43.3
新　疆	8.9	47.3	1.8	69.4	443.1

5—6 各地区农村居民家庭年内新建(购)住房情况

地 区	新建(购)住房面积(平方米/人)	钢筋混凝土结构面积	砖木结构面积	新建(购)楼房面积	新建(购)砖瓦平房面积	新建房屋造价(元/平方米)
全国合计	**0.83**	**0.51**	**0.29**	**0.48**	**0.31**	**373.31**
北 京	0.98	0.51	0.34	0.27	0.55	1140.51
天 津	0.73	0.34	0.39	0.26	0.45	1035.38
河 北	0.74	0.38	0.36	0.13	0.60	415.49
山 西	0.42	0.26	0.16	0.18	0.20	357.70
内蒙古	0.41	0.04	0.35	0.01	0.38	324.01
辽 宁	0.36	0.09	0.27	0.01	0.35	518.50
吉 林	0.47	0.02	0.45		0.47	460.04
黑龙江	0.53	0.03	0.49	0.01	0.51	497.54
上 海	0.73	0.68	0.05	0.70	0.03	811.61
江 苏	0.85	0.66	0.19	0.69	0.16	662.14
浙 江	1.04	0.93	0.09	0.98	0.05	627.70
安 徽	1.03	0.84	0.19	0.87	0.16	372.12
福 建	0.93	0.68	0.21	0.87	0.02	378.74
江 西	1.48	1.39	0.10	1.34	0.11	260.64
山 东	1.03	0.41	0.62	0.15	0.87	369.36
河 南	1.48	1.00	0.48	0.83	0.64	324.65
湖 北	0.97	0.78	0.19	0.85	0.12	292.04
湖 南	0.82	0.41	0.41	0.71	0.08	261.30
广 东	0.57	0.55	0.02	0.53	0.03	459.57
广 西	1.10	1.04	0.03	0.89	0.16	296.05
海 南	0.76	0.42	0.34	0.34	0.42	460.39
重 庆	0.45	0.27	0.18	0.39	0.06	237.88
四 川	0.57	0.35	0.19	0.49	0.05	291.15
贵 州	0.69	0.47	0.22	0.35	0.33	236.55
云 南	0.26	0.10	0.08	0.12	0.08	299.37
西 藏	0.59		0.16	0.31	0.01	212.08
陕 西	0.75	0.51	0.17	0.41	0.28	313.54
甘 肃	0.53	0.18	0.29	0.08	0.37	314.17
青 海	0.86	0.18	0.63	0.11	0.57	312.55
宁 夏	1.03	0.07	0.84	0.06	0.74	277.71
新 疆	1.37	0.08	1.04		1.06	225.89

5—6续表

地　　区	年内施工房屋面积（平方米/人）	住宅面积	年内竣工房屋面积（平方米/人）	住宅面积
全国合计	**0.73**	**0.69**	**0.71**	**0.66**
北　　京	0.62	0.62	0.62	0.62
天　　津	0.53	0.47	0.53	0.47
河　　北	0.64	0.61	0.59	0.56
山　　西	0.38	0.37	0.38	0.38
内 蒙 古	0.39	0.36	0.37	0.36
辽　　宁	0.34	0.32	0.33	0.32
吉　　林	0.44	0.42	0.45	0.41
黑 龙 江	0.52	0.43	0.54	0.45
上　　海	0.00	0.00	0.62	0.62
江　　苏	0.59	0.58	0.60	0.58
浙　　江	0.77	0.77	0.75	0.73
安　　徽	0.98	0.93	1.00	0.94
福　　建	0.85	0.80	0.59	0.51
江　　西	1.39	1.31	1.32	1.24
山　　东	0.92	0.84	0.99	0.89
河　　南	1.35	1.30	1.29	1.21
湖　　北	0.80	0.70	0.82	0.69
湖　　南	0.83	0.79	0.81	0.77
广　　东	0.60	0.58	0.45	0.42
广　　西	1.21	1.19	1.01	0.99
海　　南	0.62	0.58	0.55	0.48
重　　庆	0.44	0.38	0.41	0.35
四　　川	0.50	0.46	0.48	0.43
贵　　州	0.70	0.69	0.68	0.67
云　　南	0.29	0.28	0.25	0.22
西　　藏	0.30	0.22	0.58	0.45
陕　　西	0.64	0.64	0.65	0.64
甘　　肃	0.53	0.50	0.51	0.45
青　　海	0.81	0.77	0.78	0.74
宁　　夏	1.22	0.97	1.22	0.97
新　　疆	0.61	0.61	0.74	0.72

5—7 各地区农村居民家庭年末住房情况

地区	住房面积（平方米/人）	租用住房面积	钢筋混凝土结构面积	砖木结构面积	楼房面积	砖瓦平房面积	住房价值（元/平方米）
全国合计	**29.68**	**0.06**	**11.17**	**14.12**	**12.53**	**12.93**	**267.76**
北京	36.43	0.03	7.68	28.00	4.54	31.03	650.32
天津	26.03	0.37	3.19	22.84	3.02	22.97	659.85
河北	28.35	0.02	6.11	21.10	2.32	24.53	294.58
山西	24.15	0.04	5.52	16.24	3.05	17.78	276.96
内蒙古	19.65	0.03	0.15	11.79	0.01	11.87	167.29
辽宁	25.09	0.06	4.30	20.46	1.28	23.03	343.42
吉林	20.10	0.04	0.63	16.06	0.46	16.13	270.28
黑龙江	20.37	0.08	1.06	13.90	0.32	14.72	331.97
上海	56.56	0.51	31.63	24.68	49.17	7.09	988.82
江苏	38.59	0.07	21.58	16.63	25.48	12.71	400.65
浙江	56.65	0.11	36.86	18.09	51.22	4.53	416.14
安徽	27.02	0.06	12.37	14.04	12.57	13.77	238.86
福建	40.00	0.21	21.23	11.42	29.75	6.12	315.69
江西	34.10	0.16	19.94	11.52	22.39	9.11	188.38
山东	29.64	0.05	7.45	20.72	3.27	24.53	283.98
河南	27.21	0.04	10.37	15.72	6.65	19.16	213.83
湖北	36.05	0.05	18.32	14.46	20.57	12.25	171.74
湖南	38.38	0.00	13.56	22.77	25.10	10.70	177.85
广东	25.71	0.11	19.06	5.28	18.20	5.70	376.90
广西	28.67	0.04	18.15	6.48	14.70	9.53	205.78
海南	21.82	0.03	5.48	16.18	4.41	17.12	269.64
重庆	32.91	0.06	9.75	15.86	17.91	9.21	170.26
四川	34.61	0.05	11.44	14.81	16.20	10.04	173.44
贵州	23.50	0.09	7.32	11.43	5.89	12.41	142.95
云南	25.24	0.10	3.99	4.73	10.97	2.90	179.47
西藏	19.14	0.14	0.35	1.87	7.22	0.65	189.70
陕西	26.01	0.05	9.45	10.29	7.15	12.61	216.13
甘肃	18.71	0.01	1.07	6.56	0.43	6.49	182.43
青海	17.95		0.99	4.71	0.35	3.98	157.84
宁夏	21.03	0.01	0.95	11.15	0.74	11.91	185.76
新疆	21.13	0.02	0.98	6.48		6.85	160.97

5—8 各地区农村居民家庭主要农、牧产品出售量

单位:公斤/人

地　区	谷物				薯类	豆类
		小麦	稻谷	玉米		
全国合计	**345.5**	**59.3**	**107.2**	**171.1**	**5.1**	**29.2**
北　京	149.2	43.9	1.3	103.6	0.6	5.5
天　津	179.9	24.0	0.0	154.2	0.1	4.4
河　北	363.0	100.2	0.8	256.5	5.1	5.8
山　西	163.1	6.8	0.0	152.7	5.6	8.4
内蒙古	779.0	31.7	9.2	653.9	29.1	96.0
辽　宁	1151.0	0.5	241.0	882.6	11.3	16.5
吉　林	2070.4	0.1	221.3	1825.3	1.4	101.7
黑龙江	1412.6	18.2	474.9	915.9	13.1	588.0
上　海	79.8	19.5	57.4	2.8	0.0	1.6
江　苏	380.2	171.3	176.9	23.3	0.5	7.6
浙　江	78.9	1.6	75.3	1.3	1.9	3.3
安　徽	416.3	176.4	213.0	26.3	5.8	23.0
福　建	102.1	0.0	95.8	4.5	2.8	2.1
江　西	431.7	0.1	428.5	2.3	0.7	4.2
山　东	417.9	171.6	8.8	237.1	4.0	2.9
河　南	353.3	177.8	40.7	133.4	0.3	13.6
湖　北	370.1	54.3	302.7	10.1	1.4	13.1
湖　南	180.6	0.1	172.4	7.9	1.0	3.5
广　东	88.1		79.7	8.2	2.4	0.9
广　西	125.1	0.0	100.8	24.1	0.5	1.3
海　南	52.8		48.6	2.8	6.6	0.6
重　庆	66.0	1.5	50.1	14.2	2.2	1.5
四　川	75.8	11.5	50.0	12.7	3.2	2.4
贵　州	60.9	1.8	32.6	25.7	2.9	2.4
云　南	91.8	9.0	39.5	41.2	6.7	9.3
西　藏	61.9	18.4	0.0	0.0	7.3	0.0
陕　西	166.6	52.1	2.4	108.9	15.2	5.2
甘　肃	173.1	48.3	0.0	84.9	15.1	23.1
青　海	61.8	42.4	0.0	4.0	6.7	17.8
宁　夏	433.6	103.1	95.0	232.0	42.1	16.4
新　疆	487.2	216.5	11.2	226.9		10.4

5—8 续表 1

单位:公斤/人

地　区	棉花	油料	油菜籽	麻类	糖料	甘蔗
全国合计	**22.1**	**20.1**	**9.3**	**0.7**	**84.7**	**71.5**
北　京	0.6	1.1				
天　津	100.3	0.1		0.0		
河　北	59.9	9.3	0.3	0.0		
山　西	23.2	5.7	0.0	0.0	9.1	
内蒙古		101.1	17.6	0.5	70.6	
辽　宁	0.0	25.1		0.0	8.4	
吉　林		23.3		0.1		
黑龙江		6.3		0.0	101.4	
上　海	0.1	7.8	7.8			
江　苏	11.5	19.2	15.3	0.0	0.0	
浙　江	2.0	6.7	3.6		37.6	37.2
安　徽	25.2	39.4	31.3	0.1	0.8	0.8
福　建		4.1	0.1	0.0	61.3	61.3
江　西	9.8	16.8	2.0	0.1	18.4	18.3
山　东	58.0	25.1		0.1		
河　南	18.0	22.7	2.4	0.6		
湖　北	56.0	77.7	65.4	0.6	5.5	5.5
湖　南	22.4	9.4	7.6	1.1	1.7	1.7
广　东		5.9		0.0	194.3	194.3
广　西	0.0	3.8	0.3	2.6	1038.0	1038.0
海　南		7.6		0.1	299.1	299.1
重　庆		6.1	4.7	0.5	0.0	0.0
四　川	0.2	18.2	15.7	0.9	1.1	1.1
贵　州	0.0	11.7	10.4	0.0	2.6	2.6
云　南		10.7	8.8	3.8	359.8	359.8
西　藏		2.3	2.3			
陕　西	11.2	8.0	1.8	0.0		
甘　肃	36.6	6.9	1.4	0.0		
青　海		69.7	69.1			
宁　夏		19.0				
新　疆	197.5	21.5	4.9	8.2	294.5	

5—8 续表 2　　单位:公斤/人

地　区	蔬菜	瓜类	水果	茶叶	烟叶	木材（立方米/人）
全国合计	**167.9**	**27.4**	**61.6**	**0.87**	**3.69**	**0.04**
北　京	195.7	88.4	103.2		0.06	0.03
天　津	264.8	4.9	33.1			0.02
河　北	275.3	15.2	94.2		0.00	0.01
山　西	209.6	13.3	152.2		0.17	0.01
内蒙古	149.9	67.8	7.6		0.55	0.03
辽　宁	319.5	18.6	97.7		3.17	0.02
吉　林	178.2	79.3	6.9		2.05	0.02
黑龙江	242.3	57.9	1.3		5.75	0.00
上　海	87.0	18.3	60.5			0.00
江　苏	101.7	18.2	3.6	0.05	0.00	0.06
浙　江	229.6	45.9	121.0	2.09	0.00	0.03
安　徽	55.8	23.5	3.7	1.18	0.21	0.03
福　建	153.4	36.8	160.9	15.38	13.87	0.03
江　西	63.8	24.0	27.8	0.02	1.26	0.08
山　东	338.9	62.3	79.7		0.93	0.08
河　南	116.8	39.2	49.2	0.02	3.11	0.04
湖　北	135.1	14.2	69.5	1.24	2.34	0.04
湖　南	74.7	14.0	44.8	0.23	9.05	0.04
广　东	278.9	5.4	48.6	0.17	1.62	0.01
广　西	131.4	43.8	48.9	0.16	0.76	0.04
海　南	405.0	40.5	112.8		0.01	0.27
重　庆	104.8	0.8	25.4	0.06	7.04	0.01
四　川	142.0	1.9	32.7	0.43	3.54	0.01
贵　州	95.5	4.2	5.7	0.06	17.04	0.02
云　南	146.3	6.7	21.5	5.66	25.46	0.02
西　藏	5.1		1.4			0.14
陕　西	119.0	60.4	220.2	0.09	2.51	0.02
甘　肃	130.8	22.2	55.2		0.09	0.01
青　海	34.1		10.0		0.01	0.02
宁　夏	244.4	18.0	118.8			0.00
新　疆	243.6	23.6	163.0			0.14

5－8 续表 3 单位:公斤/人

地　　区	猪肉	羊肉	牛肉	家禽	蛋类
全国合计	**32.2**	**3.3**	**2.9**	**9.6**	**10.5**
北　　京	29.7	2.4	0.1	17.8	26.8
天　　津	46.8	0.2	5.4	31.1	48.6
河　　北	17.8	2.7	3.4	8.6	37.0
山　　西	12.3	3.4	1.8	2.0	17.2
内 蒙 古	20.0	48.4	14.0	2.2	4.2
辽　　宁	62.6	3.2	7.6	28.2	45.9
吉　　林	41.5	1.7	9.0	12.0	7.8
黑 龙 江	56.1	2.2	4.7	11.6	6.8
上　　海	9.1	0.2		0.1	0.1
江　　苏	22.4	0.9	0.3	11.6	30.7
浙　　江	39.8	0.5	0.0	22.0	4.1
安　　徽	17.7	0.8	2.3	6.0	2.3
福　　建	32.2	0.3	0.6	2.4	1.4
江　　西	31.8	0.1	0.3	1.8	5.0
山　　东	32.6	1.8	5.5	28.2	20.7
河　　南	39.5	1.4	4.0	4.6	13.7
湖　　北	29.7	0.3	0.4	4.5	12.0
湖　　南	45.9	0.2	0.2	5.2	1.3
广　　东	27.9	0.0	0.3	40.1	0.1
广　　西	49.7	0.2	1.1	6.2	0.1
海　　南	33.1	0.6	2.3	4.5	0.0
重　　庆	48.9	0.1	0.7	5.6	1.0
四　　川	69.1	0.8	0.9	11.0	2.4
贵　　州	29.3	0.5	1.0	2.1	0.6
云　　南	34.2	0.7	1.3	3.4	6.5
西　　藏	0.8	2.9	7.9	0.1	0.2
陕　　西	18.8	2.3	0.8	1.1	10.4
甘　　肃	5.3	4.1	4.0	0.6	1.5
青　　海	3.5	16.1	8.9	0.1	0.0
宁　　夏	16.7	8.1	9.3	9.0	0.1
新　　疆	1.6	19.9	10.6	1.9	9.9

5—8续表4

单位:公斤/人

地区	羊毛	奶类	蚕茧	蜂蜜	鱼类	虾类	贝类	藻类
全国合计	**0.25**	**11.27**	**0.91**	**0.06**	**6.87**	**0.50**	**0.77**	**0.14**
北京	0.03	27.57		0.55	10.74		0.00	0.00
天津		10.18			22.29		0.00	0.00
河北	0.08	29.50		0.06			0.00	0.00
山西	0.02	16.01	0.10	0.07			0.00	0.00
内蒙古	5.04	118.08	0.05	0.01	0.00		0.00	0.00
辽宁	0.07	11.96	1.54	0.05	7.78	0.61	3.19	0.00
吉林	0.37	0.93	0.00	0.20	0.33		0.00	0.00
黑龙江	0.13	49.21	0.12	0.04	1.21	0.00	0.00	0.00
上海					4.84	5.25	0.14	0.00
江苏	0.00	2.20	1.76	0.00	18.01	1.18	0.05	0.00
浙江	0.01	0.56	4.37	0.02	8.43	1.20	3.49	0.04
安徽	0.01		1.07	0.16	2.62	0.35	0.03	0.00
福建		0.21		0.10	4.12	0.77	5.53	1.36
江西		0.32	0.42	0.02	6.92	0.11	0.10	0.00
山东	0.00	4.16	1.49	0.03	0.49	0.03	7.23	0.00
河南	0.00	0.04	0.05	0.04	4.20	0.04	0.00	0.00
湖北			0.16	0.25	27.98	0.56	0.04	0.00
湖南			0.01	0.04	8.34	0.15	0.03	0.00
广东		0.07	0.85	0.02	24.65	4.23	0.17	0.00
广西			5.22	0.07	3.08	0.91	0.10	0.00
海南		0.03		0.10	60.31	2.93	0.18	7.74
重庆			2.63	0.03	6.14	0.00	0.00	
四川	0.00	1.42	1.91	0.05	5.97	0.04	0.00	
贵州		0.42	0.04	0.00	0.04			
云南	0.02	11.85	0.80	0.02	0.74	0.01	0.00	
西藏	1.51	0.87						
陕西	0.06	23.92	0.76	0.02	0.31			
甘肃	0.21	3.24		0.00	0.09			
青海	3.07	11.72		0.04	1.05			
宁夏	0.66	100.44		0.01	9.53			
新疆	0.96	25.02	0.05					

5—9 各地区农村居民家庭主要食品消费量

单位:公斤/人

地区	谷物				薯类	豆类	
		小麦	稻谷	玉米			大豆
全国合计	**203.9**	**68.4**	**113.4**	**14.2**	**3.0**	**3.3**	**1.9**
北京	127.7	52.5	42.2	12.0	0.6	2.1	0.3
天津	150.7	86.1	51.0	11.5	0.6	2.2	1.4
河北	196.5	139.8	17.5	23.9	1.5	2.8	2.0
山西	204.9	135.8	12.4	19.6	7.7	5.0	2.3
内蒙古	198.7	88.6	45.9	24.4	7.3	2.5	1.4
辽宁	189.4	36.2	96.2	38.5	2.1	4.9	3.8
吉林	166.6	26.2	106.4	31.5	2.0	8.1	6.4
黑龙江	174.1	42.7	93.5	32.7	2.3	8.2	6.6
上海	144.9	3.5	134.3	3.6	0.1	1.2	0.5
江苏	204.1	45.4	147.0	10.4	0.6	3.9	2.5
浙江	182.3	3.4	170.1	2.2	1.1	2.2	0.9
安徽	209.8	65.3	137.9	4.8	1.2	3.6	2.4
福建	186.6	3.3	175.8	0.4	2.9	3.6	0.9
江西	239.7	2.8	235.5	0.6	2.4	2.6	1.8
山东	190.2	154.0	5.7	23.5	1.2	4.4	2.8
河南	209.1	170.5	19.6	16.9	0.9	1.7	1.0
湖北	208.6	22.6	171.5	11.7	3.4	3.6	2.8
湖南	235.7	1.8	230.2	1.7	1.1	1.7	1.2
广东	225.2	0.8	220.2	1.8	2.5	1.8	0.6
广西	187.9	0.4	176.4	9.0	0.9	1.2	0.7
海南	186.6	0.4	184.7	0.6	1.8	1.4	0.4
重庆	208.1	16.0	182.3	9.1	5.4	3.6	2.2
四川	215.6	24.3	183.6	5.6	3.6	3.2	1.8
贵州	179.0	9.4	140.4	26.8	4.9	4.8	2.4
云南	187.4	11.2	146.2	27.0	3.2	3.7	1.5
西藏	258.8	90.3	62.4	0.2	2.2	4.6	1.0
陕西	197.0	143.2	23.4	18.7	5.5	3.5	2.7
甘肃	245.9	212.4	5.5	20.3	15.1	4.7	0.6
青海	216.1	199.6	4.4	0.5	16.4	1.3	
宁夏	228.3	173.1	47.8	1.4	4.9	0.5	0.1
新疆	235.1	188.4	19.9	26.2		0.6	0.3

5—9 续表 1

单位:公斤/人

地区	蔬菜及制品	叶菜类	瓜菜类	根茎块花类	茄果类	葱蒜类	菜用豆类
全国合计	**102.3**	**48.2**	**10.6**	**19.3**	**10.8**	**4.2**	**3.0**
北京	92.4	45.5	8.9	11.7	12.2	6.3	3.6
天津	79.0	54.6	5.0	5.9	5.7	2.9	1.2
河北	57.7	31.3	4.3	6.8	8.5	3.8	0.9
山西	80.7	28.5	5.6	27.1	8.7	3.7	1.7
内蒙古	76.9	38.8	3.8	11.4	10.5	4.0	1.1
辽宁	173.6	90.3	13.9	32.3	21.4	9.9	4.1
吉林	138.1	59.7	13.5	27.8	19.8	8.7	6.7
黑龙江	112.6	41.1	10.3	23.9	25.8	5.8	1.9
上海	70.6	26.1	8.5	10.6	8.7	2.1	6.2
江苏	108.9	61.7	10.0	12.4	8.6	7.7	4.4
浙江	82.0	37.3	7.5	16.1	4.7	1.5	5.0
安徽	78.7	41.1	6.6	12.8	8.7	2.9	2.4
福建	90.5	60.1	5.1	12.3	2.5	1.1	3.6
江西	136.4	48.9	20.0	26.2	19.2	7.1	3.9
山东	72.9	31.1	6.6	12.8	9.4	6.1	2.5
河南	100.8	40.4	7.9	31.3	10.4	5.3	1.4
湖北	152.5	53.2	25.0	38.7	15.6	5.9	6.7
湖南	140.1	48.1	23.8	32.7	22.2	5.1	5.3
广东	122.0	71.4	7.3	3.6	1.1	0.7	1.3
广西	101.7	67.3	11.4	12.8	6.7	0.5	0.5
海南	71.2	33.0	15.0	2.8	3.2	4.5	4.3
重庆	152.3	88.8	21.3	22.0	9.6	3.2	5.2
四川	155.9	73.2	19.6	35.6	10.3	2.3	6.7
贵州	135.5	75.2	12.4	19.1	16.3	4.1	4.7
云南	98.3	56.1	12.9	16.4	4.4	2.3	2.7
西藏	23.0	7.5	0.2	8.2	0.1	0.9	0.1
陕西	54.0	20.0	3.4	13.5	9.2	4.5	1.3
甘肃	43.6	19.7	1.7	9.8	6.4	3.5	0.2
青海	43.6	21.4	2.5	10.2	4.1	4.2	0.3
宁夏	82.7	36.7	3.2	14.1	22.6	4.8	0.4
新疆	67.9	25.5	0.7	19.9	13.3	1.7	0.7

5—9 续表 2 单位:公斤/人

地区	瓜类	食用油	植物油	动物油	猪肉	牛肉	羊肉
全国合计	**5.1**	**6.0**	**4.9**	**1.1**	**15.6**	**0.6**	**0.8**
北京	8.5	9.3	9.2	0.2	13.2	1.5	2.7
天津	5.6	9.4	9.1	0.3	9.8	1.0	1.2
河北	4.2	6.8	6.3	0.5	7.2	0.5	0.4
山西	4.9	5.5	5.4	0.1	5.1	0.2	0.3
内蒙古	5.3	4.3	3.9	0.5	20.8	1.2	4.3
辽宁	2.2	7.2	6.4	0.8	16.9	0.5	0.4
吉林	5.9	6.8	6.3	0.5	13.2	0.9	0.3
黑龙江	11.0	9.2	9.1	0.2	8.7	0.6	0.3
上海	14.9	8.6	8.5	0.2	17.9	0.8	0.7
江苏	7.8	5.0	4.6	0.3	12.8	0.8	0.5
浙江	10.4	5.6	4.5	1.1	16.7	0.6	0.4
安徽	6.2	6.3	5.2	1.1	10.1	0.4	0.1
福建	1.0	4.9	3.1	1.8	18.4	0.3	0.2
江西	14.0	7.0	5.6	1.4	15.3	0.3	0.0
山东	3.6	9.7	6.9	2.7	7.9	0.3	0.3
河南	5.9	4.4	4.2	0.1	5.5	0.8	0.1
湖北	4.8	3.7	3.0	0.7	20.6	0.3	0.1
湖南	7.1	9.0	4.3	4.7	20.1	0.3	0.1
广东	0.8	6.4	5.4	1.0	20.4	0.4	0.0
广西	2.1	5.0	3.0	2.0	15.2	0.2	0.1
海南	1.3	4.3	1.4	2.9	17.8	0.4	0.3
重庆	1.5	4.5	3.4	1.1	30.1	0.1	0.1
四川	0.8	4.9	3.7	1.1	31.0	0.3	0.3
贵州	0.4	4.0	2.2	1.8	30.2	0.1	0.2
云南	0.7	3.3	1.8	1.4	27.9	0.4	0.2
西藏	0.2	4.5	4.5	0.0	39.0	7.9	8.0
陕西	4.8	6.5	6.3	0.2	7.6	0.1	0.4
甘肃	5.8	3.6	3.6	0.1	14.9	0.4	1.3
青海	1.8	3.5	3.3	0.2	9.9	3.7	7.1
宁夏	22.1	4.7	4.7	0.1	7.7	2.2	3.3
新疆	11.0	10.9	10.8	0.1	0.7	2.6	9.0

5—9 续表 3 单位:公斤/人

地　区	家禽	其他肉禽及制品	蛋及蛋制品	奶及奶制品	水产品	鱼类
全国合计	**3.7**	**1.7**	**4.7**	**2.9**	**4.9**	**4.1**
北　京	2.9	5.1	9.3	12.1	4.9	4.3
天　津	0.7	1.1	8.9	3.4	7.4	6.4
河　北	0.7	1.8	6.3	2.4	2.5	2.2
山　西	0.4	0.6	5.7	3.9	0.7	0.5
内蒙古	2.3	1.4	4.3	6.2	1.6	1.5
辽　宁	2.1	2.0	8.6	2.5	5.7	4.1
吉　林	4.3	1.2	8.6	1.2	4.0	3.8
黑龙江	3.3	1.4	5.7	1.8	3.8	3.6
上　海	8.9	8.1	7.7	9.1	19.1	12.1
江　苏	5.6	3.3	6.4	4.1	10.0	8.2
浙　江	6.5	5.4	4.6	4.2	15.5	9.8
安　徽	4.6	1.2	4.7	0.6	5.2	4.9
福　建	6.2	2.3	3.4	2.6	14.3	8.4
江　西	3.8	1.5	3.5	1.1	5.4	4.9
山　东	2.7	3.1	10.4	5.8	4.5	3.5
河　南	1.6	0.7	8.5	0.8	1.3	1.2
湖　北	3.0	0.7	4.1	0.2	8.1	7.8
湖　南	4.6	1.5	3.4	0.5	6.2	5.9
广　东	10.1	3.0	2.8	0.3	14.5	12.3
广　西	9.2	3.0	1.0	0.1	4.2	3.7
海　南	10.0	0.6	1.2	0.1	15.1	14.0
重　庆	3.8	0.9	6.5	0.5	2.3	2.2
四　川	4.4	1.3	4.8	1.1	2.2	2.0
贵　州	1.7	0.2	1.3	0.2	0.4	0.3
云　南	2.9	0.5	1.7	0.2	1.1	1.0
西　藏	0.1	0.7	0.6	47.2	0.0	0.0
陕　西	0.4	0.4	2.2	2.2	0.4	0.3
甘　肃	0.8	0.2	1.7	1.4	0.2	0.2
青　海	0.6	0.5	0.5	27.8	0.3	0.3
宁　夏	2.5	0.4	2.2	2.9	0.4	0.4
新　疆	1.7	0.4	1.0	4.9	0.4	0.4

5—9 续表 4

单位：公斤/人

地　区	食糖	酒类	白酒	啤酒	水果
全国合计	**1.1**	**9.6**	**3.5**	**5.5**	**12.0**
北　京	1.3	21.3	7.1	14.0	23.4
天　津	0.4	10.8	3.5	7.3	17.2
河　北	0.8	9.2	3.2	5.9	12.4
山　西	1.0	3.4	1.8	1.5	11.9
内蒙古	1.1	13.5	7.3	6.2	9.4
辽　宁	0.7	13.7	4.5	9.1	26.3
吉　林	0.7	14.8	6.3	8.4	19.0
黑龙江	0.8	17.5	5.9	11.5	17.3
上　海	1.9	18.2	1.4	8.4	14.4
江　苏	1.2	11.2	3.5	5.8	10.2
浙　江	1.6	25.2	1.9	17.4	16.8
安　徽	1.2	12.7	3.4	9.2	7.0
福　建	2.0	18.6	2.0	15.5	12.8
江　西	1.0	9.7	1.5	7.9	12.0
山　东	0.6	17.2	7.5	9.4	8.7
河　南	1.1	6.0	1.6	4.3	9.5
湖　北	1.0	10.2	3.9	6.2	10.6
湖　南	1.2	5.2	2.2	2.4	16.2
广　东	1.9	3.7	2.0	1.3	13.6
广　西	1.2	7.3	5.2	1.9	10.3
海　南	1.1	4.8	2.7	1.1	6.5
重　庆	2.0	10.4	5.3	4.9	10.2
四　川	1.5	8.3	4.8	3.4	10.7
贵　州	0.8	6.3	5.0	1.2	7.2
云　南	1.2	6.7	5.0	1.6	10.3
西　藏	3.2	1.2	0.1	0.9	1.4
陕　西	0.7	3.6	1.2	2.3	10.2
甘　肃	0.8	4.9	1.9	2.8	7.0
青　海	1.5	3.0	1.9	1.0	6.6
宁　夏	1.4	3.0	1.1	1.8	21.8
新　疆	0.5	1.3	0.5	0.7	23.8

5—10 各地区农村居民家庭主要耐用品年末拥有量

地　区	大型家具（件/百户）	洗衣机（台/百户）	电风扇（台/百户）	电冰箱（台/百户）	空调机（台/百户）	抽油烟机（台/百户）
全国合计	**304.3**	**40.2**	**146.3**	**20.1**	**6.4**	**6.0**
北　京	278.8	97.1	153.5	100.0	53.5	42.0
天　津	144.0	94.2	136.5	78.7	42.2	19.8
河　北	246.6	74.2	161.0	30.6	4.5	3.8
山　西	305.4	69.3	58.2	14.4	1.0	2.6
内蒙古	169.1	36.1	17.5	12.9	0.2	1.6
辽　宁	141.7	63.7	58.7	28.0	0.8	7.4
吉　林	89.4	59.1	20.8	14.4	0.2	1.1
黑龙江	70.4	65.2	19.3	16.3	0.0	5.3
上　海	278.2	85.7	306.2	89.0	84.0	60.0
江　苏	322.4	67.9	241.5	36.0	22.2	12.6
浙　江	372.5	51.7	294.1	66.5	40.6	37.4
安　徽	293.6	32.7	202.8	21.7	5.3	2.2
福　建	253.8	46.2	194.3	38.1	11.0	9.6
江　西	260.7	7.0	176.4	10.5	2.0	1.8
山　东	336.4	40.9	175.5	28.6	4.0	6.0
河　南	301.9	55.7	170.6	13.5	5.2	0.5
湖　北	360.8	26.4	179.4	14.8	3.8	3.1
湖　南	503.3	27.3	199.7	13.7	2.5	1.5
广　东	445.8	29.5	289.8	24.7	18.1	15.9
广　西	200.1	6.8	241.5	6.7	0.6	1.1
海　南	195.4	3.9	125.3	7.4	0.4	1.0
重　庆	353.7	21.5	156.3	13.6	2.2	1.3
四　川	516.3	40.9	170.5	12.3	1.1	0.9
贵　州	430.0	29.9	44.7	8.8	0.7	1.1
云　南	102.1	21.3	8.7	6.9	0.4	0.8
西　藏	534.8	6.5	0.4	4.6		
陕　西	245.9	53.4	88.7	8.0	1.3	0.6
甘　肃	320.2	39.1	26.3	7.1	1.1	0.8
青　海	303.5	44.0	4.0	18.0	0.2	1.3
宁　夏	424.7	44.5	25.5	10.2		1.2
新　疆	241.7	28.3	17.0	20.1	0.4	1.2

5—10 续表 1

地　　区	吸尘器（台/百户）	微波炉（台/百户）	热水器（台/百户）	自行车（辆/百户）	摩托车（辆/百户）	汽车（辆/百户）
全国合计	**0.8**	**3.5**	**12.4**	**98.4**	**40.7**	**0.8**
北　京	5.5	26.4	43.2	196.0	45.3	10.8
天　津	6.2	13.3	46.2	182.8	53.5	3.7
河　北	0.5	0.9	7.4	174.4	58.2	1.1
山　西	0.2	0.3	4.2	102.8	39.3	0.3
内蒙古	0.2	0.4	1.0	61.0	49.6	2.1
辽　宁	1.5	2.7	5.2	104.3	45.4	0.3
吉　林	0.1	0.3	1.0	67.5	43.8	0.9
黑龙江	0.2	1.5	1.8	72.6	34.0	0.7
上　海	20.8	65.5	78.2	173.5	72.0	2.0
江　苏	3.0	13.7	32.1	162.1	52.7	1.1
浙　江	4.1	11.0	45.0	130.9	62.6	3.5
安　徽	0.0	0.7	8.3	114.3	34.6	0.1
福　建	0.9	14.1	41.4	68.1	75.2	0.8
江　西	0.0	0.7	4.1	96.9	43.4	0.4
山　东	0.4	2.2	15.4	169.3	65.2	1.1
河　南	0.1	0.7	3.2	133.4	39.1	0.3
湖　北	0.2	1.5	6.2	79.1	39.2	0.0
湖　南	0.1	0.3	2.9	50.0	29.9	0.1
广　东	0.5	5.0	38.7	109.6	86.9	0.9
广　西	0.0	1.4	9.2	86.1	57.1	0.1
海　南	0.1	4.0	13.3	48.1	77.2	1.4
重　庆	0.3	0.8	6.4	14.1	12.6	
四　川	0.1	0.5	10.6	43.0	24.9	0.4
贵　州	0.2	1.0	2.9	7.5	14.0	0.1
云　南	0.0	1.5	9.3	31.0	16.3	0.4
西　藏		0.2	0.4	32.3	12.7	1.5
陕　西	0.1	0.6	2.7	110.0	35.8	0.4
甘　肃	0.1	0.5	2.3	102.5	37.1	0.2
青　海			0.5	39.3	52.8	0.8
宁　夏			2.8	120.3	63.5	0.2
新　疆	0.1	0.6	1.4	81.0	45.4	0.5

5—10续表2

地　区	电话机（部/百户）	移动电话（部/百户）	寻呼机（台/百户）	彩色电视机（台/百户）	黑白电视机（台/百户）	录放像机（台/百户）
全国合计	**58.3**	**50.2**	**0.4**	**84.0**	**21.8**	**3.0**
北　京	105.1	134.0	0.3	130.7	4.4	8.8
天　津	84.5	82.0	0.0	116.5	1.3	4.3
河　北	76.7	37.1	0.9	102.1	14.6	2.8
山　西	50.3	27.6	0.3	82.3	21.9	2.0
内蒙古	39.7	41.6	0.0	87.1	14.8	0.7
辽　宁	87.2	53.5	0.5	102.3	9.0	4.4
吉　林	71.2	66.9	0.1	97.9	10.4	1.9
黑龙江	71.3	57.3	0.0	97.0	11.7	1.2
上　海	114.8	130.3	1.0	157.3	21.3	13.5
江　苏	89.4	78.0	0.1	104.7	31.4	6.8
浙　江	96.5	124.5	0.5	133.6	20.9	10.5
安　徽	72.8	50.2	0.4	84.6	32.2	2.4
福　建	94.2	103.4	0.5	109.7	13.8	4.0
江　西	61.9	64.8	0.8	82.3	35.4	2.2
山　东	85.9	46.0	0.4	91.0	19.2	3.0
河　南	51.3	55.4	0.1	81.7	26.5	0.9
湖　北	51.7	71.2	0.2	83.2	27.4	0.8
湖　南	56.2	55.0	0.5	73.6	33.6	0.9
广　东	82.4	116.4	0.4	103.9	8.3	5.0
广　西	56.6	62.6	0.0	80.9	29.2	0.5
海　南	43.8	49.3	1.9	77.4	3.5	8.1
重　庆	59.8	49.3	0.5	79.2	24.9	1.8
四　川	53.0	54.0	0.3	81.8	30.9	2.6
贵　州	32.6	27.9	0.1	66.8	13.0	0.6
云　南	23.3	32.3	0.1	70.5	15.5	2.4
西　藏	15.8	7.3	0.2	48.5	2.5	3.1
陕　西	60.0	67.6	0.9	88.2	22.5	0.9
甘　肃	54.6	31.7		86.4	19.7	1.5
青　海	46.7	46.2		81.2	12.7	2.2
宁　夏	51.5	46.3		92.7	22.5	
新　疆	36.3	21.3	0.2	61.8	35.2	9.3

5—10 续表 3

地　　区	摄像机（台/百户）	影碟机（台/百户）	组合音响（台/百户）	收录机（台/百户）	照相机（部/百户）	家用计算机（台/百户）	中高档乐器（件/百户）
全国合计	**0.4**	**37.6**	**13.0**	**11.0**	**4.0**	**2.1**	**0.2**
北　　京	1.9	44.3	36.8	22.4	33.1	29.9	1.3
天　　津	1.3	41.8	28.0	18.7	10.0	6.0	0.0
河　　北	0.4	33.3	11.7	11.1	3.5	1.2	0.2
山　　西	0.2	16.7	8.3	17.1	4.8	0.6	0.3
内 蒙 古	0.1	22.9	4.3	16.2	2.8	0.3	0.0
辽　　宁	0.6	43.5	13.5	8.9	6.1	2.6	0.7
吉　　林	0.1	37.2	6.6	9.6	2.6	0.2	0.1
黑 龙 江	0.5	44.6	9.0	10.2	2.6	0.7	0.4
上　　海	2.3	33.3	16.3	27.0	18.0	32.0	0.5
江　　苏	0.4	30.1	16.3	11.8	6.7	2.9	0.4
浙　　江	0.4	48.1	16.4	14.9	9.2	11.2	0.6
安　　徽	0.7	45.0	10.4	7.7	3.1	0.8	0.4
福　　建	1.0	58.5	20.2	6.8	5.5	4.9	0.5
江　　西	0.1	29.4	8.2	3.9	1.8	2.0	0.2
山　　东	0.2	45.0	14.2	12.0	7.0	2.3	0.3
河　　南	0.3	23.1	3.3	6.3	2.1	0.6	0.1
湖　　北	0.5	44.5	14.3	4.6	1.9	1.1	0.1
湖　　南	0.7	30.6	7.6	5.1	1.9	0.9	0.1
广　　东	0.8	58.9	33.1	9.8	6.5	9.3	0.3
广　　西	0.0	50.5	19.7	5.5	1.6	0.5	0.0
海　　南	0.3	28.5	16.1	11.4	1.5	1.5	0.0
重　　庆	0.1	36.0	14.1	3.7	1.3	0.2	0.0
四　　川	0.3	47.2	16.7	6.7	2.6	0.6	0.2
贵　　州	0.4	39.1	13.1	2.4	0.6	0.4	0.0
云　　南	0.2	41.2	15.3	8.3	1.8	0.7	0.1
西　　藏	0.4	21.3	1.0	49.2	2.5	0.4	0.2
陕　　西	0.1	27.0	9.6	7.1	2.0	0.5	0.0
甘　　肃	0.3	31.8	11.9	31.4	2.8	0.3	
青　　海	0.3	29.8	7.0	35.2	2.5		
宁　　夏		39.5	15.8	17.0	3.2	0.2	
新　　疆	0.6	17.8	3.7	41.5	3.2		0.1

5—11 各地区农村居民家庭购买主要食品

单位:公斤/人

地　区	谷物	食用植物油	食用动物油	蔬菜	干菜	猪肉
全国合计	**43.7**	**3.9**	**1.1**	**28.5**	**0.3**	**8.8**
北　京	99.6	8.8	0.2	87.6	0.2	13.2
天　津	100.8	9.0	0.3	62.3	0.1	9.8
河　北	40.1	5.5	0.5	37.7	0.2	6.4
山　西	76.9	4.9	0.1	44.7	0.2	4.7
内蒙古	101.4	1.9	0.5	47.1	0.1	3.7
辽　宁	95.3	5.9	0.8	37.4	0.1	9.0
吉　林	88.1	6.3	0.5	41.9	0.1	8.1
黑龙江	113.4	9.0	0.2	37.8	0.0	7.0
上　海	67.4	8.5	0.2	39.1	0.4	17.6
江　苏	27.5	3.9	0.3	21.9	0.3	11.0
浙　江	49.8	4.5	1.1	31.3	0.3	15.1
安　徽	25.7	3.3	1.1	17.7	0.2	7.8
福　建	52.4	3.0	1.8	26.6	0.4	18.0
江　西	14.4	3.6	1.4	14.2	0.4	11.8
山　东	27.8	6.0	2.7	43.7	0.5	7.9
河　南	20.6	4.2	0.1	37.7	0.9	5.3
湖　北	25.6	2.9	0.7	16.1	0.3	6.9
湖　南	18.9	1.6	4.7	9.1	0.2	12.3
广　东	78.2	3.5	1.0	49.9	0.3	20.0
广　西	14.1	1.3	2.0	7.9	0.2	13.3
海　南	21.4	1.4	2.9	29.9	0.4	13.2
重　庆	23.4	2.2	1.1	11.5	0.1	9.2
四　川	20.1	1.8	1.1	17.3	0.1	11.9
贵　州	40.2	1.8	1.8	7.7	0.2	5.7
云　南	41.9	1.2	1.4	17.9	0.3	6.3
西　藏	90.5	2.5	0.0	7.7	1.3	0.6
陕　西	54.0	5.7	0.2	27.8	0.5	4.0
甘　肃	25.0	2.2	0.1	27.0	0.1	2.7
青　海	54.2	2.7	0.2	24.6	0.0	1.3
宁　夏	44.8	4.1	0.1	52.8	0.0	2.1
新　疆	60.9	9.5	0.1	40.0	0.1	0.4

5—11 续表 1

单位:公斤/人

地　区	牛肉	羊肉	鸡鸭鹅肉	鸡鸭鲜蛋	鱼类	虾、贝、蟹类
全国合计	**0.47**	**0.39**	**1.85**	**2.67**	**3.77**	**0.43**
北　京	1.46	2.75	2.87	9.04	4.27	0.35
天　津	0.97	1.24	0.64	8.60	6.29	0.80
河　北	0.47	0.37	0.64	5.58	2.23	0.12
山　西	0.16	0.24	0.40	4.02	0.55	0.01
内蒙古	0.47	0.57	1.02	1.14	1.45	0.01
辽　宁	0.46	0.29	0.67	4.64	3.94	1.09
吉　林	0.58	0.10	1.33	2.40	3.76	0.07
黑龙江	0.60	0.22	1.12	3.11	3.48	0.07
上　海	0.83	0.63	7.55	5.33	11.70	4.70
江　苏	0.82	0.38	3.84	3.27	7.74	1.05
浙　江	0.62	0.35	5.24	3.06	9.44	3.41
安　徽	0.44	0.13	2.24	2.03	4.71	0.06
福　建	0.28	0.18	3.29	2.75	8.24	3.58
江　西	0.26	0.02	1.70	1.64	4.36	0.04
山　东	0.29	0.33	2.48	9.29	3.51	0.67
河　南	0.82	0.12	1.12	4.40	1.14	0.03
湖　北	0.30	0.07	0.79	0.93	6.64	0.02
湖　南	0.31	0.10	1.90	1.35	4.71	0.04
广　东	0.44	0.05	5.51	1.90	11.63	0.85
广　西	0.14	0.05	3.43	0.67	3.00	0.10
海　南	0.32	0.19	4.72	0.84	12.02	0.28
重　庆	0.04	0.04	1.07	0.80	1.84	0.01
四　川	0.13	0.10	1.48	1.07	1.70	0.01
贵　州	0.07	0.04	0.48	0.35	0.18	0.00
云　南	0.25	0.09	0.82	0.77	0.95	0.01
西　藏	2.22	0.95	0.00	0.14	0.00	0.00
陕　西	0.08	0.18	0.31	1.72	0.32	0.00
甘　肃	0.24	0.25	0.31	0.68	0.19	0.00
青　海	0.83	3.11	0.42	0.31	0.30	0.01
宁　夏	1.81	1.98	0.92	0.89	0.36	0.01
新　疆	2.03	4.54	0.36	0.42	0.39	0.01

5—11 续表 2　　　　单位:公斤/人

地 区	食糖	水果	西瓜	卷烟(盒/人)	鲜奶	酒	啤酒
全国合计	**1.1**	**8.9**	**3.2**	**25.0**	**1.2**	**9.1**	**5.5**
北 京	1.3	21.0	7.2	37.5	9.6	21.2	14.0
天 津	0.4	16.4	5.3	29.3	2.8	10.8	7.3
河 北	0.8	11.6	3.7	20.6	1.7	9.1	5.9
山 西	1.0	9.2	4.2	29.0	3.1	3.4	1.5
内蒙古	1.1	9.2	4.3	26.4	2.3	13.5	6.2
辽 宁	0.7	16.4	1.6	20.6	1.8	13.7	9.1
吉 林	0.7	18.1	3.9	21.3	0.7	14.8	8.4
黑龙江	0.8	17.1	9.4	21.3	1.1	17.4	11.5
上 海	1.9	13.3	14.0	49.4	7.4	10.2	8.4
江 苏	1.2	9.5	6.1	27.7	3.0	9.4	5.8
浙 江	1.6	13.9	6.3	37.5	2.3	19.5	17.4
安 徽	1.2	6.4	4.2	27.8	0.1	12.6	9.2
福 建	2.0	10.7	0.8	29.9	1.7	17.6	15.5
江 西	1.0	8.7	3.1	26.3	0.4	9.4	7.9
山 东	0.6	7.4	1.5	24.4	4.2	17.1	9.4
河 南	1.1	8.1	3.5	22.0	0.2	5.9	4.3
湖 北	1.0	6.8	2.9	30.5	0.1	10.1	6.2
湖 南	1.2	11.2	3.9	28.6	0.1	4.6	2.4
广 东	1.9	11.9	0.6	24.9	0.2	3.4	1.3
广 西	1.2	6.2	0.4	15.9	0.0	7.1	1.9
海 南	1.1	2.6	0.3	20.8	0.0	3.8	1.1
重 庆	2.0	6.4	0.6	31.9	0.3	10.3	4.9
四 川	1.5	7.9	0.5	26.2	0.6	8.2	3.4
贵 州	0.8	4.7	0.2	23.8	0.1	6.2	1.2
云 南	1.2	5.9	0.2	26.9	0.1	6.6	1.6
西 藏	3.2	0.7	0.0	12.9	0.1	1.0	0.9
陕 西	0.7	4.7	3.7	28.2	1.0	3.5	2.3
甘 肃	0.8	4.4	4.4	22.3	0.9	4.8	2.8
青 海	1.5	3.7	1.7	15.4	0.8	2.9	1.0
宁 夏	1.4	10.7	10.9	15.2	1.6	3.0	1.8
新 疆	0.5	3.7	6.7	3.2	1.0	1.3	0.7

5—12 各地区农村居民家庭主要生活燃料和水电购买情况

地　区	生活用燃料（元/户）	柴（公担/户）	草（公担/户）	煤（公斤/户）	液化气（元/户）	生活用水（吨/户）	生活用电（度/户）
全国合计	**226.3**	**0.33**	**0.21**	**524.1**	**63.0**	**12.3**	**319.5**
北　京	1008.3	0.04	11.33	2274.7	204.4	10.2	958.3
天　津	518.1	0.00	0.00	931.3	159.5	9.1	591.0
河　北	411.4	0.09	0.04	1083.5	61.3	7.6	387.7
山　西	291.6	0.00	0.00	1186.9	13.2	11.9	274.9
内蒙古	223.7	0.37	0.56	792.3	8.9	5.7	216.9
辽　宁	222.0	2.37	0.26	367.2	60.0	5.5	381.7
吉　林	97.5	0.61	0.35	188.5	25.1	7.7	285.1
黑龙江	259.7	0.37	0.13	809.1	19.0	7.4	262.4
上　海	313.4	0.00	0.00	6.1	281.8	92.6	1036.2
江　苏	163.1	0.02	0.01	102.2	124.7	30.4	474.2
浙　江	270.2	1.69	0.21	46.5	227.3	32.2	626.3
安　徽	112.5	0.15	0.00	159.1	41.0	5.0	236.2
福　建	310.2	0.49	0.29	302.8	202.6	26.8	571.6
江　西	120.1	0.23	0.03	301.2	23.8	2.1	203.6
山　东	300.2	0.36	0.01	551.8	71.4	7.9	311.8
河　南	171.2	0.02	0.03	462.9	19.6	3.9	247.7
湖　北	109.3	0.13	0.03	212.3	28.2	4.7	238.8
湖　南	219.0	0.22	0.11	596.5	15.0	2.1	210.8
广　东	405.4	0.25	0.01	123.7	357.2	53.7	601.9
广　西	69.3	0.27	0.01	6.4	51.6	14.0	238.5
海　南	64.9	0.58	0.00	0.1	49.1	14.6	208.9
重　庆	118.1	0.05		321.2	16.8	3.6	280.4
四　川	106.1	0.07	0.00	310.7	14.8	2.7	280.1
贵　州	232.4	0.02		968.7	2.1	9.5	216.6
云　南	134.0	0.38	0.01	560.1	6.8	6.9	159.7
西　藏	26.5	0.28	0.00	0.0	15.0	0.2	97.1
陕　西	182.7	0.08	0.04	603.4	20.1	8.4	224.2
甘　肃	297.7	1.23	0.02	984.1	4.4	9.6	196.5
青　海	247.0			996.0	7.1	9.7	195.8
宁　夏	334.4		0.20	1222.1	6.5	7.0	221.8
新　疆	353.2	0.05	0.59	1582.9	5.3	32.4	191.4

5—13 各地区农村居民家庭主要建筑材料购买情况

地　区	水泥（公斤/户）	木材（立方米/户）	钢材（公斤/户）	水泥预制件（件/户）	玻璃（平方米/户）	砖（块/户）	瓦（块/户）	沙石（立方米/户）
全国合计	**309.7**	**0.09**	**23.8**	**1.05**	**0.21**	**710.7**	**55.5**	**2.61**
北　京	375.7	0.05	10.1	0.42	0.28	394.8	32.6	2.74
天　津	130.1	0.10	13.7	0.25	0.17	385.1	34.4	10.79
河　北	249.2	0.06	15.2	0.84	0.24	779.8	29.2	1.79
山　西	118.3	0.02	8.1	0.10	0.22	418.3	8.2	0.65
内蒙古	78.6	0.04	2.0	0.17	0.23	436.6	82.4	0.51
辽　宁	264.4	1.40	9.4	0.72	0.14	529.8	26.0	1.04
吉　林	98.1	0.05	9.2	0.23	0.07	463.1	26.8	0.53
黑龙江	211.4	0.11	17.5	0.35	0.13	1020.3	19.1	1.59
上　海	145.7	0.06	41.9	0.41	0.12	304.1	58.2	1.08
江　苏	342.0	0.04	13.8	1.37	0.04	657.3	73.1	3.54
浙　江	476.2	0.09	62.2	1.73	0.23	718.8	116.7	4.18
安　徽	478.1	0.02	30.2	1.14	0.06	867.3	57.9	1.82
福　建	325.8	0.04	51.2	0.69	0.42	532.0	22.0	2.21
江　西	462.1	0.03	50.0	0.74	0.08	1014.6	67.8	2.09
山　东	492.8	0.09	23.0	3.41	0.27	1321.9	109.0	4.09
河　南	408.0	0.06	23.5	0.78	0.15	1011.2	51.2	2.21
湖　北	283.3	0.04	18.1	1.07	0.50	680.2	50.5	2.10
湖　南	267.6	0.03	24.6	1.65	0.13	513.3	55.9	1.43
广　东	482.9	0.02	48.7	0.24	0.04	666.1	18.1	2.44
广　西	565.3	0.02	90.6	0.56	0.15	938.0	28.3	2.13
海　南	125.6	0.01	1.4	1.37	0.01	74.7	25.1	1.12
重　庆	181.5	0.10	6.3	2.45	0.05	395.8	76.1	7.20
四　川	219.3	0.01	15.4	0.58	0.06	370.0	65.2	0.96
贵　州	325.8	0.03	20.5	2.05	0.08	397.9	40.4	4.08
云　南	201.5	0.07	7.7	1.66	1.02	184.9	83.3	12.03
西　藏	11.1	0.28			0.09			
陕　西	214.9	0.02	13.9	0.63	0.11	662.7	31.3	0.77
甘　肃	245.4	0.08	12.0	0.60	0.27	895.8	157.1	0.76
青　海	324.1	0.20	12.5	0.56	0.61	1007.0	33.8	1.21
宁　夏	220.3	0.17	7.3	0.03	0.21	1020.3	89.7	1.10
新　疆	268.8	0.16	11.4	0.21	0.49	1716.4	14.1	2.77

5—14 各地区农村居民家庭主要农业用生产资料购买情况

单位:公斤/户

地　区	农业用种子	化肥	饼肥	农药（元/户）	农用薄膜	农业用电（度）
全国合计	**36.2**	**643.2**	**5.63**	**166.3**	**4.9**	**33.7**
北　京	16.1	142.0	1.20	43.0	6.6	38.9
天　津	26.7	267.9	0.54	49.3	4.6	16.6
河　北	45.2	578.7	6.24	143.2	6.5	219.1
山　西	22.9	493.2	1.75	72.5	4.8	16.0
内蒙古	57.1	855.6	1.52	92.0	8.7	53.0
辽　宁	56.4	661.9	2.23	152.9	5.8	31.8
吉　林	84.1	866.1	0.00	256.0	5.6	5.9
黑龙江	119.4	1037.6	0.58	372.4	7.1	22.9
上　海	5.9	181.6	12.93	98.7	1.5	2.2
江　苏	34.1	628.1	3.48	234.3	2.5	11.8
浙　江	10.0	276.3	2.73	187.6	4.5	12.2
安　徽	42.6	770.1	5.92	180.5	2.3	10.0
福　建	11.8	449.9	1.02	194.6	2.5	8.2
江　西	18.7	602.1	4.88	345.1	1.5	5.6
山　东	32.1	692.7	8.36	175.4	14.7	34.6
河　南	41.7	715.6	4.92	116.5	2.8	20.5
湖　北	28.8	925.0	4.47	208.2	1.8	18.1
湖　南	13.8	603.4	1.54	256.0	1.2	4.2
广　东	6.7	499.0	17.18	229.6	0.8	1.4
广　西	40.7	916.9	11.29	242.6	2.1	4.8
海　南	16.9	575.8	9.97	302.2	0.5	7.7
重　庆	14.1	466.3	3.71	36.8	1.6	5.0
四　川	14.6	593.4	3.71	99.3	2.2	6.5
贵　州	11.2	410.1	0.60	23.7	1.0	2.2
云　南	47.0	587.3	3.16	105.0	5.2	7.7
西　藏	21.9	65.9	0.27	3.8	0.0	
陕　西	30.3	725.6	0.81	108.8	5.1	20.5
甘　肃	31.6	783.1	4.28	63.4	9.5	151.5
青　海	47.7	288.6	3.24	44.0	0.6	18.5
宁　夏	62.5	937.9	0.33	91.6	4.1	110.3
新　疆	148.1	898.0	57.58	159.0	33.1	103.9

5—15 各地区农村居民家庭粮食支出

单位:公斤/人

地区	粮食支出	1.主食用粮	谷物	2.其他生活用粮	3.出售粮食	谷物
全国合计	**737.5**	**208.8**	**203.9**	**0.6**	**375.8**	**345.5**
北京	374.4	128.6	127.7	0.0	155.3	149.2
天津	440.7	152.6	150.7	0.0	184.2	179.9
河北	713.6	200.0	196.5	0.4	371.1	363.0
山西	464.6	214.9	204.9	0.2	174.2	163.1
内蒙古	1563.4	207.4	198.7	1.6	861.5	779.0
辽宁	1628.5	195.4	189.4	0.0	1176.2	1151.0
吉林	2581.0	175.0	166.6	0.0	2152.5	2070.4
黑龙江	2542.7	183.0	174.1	0.0	2001.4	1412.6
上海	253.2	145.5	144.9	0.1	80.9	79.8
江苏	724.3	207.2	204.1	0.0	386.4	380.2
浙江	346.0	184.3	182.3	0.3	83.8	78.9
安徽	727.7	213.5	209.8	0.6	444.1	416.3
福建	329.9	190.4	186.6	0.4	105.4	102.1
江西	739.0	243.9	239.7	1.1	436.3	431.7
山东	765.7	194.2	190.2	0.0	424.5	417.9
河南	723.0	210.9	209.1	0.0	366.6	353.3
湖北	681.2	214.8	208.6	0.3	382.4	370.1
湖南	549.6	237.9	235.7	1.5	184.9	180.6
广东	382.5	228.3	225.2	0.0	91.0	88.1
广西	418.8	189.4	187.9	0.1	126.8	125.1
海南	337.6	188.8	186.6	0.0	59.5	52.8
重庆	535.2	215.6	208.1	0.0	69.1	66.0
四川	570.6	221.0	215.6	0.0	80.6	75.8
贵州	439.8	186.4	179.0	0.1	64.9	60.9
云南	508.8	192.2	187.4	1.9	100.3	91.8
西藏	421.7	262.0	258.8	5.9	69.2	61.9
陕西	528.0	205.2	197.0	0.5	185.9	166.6
甘肃	581.1	261.6	245.9	0.0	192.0	173.1
青海	402.7	232.5	216.1	0.3	68.5	61.8
宁夏	952.1	233.3	228.3		478.0	433.6
新疆	901.3	235.4	235.1	7.7	497.3	487.2

5—15 续表 单位：公斤/人

地　区	4. 种籽用粮	5. 饲料用粮	6. 借出粮食	7. 归还借粮	8. 其他粮食支出
全国合计	**14.3**	**136.5**	**0.4**	**0.3**	**0.7**
北　京	4.2	86.2			0.2
天　津	19.1	84.7			0.0
河　北	19.3	122.4	0.0		0.4
山　西	13.0	59.7	1.7	0.4	0.6
内蒙古	43.9	447.0	0.0	1.8	0.1
辽　宁	11.5	245.4			0.0
吉　林	18.5	234.5			0.5
黑龙江	52.0	306.3			0.0
上　海	2.5	23.1			1.2
江　苏	10.7	116.6	0.0	0.2	3.2
浙　江	1.6	75.5	0.0	0.0	0.5
安　徽	15.7	53.3	0.1	0.1	0.3
福　建	1.7	31.9	0.0	0.0	0.1
江　西	4.9	49.1	2.2	1.3	0.1
山　东	9.9	134.2	2.0	0.0	1.0
河　南	11.9	130.8	1.1	1.0	0.6
湖　北	10.3	72.8	0.0	0.0	0.5
湖　南	5.0	117.3	0.9	1.2	0.8
广　东	1.2	60.5	0.4	0.3	0.8
广　西	3.1	99.0	0.2	0.1	0.2
海　南	1.5	87.7	0.0	0.0	0.1
重　庆	4.7	244.7	0.0	0.0	1.0
四　川	7.2	261.0	0.2		0.7
贵　州	18.5	169.4			0.6
云　南	16.1	196.6	0.1	0.1	1.7
西　藏	25.0	59.0		0.0	0.6
陕　西	15.0	121.1	0.0	0.1	0.1
甘　肃	32.2	94.0	0.3	0.1	0.8
青　海	49.7	50.1			1.6
宁　夏	47.9	188.7	0.0		4.2
新　疆	32.6	126.6		0.1	1.8

5—16 各地区农村居民总收入

单位:元/人

地 区	总收入	一、工资性收入	二、家庭经营收入	三、财产性收入	四、转移性收入
全国合计	**4631.2**	**1174.5**	**3164.4**	**88.4**	**203.8**
北 京	8855.6	4524.3	3203.0	588.0	540.3
天 津	7459.7	2720.9	4455.5	152.9	130.5
河 北	4986.0	1293.5	3415.4	93.7	183.3
山 西	3628.3	1177.9	2268.7	62.7	119.0
内蒙古	5345.9	504.5	4557.2	73.1	211.2
辽 宁	6028.3	1212.2	4379.6	113.2	323.2
吉 林	5154.2	511.0	4205.5	148.4	289.4
黑龙江	6042.9	464.3	5148.7	230.6	199.3
上 海	8960.4	6159.7	1351.7	457.5	991.5
江 苏	6682.3	2786.1	3470.6	150.4	275.2
浙 江	8805.0	3238.8	4792.8	278.9	494.5
安 徽	3669.0	1010.0	2471.3	44.9	142.8
福 建	5499.3	1650.6	3333.8	98.7	416.0
江 西	4211.8	1227.9	2805.0	25.8	153.1
山 东	5677.0	1437.6	3957.0	102.8	179.7
河 南	3945.7	853.9	2965.6	35.8	90.2
湖 北	4221.8	941.6	3167.3	16.8	96.1
湖 南	4489.4	1228.8	2908.5	42.1	310.1
广 东	5957.8	2562.4	2944.2	167.3	284.0
广 西	3717.5	907.4	2710.9	18.3	80.9
海 南	4129.6	473.1	3433.8	55.6	167.1
重 庆	3783.0	1088.8	2441.5	30.7	222.0
四 川	4158.2	954.9	2970.7	41.6	191.0
贵 州	2660.6	583.3	1894.4	35.5	147.4
云 南	3179.1	348.3	2652.6	75.5	102.8
西 藏	2869.9	565.2	1973.8	217.2	113.6
陕 西	3037.0	756.7	2071.1	56.9	152.2
甘 肃	2888.0	586.7	2159.4	20.6	121.3
青 海	2942.1	560.5	2129.2	62.0	190.4
宁 夏	4179.7	702.1	3200.8	48.6	228.2
新 疆	4604.9	195.5	4253.0	33.9	122.6

5—17 各地区农村居民总收入构成

单位：%

地区	总收入	一、工资性收入	二、家庭经营收入	三、财产性收入	四、转移性收入
全国合计	**100.0**	**25.4**	**68.3**	**1.9**	**4.4**
北京	100.0	51.1	36.2	6.6	6.1
天津	100.0	36.5	59.7	2.0	1.7
河北	100.0	25.9	68.5	1.9	3.7
山西	100.0	32.5	62.5	1.7	3.3
内蒙古	100.0	9.4	85.2	1.4	4.0
辽宁	100.0	20.1	72.7	1.9	5.4
吉林	100.0	9.9	81.6	2.9	5.6
黑龙江	100.0	7.7	85.2	3.8	3.3
上海	100.0	68.7	15.1	5.1	11.1
江苏	100.0	41.7	51.9	2.3	4.1
浙江	100.0	36.8	54.4	3.2	5.6
安徽	100.0	27.5	67.4	1.2	3.9
福建	100.0	30.0	60.6	1.8	7.6
江西	100.0	29.2	66.6	0.6	3.6
山东	100.0	25.3	69.7	1.8	3.2
河南	100.0	21.6	75.2	0.9	2.3
湖北	100.0	22.3	75.0	0.4	2.3
湖南	100.0	27.4	64.8	0.9	6.9
广东	100.0	43.0	49.4	2.8	4.8
广西	100.0	24.4	72.9	0.5	2.2
海南	100.0	11.5	83.2	1.3	4.0
重庆	100.0	28.8	64.5	0.8	5.9
四川	100.0	23.0	71.4	1.0	4.6
贵州	100.0	21.9	71.2	1.3	5.5
云南	100.0	11.0	83.4	2.4	3.2
西藏	100.0	19.7	68.8	7.6	4.0
陕西	100.0	24.9	68.2	1.9	5.0
甘肃	100.0	20.3	74.8	0.7	4.2
青海	100.0	19.1	72.4	2.1	6.5
宁夏	100.0	16.8	76.6	1.2	5.5
新疆	100.0	4.2	92.4	0.7	2.7

5—18 各地区农村居民纯收入

单位:元/人

地 区	纯收入	一、工资性收入	二、家庭经营收入	三、财产性收入	四、转移性收入
全国合计	**3254.9**	**1174.5**	**1844.5**	**88.4**	**147.4**
北 京	7346.3	4524.3	1778.3	588.0	455.6
天 津	5579.9	2720.9	2626.5	152.9	79.7
河 北	3481.6	1293.5	1988.6	93.7	105.8
山 西	2890.7	1177.9	1563.5	62.7	86.5
内蒙古	2988.9	504.5	2223.3	73.1	188.1
辽 宁	3690.2	1212.2	2163.5	113.2	201.3
吉 林	3264.0	511.0	2395.5	148.4	209.2
黑龙江	3221.3	464.3	2363.9	230.6	162.4
上 海	8247.8	6159.7	774.6	457.5	856.0
江 苏	5276.3	2786.1	2125.0	150.4	214.8
浙 江	6660.0	3238.8	2789.4	278.9	352.9
安 徽	2641.0	1010.0	1499.3	44.9	86.8
福 建	4450.4	1650.6	2365.0	98.7	336.0
江 西	3128.9	1227.9	1786.4	25.8	88.8
山 东	3930.5	1437.6	2258.0	102.8	132.1
河 南	2870.6	853.9	1913.7	35.8	67.1
湖 北	3099.2	941.6	2049.0	16.8	91.7
湖 南	3117.7	1228.8	1713.4	42.1	133.6
广 东	4690.5	2562.4	1732.0	167.3	228.9
广 西	2494.7	907.4	1516.4	18.3	52.7
海 南	3004.0	473.1	2345.6	55.6	129.8
重 庆	2809.3	1088.8	1541.5	30.7	148.4
四 川	2802.8	954.9	1681.6	41.6	124.7
贵 州	1877.0	583.3	1153.4	35.5	104.8
云 南	2041.8	348.3	1530.1	75.5	87.8
西 藏	2077.9	565.2	1187.1	217.2	108.4
陕 西	2052.6	756.7	1118.9	56.9	120.1
甘 肃	1979.9	586.7	1263.4	20.6	109.2
青 海	2151.5	560.5	1359.6	62.0	169.4
宁 夏	2508.9	702.1	1561.9	48.6	196.2
新 疆	2482.2	195.5	2140.8	33.9	112.0

5—19 各地区农村居民纯收入构成

单位：%

地 区	纯收入	一、工资性收入	二、家庭经营收入	三、财产性收入	四、转移性收入
全国合计	**100.0**	**36.1**	**56.7**	**2.7**	**4.5**
北 京	100.0	61.6	24.2	8.0	6.2
天 津	100.0	48.8	47.1	2.7	1.4
河 北	100.0	37.2	57.1	2.7	3.0
山 西	100.0	40.7	54.1	2.2	3.0
内 蒙 古	100.0	16.9	74.4	2.4	6.3
辽 宁	100.0	32.8	58.6	3.1	5.5
吉 林	100.0	15.7	73.4	4.5	6.4
黑 龙 江	100.0	14.4	73.4	7.2	5.0
上 海	100.0	74.7	9.4	5.5	10.4
江 苏	100.0	52.8	40.3	2.9	4.1
浙 江	100.0	48.6	41.9	4.2	5.3
安 徽	100.0	38.2	56.8	1.7	3.3
福 建	100.0	37.1	53.1	2.2	7.5
江 西	100.0	39.2	57.1	0.8	2.8
山 东	100.0	36.6	57.4	2.6	3.4
河 南	100.0	29.7	66.7	1.2	2.3
湖 北	100.0	30.4	66.1	0.5	3.0
湖 南	100.0	39.4	55.0	1.3	4.3
广 东	100.0	54.6	36.9	3.6	4.9
广 西	100.0	36.4	60.8	0.7	2.1
海 南	100.0	15.7	78.1	1.9	4.3
重 庆	100.0	38.8	54.9	1.1	5.3
四 川	100.0	34.1	60.0	1.5	4.4
贵 州	100.0	31.1	61.4	1.9	5.6
云 南	100.0	17.1	74.9	3.7	4.3
西 藏	100.0	27.2	57.1	10.5	5.2
陕 西	100.0	36.9	54.5	2.8	5.9
甘 肃	100.0	36.9	54.5	2.8	5.9
青 海	100.0	29.6	63.8	1.0	5.5
宁 夏	100.0	26.1	63.2	2.9	7.9
新 疆	100.0	28.0	62.3	1.9	7.8

5—20 各地区农村居民工资性收入

单位:元/人

地区	工资性收入	一、在非企业组织中劳动得到收入	二、在本乡地域内劳动得到收入	三、外出从业得到收入
全国合计	**1174.5**	**148.1**	**567.6**	**458.8**
北京	4524.3	1037.0	2789.8	697.4
天津	2720.9	330.6	2018.3	372.0
河北	1293.5	106.4	776.1	411.1
山西	1177.9	109.0	902.6	166.3
内蒙古	504.5	110.2	209.7	184.6
辽宁	1212.2	301.5	585.3	325.4
吉林	511.0	63.9	252.0	195.1
黑龙江	464.3	92.3	214.5	157.5
上海	6159.7	1038.1	4015.8	1105.9
江苏	2786.1	353.7	1474.1	958.3
浙江	3238.8	253.8	2561.0	424.0
安徽	1010.0	114.5	260.1	635.4
福建	1650.6	288.4	930.1	432.2
江西	1227.9	100.6	233.1	894.3
山东	1437.6	240.7	806.6	390.3
河南	853.9	104.1	309.7	440.2
湖北	941.6	71.9	310.1	559.7
湖南	1228.8	55.5	408.5	764.8
广东	2562.4	228.0	784.2	1550.2
广西	907.4	91.4	256.7	559.2
海南	473.1	112.3	195.1	165.6
重庆	1088.8	73.0	303.2	712.6
四川	954.9	61.5	292.9	600.5
贵州	583.3	98.0	243.0	242.3
云南	348.3	62.1	236.4	49.8
西藏	565.2	106.3	219.6	239.3
陕西	756.7	70.2	306.3	380.2
甘肃	586.7	108.0	169.4	309.3
青海	560.5	86.0	86.1	388.5
宁夏	702.1	60.5	206.3	435.3
新疆	195.5	78.7	83.0	33.8

5—21 各地区农村居民工资性收入构成

单位：%

地区	工资性收入	一、在非企业组织中劳动得到收入	二、在本乡地域内劳动得到收入	三、外出从业得到收入
全国合计	**100.0**	**12.6**	**48.3**	**39.1**
北京	100.0	22.9	61.7	15.4
天津	100.0	12.2	74.2	13.7
河北	100.0	8.2	60.0	31.8
山西	100.0	9.3	76.6	14.1
内蒙古	100.0	21.8	41.6	36.6
辽宁	100.0	24.9	48.3	26.8
吉林	100.0	12.5	49.3	38.2
黑龙江	100.0	19.9	46.2	33.9
上海	100.0	16.9	65.2	18.0
江苏	100.0	12.7	52.9	34.4
浙江	100.0	7.8	79.1	13.1
安徽	100.0	11.3	25.8	62.9
福建	100.0	17.5	56.3	26.2
江西	100.0	8.2	19.0	72.8
山东	100.0	16.7	56.1	27.1
河南	100.0	12.2	36.3	51.5
湖北	100.0	7.6	32.9	59.4
湖南	100.0	4.5	33.2	62.2
广东	100.0	8.9	30.6	60.5
广西	100.0	10.1	28.3	61.6
海南	100.0	23.7	41.2	35.0
重庆	100.0	6.7	27.8	65.4
四川	100.0	6.4	30.7	62.9
贵州	100.0	16.8	41.7	41.5
云南	100.0	17.8	67.9	14.3
西藏	100.0	18.8	38.8	42.3
陕西	100.0	9.3	40.5	50.2
甘肃	100.0	18.4	28.9	52.7
青海	100.0	15.3	15.4	69.3
宁夏	100.0	8.6	29.4	62.0
新疆	100.0	40.2	42.5	17.3

5—22 各地区农村居民家庭经营总收入

单位:元/人

地 区	家庭经营总收入	一、第一产业收入	1.农业收入	2.林业收入	3.牧业收入	4.渔业收入
全国合计	**3164.4**	**2621.3**	**1704.1**	**53.2**	**786.0**	**78.0**
北 京	3203.0	1528.6	750.0	74.6	630.8	73.2
天 津	4455.5	2800.2	1517.5	15.8	1116.5	150.4
河 北	3415.4	2609.0	1849.3	14.7	744.9	0.0
山 西	2268.7	1665.4	1283.0	18.7	363.8	
内蒙古	4557.2	4408.8	2601.5	21.7	1785.6	0.0
辽 宁	4379.6	3945.7	2372.7	22.9	1490.4	59.7
吉 林	4205.5	4020.8	3157.7	15.8	844.2	3.0
黑龙江	5148.7	5011.2	4045.3	17.1	941.2	7.6
上 海	1351.7	992.5	627.4	1.2	135.7	228.2
江 苏	3470.6	2465.2	1490.5	51.1	699.3	224.3
浙 江	4792.8	2494.8	1197.6	126.9	989.2	181.1
安 徽	2471.3	2152.5	1626.0	35.3	426.7	64.4
福 建	3333.8	2379.1	1449.2	108.6	626.8	194.5
江 西	2805.0	2410.3	1686.3	69.6	597.6	56.8
山 东	3957.0	3177.4	2215.0	60.3	865.4	36.6
河 南	2965.6	2532.2	1801.6	34.2	672.7	23.7
湖 北	3167.3	2821.9	1933.9	47.8	678.0	162.3
湖 南	2908.5	2276.8	1384.9	60.1	763.3	68.6
广 东	2944.2	2426.4	1187.8	28.4	873.6	336.6
广 西	2710.9	2480.6	1391.0	84.2	918.7	86.6
海 南	3433.8	3017.0	1331.4	448.7	661.3	575.5
重 庆	2441.5	2245.5	1204.0	21.6	974.2	45.6
四 川	2970.7	2622.2	1341.9	30.7	1200.5	49.0
贵 州	1894.4	1622.9	973.2	26.2	621.7	1.9
云 南	2652.6	2426.5	1490.3	145.9	783.7	6.5
西 藏	1973.8	1688.1	1049.2	64.2	574.6	0.1
陕 西	2071.1	1728.0	1231.7	27.3	466.3	2.7
甘 肃	2159.4	1856.4	1440.0	43.7	372.1	0.7
青 海	2129.2	1762.2	994.2	11.5	752.5	4.0
宁 夏	3200.8	2719.8	1747.6	6.8	915.9	49.4
新 疆	4253.0	3899.0	3109.2	69.8	720.0	

5—22 续表 1

单位:元/人

地　　区	二、第二产业收入	1.工业收入	2.建筑业收入	三、第三产业收入	1.交通运输、邮电业收入
全国合计	**167.1**	**111.2**	**55.8**	**376.1**	**138.9**
北　京	607.9	202.0	405.9	1066.6	606.9
天　津	666.8	549.7	117.0	988.5	513.4
河　北	273.4	253.8	19.5	533.1	194.7
山　西	70.8	22.2	48.6	532.4	245.7
内蒙古	34.4	23.8	10.6	114.0	44.4
辽　宁	69.2	37.8	31.3	364.8	140.7
吉　林	28.1	16.3	11.9	156.6	79.0
黑龙江	10.2	6.6	3.6	127.3	72.1
上　海	51.9	12.3	39.6	307.3	162.1
江　苏	339.9	221.0	118.9	665.5	298.5
浙　江	1150.8	891.8	259.1	1147.1	407.4
安　徽	74.1	38.6	35.5	244.7	61.1
福　建	253.3	93.8	159.5	701.5	227.4
江　西	134.5	69.2	65.3	260.2	73.1
山　东	265.2	209.4	55.8	514.3	166.4
河　南	129.8	99.4	30.4	303.6	96.1
湖　北	111.6	53.9	57.7	233.7	80.6
湖　南	246.1	109.8	136.3	385.6	145.3
广　东	84.8	48.1	36.7	433.0	111.2
广　西	60.6	48.1	12.4	169.8	56.1
海　南	85.3	37.7	47.6	331.6	113.0
重　庆	28.7	18.7	10.0	167.4	37.0
四　川	69.6	36.7	32.6	279.0	112.3
贵　州	53.3	28.9	24.4	218.2	56.6
云　南	28.3	15.9	12.3	197.7	78.4
西　藏	32.0	3.7	28.3	253.8	177.1
陕　西	56.4	43.7	12.7	286.7	111.5
甘　肃	73.4	34.8	38.6	229.6	81.4
青　海	54.3	16.1	38.2	312.7	129.9
宁　夏	99.5	85.8	13.7	381.5	203.7
新　疆	45.1	26.6	18.5	308.9	78.1

5—22 续表 2　　单位:元/人

地　区	2. 批发和零售贸易、餐饮业收入	3. 社会服务业收入	4. 文教卫生业收入	5. 其他家庭经营收入
全国合计	**145.1**	**40.0**	**13.2**	**37.2**
北　京	256.1	146.3	5.7	51.2
天　津	284.1	125.9	0.8	53.8
河　北	234.3	45.2	30.2	28.5
山　西	136.8	69.3	7.7	72.4
内 蒙 古	29.6	15.0	7.8	13.9
辽　宁	134.7	27.0	21.0	38.4
吉　林	48.8	5.0	4.8	15.1
黑 龙 江	28.4	7.3	5.2	12.9
上　海	105.2	21.9	15.4	2.7
江　苏	247.3	70.7	5.4	42.5
浙　江	447.6	148.5	26.8	111.1
安　徽	115.9	27.1	10.8	27.9
福　建	270.7	92.8	15.9	93.5
江　西	111.2	34.7	12.1	27.7
山　东	186.2	54.9	28.2	76.4
河　南	123.1	24.6	17.0	42.2
湖　北	99.0	25.9	6.9	19.5
湖　南	148.2	53.1	18.7	19.7
广　东	223.0	48.2	9.8	40.3
广　西	70.6	12.4	13.8	16.6
海　南	100.5	27.8	5.3	80.6
重　庆	76.4	11.2	20.1	20.1
四　川	98.1	37.3	10.1	17.7
贵　州	106.6	21.0	10.9	22.4
云　南	77.6	9.1	5.5	23.9
西　藏	45.8	13.8	0.1	17.0
陕　西	96.5	40.1	11.0	26.8
甘　肃	93.8	18.1	7.8	27.5
青　海	109.7	21.0	11.0	39.0
宁　夏	148.7	19.2		9.7
新　疆	152.3	11.4	2.8	63.7

5－23 各地区农村居民家庭经营总收入构成

单位：%

地　区	家庭经营收入	一、第一产业收入	1. 农业收入	2. 林业收入	3. 牧业收入	4. 渔业收入
全国合计	**100.0**	**82.8**	**53.9**	**1.7**	**24.8**	**2.5**
北　京	100.0	47.7	23.4	2.3	19.7	2.3
天　津	100.0	62.8	34.1	0.4	25.1	3.4
河　北	100.0	76.4	54.1	0.4	21.8	0.0
山　西	100.0	73.4	56.6	0.8	16.0	0.0
内蒙古	100.0	96.7	57.1	0.5	39.2	0.0
辽　宁	100.0	90.1	54.2	0.5	34.0	1.4
吉　林	100.0	95.6	75.1	0.4	20.1	0.1
黑龙江	100.0	97.3	78.6	0.3	18.3	0.1
上　海	100.0	73.4	46.4	0.1	10.0	16.9
江　苏	100.0	71.0	42.9	1.5	20.1	6.5
浙　江	100.0	52.1	25.0	2.6	20.6	3.8
安　徽	100.0	87.1	65.8	1.4	17.3	2.6
福　建	100.0	71.4	43.5	3.3	18.8	5.8
江　西	100.0	85.9	60.1	2.5	21.3	2.0
山　东	100.0	80.3	56.0	1.5	21.9	0.9
河　南	100.0	85.4	60.8	1.2	22.7	0.8
湖　北	100.0	89.1	61.1	1.5	21.4	5.1
湖　南	100.0	78.3	47.6	2.1	26.2	2.4
广　东	100.0	82.4	40.3	1.0	29.7	11.4
广　西	100.0	91.5	51.3	3.1	33.9	3.2
海　南	100.0	87.9	38.8	13.1	19.3	16.8
重　庆	100.0	92.0	49.3	0.9	39.9	1.9
四　川	100.0	88.3	45.2	1.0	40.4	1.6
贵　州	100.0	85.7	51.4	1.4	32.8	0.1
云　南	100.0	91.5	56.2	5.5	29.5	0.2
西　藏	100.0	85.5	53.2	3.3	29.1	0.0
陕　西	100.0	83.4	59.5	1.3	22.5	0.1
甘　肃	100.0	86.0	66.7	2.0	17.2	0.0
青　海	100.0	82.8	46.7	0.5	35.3	0.2
宁　夏	100.0	85.0	54.6	0.2	28.6	1.5
新　疆	100.0	91.7	73.1	1.6	16.9	0.0

5—23 续表 1 单位:%

地区	二、第二产业收入	1.工业收入	2.建筑业收入	三、第三产业收入	1.交通运输、邮电业收入
全国合计	**5.3**	**3.5**	**1.8**	**11.9**	**4.4**
北　京	19.0	6.3	12.7	33.3	18.9
天　津	15.0	12.3	2.6	22.2	11.5
河　北	8.0	7.4	0.6	15.6	5.7
山　西	3.1	1.0	2.1	23.5	10.8
内蒙古	0.8	0.5	0.2	2.5	1.0
辽　宁	1.6	0.9	0.7	8.3	3.2
吉　林	0.7	0.4	0.3	3.7	1.9
黑龙江	0.2	0.1	0.1	2.5	1.4
上　海	3.8	0.9	2.9	22.7	12.0
江　苏	9.8	6.4	3.4	19.2	8.6
浙　江	24.0	18.6	5.4	23.9	8.5
安　徽	3.0	1.6	1.4	9.9	2.5
福　建	7.6	2.8	4.8	21.0	6.8
江　西	4.8	2.5	2.3	9.3	2.6
山　东	6.7	5.3	1.4	13.0	4.2
河　南	4.4	3.4	1.0	10.2	3.2
湖　北	3.5	1.7	1.8	7.4	2.5
湖　南	8.5	3.8	4.7	13.3	5.0
广　东	2.9	1.6	1.2	14.7	3.8
广　西	2.2	1.8	0.5	6.3	2.1
海　南	2.5	1.1	1.4	9.7	3.3
重　庆	1.2	0.8	0.4	6.9	1.5
四　川	2.3	1.2	1.1	9.4	3.8
贵　州	2.8	1.5	1.3	11.5	3.0
云　南	1.1	0.6	0.5	7.5	3.0
西　藏	1.6	0.2	1.4	12.9	9.0
陕　西	2.7	2.1	0.6	13.8	5.4
甘　肃	3.4	1.6	1.8	10.6	3.8
青　海	2.6	0.8	1.8	14.7	6.1
宁　夏	3.1	2.7	0.4	11.9	6.4
新　疆	1.1	0.6	0.4	7.3	1.8

5—23 续表 2

单位:%

地　　区	2. 批发和零售贸易、餐饮业收入	3. 社会服务业收入	4. 文教卫生业收入	5. 其他家庭经营收入
全国合计	**4.6**	**1.3**	**0.4**	**1.2**
北　　京	8.0	4.6	0.2	1.6
天　　津	6.4	2.8	0.0	1.2
河　　北	6.9	1.3	0.9	0.8
山　　西	6.0	3.1	0.3	3.2
内 蒙 古	0.6	0.3	0.2	0.3
辽　　宁	3.1	0.6	0.5	0.9
吉　　林	1.2	0.1	0.1	0.4
黑 龙 江	0.6	0.1	0.1	0.3
上　　海	7.8	1.6	1.1	0.2
江　　苏	7.1	2.0	0.2	1.2
浙　　江	9.3	3.1	0.6	2.3
安　　徽	4.7	1.1	0.4	1.1
福　　建	8.1	2.8	0.5	2.8
江　　西	4.0	1.2	0.4	1.0
山　　东	4.7	1.4	0.7	1.9
河　　南	4.2	0.8	0.6	1.4
湖　　北	3.1	0.8	0.2	0.6
湖　　南	5.1	1.8	0.6	0.7
广　　东	7.6	1.6	0.3	1.4
广　　西	2.6	0.5	0.5	0.6
海　　南	2.9	0.8	0.2	2.3
重　　庆	3.1	0.5	0.8	0.8
四　　川	3.3	1.3	0.3	0.6
贵　　州	5.6	1.1	0.6	1.2
云　　南	2.9	0.3	0.2	0.9
西　　藏	2.3	0.7	0.0	0.9
陕　　西	4.7	1.9	0.5	1.3
甘　　肃	4.3	0.8	0.4	1.3
青　　海	5.2	1.0	0.5	1.8
宁　　夏	4.6	0.6	0.0	0.3
新　　疆	3.6	0.3	0.1	1.5

5—24 各地区农村居民现金收入

单位:元/人

地 区	现金收入	一、工资性收入	二、家庭经营收入	三、财产性收入	四、转移性收入
全国合计	**3915.5**	**1173.1**	**2472.3**	**71.8**	**198.3**
北 京	8724.2	4520.7	3128.0	570.1	505.3
天 津	7032.5	2715.7	4033.1	154.2	129.4
河 北	4317.7	1292.7	2768.3	75.6	181.1
山 西	3053.1	1177.5	1702.6	56.8	116.2
内 蒙 古	4235.1	504.4	3498.9	32.8	199.0
辽 宁	5491.4	1212.2	3922.7	36.0	320.5
吉 林	4451.5	511.0	3613.9	37.4	289.2
黑 龙 江	5321.2	464.2	4578.8	79.7	198.5
上 海	8723.5	6159.7	1126.8	457.5	979.5
江 苏	6035.3	2776.9	2852.3	143.0	263.0
浙 江	8445.3	3232.0	4484.9	271.8	456.6
安 徽	3043.2	1009.7	1872.5	25.9	135.1
福 建	4963.4	1650.5	2822.4	79.9	410.5
江 西	3460.2	1227.9	2057.8	24.9	149.6
山 东	5114.4	1434.6	3415.5	89.5	174.9
河 南	3015.7	850.9	2046.5	31.9	86.4
湖 北	3454.2	941.2	2402.7	15.6	94.8
湖 南	3692.5	1228.8	2116.2	38.0	309.5
广 东	5381.7	2562.3	2369.4	166.6	283.3
广 西	2994.1	907.4	1988.9	18.0	79.7
海 南	3604.1	473.0	2909.1	55.6	166.4
重 庆	2653.1	1087.6	1315.3	30.1	220.1
四 川	3086.5	954.4	1901.9	40.8	189.4
贵 州	1953.5	583.1	1190.1	34.4	145.9
云 南	2175.1	348.3	1660.2	70.1	96.5
西 藏	1925.3	550.0	1117.0	152.2	106.0
陕 西	2576.0	756.7	1625.1	43.1	151.1
甘 肃	2217.4	586.2	1496.6	14.8	119.8
青 海	2287.5	560.4	1503.4	55.8	167.9
宁 夏	3463.4	702.1	2546.4	28.1	186.8
新 疆	3921.2	195.5	3580.4	22.8	122.4

5—25 各地区农村居民现金收入构成

单位:%

地区	现金收入	一、工资性收入	二、家庭经营收入	三、财产性收入	四、转移性收入
全国合计	**100.0**	**30.0**	**63.1**	**1.8**	**5.1**
北京	100.0	51.8	35.9	6.5	5.8
天津	100.0	38.6	57.4	2.2	1.8
河北	100.0	29.9	64.1	1.8	4.2
山西	100.0	38.6	55.8	1.9	3.8
内蒙古	100.0	11.9	82.6	0.8	4.7
辽宁	100.0	22.1	71.4	0.7	5.8
吉林	100.0	11.5	81.2	0.8	6.5
黑龙江	100.0	8.7	86.0	1.5	3.7
上海	100.0	70.6	12.9	5.2	11.2
江苏	100.0	46.0	47.3	2.4	4.4
浙江	100.0	38.3	53.1	3.2	5.4
安徽	100.0	33.2	61.5	0.9	4.4
福建	100.0	33.3	56.9	1.6	8.3
江西	100.0	35.5	59.5	0.7	4.3
山东	100.0	28.1	66.8	1.7	3.4
河南	100.0	28.2	67.9	1.1	2.9
湖北	100.0	27.2	69.6	0.5	2.7
湖南	100.0	33.3	57.3	1.0	8.4
广东	100.0	47.6	44.0	3.1	5.3
广西	100.0	30.3	66.4	0.6	2.7
海南	100.0	13.1	80.7	1.5	4.6
重庆	100.0	41.0	49.6	1.1	8.3
四川	100.0	30.9	61.6	1.3	6.1
贵州	100.0	29.8	60.9	1.8	7.5
云南	100.0	16.0	76.3	3.2	4.4
西藏	100.0	28.6	58.0	7.9	5.5
陕西	100.0	29.4	63.1	1.7	5.9
甘肃	100.0	26.4	67.5	0.7	5.4
青海	100.0	24.5	65.7	2.4	7.3
宁夏	100.0	20.3	73.5	0.8	5.4
新疆	100.0	5.0	91.3	0.6	3.1

5—26 各地区农村居民工资性现金收入

单位:元/人

地 区	工资性现金收入	一、在非企业组织中得到的收入	二、在本乡地域内劳动得到的收入	三、外出从业得到的收入
全国合计	**1173.1**	**147.7**	**567.0**	**458.5**
北 京	4520.7	1036.5	2788.1	696.1
天 津	2715.7	329.9	2014.6	371.3
河 北	1292.7	106.3	775.3	411.0
山 西	1177.5	108.8	902.5	166.2
内蒙古	504.4	110.1	209.7	184.6
辽 宁	1212.2	301.5	585.3	325.4
吉 林	511.0	63.9	252.0	195.1
黑龙江	464.2	92.1	214.5	157.5
上 海	6159.7	1038.1	4015.8	1105.9
江 苏	2776.9	349.3	1470.0	957.5
浙 江	3232.0	253.6	2555.7	422.8
安 徽	1009.7	114.5	260.0	635.2
福 建	1650.5	288.3	930.1	432.2
江 西	1227.9	100.6	233.1	894.3
山 东	1434.6	240.2	805.7	388.7
河 南	850.9	102.7	309.0	439.2
湖 北	941.2	71.6	310.1	559.5
湖 南	1228.8	55.5	408.5	764.8
广 东	2562.3	228.0	784.2	1550.2
广 西	907.4	91.4	256.7	559.2
海 南	473.0	112.3	195.1	165.6
重 庆	1087.6	71.8	303.2	712.5
四 川	954.4	61.5	292.5	600.3
贵 州	583.1	97.8	243.0	242.3
云 南	348.3	62.1	236.4	49.8
西 藏	550.0	98.9	217.6	233.5
陕 西	756.7	70.2	306.3	380.2
甘 肃	586.2	108.0	168.9	309.3
青 海	560.4	85.9	86.1	388.5
宁 夏	702.1	60.5	206.3	435.3
新 疆	195.5	78.7	83.0	33.8

5－27　各地区农村居民工资性现金收入构成

单位:%

地　区	工资性现金收入	一、在非企业组织中得到的收入	二、在本乡地域内劳动得到的收入	三、外出从业得到的收入
全国合计	**100.0**	**12.6**	**48.3**	**39.1**
北　京	100.0	22.9	61.7	15.4
天　津	100.0	12.1	74.2	13.7
河　北	100.0	8.2	60.0	31.8
山　西	100.0	9.2	76.6	14.1
内蒙古	100.0	21.8	41.6	36.6
辽　宁	100.0	24.9	48.3	26.8
吉　林	100.0	12.5	49.3	38.2
黑龙江	100.0	19.8	46.2	33.9
上　海	100.0	16.9	65.2	18.0
江　苏	100.0	12.6	52.9	34.5
浙　江	100.0	7.8	79.1	13.1
安　徽	100.0	11.3	25.8	62.9
福　建	100.0	17.5	56.3	26.2
江　西	100.0	8.2	19.0	72.8
山　东	100.0	16.7	56.2	27.1
河　南	100.0	12.1	36.3	51.6
湖　北	100.0	7.6	32.9	59.4
湖　南	100.0	4.5	33.2	62.2
广　东	100.0	8.9	30.6	60.5
广　西	100.0	10.1	28.3	61.6
海　南	100.0	23.7	41.2	35.0
重　庆	100.0	6.6	27.9	65.5
四　川	100.0	6.4	30.6	62.9
贵　州	100.0	16.8	41.7	41.6
云　南	100.0	17.8	67.9	14.3
西　藏	100.0	18.0	39.6	42.5
陕　西	100.0	9.3	40.5	50.2
甘　肃	100.0	18.4	28.8	52.8
青　海	100.0	15.3	15.4	69.3
宁　夏	100.0	8.6	29.4	62.0
新　疆	100.0	40.2	42.5	17.3

5—28 各地区农村居民家庭经营现金收入

单位:元/人

地　区	家庭经营现金收入	一、第一产业收入	1. 农业收入	2. 林业收入	3. 牧业收入
全国合计	**2472.3**	**1929.5**	**1104.9**	**49.3**	**700.3**
北　京	3128.0	1454.7	647.8	72.7	661.1
天　津	4033.1	2377.8	1115.5	15.6	1096.3
河　北	2768.3	1962.0	1228.9	15.7	717.4
山　西	1702.6	1099.3	729.8	14.7	354.8
内蒙古	3498.9	3350.5	1715.8	21.6	1613.1
辽　宁	3922.7	3489.2	1989.6	22.6	1418.8
吉　林	3613.9	3429.2	2641.9	15.5	768.9
黑龙江	4578.8	4441.3	3512.4	17.3	904.4
上　海	1126.8	767.6	433.3	1.2	110.7
江　苏	2852.3	1847.1	922.3	48.7	660.4
浙　江	4484.9	2187.1	920.6	119.6	969.2
安　徽	1872.5	1553.7	1080.7	35.6	374.7
福　建	2822.4	1867.7	1061.8	97.0	538.5
江　西	2057.8	1663.2	997.6	59.5	552.3
山　东	3415.5	2635.9	1676.3	60.2	862.8
河　南	2046.5	1615.0	918.6	26.2	648.0
湖　北	2402.7	2058.8	1340.3	40.2	522.6
湖　南	2116.2	1484.5	709.4	50.5	662.0
广　东	2369.4	1851.7	702.8	25.1	793.1
广　西	1988.9	1758.7	758.2	78.8	842.4
海　南	2909.1	2492.2	909.6	438.8	581.5
重　庆	1315.3	1119.5	333.1	20.0	722.6
四　川	1901.9	1553.5	470.1	27.5	1008.8
贵　州	1190.1	918.6	417.4	22.9	477.4
云　南	1660.2	1434.2	789.0	138.5	500.1
西　藏	1117.0	831.4	413.1	58.5	359.9
陕　西	1625.1	1281.9	815.6	25.8	437.8
甘　肃	1496.6	1193.8	879.4	43.6	270.1
青　海	1503.4	1136.4	562.1	10.2	560.1
宁　夏	2546.4	2065.3	1170.6	6.4	839.4
新　疆	3580.4	3226.5	2504.6	64.2	657.6

5—28 续表 1

单位：元/人

地　区	4. 渔业收入	二、第二产业收入	1. 工业收入	2. 建筑业收入	三、第三产业收入
全国合计	**74.9**	**166.9**	**111.2**	**55.8**	**375.9**
北　京	73.2	607.8	202.0	405.8	1065.5
天　津	150.4	666.8	549.7	117.0	988.5
河　北	0.0	273.2	253.7	19.5	533.1
山　西		70.8	22.2	48.6	532.4
内蒙古	0.0	34.4	23.8	10.6	114.0
辽　宁	58.2	69.2	37.8	31.3	364.4
吉　林	2.9	28.1	16.3	11.9	156.6
黑龙江	7.2	10.2	6.6	3.6	127.3
上　海	222.5	51.9	12.3	39.6	307.3
江　苏	215.6	339.9	221.0	118.8	665.4
浙　江	177.7	1150.8	891.7	259.1	1147.0
安　徽	62.7	74.1	38.6	35.5	244.7
福　建	170.4	253.3	93.8	159.5	701.4
江　西	53.8	134.5	69.2	65.3	260.1
山　东	36.6	265.2	209.4	55.8	514.3
河　南	22.1	128.9	99.2	29.7	302.5
湖　北	155.7	110.7	53.0	57.7	233.3
湖　南	62.7	246.1	109.8	136.3	385.6
广　东	330.8	84.7	48.1	36.7	433.0
广　西	79.4	60.6	48.1	12.4	169.7
海　南	562.3	85.3	37.7	47.6	331.6
重　庆	43.8	28.7	18.7	10.0	167.1
四　川	47.1	69.6	36.7	32.9	278.9
贵　州	0.9	53.3	28.9	24.4	218.2
云　南	6.7	28.3	15.9	12.3	197.7
西　藏		32.0	3.7	28.3	253.6
陕　西	2.7	56.4	43.7	12.7	286.7
甘　肃	0.6	73.4	34.8	38.6	229.5
青　海	4.0	54.3	16.1	38.2	312.7
宁　夏	49.0	99.5	85.8	13.7	381.5
新　疆		45.1	26.6	18.5	308.9

5—28 续表 2 单位:元/人

地　区	1. 交通、运输邮电业收入	2. 批发和零售贸易、餐饮业收入	3. 社会服务业收入	4. 文教卫生业收入	5. 其他行业收入
全国合计	**138.9**	**145.1**	**40.0**	**13.2**	**37.0**
北　京	606.9	256.1	146.3	5.7	50.2
天　津	513.4	284.1	125.9	0.8	53.8
河　北	194.7	234.3	45.2	30.2	28.5
山　西	245.7	136.8	69.3	7.7	72.4
内蒙古	44.4	29.6	15.0	7.8	13.9
辽　宁	140.7	134.7	27.0	21.0	38.1
吉　林	79.0	48.8	5.0	4.8	15.1
黑龙江	72.1	28.4	7.3	5.2	12.9
上　海	162.1	105.2	21.9	15.4	2.6
江　苏	298.5	247.3	70.7	5.4	42.3
浙　江	407.4	447.6	148.5	26.8	110.9
安　徽	61.1	115.9	27.1	10.8	27.9
福　建	227.4	270.7	92.8	15.9	93.5
江　西	73.1	111.2	34.7	12.1	27.7
山　东	166.4	186.2	54.9	28.2	76.4
河　南	96.1	123.1	24.6	17.0	41.2
湖　北	80.6	99.0	25.9	6.9	19.0
湖　南	145.3	148.2	53.1	18.7	19.7
广　东	111.2	223.0	48.2	9.8	40.3
广　西	56.1	70.6	12.4	13.8	16.5
海　南	113.0	100.5	27.8	5.3	80.6
重　庆	37.0	76.4	11.2	20.1	19.8
四　川	112.3	98.1	37.3	10.1	17.6
贵　州	56.6	106.6	21.0	10.9	22.4
云　南	78.4	77.6	9.1	5.5	23.9
西　藏	177.1	45.8	13.8	0.1	16.9
陕　西	111.5	96.5	40.1	11.0	26.8
甘　肃	81.4	93.8	18.1	7.8	27.4
青　海	129.9	109.7	21.0	11.0	39.0
宁　夏	203.7	148.7	19.2		9.7
新　疆	78.1	152.3	11.4	2.8	63.7

5—29 各地区农村居民家庭经营现金收入构成

单位:%

地　　区	家庭经营现金收入	一、第一产业收入	1.农业收入	2.林业收入	3.牧业收入
全国合计	**100.0**	**78.0**	**44.7**	**2.0**	**28.3**
北　京	100.0	46.5	20.7	2.3	21.1
天　津	100.0	59.0	27.7	0.4	27.2
河　北	100.0	70.9	44.4	0.6	25.9
山　西	100.0	64.6	42.9	0.9	20.8
内蒙古	100.0	95.8	49.0	0.6	46.1
辽　宁	100.0	88.9	50.7	0.6	36.2
吉　林	100.0	94.9	73.1	0.4	21.3
黑龙江	100.0	97.0	76.7	0.4	19.8
上　海	100.0	68.1	38.5	0.1	9.8
江　苏	100.0	64.8	32.3	1.7	23.2
浙　江	100.0	48.8	20.5	2.7	21.6
安　徽	100.0	83.0	57.7	1.9	20.0
福　建	100.0	66.2	37.6	3.4	19.1
江　西	100.0	80.8	48.5	2.9	26.8
山　东	100.0	77.2	49.1	1.8	25.3
河　南	100.0	78.9	44.9	1.3	31.7
湖　北	100.0	85.7	55.8	1.7	21.8
湖　南	100.0	70.2	33.5	2.4	31.3
广　东	100.0	78.1	29.7	1.1	33.5
广　西	100.0	88.4	38.1	4.0	42.4
海　南	100.0	85.7	31.3	15.1	20.0
重　庆	100.0	85.1	25.3	1.5	54.9
四　川	100.0	81.7	24.7	1.4	53.0
贵　州	100.0	77.2	35.1	1.9	40.1
云　南	100.0	86.4	47.5	8.3	30.1
西　藏	100.0	74.4	37.0	5.2	32.2
陕　西	100.0	78.9	50.2	1.6	26.9
甘　肃	100.0	79.8	58.8	2.9	18.0
青　海	100.0	75.6	37.4	0.7	37.3
宁　夏	100.0	81.1	46.0	0.3	33.0
新　疆	100.0	90.1	70.0	1.8	18.4

5—29 续表 1

单位:%

地区	4.渔业收入	二、第二产业收入	1.工业收入	2.建筑业收入	三、第三产业收入
全国合计	**3.0**	**6.8**	**4.5**	**2.3**	**15.2**
北京	2.3	19.4	6.5	13.0	34.1
天津	3.7	16.5	13.6	2.9	24.5
河北	0.0	9.9	9.2	0.7	19.3
山西	0.0	4.2	1.3	2.9	31.3
内蒙古	0.0	1.0	0.7	0.3	3.3
辽宁	1.5	1.8	1.0	0.8	9.3
吉林	0.1	0.8	0.5	0.3	4.3
黑龙江	0.2	0.2	0.1	0.1	2.8
上海	19.7	4.6	1.1	3.5	27.3
江苏	7.6	11.9	7.7	4.2	23.3
浙江	4.0	25.7	19.9	5.8	25.6
安徽	3.3	4.0	2.1	1.9	13.1
福建	6.0	9.0	3.3	5.7	24.9
江西	2.6	6.5	3.4	3.2	12.6
山东	1.1	7.8	6.1	1.6	15.1
河南	1.1	6.3	4.8	1.5	14.8
湖北	6.5	4.6	2.2	2.4	9.7
湖南	3.0	11.6	5.2	6.4	18.2
广东	14.0	3.6	2.0	1.5	18.3
广西	4.0	3.0	2.4	0.6	8.5
海南	19.3	2.9	1.3	1.6	11.4
重庆	3.3	2.2	1.4	0.8	12.7
四川	2.5	3.7	1.9	1.7	14.7
贵州	0.1	4.5	2.4	2.1	18.3
云南	0.4	1.7	1.0	0.7	11.9
西藏	0.0	2.9	0.3	2.5	22.7
陕西	0.2	3.5	2.7	0.8	17.6
甘肃	0.0	4.9	2.3	2.6	15.3
青海	0.3	3.6	1.1	2.5	20.8
宁夏	1.9	3.9	3.4	0.5	15.0
新疆	0.0	1.3	0.7	0.5	8.6

5—29 续表 2

单位：%

地　　区	1. 交通、运输邮电业收入	2. 批发和零售贸易、餐饮业收　　入	3. 社会服务业收　　入	4. 文教卫生业收　　入	5. 其他行业收　　入
全国合计	**5.6**	**5.9**	**1.6**	**0.5**	**1.5**
北　　京	19.4	8.2	4.7	0.2	1.6
天　　津	12.7	7.0	3.1	0.0	1.3
河　　北	7.0	8.5	1.6	1.1	1.0
山　　西	14.4	8.0	4.1	0.5	4.3
内 蒙 古	1.3	0.8	0.4	0.2	0.4
辽　　宁	3.6	3.4	0.7	0.5	1.0
吉　　林	2.2	1.4	0.1	0.1	0.4
黑 龙 江	1.6	0.6	0.2	0.1	0.3
上　　海	14.4	9.3	1.9	1.4	0.2
江　　苏	10.5	8.7	2.5	0.2	1.5
浙　　江	9.1	10.0	3.3	0.6	2.5
安　　徽	3.3	6.2	1.4	0.6	1.5
福　　建	8.1	9.6	3.3	0.6	3.3
江　　西	3.6	5.4	1.7	0.6	1.3
山　　东	4.9	5.5	1.6	0.8	2.2
河　　南	4.7	6.0	1.2	0.8	2.0
湖　　北	3.4	4.1	1.1	0.3	0.8
湖　　南	6.9	7.0	2.5	0.9	0.9
广　　东	4.7	9.4	2.0	0.4	1.7
广　　西	2.8	3.6	0.6	0.7	0.8
海　　南	3.9	3.5	1.0	0.2	2.8
重　　庆	2.8	5.8	0.9	1.5	1.5
四　　川	5.9	5.2	2.0	0.5	0.9
贵　　州	4.8	9.0	1.8	0.9	1.9
云　　南	4.7	4.7	0.5	0.3	1.4
西　　藏	15.9	4.1	1.2	0.0	1.5
陕　　西	6.9	5.9	2.5	0.7	1.6
甘　　肃	5.4	6.3	1.2	0.5	1.8
青　　海	8.6	7.3	1.4	0.7	2.6
宁　　夏	8.0	5.8	0.8	0.0	0.4
新　　疆	2.2	4.3	0.3	0.1	1.8

5—30 各地区农村居民总支出

单位:元/人

地区	总支出	一、家庭经营费用支出	二、购置生产性固定资产支出	三、建造生产性固定资产雇工支出	四、税费支出	五、生活消费支出	六、财产性支出	七、转移性支出
全国合计	**4126.9**	**1189.7**	**129.9**	**1.2**	**13.1**	**2555.4**	**22.0**	**215.6**
北京	7119.0	1268.6	82.2	0.0	6.0	5315.7	9.4	437.0
天津	4943.0	1624.2	60.9	1.2	13.9	3036.0	7.5	199.3
河北	3711.0	1242.8	95.3	0.6	25.3	2165.7	13.3	168.0
山西	2719.4	626.8	45.6	0.6	7.5	1877.7	7.7	153.5
内蒙古	5091.9	2084.8	284.1	4.9	9.1	2446.2	46.7	216.1
辽宁	5672.5	2061.1	238.4	1.9	6.3	2805.9	37.1	521.8
吉林	4669.8	1591.8	353.4	0.3	13.0	2306.0	124.4	281.0
黑龙江	6151.3	2591.1	410.2	0.7	6.7	2544.6	157.3	440.6
上海	8717.2	533.6	92.8	2.9	4.4	7277.9	27.9	777.7
江苏	5281.3	1185.1	141.4	1.4	33.3	3567.1	6.1	346.9
浙江	8041.3	1750.3	192.9	3.5	21.1	5433.0	100.0	540.5
安徽	3360.3	861.6	108.2	0.6	14.6	2196.2	2.6	176.5
福建	4514.4	857.8	64.0	3.1	4.7	3292.6	12.2	279.9
江西	3776.5	931.7	110.6	2.2	16.0	2483.7	9.6	222.8
山东	4561.3	1496.0	117.1	1.4	34.3	2735.8	17.5	159.1
河南	3107.0	944.7	128.9	0.1	3.1	1891.6	5.0	133.7
湖北	3675.7	1038.1	78.1	0.9	11.6	2430.2	10.9	106.0
湖南	4289.5	1106.0	94.3	1.0	26.2	2756.4	8.8	296.8
广东	5081.0	1154.2	31.3	0.8	6.8	3707.7	10.6	169.7
广西	3696.7	1125.8	108.3	0.8	5.8	2349.6	6.3	100.2
海南	3127.1	984.9	57.0	0.1	4.6	1969.1	3.8	107.7
重庆	3273.4	839.0	69.7	1.8	5.3	2142.1	2.2	213.3
四川	3742.8	1188.2	67.5	0.7	12.8	2274.2	1.7	197.7
贵州	2490.7	675.7	84.1	1.9	2.2	1552.4	2.3	172.1
云南	3017.0	1015.4	101.6	0.4	5.4	1789.0	22.2	83.0
西藏	2389.2	447.6	175.0		4.4	1723.8	1.8	36.6
陕西	3111.3	858.5	140.7	0.7	7.2	1896.5	7.2	200.5
甘肃	2828.9	790.7	115.5	1.7	4.4	1819.6	3.9	93.1
青海	2966.2	643.2	145.3	0.4	4.4	1976.0	41.0	155.8
宁夏	4126.9	1418.4	317.0	5.3	2.6	2094.5	1.3	287.9
新疆	4302.3	1928.6	258.6	0.2	14.4	1924.4	60.7	115.4

5—31 各地区农村居民总支出构成

单位：%

地区	总支出	一、家庭经营费用支出	二、购置生产性固定资产支出	三、建造生产性固定资产雇工支出	四、税费支出	五、生活消费支出	六、财产性支出	七、转移性支出
全国合计	**100.0**	**28.8**	**3.1**	**0.0**	**0.3**	**61.9**	**0.5**	**5.2**
北京	100.0	17.8	1.2	0.0	0.1	74.7	0.1	6.1
天津	100.0	32.9	1.2	0.0	0.3	61.4	0.2	4.0
河北	100.0	33.5	2.6	0.0	0.7	58.4	0.4	4.5
山西	100.0	23.0	1.7	0.0	0.3	69.0	0.3	5.6
内蒙古	100.0	40.9	5.6	0.1	0.2	48.0	0.9	4.2
辽宁	100.0	36.3	4.2	0.0	0.1	49.5	0.7	9.2
吉林	100.0	34.1	7.6	0.0	0.3	49.4	2.7	6.0
黑龙江	100.0	42.1	6.7	0.0	0.1	41.4	2.6	7.2
上海	100.0	6.1	1.1	0.0	0.0	83.5	0.3	8.9
江苏	100.0	22.4	2.7	0.0	0.6	67.5	0.1	6.6
浙江	100.0	21.8	2.4	0.0	0.3	67.6	1.2	6.7
安徽	100.0	25.6	3.2	0.0	0.4	65.4	0.1	5.3
福建	100.0	19.0	1.4	0.1	0.1	72.9	0.3	6.2
江西	100.0	24.7	2.9	0.1	0.4	65.8	0.3	5.9
山东	100.0	32.8	2.6	0.0	0.8	60.0	0.4	3.5
河南	100.0	30.4	4.2	0.0	0.1	60.9	0.2	4.3
湖北	100.0	28.2	2.1	0.0	0.3	66.1	0.3	2.9
湖南	100.0	25.8	2.2	0.0	0.6	64.3	0.2	6.9
广东	100.0	22.7	0.6	0.0	0.1	73.0	0.2	3.3
广西	100.0	30.5	2.9	0.0	0.2	63.6	0.2	2.7
海南	100.0	31.5	1.8	0.0	0.1	63.0	0.1	3.4
重庆	100.0	25.6	2.1	0.1	0.2	65.4	0.1	6.5
四川	100.0	31.7	1.8	0.0	0.3	60.8	0.0	5.3
贵州	100.0	27.1	3.4	0.1	0.1	62.3	0.1	6.9
云南	100.0	33.7	3.4	0.0	0.2	59.3	0.7	2.8
西藏	100.0	18.7	7.3	0.0	0.2	72.1	0.1	1.5
陕西	100.0	27.6	4.5	0.0	0.2	61.0	0.2	6.4
甘肃	100.0	28.0	4.1	0.1	0.2	64.3	0.1	3.3
青海	100.0	21.7	4.9	0.0	0.1	66.6	1.4	5.3
宁夏	100.0	34.4	7.7	0.1	0.1	50.8	0.0	7.0
新疆	100.0	44.8	6.0	0.0	0.3	44.7	1.4	2.7

5—32 各地区农村居民家庭经营费用支出

单位：元/人

地 区	家庭经营费用支出	一、第一产业生产费用支出	1.农业支出	2.林业支出	3.牧业支出
全国合计	**1189.7**	**1058.3**	**540.9**	**7.2**	**476.9**
北 京	1268.6	723.7	204.7	12.0	448.8
天 津	1624.2	1176.1	342.6	6.8	766.9
河 北	1242.8	1036.3	578.2	3.5	454.6
山 西	626.8	503.8	321.2	2.6	180.0
内 蒙 古	2084.8	2046.8	1030.8	7.0	1009.0
辽 宁	2061.1	1943.3	936.3	5.1	985.6
吉 林	1591.8	1553.4	1096.6	5.9	450.2
黑 龙 江	2591.1	2551.6	1848.2	3.5	697.5
上 海	533.6	416.4	180.6	10.7	86.2
江 苏	1185.1	1009.5	486.1	11.1	427.0
浙 江	1750.3	1189.6	365.4	13.4	704.1
安 徽	861.6	783.3	516.3	6.1	231.5
福 建	857.8	748.6	353.1	18.1	330.1
江 西	931.7	829.9	443.2	4.5	365.8
山 东	1496.0	1315.0	731.2	11.3	557.8
河 南	944.7	841.8	470.4	3.9	357.1
湖 北	1038.1	926.5	490.5	6.9	362.1
湖 南	1106.0	933.2	394.6	13.0	498.3
广 东	1154.2	1077.9	295.2	3.1	613.1
广 西	1125.8	1062.4	464.6	4.1	561.8
海 南	984.9	920.4	373.3	24.6	296.2
重 庆	839.0	788.4	228.5	6.7	535.8
四 川	1188.2	1094.9	325.9	5.8	744.3
贵 州	675.7	607.1	223.0	1.3	382.6
云 南	1015.4	949.6	459.0	10.8	476.8
西 藏	447.6	386.5	139.9	0.9	245.7
陕 西	858.5	753.3	440.2	3.3	306.9
甘 肃	790.7	687.2	490.0	13.0	184.0
青 海	643.2	524.3	296.8	1.2	225.8
宁 夏	1418.4	1277.7	637.0	0.7	607.3
新 疆	1928.6	1806.5	1383.9	7.9	414.7

5－32 续表 1

单位:元/人

地　　区	4.渔业支出	二、第二产业生产费用支出	1.工业支出	2.建筑业支出	三、第三产业生产费用支出
全国合计	**33.3**	**47.8**	**40.2**	**7.6**	**83.6**
北　京	58.3	194.1	77.0	117.1	350.8
天　津	59.9	307.3	291.4	15.9	140.8
河　北	0.0	94.4	91.0	3.4	112.1
山　西		13.4	6.0	7.5	109.5
内 蒙 古	0.1	10.8	8.6	2.3	27.1
辽　宁	16.3	17.6	9.3	8.2	100.3
吉　林	0.8	8.7	4.9	3.8	29.6
黑 龙 江	2.4	1.3	0.7	0.5	38.3
上　海	139.0	5.4	1.8	3.7	111.7
江　苏	85.3	57.3	47.3	10.0	118.4
浙　江	106.7	355.5	336.1	19.4	205.2
安　徽	29.5	17.9	16.2	1.7	60.4
福　建	47.3	18.5	7.4	11.2	90.6
江　西	16.4	29.5	21.3	8.2	72.3
山　东	14.6	92.6	87.8	4.8	88.5
河　南	10.5	40.7	30.3	10.4	62.2
湖　北	67.0	41.7	19.5	22.1	69.9
湖　南	27.4	55.9	49.3	6.6	116.9
广　东	166.4	12.6	8.8	3.8	63.7
广　西	31.8	25.0	24.6	0.4	38.4
海　南	226.3	17.2	14.3	2.8	47.4
重　庆	17.5	7.8	4.7	3.1	42.7
四　川	19.0	21.9	17.7	4.1	71.4
贵　州	0.1	14.9	12.2	2.7	53.7
云　南	3.0	9.1	7.1	2.0	56.7
西　藏	0.1	4.7	0.1	4.6	56.4
陕　西	2.9	18.4	16.9	1.5	86.8
甘　肃	0.1	33.8	18.7	15.0	69.8
青　海	0.5	11.8	6.6	5.2	107.0
宁　夏	32.7	46.7	44.9	1.8	94.1
新　疆	0.0	10.4	7.2	3.3	111.7

5—32 续表 2

单位：元/人

地　区	1. 交通运输邮电业支出	2. 批发和零售贸易、餐饮业支出	3. 社会服务业支出	4. 文教卫生业支出	5. 其他行业支出
全国合计	**39.0**	**30.6**	**5.5**	**2.3**	**6.2**
北　京	206.2	118.2	23.9	0.0	2.4
天　津	99.7	21.2	8.1	0.1	11.7
河　北	53.3	39.4	8.0	6.5	4.9
山　西	61.6	31.9	7.5	0.5	8.1
内蒙古	12.7	5.7	2.9	2.2	3.7
辽　宁	39.9	40.3	2.5	2.6	15.0
吉　林	22.1	2.7	1.0	0.0	3.9
黑龙江	25.8	7.5	0.9	1.5	2.6
上　海	64.2	18.0	26.0		3.4
江　苏	73.9	33.9	6.5	0.2	3.8
浙　江	87.3	79.0	11.2	3.0	24.8
安　徽	20.5	35.8	1.7	1.0	1.3
福　建	39.2	33.4	4.0	0.4	13.6
江　西	23.7	33.7	5.4	2.3	7.3
山　东	27.4	38.7	8.4	4.4	9.8
河　南	26.6	25.8	3.3	3.0	3.4
湖　北	26.1	33.1	4.3	1.6	4.9
湖　南	51.6	47.2	7.7	6.2	4.3
广　东	23.8	21.4	11.6	0.6	6.3
广　西	21.1	9.1	2.6	1.0	4.7
海　南	32.8	1.4	9.8	0.1	3.3
重　庆	10.2	25.0	1.4	3.6	2.5
四　川	46.9	13.7	6.1	1.6	3.0
贵　州	18.5	27.5	1.5	3.6	2.6
云　南	29.9	15.3	2.0	2.4	7.1
西　藏	49.4	0.8	0.0	0.2	6.0
陕　西	41.1	21.8	9.4	2.1	12.3
甘　肃	28.0	33.6	4.1	0.9	3.2
青　海	54.1	43.5	0.8	3.4	5.3
宁　夏	46.7	41.4	1.5	0.4	4.0
新　疆	37.9	63.6	1.2	0.4	8.5

5—33 各地区农村居民家庭经营费用支出构成

单位：%

地区	家庭经营费用支出	一、第一产业生产费用支出	1. 农业支出	2. 林业支出	3. 牧业支出
全国合计	**100.0**	**89.0**	**45.5**	**0.6**	**40.1**
北京	100.0	57.0	16.1	0.9	35.4
天津	100.0	72.4	21.1	0.4	47.2
河北	100.0	83.4	46.5	0.3	36.6
山西	100.0	80.4	51.3	0.4	28.7
内蒙古	100.0	98.2	49.4	0.3	48.4
辽宁	100.0	94.3	45.4	0.2	47.8
吉林	100.0	97.6	68.9	0.4	28.3
黑龙江	100.0	98.5	71.3	0.1	26.9
上海	100.0	78.0	33.8	2.0	16.2
江苏	100.0	85.2	41.0	0.9	36.0
浙江	100.0	68.0	20.9	0.8	40.2
安徽	100.0	90.9	59.9	0.7	26.9
福建	100.0	87.3	41.2	2.1	38.5
江西	100.0	89.1	47.6	0.5	39.3
山东	100.0	87.9	48.9	0.8	37.3
河南	100.0	89.1	49.8	0.4	37.8
湖北	100.0	89.2	47.2	0.7	34.9
湖南	100.0	84.4	35.7	1.2	45.1
广东	100.0	93.4	25.6	0.3	53.1
广西	100.0	94.4	41.3	0.4	49.9
海南	100.0	93.4	37.9	2.5	30.1
重庆	100.0	94.0	27.2	0.8	63.9
四川	100.0	92.2	27.4	0.5	62.6
贵州	100.0	89.8	33.0	0.2	56.6
云南	100.0	93.5	45.2	1.1	47.0
西藏	100.0	86.4	31.2	0.2	54.9
陕西	100.0	87.7	51.3	0.4	35.7
甘肃	100.0	86.9	62.0	1.6	23.3
青海	100.0	81.5	46.1	0.2	35.1
宁夏	100.0	90.1	44.9	0.0	42.8
新疆	100.0	93.7	71.8	0.4	21.5

5—33 续表 1　　单位：%

地　　区	4. 渔业支出	二、第二产业生产费用支出	1. 工业支出	2. 建筑业支出	三、第三产业生产费用支出
全国合计	**2.8**	**4.0**	**3.4**	**0.6**	**7.0**
北　　京	4.6	15.3	6.1	9.2	27.7
天　　津	3.7	18.9	17.9	1.0	8.7
河　　北	0.0	7.6	7.3	0.3	9.0
山　　西	0.0	2.1	1.0	1.2	17.5
内 蒙 古	0.0	0.5	0.4	0.1	1.3
辽　　宁	0.8	0.9	0.5	0.4	4.9
吉　　林	0.1	0.5	0.3	0.2	1.9
黑 龙 江	0.1	0.0	0.0	0.0	1.5
上　　海	26.1	1.0	0.3	0.7	20.9
江　　苏	7.2	4.8	4.0	0.8	10.0
浙　　江	6.1	20.3	19.2	1.1	11.7
安　　徽	3.4	2.1	1.9	0.2	7.0
福　　建	5.5	2.2	0.9	1.3	10.6
江　　西	1.8	3.2	2.3	0.9	7.8
山　　东	1.0	6.2	5.9	0.3	5.9
河　　南	1.1	4.3	3.2	1.1	6.6
湖　　北	6.5	4.0	1.9	2.1	6.7
湖　　南	2.5	5.1	4.5	0.6	10.6
广　　东	14.4	1.1	0.8	0.3	5.5
广　　西	2.8	2.2	2.2	0.0	3.4
海　　南	23.0	1.7	1.5	0.3	4.8
重　　庆	2.1	0.9	0.6	0.4	5.1
四　　川	1.6	1.8	1.5	0.3	6.0
贵　　州	0.0	2.2	1.8	0.4	8.0
云　　南	0.3	0.9	0.7	0.2	5.6
西　　藏	0.0	1.0	0.0	1.0	12.6
陕　　西	0.3	2.1	2.0	0.2	10.1
甘　　肃	0.0	4.3	2.4	1.9	8.8
青　　海	0.1	1.8	1.0	0.8	16.6
宁　　夏	2.3	3.3	3.2	0.1	6.6
新　　疆	0.0	0.5	0.4	0.2	5.8

5—33 续表 2

单位:%

地　　区	1.交通运输邮电业支出	2.批发和零售贸易、餐饮业支　　出	3.社会服务业支　　出	4.文教卫生业支　　出	5.其他行业支　　出
全国合计	**3.3**	**2.6**	**0.5**	**0.2**	**0.5**
北　　京	16.3	9.3	1.9	0.0	0.2
天　　津	6.1	1.3	0.5	0.0	0.7
河　　北	4.3	3.2	0.6	0.5	0.4
山　　西	9.8	5.1	1.2	0.1	1.3
内 蒙 古	0.6	0.3	0.1	0.1	0.2
辽　　宁	1.9	2.0	0.1	0.1	0.7
吉　　林	1.4	0.2	0.1	0.0	0.2
黑 龙 江	1.0	0.3	0.0	0.1	0.1
上　　海	12.0	3.4	4.9	0.0	0.6
江　　苏	6.2	2.9	0.6	0.0	0.3
浙　　江	5.0	4.5	0.6	0.2	1.4
安　　徽	2.4	4.2	0.2	0.1	0.2
福　　建	4.6	3.9	0.5	0.0	1.6
江　　西	2.5	3.6	0.6	0.2	0.8
山　　东	1.8	2.6	0.6	0.3	0.7
河　　南	2.8	2.7	0.3	0.3	0.4
湖　　北	2.5	3.2	0.4	0.2	0.5
湖　　南	4.7	4.3	0.7	0.6	0.4
广　　东	2.1	1.9	1.0	0.1	0.5
广　　西	1.9	0.8	0.2	0.1	0.4
海　　南	3.3	0.1	1.0	0.0	0.3
重　　庆	1.2	3.0	0.2	0.4	0.3
四　　川	3.9	1.2	0.5	0.1	0.3
贵　　州	2.7	4.1	0.2	0.5	0.4
云　　南	2.9	1.5	0.2	0.2	0.7
西　　藏	11.0	0.2	0.0	0.0	1.3
陕　　西	4.8	2.5	1.1	0.2	1.4
甘　　肃	3.5	4.2	0.5	0.1	0.4
青　　海	8.4	6.8	0.1	0.5	0.8
宁　　夏	3.3	2.9	0.1	0.0	0.3
新　　疆	2.0	3.3	0.1	0.0	0.4

5—34 各地区农村居民生活消费支出

单位：元/人

地　区	生活消费支出	服务性支出	一、食品支出	二、衣着支出	三、居住支出
全国合计	**2555.4**	**756.5**	**1162.2**	**148.6**	**370.2**
北　京	5315.7	1929.1	1736.0	378.7	854.4
天　津	3036.0	887.4	1171.4	257.3	614.3
河　北	2165.7	604.4	888.4	155.5	398.9
山　西	1877.7	537.1	830.5	202.3	200.6
内蒙古	2446.2	689.7	1054.3	150.0	334.7
辽　宁	2805.9	827.6	1127.2	221.0	378.2
吉　林	2306.0	579.9	1003.2	168.2	256.7
黑龙江	2544.6	688.3	923.6	184.1	527.0
上　海	7277.9	2359.4	2683.9	366.4	1319.8
江　苏	3567.1	1168.1	1569.3	191.2	512.5
浙　江	5433.0	1809.7	2061.4	318.9	914.1
安　徽	2196.2	600.5	999.8	117.4	344.9
福　建	3292.6	989.4	1517.6	186.7	457.3
江　西	2483.7	744.0	1220.5	124.5	326.2
山　东	2735.8	880.0	1087.6	159.7	445.7
河　南	1891.6	510.0	859.0	132.4	318.0
湖　北	2430.2	694.1	1192.3	125.0	310.3
湖　南	2756.4	913.5	1433.0	127.9	307.3
广　东	3707.7	1166.2	1789.4	143.5	530.3
广　西	2349.6	761.5	1186.7	79.5	379.6
海　南	1969.1	527.3	1134.8	66.4	146.0
重　庆	2142.1	622.2	1130.3	96.0	231.2
四　川	2274.2	609.3	1244.4	116.4	234.0
贵　州	1552.4	345.8	819.9	79.6	235.5
云　南	1789.0	458.8	975.7	80.3	225.8
西　藏	1723.8	111.9	1185.2	182.5	84.2
陕　西	1896.5	626.7	812.9	124.4	211.7
甘　肃	1819.6	495.5	858.9	92.3	240.7
青　海	1976.0	432.9	893.3	156.1	329.3
宁　夏	2094.5	526.6	922.5	143.1	345.9
新　疆	1924.4	552.1	803.8	171.4	333.2

5—34 续表

单位:元/人

地　　区	四、家庭设备用品支出	五、交通和通讯支　　出	六、文教娱乐支　　出	七、医疗保健支出	八、其他商品和服务支出
全国合计	**111.4**	**245.0**	**295.5**	**168.1**	**54.5**
北　　京	326.9	615.5	797.0	504.2	103.2
天　　津	117.1	327.6	328.9	179.2	40.3
河　　北	101.5	222.0	225.8	134.8	38.9
山　　西	68.9	160.3	279.5	102.9	32.7
内 蒙 古	84.4	293.3	309.4	176.4	43.6
辽　　宁	100.4	300.7	376.9	233.5	67.9
吉　　林	81.9	284.9	261.1	193.6	56.4
黑 龙 江	73.8	256.6	277.0	253.5	49.1
上　　海	458.1	747.5	936.5	561.7	204.0
江　　苏	168.0	363.8	478.9	198.6	85.0
浙　　江	260.5	618.3	723.0	415.6	121.3
安　　徽	106.4	196.7	256.8	133.7	40.6
福　　建	154.4	365.6	356.5	154.0	100.5
江　　西	96.4	229.6	276.3	154.7	55.6
山　　东	136.5	294.4	377.2	188.5	46.1
河　　南	82.7	159.7	177.7	123.4	38.8
湖　　北	110.0	223.2	271.9	135.4	62.2
湖　　南	114.3	219.0	329.3	168.2	57.5
广　　东	152.1	411.6	360.7	203.9	116.2
广　　西	95.5	214.1	226.4	123.4	44.5
海　　南	92.3	178.0	198.7	93.0	60.0
重　　庆	95.8	163.0	249.7	142.6	33.5
四　　川	102.1	171.5	225.2	144.5	36.2
贵　　州	61.7	99.2	160.9	71.8	23.8
云　　南	67.0	99.8	182.6	122.3	35.4
西　　藏	81.2	79.3	28.2	44.4	38.7
陕　　西	83.6	163.2	297.3	165.8	37.6
甘　　肃	74.1	155.0	257.9	114.0	26.7
青　　海	84.0	208.4	109.5	152.3	43.0
宁　　夏	77.2	178.5	177.9	198.8	50.5
新　　疆	68.0	183.0	159.3	169.3	36.4

5—35 各地区农村居民生活消费支出构成

单位:%

地 区	生活消费支出	服务性支出	一、食品支出	二、衣着支出	三、居住支出
全国合计	**100.0**	**29.6**	**45.5**	**5.8**	**14.5**
北 京	100.0	36.3	32.7	7.1	16.1
天 津	100.0	29.2	38.6	8.5	20.2
河 北	100.0	27.9	41.0	7.2	18.4
山 西	100.0	28.6	44.2	10.8	10.7
内蒙古	100.0	28.2	43.1	6.1	13.7
辽 宁	100.0	29.5	40.2	7.9	13.5
吉 林	100.0	25.1	43.5	7.3	11.1
黑龙江	100.0	27.0	36.3	7.2	20.7
上 海	100.0	32.4	36.9	5.0	18.1
江 苏	100.0	32.7	44.0	5.4	14.4
浙 江	100.0	33.3	37.9	5.9	16.8
安 徽	100.0	27.3	45.5	5.3	15.7
福 建	100.0	30.0	46.1	5.7	13.9
江 西	100.0	30.0	49.1	5.0	13.1
山 东	100.0	32.2	39.8	5.8	16.3
河 南	100.0	27.0	45.4	7.0	16.8
湖 北	100.0	28.6	49.1	5.1	12.8
湖 南	100.0	33.1	52.0	4.6	11.1
广 东	100.0	31.5	48.3	3.9	14.3
广 西	100.0	32.4	50.5	3.4	16.2
海 南	100.0	26.8	57.6	3.4	7.4
重 庆	100.0	29.0	52.8	4.5	10.8
四 川	100.0	26.8	54.7	5.1	10.3
贵 州	100.0	22.3	52.8	5.1	15.2
云 南	100.0	25.6	54.5	4.5	12.6
西 藏	100.0	6.5	68.8	10.6	4.9
陕 西	100.0	33.0	42.9	6.6	11.2
甘 肃	100.0	27.2	47.2	5.1	13.2
青 海	100.0	21.9	45.2	7.9	16.7
宁 夏	100.0	25.1	44.0	6.8	16.5
新 疆	100.0	28.7	41.8	8.9	17.3

5—35 续表

单位:%

地　区	四、家庭设备用品支出	五、交通和通讯支　出	六、文教娱乐支　出	七、医疗保健支出	八、其他商品和服务支出
全国合计	**4.4**	**9.6**	**11.6**	**6.6**	**2.1**
北　京	6.1	11.6	15.0	9.5	1.9
天　津	3.9	10.8	10.8	5.9	1.3
河　北	4.7	10.2	10.4	6.2	1.8
山　西	3.7	8.5	14.9	5.5	1.7
内蒙古	3.5	12.0	12.6	7.2	1.8
辽　宁	3.6	10.7	13.4	8.3	2.4
吉　林	3.6	12.4	11.3	8.4	2.4
黑龙江	2.9	10.1	10.9	10.0	1.9
上　海	6.3	10.3	12.9	7.7	2.8
江　苏	4.7	10.2	13.4	5.6	2.4
浙　江	4.8	11.4	13.3	7.7	2.2
安　徽	4.8	9.0	11.7	6.1	1.8
福　建	4.7	11.1	10.8	4.7	3.1
江　西	3.9	9.2	11.1	6.2	2.2
山　东	5.0	10.8	13.8	6.9	1.7
河　南	4.4	8.4	9.4	6.5	2.0
湖　北	4.5	9.2	11.2	5.6	2.6
湖　南	4.1	7.9	11.9	6.1	2.1
广　东	4.1	11.1	9.7	5.5	3.1
广　西	4.1	9.1	9.6	5.3	1.9
海　南	4.7	9.0	10.1	4.7	3.0
重　庆	4.5	7.6	11.7	6.7	1.6
四　川	4.5	7.5	9.9	6.4	1.6
贵　州	4.0	6.4	10.4	4.6	1.5
云　南	3.7	5.6	10.2	6.8	2.0
西　藏	4.7	4.6	1.6	2.6	2.2
陕　西	4.4	8.6	15.7	8.7	2.0
甘　肃	4.1	8.5	14.2	6.3	1.5
青　海	4.2	10.5	5.5	7.7	2.2
宁　夏	3.7	8.5	8.5	9.5	2.4
新　疆	3.5	9.5	8.3	8.8	1.9

5—36 各地区农村居民现金支出

单位:元/人

地区	现金支出	一、家庭经营费用支出	二、购买生产性固定资产支出	三、建造生产性固定资产雇工支出	四、税费支出	五、生活消费支出	六、财产性支出	七、转移性支出
全国合计	**3567.3**	**1052.5**	**129.9**	**1.2**	**12.9**	**2134.6**	**22.0**	**214.2**
北京	7041.6	1255.7	82.2	0.0	6.0	5273.6	9.4	414.6
天津	4811.7	1573.3	60.9	1.2	13.6	2956.1	7.5	199.1
河北	3372.0	1152.9	95.3	0.6	25.3	1916.9	13.3	167.6
山西	2432.0	580.9	45.6	0.6	6.9	1636.8	7.7	153.3
内蒙古	4174.0	1621.0	284.1	4.9	9.1	1992.1	46.7	216.1
辽宁	5227.2	1930.3	238.4	1.9	6.3	2491.5	37.1	521.8
吉林	4202.0	1440.2	353.4	0.3	12.6	1990.2	124.4	281.0
黑龙江	5692.0	2381.4	410.2	0.7	6.7	2295.2	157.3	440.6
上海	8520.0	524.6	92.8	2.9	4.4	7091.5	27.9	776.0
江苏	4776.1	1118.4	141.4	1.4	33.3	3137.9	6.1	337.8
浙江	7753.7	1718.1	192.9	3.5	21.1	5178.6	100.0	539.5
安徽	2887.9	788.6	108.2	0.6	14.5	1797.7	2.6	175.7
福建	4127.9	836.4	64.0	3.1	4.6	2928.9	12.2	278.6
江西	3169.1	862.5	110.6	2.2	15.9	1946.2	9.6	222.1
山东	4197.1	1399.6	117.1	1.4	33.7	2470.4	17.5	157.4
河南	2657.9	868.0	128.9	0.1	3.0	1520.2	5.0	132.6
湖北	2974.5	954.0	78.1	0.9	11.6	1813.4	10.9	105.7
湖南	3552.8	948.7	94.3	1.0	26.0	2178.5	8.8	295.6
广东	4543.0	1101.4	31.3	0.8	6.8	3224.3	10.6	167.9
广西	3078.5	997.2	108.3	0.8	5.8	1860.4	6.3	99.8
海南	2609.9	913.0	57.0	0.1	4.6	1523.9	3.8	107.5
重庆	2344.0	558.6	69.7	1.8	4.9	1494.2	2.2	212.6
四川	2746.5	845.1	67.5	0.7	12.6	1623.0	1.7	195.9
贵州	1823.1	465.6	84.1	1.9	2.2	1095.5	2.3	171.4
云南	2146.8	681.1	101.6	0.4	3.9	1256.8	22.2	80.7
西藏	1360.3	173.9	175.0		4.3	969.4	1.8	35.8
陕西	2769.3	770.3	140.7	0.7	7.2	1642.8	7.2	200.4
甘肃	2170.1	656.8	115.5	1.7	4.2	1295.7	3.9	92.4
青海	2286.1	496.0	145.3	0.4	4.4	1445.4	41.0	153.7
宁夏	3426.8	1166.8	317.0	5.3	2.6	1648.5	1.3	285.3
新疆	3855.3	1823.9	258.6	0.2	14.4	1582.2	60.7	115.4

5—37 各地区农村居民现金支出构成

单位：%

地区	现金支出	一、家庭经营费用支出	二、购买生产性固定资产支出	三、建造生产性固定资产雇工支出	四、税费支出	五、生活消费支出	六、财产性支出	七、转移性支出
全国合计	**100.0**	**29.5**	**3.6**	**0.0**	**0.4**	**59.8**	**0.6**	**6.0**
北京	100.0	17.8	1.2	0.0	0.1	74.9	0.1	5.9
天津	100.0	32.7	1.3	0.0	0.3	61.4	0.2	4.1
河北	100.0	34.2	2.8	0.0	0.8	56.8	0.4	5.0
山西	100.0	23.9	1.9	0.0	0.3	67.3	0.3	6.3
内蒙古	100.0	38.8	6.8	0.1	0.2	47.7	1.1	5.2
辽宁	100.0	36.9	4.6	0.0	0.1	47.7	0.7	10.0
吉林	100.0	34.3	8.4	0.0	0.3	47.4	3.0	6.7
黑龙江	100.0	41.8	7.2	0.0	0.1	40.3	2.8	7.7
上海	100.0	6.2	1.1	0.0	0.1	83.2	0.3	9.1
江苏	100.0	23.4	3.0	0.0	0.7	65.7	0.1	7.1
浙江	100.0	22.2	2.5	0.0	0.3	66.8	1.3	7.0
安徽	100.0	27.3	3.7	0.0	0.5	62.2	0.1	6.1
福建	100.0	20.3	1.6	0.1	0.1	71.0	0.3	6.7
江西	100.0	27.2	3.5	0.1	0.5	61.4	0.3	7.0
山东	100.0	33.3	2.8	0.0	0.8	58.9	0.4	3.7
河南	100.0	32.7	4.9	0.0	0.1	57.2	0.2	5.0
湖北	100.0	32.1	2.6	0.0	0.4	61.0	0.4	3.6
湖南	100.0	26.7	2.7	0.0	0.7	61.3	0.2	8.3
广东	100.0	24.2	0.7	0.0	0.1	71.0	0.2	3.7
广西	100.0	32.4	3.5	0.0	0.2	60.4	0.2	3.2
海南	100.0	35.0	2.2	0.0	0.2	58.4	0.1	4.1
重庆	100.0	23.8	3.0	0.1	0.2	63.7	0.1	9.1
四川	100.0	30.8	2.5	0.0	0.5	59.1	0.1	7.1
贵州	100.0	25.5	4.6	0.1	0.1	60.1	0.1	9.4
云南	100.0	31.7	4.7	0.0	0.2	58.5	1.0	3.8
西藏	100.0	12.8	12.9	0.0	0.3	71.3	0.1	2.6
陕西	100.0	27.8	5.1	0.0	0.3	59.3	0.3	7.2
甘肃	100.0	30.3	5.3	0.1	0.2	59.7	0.2	4.3
青海	100.0	21.7	6.4	0.0	0.2	63.2	1.8	6.7
宁夏	100.0	34.1	9.2	0.2	0.1	48.1	0.0	8.3
新疆	100.0	47.3	6.7	0.0	0.4	41.0	1.6	3.0

5—38 各地区农村居民家庭经营费用现金支出

单位:元/人

地　区	家庭经营现金支出	一、第一产业生产费用支出	1.农业支出	2.林业支出	3.牧业支出
全国合计	**1052.5**	**921.5**	**510.5**	**6.5**	**371.8**
北　京	1255.7	710.8	204.3	11.9	437.1
天　津	1573.3	1125.7	317.3	6.8	741.7
河　北	1152.9	946.8	553.3	3.5	389.9
山　西	580.9	458.0	306.1	2.6	149.3
内蒙古	1621.0	1583.2	914.7	7.0	661.5
辽　宁	1930.3	1812.4	904.0	5.1	887.1
吉　林	1440.2	1402.7	1063.7	5.9	332.4
黑龙江	2381.4	2342.2	1768.5	2.1	569.6
上　海	524.6	407.5	180.5	10.7	79.2
江　苏	1118.4	942.7	481.4	11.1	371.6
浙　江	1718.1	1157.4	354.9	13.4	686.0
安　徽	788.6	710.4	499.9	6.1	174.9
福　建	836.4	727.3	352.4	18.0	309.7
江　西	862.5	760.7	435.1	4.5	305.0
山　东	1399.6	1218.8	696.6	10.9	496.8
河　南	868.0	765.6	451.9	3.9	299.4
湖　北	954.0	842.7	465.3	5.8	305.0
湖　南	948.7	777.5	376.7	5.3	368.6
广　东	1101.4	1025.8	286.6	2.9	570.8
广　西	997.2	933.8	454.8	4.1	443.1
海　南	913.0	848.5	371.9	24.6	226.1
重　庆	558.6	508.5	219.4	6.7	265.0
四　川	845.1	751.8	277.5	4.7	451.6
贵　州	465.6	397.0	198.5	1.3	197.0
云　南	681.1	616.9	350.0	8.1	255.7
西　藏	173.9	116.3	91.9	0.9	23.4
陕　西	770.3	665.1	413.0	3.3	245.9
甘　肃	656.8	553.3	432.8	13.0	107.5
青　海	496.0	377.1	232.1	1.2	143.3
宁　夏	1166.8	1026.1	555.0	0.6	438.2
新　疆	1823.9	1701.9	1348.9	7.9	345.0

5—38 续表 1

单位:元/人

地　　区	4. 渔业支出	二、第二产业生产费用支出	1. 工业支出	2. 建筑业支出	三、第三产业生产费用支出
全国合计	**32.6**	**47.6**	**40.1**	**7.5**	**83.4**
北　　京	57.4	194.1	77.0	117.1	350.8
天　　津	59.9	307.3	291.4	15.9	140.4
河　　北	0.0	94.4	91.0	3.4	111.7
山　　西		13.4	6.0	7.5	109.5
内 蒙 古	0.1	10.8	8.6	2.3	27.0
辽　　宁	16.3	17.6	9.3	8.2	100.3
吉　　林	0.8	7.9	4.0	3.8	29.6
黑 龙 江	2.0	1.3	0.7	0.5	38.0
上　　海	137.1	5.4	1.8	3.7	111.7
江　　苏	78.7	57.3	47.3	10.0	118.4
浙　　江	103.1	355.5	336.1	19.3	205.2
安　　徽	29.5	17.9	16.2	1.7	60.3
福　　建	47.3	18.5	7.4	11.2	90.6
江　　西	16.1	29.5	21.3	8.2	72.2
山　　东	14.6	92.6	87.8	4.8	88.2
河　　南	10.4	40.6	30.2	10.4	61.8
湖　　北	66.6	41.7	19.5	22.1	69.6
湖　　南	26.9	54.9	48.6	6.3	116.3
广　　东	165.5	12.5	8.8	3.7	63.1
广　　西	31.8	25.0	24.6	0.4	38.4
海　　南	225.9	17.2	14.3	2.8	47.4
重　　庆	17.4	7.8	4.7	3.1	42.3
四　　川	18.0	21.9	17.7	4.1	71.4
贵　　州	0.1	14.9	12.2	2.7	53.7
云　　南	3.0	8.2	6.8	1.4	56.0
西　　藏		1.9	0.1	1.9	55.7
陕　　西	2.9	18.4	16.9	1.5	86.8
甘　　肃	0.0	33.8	18.7	15.0	69.8
青　　海	0.5	11.8	6.6	5.2	107.0
宁　　夏	32.3	46.7	44.9	1.8	94.1
新　　疆	0.0	10.4	7.2	3.3	111.7

5—38 续表 2 单位:元/人

地　区	1.交通运输邮电业支出	2.批发和零售贸易、餐饮业支出	3.社会服务业支出	4.文教卫生业支出	5.其他行业支出
全国合计	**39.0**	**30.5**	**5.5**	**2.3**	**6.2**
北　京	206.2	118.2	23.9	0.0	2.4
天　津	99.7	20.8	8.1	0.1	11.7
河　北	53.3	39.3	7.8	6.5	4.9
山　西	61.6	31.9	7.5	0.5	8.1
内蒙古	12.6	5.7	2.9	2.2	3.7
辽　宁	39.9	40.3	2.5	2.6	15.0
吉　林	22.1	2.7	1.0	0.0	3.9
黑龙江	25.7	7.3	0.9	1.5	2.6
上　海	64.2	18.0	26.0		3.4
江　苏	73.9	33.9	6.5	0.2	3.8
浙　江	87.3	79.0	11.2	3.0	24.8
安　徽	20.5	35.8	1.7	1.0	1.3
福　建	39.2	33.4	4.0	0.4	13.6
江　西	23.7	33.7	5.3	2.3	7.3
山　东	27.4	38.7	8.4	4.4	9.5
河　南	26.5	25.6	3.3	3.0	3.4
湖　北	26.0	32.8	4.3	1.6	4.8
湖　南	51.3	46.8	7.7	6.2	4.3
广　东	23.7	20.9	11.6	0.6	6.3
广　西	21.1	9.1	2.6	1.0	4.7
海　南	32.8	1.4	9.8	0.1	3.3
重　庆	10.2	24.6	1.4	3.6	2.5
四　川	46.9	13.7	6.1	1.6	3.0
贵　州	18.5	27.5	1.5	3.6	2.6
云　南	29.7	14.9	2.0	2.4	7.0
西　藏	48.9	0.6	0.0	0.2	5.9
陕　西	41.1	21.8	9.4	2.1	12.3
甘　肃	28.0	33.6	4.1	0.9	3.2
青　海	54.1	43.5	0.8	3.4	5.3
宁　夏	46.7	41.4	1.5	0.4	4.0
新　疆	37.9	63.6	1.2	0.4	8.5

5—39 各地区农村居民家庭经营费用现金支出构成

单位：%

地 区	家庭经营现金支出	一、第一产业生产费用支出	1. 农业支出	2. 林业支出	3. 牧业支出
全国合计	**100.0**	**87.5**	**48.5**	**0.6**	**35.3**
北 京	100.0	56.6	16.3	1.0	34.8
天 津	100.0	71.5	20.2	0.4	47.1
河 北	100.0	82.1	48.0	0.3	33.8
山 西	100.0	78.8	52.7	0.5	25.7
内蒙古	100.0	97.7	56.4	0.4	40.8
辽 宁	100.0	93.9	46.8	0.3	46.0
吉 林	100.0	97.4	73.9	0.4	23.1
黑龙江	100.0	98.4	74.3	0.1	23.9
上 海	100.0	77.7	34.4	2.0	15.1
江 苏	100.0	84.3	43.0	1.0	33.2
浙 江	100.0	67.4	20.7	0.8	39.9
安 徽	100.0	90.1	63.4	0.8	22.2
福 建	100.0	86.9	42.1	2.1	37.0
江 西	100.0	88.2	50.4	0.5	35.4
山 东	100.0	87.1	49.8	0.8	35.5
河 南	100.0	88.2	52.1	0.4	34.5
湖 北	100.0	88.3	48.8	0.6	32.0
湖 南	100.0	82.0	39.7	0.6	38.9
广 东	100.0	93.1	26.0	0.3	51.8
广 西	100.0	93.6	45.6	0.4	44.4
海 南	100.0	92.9	40.7	2.7	24.8
重 庆	100.0	91.0	39.3	1.2	47.4
四 川	100.0	89.0	32.8	0.6	53.4
贵 州	100.0	85.3	42.6	0.3	42.3
云 南	100.0	90.6	51.4	1.2	37.5
西 藏	100.0	66.9	52.8	0.5	13.5
陕 西	100.0	86.3	53.6	0.4	31.9
甘 肃	100.0	84.2	65.9	2.0	16.4
青 海	100.0	76.0	46.8	0.2	28.9
宁 夏	100.0	87.9	47.6	0.1	37.6
新 疆	100.0	93.3	74.0	0.4	18.9

5—39 续表 1

单位：%

地　区	4.渔业支出	二、第二产业生产费用支出	1.工业支出	2.建筑业支出	三、第三产业生产费用支出
全国合计	**3.1**	**4.5**	**3.8**	**0.7**	**7.9**
北　京	4.6	15.5	6.1	9.3	27.9
天　津	3.8	19.5	18.5	1.0	8.9
河　北	0.0	8.2	7.9	0.3	9.7
山　西	0.0	2.3	1.0	1.3	18.9
内蒙古	0.0	0.7	0.5	0.1	1.7
辽　宁	0.8	0.9	0.5	0.4	5.2
吉　林	0.1	0.5	0.3	0.3	2.1
黑龙江	0.1	0.1	0.0	0.0	1.6
上　海	26.1	1.0	0.3	0.7	21.3
江　苏	7.0	5.1	4.2	0.9	10.6
浙　江	6.0	20.7	19.6	1.1	11.9
安　徽	3.7	2.3	2.1	0.2	7.7
福　建	5.7	2.2	0.9	1.3	10.8
江　西	1.9	3.4	2.5	1.0	8.4
山　东	1.0	6.6	6.3	0.3	6.3
河　南	1.2	4.7	3.5	1.2	7.1
湖　北	7.0	4.4	2.0	2.3	7.3
湖　南	2.8	5.8	5.1	0.7	12.3
广　东	15.0	1.1	0.8	0.3	5.7
广　西	3.2	2.5	2.5	0.0	3.9
海　南	24.7	1.9	1.6	0.3	5.2
重　庆	3.1	1.4	0.8	0.6	7.6
四　川	2.1	2.6	2.1	0.5	8.4
贵　州	0.0	3.2	2.6	0.6	11.5
云　南	0.4	1.2	1.0	0.2	8.2
西　藏	0.0	1.1	0.0	1.1	32.0
陕　西	0.4	2.4	2.2	0.2	11.3
甘　肃	0.0	5.1	2.9	2.3	10.6
青　海	0.1	2.4	1.3	1.1	21.6
宁　夏	2.8	4.0	3.8	0.2	8.1
新　疆	0.0	0.6	0.4	0.2	6.1

5—39 续表 2　　单位：%

地　　区	1. 交通运输邮电业支出	2. 批发和零售贸易、餐饮业支出	3. 社会服务业支出	4. 文教卫生业支出	5. 其他行业支出
全国合计	**3.7**	**2.9**	**0.5**	**0.2**	**0.6**
北　京	16.4	9.4	1.9	0.0	0.2
天　津	6.3	1.3	0.5	0.0	0.7
河　北	4.6	3.4	0.7	0.6	0.4
山　西	10.6	5.5	1.3	0.1	1.4
内蒙古	0.8	0.4	0.2	0.1	0.2
辽　宁	2.1	2.1	0.1	0.1	0.8
吉　林	1.5	0.2	0.1	0.0	0.3
黑龙江	1.1	0.3	0.0	0.1	0.1
上　海	12.2	3.4	5.0	0.0	0.7
江　苏	6.6	3.0	0.6	0.0	0.3
浙　江	5.1	4.6	0.7	0.2	1.4
安　徽	2.6	4.5	0.2	0.1	0.2
福　建	4.7	4.0	0.5	0.0	1.6
江　西	2.7	3.9	0.6	0.3	0.8
山　东	2.0	2.8	0.6	0.3	0.7
河　南	3.1	2.9	0.4	0.3	0.4
湖　北	2.7	3.4	0.4	0.2	0.5
湖　南	5.4	4.9	0.8	0.7	0.5
广　东	2.2	1.9	1.1	0.1	0.6
广　西	2.1	0.9	0.3	0.1	0.5
海　南	3.6	0.1	1.1	0.0	0.4
重　庆	1.8	4.4	0.3	0.6	0.5
四　川	5.6	1.6	0.7	0.2	0.4
贵　州	4.0	5.9	0.3	0.8	0.5
云　南	4.4	2.2	0.3	0.4	1.0
西　藏	28.1	0.4	0.0	0.1	3.4
陕　西	5.3	2.8	1.2	0.3	1.6
甘　肃	4.3	5.1	0.6	0.1	0.5
青　海	10.9	8.8	0.2	0.7	1.1
宁　夏	4.0	3.6	0.1	0.0	0.3
新　疆	2.1	3.5	0.1	0.0	0.5

5—40 各地区农村居民生活消费现金支出

单位：元/人

地 区	生活消费现金支出	服务性支出	一、食品支出	二、衣着支出	三、居住支出
全国合计	**2134.6**	**756.5**	**770.7**	**147.9**	**342.3**
北 京	5273.6	1929.1	1697.3	378.5	853.2
天 津	2956.1	887.4	1092.2	256.6	614.3
河 北	1916.9	604.4	640.1	155.3	398.9
山 西	1636.8	537.1	596.8	202.3	193.6
内蒙古	1992.1	689.7	645.7	147.2	293.9
辽 宁	2491.5	827.6	837.5	220.1	354.4
吉 林	1990.2	579.9	736.9	168.1	207.4
黑龙江	2295.2	688.3	751.0	184.1	450.1
上 海	7091.5	2359.4	2497.4	366.4	1319.7
江 苏	3137.9	1168.1	1155.6	191.1	498.0
浙 江	5178.6	1809.7	1835.3	318.5	886.4
安 徽	1797.7	600.5	638.9	117.2	310.2
福 建	2928.9	989.4	1211.7	186.7	402.9
江 西	1946.2	744.0	727.5	124.4	282.0
山 东	2470.4	880.0	826.9	158.7	442.7
河 南	1520.2	510.0	533.7	131.9	272.5
湖 北	1813.4	694.1	611.1	121.8	278.6
湖 南	2178.5	913.5	873.1	127.7	289.4
广 东	3224.3	1166.2	1370.0	143.5	466.5
广 西	1860.4	761.5	750.5	79.5	326.7
海 南	1523.9	527.3	719.6	66.4	115.9
重 庆	1494.2	622.2	509.5	96.0	204.2
四 川	1623.0	609.3	623.6	116.0	208.1
贵 州	1095.5	345.8	375.4	79.6	224.2
云 南	1256.8	458.8	486.0	80.3	183.7
西 藏	969.4	111.9	447.0	177.3	75.0
陕 西	1642.8	626.7	562.3	124.2	208.9
甘 肃	1295.7	495.5	347.3	92.1	228.9
青 海	1445.4	432.9	406.5	154.6	294.8
宁 夏	1648.5	526.6	484.1	143.0	338.4
新 疆	1582.2	552.1	476.1	166.9	324.0

5—40 续表

单位:元/人

地　区	四、家庭设备用品支出	五、交通和通讯支出	六、文教娱乐用品及服务支出	七、医疗保健支出	八、其他商品和服务支出
全国合计	**110.9**	**245.0**	**295.5**	**168.1**	**54.1**
北　京	326.3	615.5	797.0	504.2	101.6
天　津	117.1	327.6	328.9	179.2	40.3
河　北	101.5	222.0	225.8	134.8	38.7
山　西	68.9	160.3	279.5	102.9	32.5
内蒙古	84.4	293.3	309.4	176.4	41.7
辽　宁	100.4	300.7	376.9	233.5	67.9
吉　林	81.9	284.9	261.1	193.6	56.4
黑龙江	73.8	256.6	277.0	253.5	49.1
上　海	458.1	747.5	936.5	561.7	204.0
江　苏	166.9	363.8	478.9	198.6	85.0
浙　江	260.4	618.3	723.0	415.6	121.2
安　徽	103.6	196.7	256.8	133.7	40.5
福　建	154.4	365.6	356.5	154.0	97.0
江　西	96.3	229.6	276.3	154.7	55.3
山　东	136.5	294.4	377.2	188.5	45.5
河　南	82.6	159.7	177.7	123.4	38.6
湖　北	109.4	223.2	271.9	135.4	62.2
湖　南	114.3	219.0	329.3	168.2	57.5
广　东	152.0	411.6	360.7	203.9	116.2
广　西	95.5	214.1	226.4	123.4	44.4
海　南	92.3	178.0	198.7	93.0	60.0
重　庆	95.7	163.0	249.7	142.6	33.5
四　川	98.2	171.5	225.2	144.5	36.0
贵　州	61.7	99.2	160.9	71.8	22.8
云　南	67.0	99.8	182.6	122.3	35.2
西　藏	79.7	79.3	28.2	44.4	38.6
陕　西	83.6	163.2	297.3	165.8	37.5
甘　肃	73.8	155.0	257.9	114.0	26.6
青　海	82.6	208.4	109.5	152.3	36.5
宁　夏	77.2	178.5	177.9	198.8	50.5
新　疆	67.2	183.0	159.3	169.3	36.4

5—41 各地区农村居民生活消费现金支出构成

单位：%

地　区	生活消费现金支出	服务性支出	一、食品支出	二、衣着支出	三、居住支出
全国合计	**100.0**	**35.4**	**36.1**	**6.9**	**16.0**
北　京	100.0	36.6	32.2	7.2	16.2
天　津	100.0	30.0	36.9	8.7	20.8
河　北	100.0	31.5	33.4	8.1	20.8
山　西	100.0	32.8	36.5	12.4	11.8
内蒙古	100.0	34.6	32.4	7.4	14.8
辽　宁	100.0	33.2	33.6	8.8	14.2
吉　林	100.0	29.1	37.0	8.4	10.4
黑龙江	100.0	30.0	32.7	8.0	19.6
上　海	100.0	33.3	35.2	5.2	18.6
江　苏	100.0	37.2	36.8	6.1	15.9
浙　江	100.0	34.9	35.4	6.1	17.1
安　徽	100.0	33.4	35.5	6.5	17.3
福　建	100.0	33.8	41.4	6.4	13.8
江　西	100.0	38.2	37.4	6.4	14.5
山　东	100.0	35.6	33.5	6.4	17.9
河　南	100.0	33.5	35.1	8.7	17.9
湖　北	100.0	38.3	33.7	6.7	15.4
湖　南	100.0	41.9	40.1	5.9	13.3
广　东	100.0	36.2	42.5	4.5	14.5
广　西	100.0	40.9	40.3	4.3	17.6
海　南	100.0	34.6	47.2	4.4	7.6
重　庆	100.0	41.6	34.1	6.4	13.7
四　川	100.0	37.5	38.4	7.1	12.8
贵　州	100.0	31.6	34.3	7.3	20.5
云　南	100.0	36.5	38.7	6.4	14.6
西　藏	100.0	11.5	46.1	18.3	7.7
陕　西	100.0	38.1	34.2	7.6	12.7
甘　肃	100.0	38.2	26.8	7.1	17.7
青　海	100.0	30.0	28.1	10.7	20.4
宁　夏	100.0	31.9	29.4	8.7	20.5
新　疆	100.0	34.9	30.1	10.5	20.5

5—41 续表

单位：%

地　　区	四、家庭设备用品支出	五、交通和通讯支　　出	六、文教娱乐用品及服务支出	七、医疗保健支出	八、其他商品和服务支出
全国合计	**5.2**	**11.5**	**13.8**	**7.9**	**2.5**
北　京	6.2	11.7	15.1	9.6	1.9
天　津	4.0	11.1	11.1	6.1	1.4
河　北	5.3	11.6	11.8	7.0	2.0
山　西	4.2	9.8	17.1	6.3	2.0
内蒙古	4.2	14.7	15.5	8.9	2.1
辽　宁	4.0	12.1	15.1	9.4	2.7
吉　林	4.1	14.3	13.1	9.7	2.8
黑龙江	3.2	11.2	12.1	11.0	2.1
上　海	6.5	10.5	13.2	7.9	2.9
江　苏	5.3	11.6	15.3	6.3	2.7
浙　江	5.0	11.9	14.0	8.0	2.3
安　徽	5.8	10.9	14.3	7.4	2.3
福　建	5.3	12.5	12.2	5.3	3.3
江　西	4.9	11.8	14.2	7.9	2.8
山　东	5.5	11.9	15.3	7.6	1.8
河　南	5.4	10.5	11.7	8.1	2.5
湖　北	6.0	12.3	15.0	7.5	3.4
湖　南	5.2	10.1	15.1	7.7	2.6
广　东	4.7	12.8	11.2	6.3	3.6
广　西	5.1	11.5	12.2	6.6	2.4
海　南	6.1	11.7	13.0	6.1	3.9
重　庆	6.4	10.9	16.7	9.5	2.2
四　川	6.1	10.6	13.9	8.9	2.2
贵　州	5.6	9.1	14.7	6.6	2.1
云　南	5.3	7.9	14.5	9.7	2.8
西　藏	8.2	8.2	2.9	4.6	4.0
陕　西	5.1	9.9	18.1	10.1	2.3
甘　肃	5.7	12.0	19.9	8.8	2.1
青　海	5.7	14.4	7.6	10.5	2.5
宁　夏	4.7	10.8	10.8	12.1	3.1
新　疆	4.2	11.6	10.1	10.7	2.3

6

农村住户调查简介

农村住户调查简介

“农村住户调查”是国家的重要统计调查项目之一，是通过对农村居民家庭的经济和社会活动调查，反映农村居民的生产、收入、消费、积累和社会活动情况的统计调查项目。开展农村住户调查的目的是监测农村居民收入和生活质量的变化，监测农村居民建设小康生活和摆脱贫困的进程，为各级人民政府和国家宏观决策部门研究制定农村经济政策和决策提供依据；为国民经济核算和价格调查提供基础数据，以及满足社会各界的信息需求。

一、我国农村住户调查发展的历史沿革

我国开展农村住户调查始于1954年，农村经济体制改革以前，调查内容主要是农民家庭收支情况，因此，该调查曾被称为“农民家庭收支调查”，或“农民家计调查”。该调查1954～1977年期间曾两次中断，第一次是在1958～1961年，由于“人民公社化”运动而中止；第二次是在1966～1976年，由于“文化大革命”运动而被迫中断。1977年，在党和政府的关怀下该调查再次恢复。1979年开始，随着我国的对外开放和国际交往的增加，该调查开始吸收国际上通行的抽样调查方案，改革原来的调查方案和方法，调查名称也由“农民家庭收支调查”改为“农村住户调查”。

1984年国家统计局农村社会经济调查总队（现为农村社会经济调查司）成立以后，农村住户调查获得长足发展，调查方法、调查内容逐渐与国际接轨，走上了科学化、规范化和现代化的道路。经过多年的实践，“农村住户调查”已形成一套完整、科学的方法体系和严格的管理制度。

二、现行农村住户调查基本情况

（一）调查组织

“农村住户调查”项目由国家统计局农村社会经济调查司负责组织实施，国家统计局农村社会经济调查司在全国31个省和857个县建立了农村社会经济调查系统。农村住户调查是农村社会经济调查的重要调查项目之一，为保证国家农村住户调查项目的顺利开展，全国约有8000名专职调查员和10000名辅助调查员参与这项调查工作。

（二）调查内容

调查的主要内容包括：农村居民所在社区发展情况、家庭基本情况、居住情况、人口与劳动力就业基本情况、农业生产结构调整与技术应用情况和农村居民收入、支出情况等。

（三）数据采集

数据采集采取农户记帐和访问调查相结合的方法。根据调查内容的特点，不同的调查内容采取不同的方法，反映农户现金收入与支出、实物收入与支出数据通过农户记帐获得，家庭基本情况、居住情况、人口与劳动力就业基本情况等采取访问调查的方式获得。调查户记帐按照国家统计局统一编制的帐本和要求记帐，现金收支帐每日一记，实物收支发生一笔记一笔。县级农调队每月收取调查户的帐本，将帐页数据录入到计算机中，按季度上报国家。访问调查由县级农调队的调查员完成，按季度采集和上报数据。

调查报告期分为年报和季报，农村居民现金收入与支出、农村住户劳动力就业情况为季报，其余调查内容为年报。

（四）数据审核

为确保调查数据的质量，对调查数据的审核有一套严格的制度规定。在现场调查结束后，要求采取三种方法对调查资料进行审核：一是人工审核。在调查数据录入计算机之前，辅助调查员和县农调队必须对农户所记的帐和一次性调查表进行核查。二是计算机审核。在人工审核完成后，由县农调队将数据录入计算机中，应用统一的程序对数据进行审核。三是数据评估。县农调队将调查数据录入审核完成后将调查数据上报省农调队，省农调队再次对数据进行审核，并重点地对调查数据评估。

（五）数据汇总

对调查资料的汇总实行国家级超级汇总。全

国统一使用由农村司专门开发的计算机数据处理程序，各地将审核后调查原始数据上报农村司，由农村司负责对各地上报的调查数据进行汇总，并将汇总结果反馈给各省，同时各地也对本地区的调查数据进行汇总，以便相互监督。

(六)调查结果发布

目前，农村住户调查已建立起规范的信息发布制度，季度、年度调查信息定时发布。对调查结果发布的管理实行国家统一管理，国家级统计结果由国家统计局发布，各省统计结果由各省统计局发布。但是，各省发布统计结果之前，必须经国家统计局审批认定后才能发布，以确保各省发布的统计结果与超级汇总的结果一致。

三、网点抽选

“农村住户调查”在全国共抽取了6.8万个样本农户，分布在全国31个省(区、市)的857个县中。目前所使用的样本是利用最新的农业普查资料，在2004年更新后的样本，对全国和分省的农民收入水平具有很高的代表性。

样本抽选实行国家统一管理。网点抽选方案和实施细则由国家统计局统一制发，农村司负责组织实施，各级农调队必须严格按照统一方案的要求进行样本抽选，抽选的样本必须经国家统计局审批，样本的变动和更新也必须经国家统计局审批。

(一)样本抽选原则

1. 以全省(区、市)农村抽样调查县所辖村(居委会)为总体，抽选满足多主题调查需要的调查村，对调查村(居委会)、调查户、调查地块实行轮换，提高抽样效率，更好地反映农村社会经济中出现的新情况、新问题，增强样本对全国、省一级的代表性。

2. 采取首先抽选大样本网点，然后在大样本网点中抽选小样本网点的原则，以便满足多主题调查和样本轮换的需要。

(二)样本容量的确定

搜集与调查主题相关的资料，如农民人均纯收入，农村人口和从业人员；小麦、玉米、稻谷等粮食每亩产量及其播种面积；棉花每亩产量及其播种面积；平均每户猪的存栏数及农村住户户数等资料，按照逼近法的原理，根据多变量与规模成比例概率抽样的样本容量计算办法，用MPPS抽样程序计算出所需的大样本容量和各单项调查所需要的样本容量。在确定样本容量时，一是要将农民人均纯收入和从业人员两调查主题结合在一起考虑，二是分别要求粮食亩产、棉花亩产等与其相应的播种面积两调查主题结合在一起考虑。具体操作方法见MPPS抽样程序使用说明。

(三)抽样方法

1. 大样本村的抽选方法：搜集整理全省(区、市)国家调查县所辖行政村(居委会)的农业普查地址码资料，将搜集整理的行政村(居委会)的农业普查地址码顺序排队，并编写顺序号，从1开始到N(N表示国家调查县所辖行政村的总数)，建立大样本抽样框。利用随机起点、等距抽样方法抽选大样本。

2. 农民收入调查村的抽选，将大样本的所有村按人均收入排队，相对应的农村人口作为辅助资料累计编制成抽样框，根据确定的样本量，采用对称等距抽样方法抽选出满足收入调查的小样本。

3. 调查户的抽选：村抽选调查户，可采用农业普查农户地址码排队，计算抽样距离，采用随机起点，等距抽样方法，按每村10户抽选确定调查户。也可以按农户构成分类排队等办法，计算抽样距离，采用随机起点，等距抽样方法，按每村10户抽选确定调查户。如行政村较大，为方便调查工作，可先选择一个中间水平的村民小组或自然村，然后在村民小组或自然村中根据上述抽户办法抽选调查户。

抽选出的样本必须充分满足代表性要求，在95%的概率把握程度下要求抽样误差系数不得超过±3%。

(四)县级样本的确定

为了在完成国家任务的同时，为地方政府服务，在抽出满足国家、省(区、市)一级需要的样本后，可采用以下三种办法解决县一级的代表性问题：

1. 扩充法：根据中心对称的原则进行扩点。即根据省抽村抽中点的位置，找出对称点的办法进行。如某县在省抽村时抽中了4个村，要满足县一级的代表性，需要8个村，如下图所示，可根据中心对称原理，在4个村基础上扩大为8村。图中A1、A2、A3、A4为原抽中村，B1、B2、B3、B4为对应扩充的村。

2. 拟合法：即在抽出满足国家、省一级需要的样本后，以县为总体编制抽样框，抽选出多套满足县一级的样本，选出一套和国家点重复较多的样本作为县级样本。

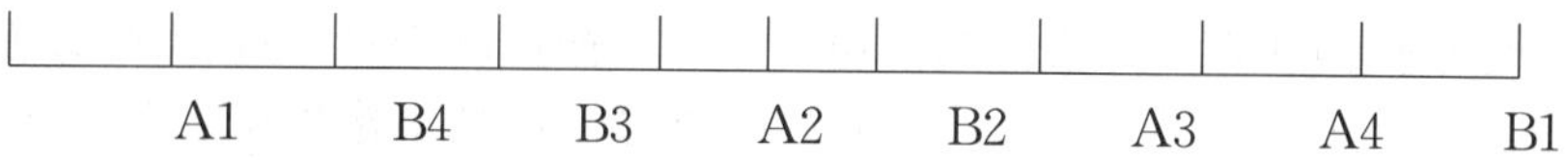

3. 包容法:即首先以每个调查县所辖村为总体,测算符合多主题需要的大样本容量,抽选出一个大样本,然后又以每个调查县抽中的村作为一个总体,采用二相抽样的方法,抽取满足国家、省一级需要的样本。根据抽样原理,这种办法原则上只适用于全省总县数超 100 个的省份。

(五)样本轮换

为了解决调查户的厌烦情绪及样本老化问题,增强抽样调查网点的代表性,更加准确、及时地反映农村社会经济情况,国家统计局农村社会经济调查司对农村住户调查网点实行样本轮换制度,五年为一个周期,每年轮换 20%的调查户。

四、主要指标解释

(一)农村住户基本情况

农村住户:是指长期(一年以上)居住在乡镇(不包括城关镇)行政管理区域内的住户,还包括长期居住在城关镇所辖行政村范围内的农村住户。户口不在本地而在本地居住一年及以上的住户也包括在本地农村常住户范围内;有本地户口,但举家外出谋生一年以上的住户,无论是否保留承包耕地都不包括在本地农村住户范围内。

常住人口:指全年经常在家或在家居住 6 个月以上,而且经济和生活与本户连成一体的人口。外出从业人员在外居住时间虽然在 6 个月以上,但收入主要带回家中,经济与本户连为一体,仍视为家庭常住人口;在家居住,生活和本户连成一体的国家职工、退休人员为家庭常住人口。但是现役军人、中专及以上(走读生除外)的在校学生、以及常年在外(不包括探亲、看病等)且已有稳定的职业与居住场所的外出从业人员,不应当作家庭常住人口。家庭常住人口主要作为计算农村住户平均每人收入、消费和积累水平及分析家庭人口状况的依据。

劳动力:整劳动力是指男子 18 周岁到 50 周岁,女子 18 周岁到 45 周岁;半劳动力是指男子 16 周岁到 17 周岁,51 周岁到 60 周岁;女子 16 周岁到 17 周岁,46 周岁到 55 周岁,同时具有劳动能力的人。虽然在劳动年龄之内,但已丧失劳动能力的人,不应算为劳动力;超过劳动年龄,但能经常参加劳动,计入半劳动力数内。常住人口中的职工,若这些职工为劳动力,就包括在本户的整半劳动力中。

在校学生人数:指年内常住人口中所有正在学校就读的学生。不包括利用业余时间学习的夜校、电大、函授学校的学生。

劳动力文化程度:是指家庭成员接受国内外教育所取得的最高学历或现有文化水平所相当的学历,不包括正在读书的在校学生。

不识字或识字很少:指不识字或识字不足 1500 个,不能阅读通俗书报,不能写便条的人。

小学:指接受最高一级教育为小学程度的毕业、肄业及在校学生,也包括未上过小学但识字在 1500 个以上,能阅读通俗书报、能写便条、达到扫盲标准的人员。

初中:指接受最高一级教育为初中程度的毕业、肄业及在校学生。也包括相当于初中学历的技工学校的毕业、肄业及在校学生。

高中:指接受最高一级教育为高中毕业、肄业或相当于高中文化程度。包括在校的高中生。

中专:是指指接受最高一级教育为中等专业学校毕业、肄业和农业中学毕业、肄业或相当于中专、农中文化程度。包括在校的中专、农中学生。

大专及大专以上:是指接受最高一级教育为大专及大专以上的毕业生、肄业生及在校学生。或相当于大专以上文化程度,包括在校的学生。电视大学、函授大学等形式的大学,凡按照大专院校的教育计划和教育大纲(全科)进行教育的毕业生应包括在内,但只学完单科课程的,则不应计算在内。

耕地面积:耕地是指能够种植农作物、经常进行耕锄的田地。包括熟地、当年新开荒地、连续撂荒未满三年的耕地和当年的休闲地(轮歇地)。以种植农作物为主并附带种植桑树、茶树、果树和其它林木的土地及沿海、沿湖地区已围垦利用的"海涂"、"湖田"等也包括在内。但不包括专业性的桑园、茶园、果木苗圃、林地、芦苇地、天然草原等。南方小于一米、北方小于两米宽的渠、路、田埂,包括在耕地中。耕地面积是指调查期末的所有耕地的面积。

经营耕地面积:是指农村住户年末经营的全部耕地面积,包括承包集体生产的耕地面积和家庭自营地面积(自留地、饲料地和零星开荒地),经营耕地面积中,应包括因各种原因休闲和抛荒的耕地面积、改种植为养殖的耕地面积。还包括经营他人的转包耕地面积，但不包括代为他人临时耕种的承包地面积。

耕地面积：指农村住户年末经营的全部耕地面积。包括承包集体的耕地、家庭自营地（自留地、饲料地和零星开荒地）和转包他人耕地的面积，但不包括代他人临时耕种的耕地面积。包括因各种原因休闲和抛荒的耕地面积。

山地面积：指农村住户年末经营的全部山地面积。包括承包集体的山地、家庭自留山和转包他人山地的面积，但不包括代他人临时经营的山地面积。

园地面积：指农村住户经营的全部园地面积。

牧草地面积：指农村住户年末经营的全部牧草地面积。包括承包集体的牧草地、家庭自留地牧草地和转包他人牧草地的面积，但不包括代他人临时经营的牧草地面积。

养殖水面面积：指农村住户年末经营的全部水产品养殖的水面面积。包括海水养殖面积（利用滩涂、浅海、港湾，放养各种水产品的人工养殖水面面积）和内陆水面养殖面积（已放养鱼苗、鱼种等水产品苗种并进行人工饲养和管理的池塘、湖泊、水库、河沟及其他养殖水面面积。

生产性固定资产：指生产过程中使用年限较长、单位价值较高，并在使用过程中保持原有物质形态的资产，包括厂房、机器设备等。农村家庭使用的固定资产，需同时具备两个条件，即使用年限在两年以上，单位价值在50元以上。在乡村企业及其他部门中，规定单位价值在200元以上，使用年限在一年以上。如果企业的主要设备虽低于200元，但使用年限在一年以上，也划为固定资产。

生产性固定资产原值：是指固定资产当初的购进价、新建价或开始转为固定资产的价值。购置的固定资产按购买时实际支付的费用计价，包括买价、运杂费、安装费用等在内。村（村民小组）将集体的固定资产折价卖给农民，按实际折价的价值计算。自制自建的固定资产原则上按同类资产的国家牌价计价。如无牌价，应按耗用的原材料和支付的劳动报酬及聘请技术人员工资合理计价。自繁自养的幼畜成龄转作役畜、产品畜、种畜，按市场同类牲畜的平均价格计价。国家奖励和外单位赠送的固定资产按购置同类固定资产的价格参照其新旧程度酌情计价。

房屋及建筑物：指直接用于生产的房屋及建筑物，如车库、仓库、沼气室、温室、牲畜用房等。

役畜及产品畜：役畜指以使役为主要用途的大牲畜。产品畜指生产各种畜产品为主要目的的牲畜，如母猪、种公猪等种畜，乳牛、羊等取乳品的牲畜，产毛、鬃等畜产品的牲畜等。

大中型铁木农具：是指大中型铁木制作的农具，如犁、耙、耧、耖、水车、拌桶等铁木农具。

农林牧渔业机械：是指用于农、林、牧、渔业的机械，如大中型和小型拖拉机（包括手扶拖拉机）、机引农具（犁、把等）、机动船、机动插秧机、机动收割机、机动拖拉机、机动扬场机、挖坑机、植树机、饲料粉碎机、机动剪毛机、机动挤奶器、渔用机动船、抽水机、农用泵等。

生产设备：是指生产中的各种机械和技术设备，包括机械和非机械设备。

新建房屋：是指全年从无到有"平地起家"的新建筑房屋。包括新址上新建和旧址上新建的房屋。在原来的房屋基础上按原有规模对房屋进行翻修或一般维修的不包括在内。新建房屋仅包括年内建成的新建房屋，未完工的在建房屋不要统计在内。新建（购）住房的类型、结构、占地面积、住房价值等解释同于"年末住房情况"。

新购住房：指当年新购置的商品房屋。

年末住房面积：是指农村住户自有或租用的实际住人或可以用来住人的房屋面积。与住房连成一体的起居室或放置灶具的地方、专用厨房，均应包括在内。但不包括专用仓库等生产用房面积。

住房价值：购买房屋按购买价格计算。新建房屋价值，可按实际消耗的建筑材料和人工的报酬计算，有的地方，人工不要报酬，只管吃喝，可将吃喝的费用，当作报酬，计入房价内。原有房屋，按房屋质量和新旧程度，根据当地实际情况进行估价。对原有房屋进行大翻修的，也应考虑在内。

楼房面积：是指二层和二层以上的多层建筑的房屋面积，楼房面积按各层面积总和计算。

砖瓦平房面积：是为了更好地考察农村居民居住质量情况，相对于那些拥有楼房的住户而言所统计的农户居住面积，按实际面积总和计算。其中，砖砌窑洞也包括在内。

住房结构：按房屋主要的承重结构（如梁、柱、承重墙等）所用建筑材料来划分。

钢筋混泥土结构：是指房屋的梁、柱、承重墙等主要部分是用钢筋混泥土建造的。

砖木结构：是指房屋的梁、柱、承重墙等主要部分是用砖、石、木料建造的，如木房架、砖、石墙、木柱、砖柱建造的房屋。包括石窑洞。

(二)农村居民食物消费

粮食:是指农村住户年内消费的小麦、玉米、稻谷、薯类、大豆、其他各种杂粮和粮食制品的消费量折价。粮食制品是指利用原粮加工而成的食品,如挂面、年糕等,不包括用粮食加工成豆油、豆腐、粉条、酒。粮食消费量按原粮计算。

蔬菜及蔬菜制品:包括鲜菜和干菜及其制品。鲜菜包括根茎块花类、菜瓜类、茄果类、白菜类、绿叶菜类和其他鲜菜类。干菜包括黄花菜、黑木耳、蘑菇、腌干菜、萝卜干、笋干、白木耳等。菜制品包括蔬菜罐头等。

食用油:指各种食用油脂,包括植物油和动物油。植物油包括花生油、芝麻油、菜籽油、豆油、茶油、棉籽油等。动物油包括猪油、牛油、羊油等。

肉、禽及其制品:是指家畜、野畜、家禽、野禽等各种肉食品,包括活的、鲜的、冻的以及各类再制品、熟食品等,包括罐头。其中:猪肉、牛肉、羊肉、及肉制品消费量:按鲜肉重量计算。如消费咸肉、腊肉、肉干等,均应折成鲜肉重量计算。用肥肉炼油,不应计算肉的消费量。家禽消费量:按屠宰去毛和内脏重量计算。

蛋类及蛋制品:是指各种禽蛋、禽蛋制品及罐头。

奶和奶制品:是指鲜乳品、奶粉、酸奶以及其他奶制品。包括炼乳、活性乳、可可奶、麦乳精等。

水产品:是指鱼、虾、蟹、贝、藻等各类海水和淡水产品及其制品,包括水产品罐头。

食糖:包括白糖、红糖、冰糖、方糖及糖果等,不包括糖精。

酒:包括各种白酒、黄酒、啤酒、果酒等。

水果及水果制品:是指各类干鲜水果及其制品,包括各种水果、果用瓜、干果、蜜饯及水果罐头等。

坚果及果仁制品:是指各类坚果、果仁及其制品的消费量,包括核桃、板栗、开心果等。

(三)农村居民年末拥有耐用消费品

大型家俱:指各种不同类型的大型家俱,包括大衣柜、书柜、装饰柜等。

洗衣机:指各种规格、型号的自动、半自动、单缸、双缸家用洗衣机。

电风扇:指各种规格、型号的台扇、壁扇、落地扇以及吊扇,不包括排风扇。

电冰箱:指单门、双门、三门电冰箱,包括冰柜。

空调机:指具有空气的加热、冷却、增湿、减湿等功能的家用空气调节器,不包括冷暖风机。

抽油烟机:指家庭炊事用抽油烟机,不包括排风扇。

吸尘器:指家庭除尘用的电动吸尘器,也包括多用途吸尘器,不包括使用电池的微型电刷吸尘器。

微波炉:指各种牌号、型号、尺寸的微波炉。

热水器:指家用热水器,包括电热水器和燃气热水器,不包括太阳能热水器。

自行车:也称单车、脚踏车。指各种牌号、型号、尺寸的男女自行车。包括普通标定车、加重车、轻便车、小轮车(包括折叠式)、赛车以及电动自行车。不包括儿童玩具车、手推车、小三轮车等。

摩托车:包括各种型号的摩托车、轻骑摩托车。

汽车:指主要用于农村住户生活的各种类型的汽车。

电话机:指各种类型的台式电话机。

移动电话:也称手机,包括模拟和数字移动电话,不包括对讲机。

寻呼机:也称 BP 机。包括字符显示和数字显示的寻呼机。

彩色电视机:也称彩色电视接收机。包括各种牌号、尺寸的彩色电视机。

黑白电视机:也称黑白电视接收机。包括各种牌号、尺寸的黑白电视机。

录放像机:指各种牌号、规格的录放像机,包括单放像机和录放像机。

摄像机:指各种牌号、规格的摄像机。

影碟机:利用各种影碟(光盘),并通过电视放映图像的设备(不包括多媒体计算机)。

组合音响:指收录、扩音、放音等两件和两件以上的多功能组合音响。不包括普通音箱以及自制的音箱。

收录机:指各种型号的收录机,一般具有收听、录音、扩音、重放、转录的功能。包括便携式、座式和落地式

照相机:指各种牌号、型号的照像机。包括折合式、双镜头反光式和单镜头反光式。

家用计算机:也称电脑,指家庭购买的各种型号电子计算机。包括台式和便携式。

中高档乐器:指价格在 500 元以上的各种中高档乐器。包括钢琴、手风琴、提琴以及各种电子乐器。

(四)农村居民总收入与总支出

总收入：指调查期内农村住户和住户成员从各种来源渠道得到的收入总和。按收入的性质划分为工资性收入、家庭经营收入、财产性收入和转移性收入。

工资性收入：指农村住户成员受雇单位或个人，靠出卖劳动而获得的收入。

在非企业组织中劳动得到的收入：指农村住户成员在不具备企业性质的行政事业单位和各种组织中劳动得到的收入。包括村干部和民办教师的工资（奖金、补贴），乡及以上行政、事业单位工作人员的工资（奖金、补贴）等。

在本地企业中劳动得到的收入：指农村住户成员在住户所属乡（镇）地域范围内受雇于单位或个人，靠出卖劳动而获得的收入。

常住人口外出从业得到的收入：指农村住户成员到住户所属乡（镇）地域范围以外从业得到的收入。

家庭经营收入：指农村住户以家庭为生产经营单位进行生产筹划和管理而获得的收入。农村住户家庭经营活动按行业划分为农业、林业、牧业、渔业、工业、建筑业、交通运输业邮电业、批发和零售贸易餐饮业、社会服务业、文教卫生业和其他家庭经营。

家庭经营产品的计价：凡是出售部分，按实际出售价格计算；非出售部分（包括自用的和结存的）按出售该产品综合平均价计算。

农业收入：指包括谷物种植业，豆类和薯类作物种植业，棉、麻等植物性纺织原料种植业，油料、糖料作物种植业，烟草种植业，药材种植业，蔬菜、瓜类作物种植业，饲料作物种植业，茶、桑、果树种植业。

种植业收入：是指农村住户当年从承包地和自营地上收获的粮食、经济作物、蔬菜、茶叶、水果、水生植物（如菱、藕等）等的主产品和副产品的全部收入。但生产用的绿肥和青饲料不作为收入，用来沤肥的副产品以及野生植物的采集和家庭兼营商品性手工业不作为种植业收入。

林业收入：是指农村住户当年采伐竹木收入、出售树苗和从人工栽培的竹林上不经砍伐而取得的各种林产品收入，如生漆、棕片、五培子、松脂、紫胶、竹笋、油桐籽、油茶籽、乌桕子、核桃、各种林木子实，以及修剪竹木枝叶（荆条、柳条、蒲葵叶）等等；包括野生林木的采集产品收入；但不包括桑叶、茶叶、水果、花卉，它们算在种植业收入中。

畜牧业收入：是指农村住户当年出售、屠宰的畜禽、小动物和畜禽产品收入。包括家畜（仔畜、架子猪也包括在内）、家禽（包括幼禽）及其他小动物收入；也包括出售鹌鹑、鸽子等收入，按出售和屠宰的产品计算。畜禽的繁殖和增重，不计算收入；活的家畜、家禽及其他小动物的产品（如蛋类、羊毛、蜂蜜、蜂蜡等）收入，按全部产品计算；动物屠宰和死后的畜产品（如猪鬃、羊皮、蚕茧等）收入，按全部产品计算。牧区和半牧区农民出卖大牲畜的收入，应作为畜牧业收入；农户出售肉牛的收入和专门饲养大牲畜出售的收入应作为畜牧业收入，但变卖属于固定资产的役畜的现金收入，不能作为牧业收入，而应计算在出售财物收入中；包括野生动物的狩猎及其产品的采集收入。

渔业收入：是指农村住户当年捕捞天然水生的和人工养殖的鱼、虾、蟹、贝、藻类等淡水水产品和海水水产品的全部收入。包括养殖观赏鱼类的收入。

工业收入：是指农村住户的个体企业（有固定场所和生产设备、有专业生产劳动力，年内生产三个月以上）利用手工和机械进行自然资源开采\农副产品，工业品加工和修理以及从事手工业（手工业指依靠手工劳动，使用简单工具从事的工业性生产活动，包括各种制作、刺绣、编织、雕刻、加工等手工业。）所得全部产品收入，来料加工的产品，按加工费计算收入。自制自用的产品不计收入。

建筑业收入：是指农村住户成员当年从事房屋或建筑物的新建和维修以及设备安装所得到的劳动报酬，参加国家举办的基本建设工程所得到的收入。

交通运输业、邮电业收入：是指农村住户成员当年从事对本户以外的单位或个人进行货物运送、旅客运送及从事邮电行业活动的收入。

批发和零售贸易、餐饮业收入：是指从事批发贸易、零售商业和餐饮业活动的收入。

社会服务业收入：是指从事于日常生活及社会公共服务等服务活动的收入。包括从事社会服务业、金融保险业、房地产管理、旅馆、车店、理发、照相、洗染、缝纫、修理、导游等收入。

文教卫生业收入：指在文教卫生等单位从事有关活动的收入。如在教育、文化艺术事业、广播电视业从事有关活动的收入；在体育事业单位、体育设施管理单位、体育队、体育训练机构等从事体育活动的收入；在医疗、防治、检疫及其他卫生事业的收入等。

财产性收入:指金融资产或有形非生产性资产的所有者向其他机构单位提供资金或将有形非生产性资产供其支配,作为回报而从中获得的收入。

转移性收入:指农村住户和住户成员无需付出任何对应物而获得的货物、服务、资金或资产所有权等,不包括无偿提供的用于固定资本形成的资金。一般情况下,指农村住户在二次分配中的所有收入。

总支出:指农村住户用于生产、生活和再分配的全部支出。家庭经营费用支出、购置生产性固定资产支出、生产性固定资产折旧、税费支出、生活消费支出、财产性支出和转移性支出。

家庭经营费用支出:指农村住户以家庭为基本生产经营单位从事生产经营活动而消费的商品和服务、自产自用产品。所消费的未计算为住户收入的自产自用产品,不计算为费用支出;库存的化肥、农药也不计算为本期费用支出。

农业生产支出:指用于农业生产活动费用。如种籽、肥料、农药、小农具购置和修理、油料费、耕畜的饲料、饲草费、机耕费、排灌费、电费等,此外还包括家庭兼营商品性手工业等所支付的有关费用。

种植业生产支出:是指种植各种农作物所支付的生产费用。如种籽、肥料、农药、小农具购置和修理、油料费、耕畜的饲料、饲草费、机耕费、排灌费、电费等。

林业生产支出:是指经营林业生产而支付的费用。如树种、树苗、肥料、农药、电费及小型工具的购置维修等开支,但不包括林业的基本建设投资。

牧业生产支出:是指经营牧业生产所支付的费用。如购买仔畜(包括架子猪)、幼禽支出;肉用牛、羊的饲料、饲草支出;生猪、家禽等的饲料、燃料、防疫医疗费;电费和小型用具购置、维修等支出。但耕畜的饲料费应列为"种植业生产费用支"。

渔业生产支出:是指养殖水生动物、培养海藻和捕捞生产过程中的开支。包括鱼苗、饵料、电费以及小型渔具和用具的购置、维修及油料费等支出。但不包括添置的固定资产支出。

工业支出:是指进行工业生产所支付的生产费用。包括工业生产耗用的原料、燃料、电费及小型工具的购置、维修等开支,还包括来料加工产品所耗用的燃料、电费,但不包括自产自用和来料加工产品所耗用的原材料。

建筑业支出:是指为了从事本户以外的房屋或建筑物的新建与维修以及设备安装而耗用的建筑材料、电器设备、燃料、电费以及小型工具的购置、维修等开支。

交通运输业生产支出:是指为从事对本户以外单位或个人进行货物运送和旅客运送所耗用燃料和小型工具的购置、维修等开支。

批发和零售贸易、餐饮业支出:是指从事批发贸易、零售商业、和餐饮业活动时所购买的生产用具支出、租用铺面支出、帮工工资支出、燃料支出、电费支出及其他费用开支。

社会服务业支出:指用于包括金融保险业、房地产管理、旅馆、车店、理发、照相、洗染、缝纫、修理、导游等日常生活及社会公共服务等服务活动的费用支出。

文教卫生业支出:指在文教卫生等单位从事有关活动的支出。如在教育、文化艺术事业、广播电视业从事有关活动的支出;在体育事业单位、体育设施管理单位、体育队、体育训练机构等从事体育活动的支出;在医疗、防治、检疫及其他卫生事业的支出等。

其他家庭经营支出:是指上述各项家庭经营费用支出以外的其他支出,包括各项劳务所支出的费用。

购置生产性固定资产支出:指农村住户用于建造和购置生产性固定资产所支出的费用。

生产性固定资产折旧:指农村住户在家庭经营生产活动中,因使用固定资产,而转移到新产品中的那部分固定资产价值。在农村住户调查中,生产性固定资产的使用年限定为15年。

税费支出:指农村住户以现金和实物形式缴纳的从事生产经营活动的各种税费、附加费、村提留、乡统筹、一事一议费和各种集资摊派费用。在已实行税费改革的地区一般表现为农业税、特产税、两税附加、一事一议费和从事非农业生产经营活动所缴纳的各种税费,还包括除按国家规定所收取的税费外,地方额外增加的各种费用;在未进行税费改革的地区一般表现为从事生产经营活动的各种税费、村提留、乡统筹和各种集资摊派费用。

生活消费支出:指农村住户用于物质生活和精神生活方面的支出。生活消费支出包括食品衣着,居住,家庭设备、用品及服务,医疗保健,交通和通讯,文化教育娱乐用品及服务,其他商品和服务等消费支出。

食品消费支出:指农村居民年内消费各类食品支出。包括主食、副食、其他食品在外饮食和食品加工费支出。

衣着消费:指农村住户各种穿着用品及加工穿用品的各种材料。包括棉花、丝棉、化纤棉、驼毛、棉布、各种化纤布、绸、缎、呢绒、各类成衣、棉、毛、丝、麻纺织品,背心、汗衫、棉毛衫裤、卫生衫裤、袜子等针织品,毛线、毛线织品、各种鞋、帽等消费品及衣着的加工修理费(指农村住户为加工或修补服务、鞋帽等衣着所支付的服务费)。但不包括用各种布料做的床上用品,室内装饰品。

居住消费:指与农村住户居住有关的所有支出。包括新建(购)房屋、房屋维修、居住服务、租赁服务、租赁住户所付的租金、生活用水、生活用电、用于生活的燃料等支出。

家庭设备、用品及服务:指农村住户消费的各种耐用消费品、其他家庭用品及用品的加工修理费用。

医疗保健:指农村住户用于医疗和保健的药品、医疗器械和服务费。包括医药卫生保健用品、医疗保健服务费和医疗卫生设备、用品加工修理费等。

交通通讯消费:指农村住户用于交通和通讯的工具、各种服务费、维修费用支出。

文教娱乐用品及服务:指农村住户用于文化、教育、娱乐方面的支出。包括文化教育娱乐用品支出和文化教育娱乐服务支出。

其他商品和服务消费:指上述各类支出以外的商品和服务支出。

财产性支出:为获得其他住户财产(包括无形资产)的使用权而支付的各种费用。

转移性支出:指农村住户和住户成员没有获得任何对应物而支出的货物、服务、资金或资产所有权等,不包括无偿提供的用于固定资本形成的资金。一般情况下,指农村住户在二次分配中的所有支出。

纯收入:指农村住户当年从各个来源得到的总收入相应地扣除所发生的费用后的收入总和。纯收入主要用于再生产投入和当年生活消费支出,也可用于储蓄和各种非义务性支出。“农民人均纯收入”按人口平均的纯收入水平,反映的是一个地区或一个农户农村居民的平均收入水平,反映的是一个地区或一个农户农村居民的平均收入水平。计算方法:

纯收入=总收入-家庭经营费用支出-税费支出-生产性固定资产折旧-赠送农村亲友支出

可支配收入:指农村住户获得的经过初资分配与再分配后的收入。可支配收入可用于住户的最终消费、非义务性支出以及储蓄。计算方法:

农村住户可支配收入=农村住户总收入-家庭经营费用支出-税费支出-生产性固定资产折旧-农村亲友赠送收入-财产性支出-转移性支出+赠送农村亲友支出

(五)农村居民现金收入和现金支出

现金收入:指农村住户和住户成员在调查期内得到以现金形态表现的收入。按来源分成工资性收入、家庭经营现金收入、财产性收入、转移性收入。

非收入所得:指农村住户和住户成员得到的不具收入特性的款项。非收入所得也可用于农村住户和成员的消费支出,包括:支取的储蓄存款、出卖财产得到的款项、借款、贷款和其他款项。

现金支出:指农村住户在调查期内用于生产、生活和再分配所支付的现金。包括家庭经营费用支出、缴纳的税费、购买生产性固定资产、生活消费、财产性和转移性支出。

(六)地带划分

东部地区:包括北京、天津、河北、辽宁、上海、江苏、浙江、福建、山东、广东、广西、海南12个省(区、市)。

中部地区:包括山西、内蒙古、吉林、黑龙江、安徽、江西、河南、湖北、湖南9个省(区、市)。

西部地区:包括重庆、四川、贵州、云南、西藏、陕西、甘肃、青海、宁夏、新疆10个省(区、市)。

西部开发12省(区、市):包括内蒙古、广西、重庆、四川、贵州、云南、西藏、陕西、甘肃、青海、宁夏和新疆。